似水人生　如歌逐梦

坚定信念 强我中华，激励奋扬，为民奉献

与《中国科技奖励》读者共勉

卢耀如
二〇〇七年八月八日

卢耀如院士题词

地質老兵健步飛異域
突遭折骨悲奉獻中
華志不移 桔子叶頭度
心扉

九月二日在巴黎西兰不慎
摔跌骨折倩笔急長心声

盧耀如三〇〇三年十月

念奴娇·桔子洲头感怀之一

桔子洲头美金秋
湘江奔腾而去思
潮万千浪淘々湘
资沅澧四水哺育
芙蓉汇聚洞庭通
滚々长江千古先贤
南岛骚发汨罗爱國
情怀弘扬多民族之
采世之魂望岳陽楼
傅世名言敬老爱幼
伦理先忧后乐崇尚
美德赞悠久中華
博大精深诗词文
彩长河

庚寅年
卢耀如识书

科学发展 兴利防灾
和谐自然 强我中華

卢耀如 二〇一〇年
十月廿四日

卢耀如院士文集

似水人生 如歌逐梦

卢耀如 张薇 刘琦 —— 编

同济大学出版社
TONGJI UNIVERSITY PRESS
·上海·

图书在版编目（CIP）数据

似水人生　如歌逐梦：卢耀如院士文集 / 卢耀如，张薇，刘琦编 . -- 上海：同济大学出版社，2022.12
ISBN 978-7-5765-0350-0

Ⅰ . ①似… Ⅱ . ①卢… ②张… ③刘… Ⅲ . ①卢耀如—文集 Ⅳ . ① K826.14-53

中国版本图书馆 CIP 数据核字（2022）第 154157 号

似水人生　如歌逐梦
——卢耀如院士文集

卢耀如　张　薇　刘　琦　编

| 责任编辑 | 宋　立 | 封面设计 | 王　翔 | 排版制作 | 朱丹天 | 责任校对 | 徐春莲 |

出版发行　同济大学出版社　www.tongjipress.com.cn
　　　　　（地址：上海市四平路 1239 号　邮编：200092　电话：021-65985622）
经　　销　全国各地新华书店
印　　刷　江阴市机关印刷服务有限公司
开　　本　710mm × 1000mm　1/16
印　　张　32.25　插页 2
字　　数　645 000
版　　次　2022 年 12 月第 1 版
印　　次　2022 年 12 月第 1 次印刷
书　　号　ISBN 978-7-5765-0350-0
定　　价　168.00 元

本书若有印装问题，请向本社发行部调换　　　版权所有　侵权必究

卢耀如

卢耀如，喀斯特学家及水文工程与环境地质学家，中国工程院院士。中国地质科学院水文地质环境地质研究所研究员，同济大学教授、博士生导师，贵州师范大学名誉校长。1931年5月出生，福建福州人。1950年进入清华大学地质系本科学习，1952年院校调整调入新组建的北京地质学院（现为中国地质大学）水文地质工程地质系。1953年从北京地质学院提前毕业。

50多年来，卢耀如院士潜心研究喀斯特地区的水文、工程与环境地质问题。参与实践并指导一系列水利水电工程的勘测研究，涉及长江、黄河、珠江、淮河等许多流域，包括三峡、乌江渡、新安江等百余座水利枢纽；指导有关交通、城镇、矿山等建设的工程地质与环境地质勘测研究；提出有关地质生态环境的新认识并积极开展研究，为喀斯特地区开发做出杰出贡献；积极进行地质灾害防治工作，对重大灾害防治提出了重要科学认识。

20世纪60年代初，卢耀如院士主持了我国第一个喀斯特研究室，倡议并首先筹备喀斯特地质研究所（现中国地质科学院岩溶地质研究所），建立了一套有关喀斯特发育与工程效应的理论。其最先提出喀斯特地区石漠化问题的理念并进行相应的开拓研究探索，在喀斯特研究上成就卓越，被誉称为"喀斯特卢"。曾任我国援外大型工程高级专家，并曾在欧美国家及港台地区讲学。

卢耀如院士已公开发表近百篇中英文论文，出版10部论著与图系。其中，主编的《中国岩溶——景观·类型·规律》一书，被国内外学者视为经典论著。《中国岩溶》《中国岩溶（喀斯特）发育基本规律及其若干水文地质工程地质特征》《中国南方（岩溶为主）地区地质生态环境图系》《岩溶水文地质环境演化及其工程效应研究》《地质生态环境与可持续发展——中国西南及邻近岩溶地区发展途径》《中国喀斯特——奇峰异洞的世界》等科学论著，在国内外引起了多方反响。曾获全国科技大会奖、地质矿产部地质科技二等奖、第四届全国优秀科技图书二等奖及第六届李四光地质科学荣誉奖。

自　序

人生，包括三个方面的内涵——生息、生活与生命。

生息，人体的信息。目前身体检查的许多指标，都是生息的一部分，如血压、血糖、血脂、血液成分、排泄物情况、肺脾胃肾等的情况与癌症指标等，这些都是人体与健康有关的信息。还有，涉及精神健康方面的内容，包括记忆力、分析力、理解力、思考力等。生息包括体力类、脑力类和能力类。

从婴儿，到童年、少年、青年，再到成年、中年、老年、死亡，生息不断变化，一是自然的变化规律，二是后天各种因素综合影响，还有医治药物的作用，可使人的体力、脑力和能力产生起伏变化，而呈现多波浪的抛物线。

生活，涉及一生的生活条件、衣食住行、受教育学习的程度、工作变化与奉献情况，生活不仅与一个人有关，也与家庭情况、社会情况以及国家情况、世界情况的变化密切相关。

所以，生活主要涉及家庭、社会与国家三者对人生的影响，从而也必定影响到生息，并密切影响到身体变化。很自然，人对待家庭、社会和国家，都会有家国情怀。

生命、生息和生活，综合体现出生命价值，成长与奉献。就是说，有好的体质，有强的能力，还要培养好的家国情怀，懂得宝贵生命的价值，不能只为自己着想，应更多地想到国家命运与前途，而认真体现最大生命价值，为国家和民族发展发挥最大努力，为国家民族作出奉献。

岳飞"精忠报国"的母训，文天祥的"人生自古谁无死，留取丹心照汗青"的感言，无数志士先烈为抗击侵略而献出生命，多少共产党人为国家民族、为中国献出了宝贵生命。

许多英烈、志士英年早逝，但是他们生命绽放的花朵，使中国如此美丽与美妙，我们不能忘记他们，要学习他们、继承他们的崇高理想。

每个人都有他的人生，究竟你的人生如何呢？

古人云：一日三省吾身。我理解"三"是经常的意思，就是一个人一天要经常反省自己的言行。人的生命是短暂的数十年，古时"人生七十古来稀"，现在七十不稀少。几十年的生命，已知做的很多事情，对社会、对国家，甚至对世界有哪些有益之事，有多大的奉献？值得每个人在回想自己的人生历程时思考。这种回想，也必定是自己人生历程中，对社会、国家具有影响的重要事情有所认知。

人生的回首，再往前去思考，就会有人生的感悟，也就会对以往自己的人生经历有更正确的认识，正确的与做得不够的，或有欠缺、错误之处。

觉今是而昨非，知来者之可追。当然，多数人的历程是好的占主流，也有错误与不足之处，有庆幸，也会有遗憾！

我在2020年全国抗击新冠肺炎疫情最艰难之时，曾写了几篇感悟，当时强调：人生如梦、人生追梦、人生似水，就是表示，一个人短暂但也漫长的人生，主流应当是向上美好的，为国奉献，要似美好的歌声。一个人要实现自我追求，也追求中国的振兴，为强国梦想成真而奋斗。一个人的人生在整个世界的历史发展过程中，尚渺小短暂，应当珍惜自己的岁月，努力工作、学习，尽己之力作出奉献。"似水流年"这是古语，所以一个人的人生，真是"人生似水"。

我曾断断续续写了一些思考，表达了些情怀，也期许了盼望与未来。我

自 序

的感悟都是当时真诚的认识与想法，有的所思所想成了文字，有的建议感言被传上网络，也有的稿件已遗落，没有办法追寻。但在近些岁月还是收集了基本上有多半的思考与感悟。

这本文集，就叫《似水人生　如歌逐梦》。

感谢许多同志为文集给予的帮助，张薇、刘琦为文集的出版承担了收集、整理、编辑工作！

2021年4月28日

目　录

自　序

第一篇　院士建议

3　关于加强城市地质环境工作及开展其综合建设效应研究的建议

8　海西经济区（闽江、九龙江等流域）生态环境安全与可持续发展建议

12　《海西经济区（闽江、九龙江等流域）生态环境安全与可持续发展研究》报告摘要

32　对贵州省望谟、册亨县泥石流灾害综合防治与生态城镇发展的建议

36　关于创新福建核心区促进21世纪海上丝绸之路发展的建议

39　积极发展衡水成为智能－生态－综合特色城镇群示范区

第二篇　科技评论

47　当好工程建设的安全卫士

51　从日本大地震思考我国今后防灾战略

55　卢耀如院士：地质勘探并非可有可无

57　开发旅游资源要强化科学意识

59　重庆武隆边坡滑塌灾难敲响警钟　如何防治人工诱发地质灾害

65　西藏地区水资源开发保护与地质生态环境

目　录

67	农业地学的当前任务
68	复合灾害频繁　重建须经岁月考验
74	居安思危才能临危不乱
81	灾区农房重建：和谐自然最重要
89	对西南旱灾的思考及建议
95	对灾后重建对口支援的思考
102	"中国速度"背后的地质思考
105	对三峡工程兴利、防灾与扼弊的建议
108	暴雨过后对城市防灾兴利的思考
114	对福建今后发展的一些想法
120	加强城市防灾减灾 能力建设刻不容缓
122	建设生态文明保护地下水资源促进可持续开发利用
126	以科研创新成果促生态文明建设
128	低碳经济研究的创新之作
130	生态类型与生态活性度
136	为绿色发展与绿色世界而奋斗
141	生态地球与可持续发展
151	探索旅游资源内涵　掌握开发环境和谐
161	掌握湿地机理性　立法保护中发展

166　立体交通绿色高质量发展与地质生态环境

173　积极防治地质灾害　与自然和谐共处

175　排蓄并举应对城市内涝

176　全面创新让水工环地质为五个发展重铸辉煌

188　双观研究自然　科学决策发展

191　文化科技融景观　三位和谐促旅游

197　三峡工程的现实与争议

205　教育寄语

208　科技教育再腾飞　实现强国重推力

213　坚定信念办强国　力助科教高发展

217　新时代科技干部的素质要求

第三篇　院士科普

225　地质灾害防治与城市安全

235　探索洞穴为可持续发展作贡献

237　洞穴文化与洞穴旅游

242　地质灾难的类型与性质

244　丰富的喀斯特资源，高品位的世界自然遗产

247　让泰宁焕发出更璀璨的丹霞之光

目 录

251　文化科技相融洽　五位一体促发展

259　科普也应该重视优秀的传统文化

第四篇　人生经历

263　我人生道路上难忘的一站

268　往事萦怀当鞭策　为国强盛莫懈怠

281　一件难以忘怀而自责的往事

284　缅怀驱敌献身的卖麦芽糖的小郑哥

288　盛世清华话今昔

第五篇　人生感言

295　人生如歌

302　人生逐梦

307　人生似水

314　衷心的缅怀　真诚的感谢

317　国家需求是重任　地质工作是保障

323　回报人民应继续　科技创新当加力

329　防疫兴利新时代　科技强国再腾飞

336　卢耀如、王维谈：尊师敬老爱幼感悟之一

344　党领全民齐防控　斩杀疫魔凯歌唱

351　依法防控新冠　加强科学研究

357　趁胜追杀恶瘟君　待黄鹤楼凯歌飞

365　斩杀瘟君高发展　武汉人爆笑春风

371　医者仁心　向白衣天使致敬

376　地者爱心　为祖国安全强盛而奉献

383　共为祖国战疫情，世界华人一家亲

387　中国仍充满信心走向更灿烂的未来

391　听党号召情怀深　坚强拼搏奉献真

400　九死一生当拼搏　九生一死是光荣

第六篇　院士报道

409　中国工程院院士卢耀如：福建有望率先建成生态省

411　卢耀如教授建言地铁建设不能急功近利

413　贵州的水环境污染日益严重

414　为福建可持续发展献策出力

416　卢耀如院士献策西南水资源开发利用

417　自然灾害下的贵州减灾思路

424　警惕自然灾害链滞后期

目 录

426 这些灾害是否罪在三峡工程

434 别把长江中下游问题归罪三峡

436 肩负使命的人生选择

444 卢耀如院士获福建省表彰

446 建设生态矿山城镇群

448 空中飞人卢耀如

451 卢耀如院士为宁夏城市供水安全支招

453 灾害评估具有重要价值

455 卢耀如院士论文收录于《中国共产党与三峡工程》

456 建立综合防灾预警系统很重要

458 以科研创新成果促生态文明建设

460 要树立生态园林地世代留传的理念

462 求真务实"喀斯特卢"

469 88岁院士卢耀如个人捐资360万设立基金

473 卢耀如院士的贵州情怀

477 科学大家的真与纯

480 首届"英华院士激励如兰杯"现场写作大赛结果出炉

482 "喀斯特卢":捐出360万报答29块5

486 卢耀如院士发起举办首届"如兰杯"作文大赛,

486　近百名大中学子同场作文

488　首届"如兰杯"作文大赛在石家庄举办

490　同济大学卢耀如院士发起作文比赛围绕"环境与城镇群发展"主题，
　　　学子尽情抒怀

492　卢耀如为巴南旅游支招

493　珍惜岁月高质奉献　如歌人生助力逐梦

496　后　记

院士建议

——— 院士建议 ———

关于加强城市地质环境工作及开展其综合建设效应研究的建议

（2010年10月26日）

卢耀如	王思敬	张宗祜	常印佛	孙　钧	周干峙	李焯芬	郑颖人
宋振骐	袁道先	郑守仁	王　浩	王梦恕	何华武	王景全	周丰峻
葛修润	项海帆	范立础	沈祖炎	王秉忱	黄润秋	殷跃平	岳中琦
万　力	石建省	周志芳	王恩志	巫锡勇	金　淮	高建国	阎长虹
胡新丽	朱合华	张永双	王　清	熊康宁			

2010年上海世博会的口号是"城市让生活更美好"（Better city, Better life）。的确，随着经济与科技的发展，城市特别是大都市，让人们感受到现代生活的美好，但是另一方面，要保障城市的美好生活与可持续发展，必须保有良好的地质环境。目前，我国有近70%的城市受到与地质环境密切相关的各种灾害威胁，今后随着城市化的发展，将有八个以上的城市人口达到1000万~2000万，近百个城市的人口将达到100万至几百万，城市地质环境问题应受到持续的关注。

为此，在上海召开世博会之际，350多位有关地质、水利、建筑、能源、铁道、交通与环境等方面的院士、专家，共同交流了加强城市地质环境的有关认识。

首先肯定了我国城市迅速发展、城市化已达45%的骄人成就,但另一方面也深感到,需要从地质环境上保障城市安全与可持续发展。

一、地质环境影响城市安全与可持续发展的五个方面问题

1. 从地质环境上关注水资源安全

地表水和地下水都是宝贵的水资源,但是我国有近2/3的城市是依靠地下水资源,也有在大城市上游或临近江河地带修建供水水库。过量地抽取地下水会造成地面沉积、地面塌陷、地裂缝等地质灾害,而地表水库供水也存在水质突发性污染与堤坝受超常暴雨突发性损坏的隐患,对城市用水及城市安全造成威胁,特别要关注的是综合抗旱、防治洪涝及应急水资源的安全问题。

2. 从地质环境上看新能源开发与能源安全

我国目前近50%的石油资源依靠国外进口,若提高到90天的储备量,需建设许多储油设施。今年大连新港地表输油管线爆炸,危及油罐,幸好抢救及时未酿成重大灾难。因此,在地质条件许可的地带,应修建地下水封油库,以保障城市安全。我国尚有1/10的城市为矿山城市,主要是煤炭能源存在的安全问题深值重视。对于风能、太阳能及地热能开发,也需从地质环境上予以探索科学的开发利用。

3. 与地质环境密切相关的自然灾害的防灾减灾

我国自然灾害较多,而且灾害间存在着灾害链。例如,气象灾害,特别是洪、旱、冰雪灾的发生发展,都与地质环境密切相关,而且通过诱发的地质灾害,造成更大的破坏与伤亡;地震也是通过诱发山体滑坡等灾害,引发更大的灾难。

自然灾害是不可避免的,但我们应当从切断灾害链上着手,避免诱发严

重地质灾害，造成更多人民生命伤亡和更大财产损失。

4. 从地质环境上考虑工程建筑基础安全

大都市林立的高楼大厦以及各种工程建设、市内地表及地下交通、邻近城市群间交通网络安全等，都与地质环境密切相关。特别是近些年来，城市轨道交通的大量兴建，问题显得更为突出。因此，应特别注意极端条件下地下空间开发的安全，以及由此诱发的不良地质环境效应。

5. 地质环境与地质生态系统的安全和人民健康

不同的地质环境，为不同的生态系统提供基础条件，使当地的岩、土、水、气、洞及相应的生物活动构成特定的生态系统。不同的生态系统，对所居住人民的身体健康具有不同的影响。地质环境与生态安全，是涉及以人为本原则的根本问题。因此，需要节能减排，防止污水灌入地下含水层，并进行垃圾分类处理。

上述五个方面的地质环境问题又与城市安全和可持续发展有密切关系。我们必须用科学发展观来对待城市的发展与相应的地质环境问题。并不是"人有多大胆，城市就有多大发展"，也不是"一个工程今日建成了，就是成功了"。地质环境效应是一个长期作用过程，需要高度重视不良的影响和长期产生的效应。

二、针对城市地质环境工作的几项重大措施的建议

针对上述五个方面的城市环境问题，应当注意采取相应的措施。

1. 坚持科学发展观，从地质环境上合理规划城市的发展

城市应依据地质条件及已有的人文状况做好规划。建议大城市从地质环境上，从兴利防灾两方面，进一步修订补充原有的规划。根据自然条件，特

别是地质环境而界定城市的规模与质量。城市不要越大越好，应从地质环境上更好地界定城市群的范围，以达到相应的协调与和谐。

2. 合理与正确进行大型工程建设

大型工程应安排一定的时间与经费，按设计程序认真进行与地质环境（包括水文地质、工程地质）有关的勘测研究工作。目前，很多大型轨道交通、城际铁路及城市内各种建设，因时间急迫，匆匆上马施工，没有足够的时间进行地质环境方面的深入调查研究，结果造成不同的损失或留下隐患。各种大工程应严格按照国家审批手续办理，不能以当地领导意志和当地财力许可作为工程匆匆上马的依据。大的工程，最好分别由不同的勘测单位、设计部门、施工队伍三部分分隔进行，对其地质环境及地质灾害做出评估，以确保结论的科学性和客观性。

3. 恢复与建立有关学科，大力培养有关地质环境及地质灾害方面的相关人才

建议迅速恢复水文地质、工程地质和环境地质方面的专业，大力培养有关专业人才，包括地质灾害方面的调查研究和监测人才，以适应国家的急需并满足长远建设需求。目前，国际上仍非常重视水文地质和工程地质，并有相应国际学术团体，经常交流。我国几年前只据少数人员的偏见，就取消了这些学科，造成很大损失。恢复这些学科，将有助于加强有关城市地质环境及地质灾害防治方面人才的培养。

三、积极开展城市地质环境与地质灾害研究

我国六百多个城市，规模不同，所处的自然条件也存在很大的差异，中

国受到印度洋板块、太平洋板块的运动影响，以及东南季风与西北寒流的影响，在东西南北中各区域的自然条件都有很大差别，相应的地质环境与地质灾害也存在不同的情况。虽然，以往对城市地质环境也曾进行了不少工作，但尚缺乏系统深入的研究，特别是城市大量建设与发展，尚缺乏综合探索研究，在工程建设与城市迅速发展对城市地质环境已造成的复合效应方面尚缺乏科学的认识。在经历汶川地震、玉树地震和舟曲泥石流三大自然灾害后，应当深入总结与提高认识。应当说，今后灾害还会很多，人们不可能完全阻止自然灾害的发生，但应当避免城市出现不应发生的重大灾害损失。

为此，建议开展中国城市地质环境与建设发展综合效应研究，以总结城市发展的经验。建议课题研究的中心内容是：

（1）不同区域典型城市地质环境的基本特征与主要灾害链问题。

（2）不同区域典型城市发展的综合地质环境效应。

（3）不同区域典型城市地质灾害的危险度评判与分级。

（4）典型城市发展及其防灾减灾的途径及措施。

（5）对城市构成威胁的灾害链的预警预报系统研制。

我们希望国家能加大投入以进行有关城市地质环境及地质灾害调查、研究和治理方面的工作。目前，应首先支持开展城市地质环境与地质灾害的调查研究及城市地质环境适宜性评价，特别是对地质环境问题相对较多的城市进行重点研究，达到防灾减灾之目的。开展这方面课题是极其迫切的，将为今后国家更好地发展提供相应的科学依据。建议由中国工程院和国土资源部合作，并请水利部、住房和城乡建设部、环境保护部、教育部等参加，共同进行此项研究工作。

海西经济区（闽江、九龙江等流域）生态环境安全与可持续发展建议

（2013年4月28日）

一、建议将福建省作为国家生态文明建设示范省

研究认为，选择适宜省份进行生态文明建设的示范，将有利于更好探索经济持续发展与生态环境保护的科学发展模式，并建立相应的体制、机制和制度规范，以及保障生态文明建设的综合体系。为此，专家们建议，将福建省作为国家推进生态文明建设示范省，并给予必要的政策、资金和项目支持。

福建省适宜生态文明建设的有利条件较多，如：主要河流都发育并流淌在本省领域内；地质条件多样复杂；有山脉、河流、海洋、岛屿，自然单元完整；森林覆盖率63.1%，多年居于全国第一；有多元化洁净能源；水资源丰富；气候条件好；已进行功能区划，有良好的工作基础；建有自然遗产地、自然保护区、森林公园、地质公园等近200处，可起到很好建设生态文明的引导作用。福建具有一定的经济实力，境内设有厦门经济特区，海西经济区发展势头良好。

此外，福建与台湾地缘相近，血缘相亲，文缘相同，商缘相连，法缘相循，

通过建设生态文明示范省，可以更好地牵手海东，和谐海峡环境，促进两岸交流与共同发展。

二、福建省生态文明建设的核心内容

研究报告提出海西经济区的发展战略：科学发展以福建为核心的海西经济区；跨越发展引领高端产业和基础民生产业及先进农林业；构建陆地、河流、海洋、岛屿的绿色经济链与蓝色经济链，统筹城乡、优化城镇群、和谐海峡环境、防灾兴利，加强两岸合作，共建实验区；依托优质港口群及连通各地的快速交通网络，振兴与拓展通向世界的海上丝绸和平之路。

有关生态文明建设方面，提出从闽江、九龙江等建设生态流域入手，相应发展生态农林业；抓住重要的六个生态城镇群及三大生态港口群建设。注意国土开发格局优化，节约高效利用资源，加强保护与防治大气、水域与土壤的污染，及减轻自然灾害，以和谐自然环境及友好生态的美景，建设陆地上绿色经济与海洋上蓝色经济。

三、对福建省生态文明示范省建设的几点措施建议

生态文明示范省建设影响全局并涉及方方面面，要实现建设目标，需要工程措施、政策措施、科技支撑措施的相互配合。研究建议对以下几个方面问题给予重点关注。

1. 以生态建设重大工程协调发展与保护的关系

生态文明建设需要通过一定的工程措施使生态环境状况得到显著改善。

研究报告认为，福建省建设国家生态文明示范省，可以考虑在以下生态工程方面加强支持与投入，取得实效：水资源优化配置工程；林业提质增效工程；高效特色优质农业培育工程；河口海岸带生态修复工程；气象－地质灾害链防治工程；城市生态环境保护综合措施。

2. 发展高效、优质生态产业拉动经济

研究报告建议采取三个方面的措施，加强相关基础建设，促进经济发展：大幅提升三大生态港口群与海岛等基础设施，以发展海洋蓝色经济；建立能源多元化试验示范基地，涉及水能、风能、核能、太阳能、潮汐能、地热干热岩等；大力发展生物医药和高端制造产业。

3. 创新生态要素补偿交易机制体现生态建设效益

生态文明示范省建设，首先必须探索并解决好生态建设与经济建设的利益转换问题，也包括生态补偿问题。其次，调整考核发展的指标体系，把生态文明建设的相关内容纳入政绩考核，而且作出与经济发展指标一样的量化、可交易制度安排。建立杜绝发生重大社会影响的生态环境事件的机制；在立体开发土地资源情况下，解决地表与地下的土地使用产权与有关效益分配问题。

4. 加强生态文明建设基础条件调查和科技支撑

这方面主要涉及四个方面的内容：系统开展生态文明建设基础条件调查评价；构建生态文明建设相关指标体系和监测系统；构建生态应急响应和科技支持体系；加强创新引领发展和生态技术研发。

5. 推进有利于两岸交流合作的基础设施相关工作

海峡通道的建设，酝酿已久，两岸科技人员已多次开会讨论，两岸同胞都很期盼。建议国家支持先行开展平潭岛至台湾新竹这条线西端的地质勘测工作，以及有关生态环境的调查与监测，为进一步论证海峡通道可行性作前期准备。

现将该项目研究成果呈上，供参考。

附件1：《海西经济区（闽江、九龙江等流域）生态环境安全与可持续发展研究》报告摘要

附件2：参加咨询项目研究的主要人员名单

附件1

《海西经济区（闽江、九龙江等流域）生态环境安全与可持续发展研究》报告摘要

一、福建省生态文明建设现状与存在的问题

根据党的十八大精神，建设生态文明的四个方面，将福建省已有生态文明的情况作此分析。

（一）国土空间开发格局

首先是土地资源的合理开发与保护，包括节约与集约利用问题。全省土地总面积仅占全国土地总面积的1.3%，人口占全国的2.7%，人均土地只有0.35公顷，只占全国平均水平的48.1%。耕地中的高产田少，中低产田多。目前主要问题是：①土地使用的中长期规划；②土地节约、集约利用；③合理发展农林业；④农村城镇化的合理规划；⑤地下人防工程的合理利用；⑥立体利用土地资源；⑦区域性统筹土地资源；⑧高效利用与后备土地资源；等等。

（二）水土资源配置

2010年，福建省水利工程供水能力211.39亿立方米（$P=95\%$，P即供水保证率），实际用水量202亿立方米，供需基本平衡，预计至2020年和2030年，

院士建议

福建省在 $P=95\%$ 条件下，需水量将依次达到 241.69 亿立方米和 251.56 亿立方米，比现在需水量多 33 亿立方米和 44 亿立方米。目前的措施应是节水为先、保护为重、三水并举、分区配置、以丰济缺，构建优化配置新格局，并增加水利工程措施解决工程性缺水问题。

水资源多。水－土资源的科学配置问题涉及人口密度、土地利用及经济发展问题，包括：沿海耗水工业与内地水多的产业调整；先进农、林业的发展与节水及涵养水源问题；生态流域建设与河流上下游统筹规划等。

（三）海洋开发与海洋环境

海洋开发很重要，环境保护问题主要包括：①入海污染物增多，污染海洋环境，近岸污染面积达 40.5%，主要污染物为无机氮和活性磷酸盐等，也有传统和新型的农药。沿海污染物 80% 以上为陆源。②填海造地表面上似乎增加了土地面积，实际上危及海洋生态。目前造地达 1114 平方千米，造成海湾纳潮量减少和流速降低，加重了海湾淤积，使海域水质变差，增加了污染物 1～3 倍。此外，外来物种入侵，如互花米草等，过度捕捞使渔业资源退化、赤潮灾害、海洋垃圾、海岸带侵蚀等危害都影响到海岸带的生态安全。

（四）多元化能源问题

福建省煤炭资源是 11 亿多吨，2011 年已消耗近 1 亿多吨标准煤。目前煤炭发电占 56.4%，水电占 42.8%，风力发电占 1.17%。福建省有丰富的地热资源，干热岩能量有 13.1 万亿吨标准煤，太阳能年总辐射量在 42 亿～52 亿焦耳/平方米，风能在 262～417 瓦/平方米，潮汐能年平均有 966 亿千瓦时。水电资源还有装机容量 1355 万吨可以兴建。

（五）环境污染

关于大力加强环境保护方面，目前大气存在污染，但程度不严重。地表水与地下水还是有污染严重的地带，但是多数在Ⅱ、Ⅲ类之间，Ⅳ、Ⅴ类的较少。土壤中银、镉、铅等元素含量高，有的是由于母岩中含量高，有的是由于工业污染的原因。

农业面源污染不可忽视，主要是化肥农药的过量施用。化肥施用量为国际标准的3.6倍，农药则为全国平均值的3倍多，有效利用率只有30%～40%。

（六）灾害预警预报系统

目前，台风等气候灾害的预警预报已经取得了较好进展，相应地诱发地质灾害方面，还需要进一步深入研究，以取得灾害链的综合预警预报。

二、福建省生态文明建设的重要原则

进行生态文明建设，需要遵循许多原则，这里针对几个重要的问题进行探讨。

（一）节约、集约利用资源与资源的存储

节约、集约利用资源极为重要。福建陆地上没有油气能源，而海域可能有中生代地层中的油气能源，目前还无法开采。因此，应当需要外来的煤、油气能源进行能源储备，以备今后急需，这是非常重要的。

（二）统筹城乡、相互依存而共同发展及共建生态文明

改革开放以来，利用土地金融手段，使大城市得到资金而不断发展。相应地，农村发展却比较慢，结果导致农村剩余劳动力不断向大城市聚集，农村以老人和小孩居多。要扭转这种畸形的发展态势，福建省今后应当强调城乡统筹，使其相互依存，和谐发展。

（三）城镇群的一体化与共建生态文明

统筹城乡又必须与城镇一体化相结合。以往强调的城市化就只注重大城市间的一体化，要达到城镇一体化，应当：①统一开发利用当地资源；②统一进行防灾减灾；③合理调整产业格局；④交通密切联系。

城乡统筹和城镇群一体化的核心问题，都涉及不同层次的城镇化和乡村之间如何和谐发展，并使得产业和人员流动相协调，都能共同地发展而共建生态文明。

（四）构建山脉－河流－陆地的绿色经济链与海洋－岛屿的蓝色经济链

构建山地、河流与陆地的绿色经济最主要涉及覆盖面广的绿色林业和绿色农业的建设。

1. 绿色经济链

（1）林业。倡导森林资源节约与环境友好的发展模式，实现发展的速度、结构、质量、效益的统一，构建绿色经济链：①走生产发展、生活富裕、生态良好的文明发展道路；②正确处理农、林、牧、水、工的关系，改善城乡人居环境，全面满足人民的物质和精神需求；③拓展林业产业发展空间，拉长产业链条，大力弘扬和发展新时期具有海峡西岸特色的森林生态文化。

（2）农业。绿色产业链建设是重要的组成部分。狭义上的绿色农业包括粮食作物、畜牧、林木材料深加工、水产、果品、食品深加工、饮料、食品包装、无公害农业生产资料和人类其他多元化生活用品等的生产、加工的产业链。

改革开放以来，食品深加工、饮料、食品包装、无公害农产品生产呈快速发展势头，给做好绿色产业链建设带来了一定的基础。为了做好这一方面工作，应以发展高优农业、林产品精细开发为主，适度发展禽畜养殖－食品深加工复合产业，以及竹笋、板栗、食用菌等耐贮藏的特色农产品加工产业，尝试无公害食品以及有机食品的规模化生产。

（3）工业。从产业布局而言，各地区第一、第二和第三产业比例不同，侧重面也不同，应根据气候条件、资源分布、产业基础及地域特点合理布局，科学发展绿色经济产业链。在工业高速发展的同时做到生态安全和可持续发展。

特别针对第一、第二产业，要成为节约资源、能源，体现低碳经济、循环经济的产业，成为建设绿色经济的主要方面。其中，关键是要控制污染，保护良好生态。

为了安全，对受到活动地质构造影响的核电站和大石化工厂所在地，加强地壳稳定性及有关灾害的监测，并有应对灾害的预案措施，也是建立绿色工业的基本要求。

2.蓝色经济链

根据国家发展和改革委员会于2012年11月颁发的《福建海峡蓝色经济试验区发展规划》，立足福建在海洋经济发展中的综合优势，落实国家关于发展海洋经济的战略部署，有序推进海岸、海岛、近海、远海开发，突出海峡、海湾、海岛特色，着力构建"一带、三核、六湾、多岛"的海洋开发新格局。

（1）打造海峡蓝色产业带。以沿海城市群和港口群为主要依托，加强海岸带及邻近陆域、海域的重点开发、优化开发，突出产业转型升级和集聚发展，突出创新驱动与两岸合作，加快构建特色鲜明、核心竞争力强的现代海洋产业体系，形成以若干高端临海产业基地和海洋经济密集区为主体、布局合理、具有区域特色和竞争力的海峡蓝色产业带。

（2）建设两大核心区。把福州都市圈、厦漳和泉州都市圈建设成为提

院士建议

升海洋经济竞争力的两大核心区。加强海洋基础研究、科技研发、成果转化和人才培养，深化闽台海洋开发合作，加快发展海洋新兴产业和现代海洋服务业，率先构筑现代海洋产业体系，推动海洋开发由低端向高端发展、由传统产业向现代产业拓展，建设成为我国沿海地区重要的现代化海洋产业基地、海洋科技研发及成果转化中心。

（3）推进三大港口群（六大海湾）区域开发。依托福州港口群、湄洲湾港口群及厦门湾港口群，包括环三都澳、闽江口、湄洲湾、泉州湾、厦门湾、东山湾六大重要海湾，坚持优势集聚、合理布局和差异化发展，建设形成具有较强竞争力的海洋经济密集区。

（4）加强特色海岛保护开发。按照"科学规划、保护优先、合理开发、永续利用"的原则，重点推进建制乡（镇）级以上海岛保护开发，探索生态、低碳的海岛开发模式；结合海岛各自特点，发展特色产业。

蓝色经济更需要注意海洋生态环境受到陆地的影响而恶化。应注意保持良好的海洋环境，注意海洋生态文明建设对海湾大陆的不良效应。

蓝色经济链还包括海洋勘探、开采固体矿产资源及油气能源、发展远洋和深海渔业、海洋旅游、海水淡化以及海洋风能、潮汐能开发等，这些也都涉及对海洋环境的影响问题。

海西经济区今后发展中生态文明建设的十二个重要原则概括如下：

（1）合理、高效与循环地利用当地资源。

（2）节约与存储并举利用两种资源。

（3）开发清洁、安全的新能源，使能源多元化，并注意环境效应。

（4）向海洋发展，寻求开发海洋资源，以发展蓝色经济。

（5）防治自然灾害，达到减灾、避灾效果，以保护海西地区的海陆发展。

（6）防治污染、节能减排，注意保护陆海生态环境的安全。

（7）保护中开发、开发中保护，以提高发展功效与环境质量。

（8）统筹城乡、相互依存而共同发展及共建生态文明。

（9）城镇群的一体化和谐发展并科学进行生态文明建设。

（10）以流域为单位协调发展建设生态流域，发展流域绿色经济。

（11）调整产业结构，建设生态文明以保障绿色经济与蓝色经济可持续发展。

（12）立足海西，携手海东，为两岸和谐环境与生态文明共同创造相应的坚固平台。

三、生态文明建设的主要内容

生态文明建设涉及许多方面，包括生态流域、生态城镇、生态港口、生态农业、生态工业、生态海洋、生态企业、生态住宅、生态工厂等。

（一）生态流域

福建省水系发育，流程在20千米以上的水系有37条，总长度13 596千米，流域面积112 842平方千米。流域面积在50平方千米以上的河流有597条，流域面积在500平方千米以上的一级河流（指流入海的）有闽江、九龙江、汀江、晋江、交溪、敖江、霍童溪、木兰溪、诏安东溪、漳江、荻芦溪、龙江等12条河流。其中，闽江和九龙江流域面积分别为6.09万平方千米和1.42万平方千米，占全省近70%，闽江干流长559千米，九龙江干流长285千米。

生态文明建设，首先涉及生态流域建设的要素与目标，应当是：地绿、水净、天蓝、海清、减灾、生物多样性。有关生态流域建设要素：①建设生态农林业；②立体产业结构；③建设全流域综合与共同发展的理念及相应的规划。福建省，首先要建设闽江、九龙江生态流域。

闽江生态流域建设的重点措施包括以下方面。

（1）提高及调整一些有污染的产业，如造纸、电镀、小化工、冶炼、水泥等产业，提高其治理水平。

（2）对土壤中含有重金属、有害元素的地带，采用生物治理与土壤改革的措施。

（3）控制水资源保护，特别是饮用水源的保护，完善应急安全水源地的建设。

（4）对居民集中点、城镇及企业周边，有规划地分期分批处理有危害人身安全与建设的地质灾害隐患点。

（5）合理调配水资源，以发挥防洪、发电、抗旱、航运的综合功能，并防治库水的停滞与水质水环境恶化。

九龙江生态流域重点建设应注意以下问题。

（1）加强对畜禽养殖业面源污染的控制与治理。

（2）加强流域上水土流失与地质灾害的防治与减灾措施。

（3）加强流域内矿产资源开发对地质生态环境的保护。

（4）建设绿色农业的基地，发展山区绿色经济。

（5）发展无危害的现代新民生工业，逐渐减少对烟草生产工业的依赖。

（6）注意过密中小型水利措施梯级开发对水质的影响。

（7）发展闽西革命老区绿色经济。

（二）生态农业

要建设生态流域，重要的是涉及流域内生态农业的发展问题，这也是绿色经济的重要部分，主要强调：①稳定耕地面积；②控制水土流失面积和强度；③发展种业工程。

为建设生态流域和福建生态省，在生态农业方面的战略可概括为：

（1）建设生态省和发展生态农业具有的基础。

（2）通过发展生态农业来解决福建省生态安全、食品安全问题。

（3）在福建大力推进"环境友好型"农业生产方式。

（4）推广与实施生态农业技术。

（5）保持农业生态系统的稳定性，促进农业生产力的发展。

（6）以种业工程驱动福建现代化农业发展。

（7）福建省开展生态农业建设的形式与政策层面的支持。

（8）对福建省生态农业、经济建设中的生态安全和可持续发展的基础知识进行培训。

（9）陆地生态农业为绿色经济，应做好蓝色经济链的开发。

（三）生态林业

生态林业也是绿色经济的主要内容。生态林业建设需要做如下工程。

（1）助推以杉木为主的速生丰产林建设工程。

（2）珍贵用材林建设工程。

（3）碳汇林建设工程。

（4）沿海防护林建设工程。

（5）山地水土保持林建设工程。

（6）特色林果业建设工程。

（四）生态城镇群

城市化和城镇化有着很大的差别，涉及城镇的人口迁移问题，应当使真正的农村剩余劳动力，转入不同发展级次的城镇中，上面已经提到全国有五级城镇群建设。

人口的迁移有五个阶段：第1阶段，落后的农业社会；第2阶段，转变的时期，这一阶段中农村人口数量逐渐增多，向城市转移，福建省和全国一样，目前都处在这一阶段；第3阶段，社会转变后期，农村－城市人口相互转移，近于平衡；第4阶段，现代化先进社会，大大减少农村向城市转移人口，少数城市向小城镇及农村转移人口；第5阶段，未来的先进社会，迁移人口不多，城镇－农村相互迁移人口都少。

除了生态河流的几点要求外，对生态城镇的进一步要求应当是：①节约资源；②高效低碳；③三废治理；④绿色食品；⑤新型交通。

福建省拟建的六个城镇群是：福州－宁德城镇群；南平－武夷城镇群；三明－宁化城镇群；厦门－漳州城镇群；龙岩－长汀城镇群；泉州－莆田城镇群。

六个城镇群建设中还应重视：①地质灾害问题；②地下水环境问题；③土壤污染问题；④特殊土的问题；⑤海岸带地质环境问题，涉及海岸带变迁、海岸蚀退、海岸扩张、海滩淤积等；⑥城市垃圾处理污染环境问题。

（五）生态港口群

福建省三大港口群：福州港、湄洲湾港及厦门港口群。

生态港口群建设的基本要求：①港口海水的洁净；②没有外来物种破坏原生态；③保护生物多样性；④港区没有危险品的地表仓储；⑤港区一带不应有污染性工矿企业；⑥海底地貌与航道的稳定；⑦具有抗灾害的能力；⑧生活区与港口作业区分开；⑨有应对港口、海滩灾难的预案与设施；⑩具有快捷立体通道的集结以运转人流、物流。

建设生态港口群也是为了更好地建设生态海洋。生态港口和生态海洋都与生态流域及生态城镇群密切相关。

生态河流、生态城镇群及生态港口的发展，综合体现在绿色经济和蓝色经济的和谐发展。

四、构建福建牵手海东－台湾的广阔平台

近年来，海峡两岸关系有了很大进展，具有新的开端。经国务院批准，已设立福建省平潭综合实验区，以共同协作，为先行先试，创造两岸合作的新方式。

（一）福建省平潭综合实验区

福建省平潭综合实验区位于台湾海峡中北部，是祖国大陆距台湾本岛最近的地区，具有对台交流合作的独特优势。平潭由26个大小岛屿组成，总面积392.92平方千米，海域总面积6 064平方千米。主岛面积324.13平方千米，为全国第五大岛、福建第一大岛。

福建省平潭综合实验区的作用：①两岸交流合作的先行区；②体制机制的改革创新示范区；③两岸同胞共同生活的宜居区；④海峡西岸科学发展的先导区。

开展福建省平潭两岸合作的综合实验区主要基于以下因素：

①平潭对台区域位置优势突出；②自然资源条件优越；③对台合作基础较好；④发展空间广阔。

虽然福建省平潭综合实验区已有392.92平方千米，但为了更好地发展，建议可将福清、长乐的部分地带作为配合这个实验区发展的侧翼，使两岸合

作取得更好的发展效益。

（二）海峡通道

经过多年对比，海峡通道有4条可供选择。通过比选，认为北线的平潭－台湾新竹线位较优，隧道长135千米，在牛山岛、新竹端各设一通风竖井，海峡中部设一座人工岛及通风竖井。该线路有花岗岩，火山岩，古近系和新近系砂页岩，也有石灰岩，无第四纪松散砂卵石层和淤泥，隧道距震中远，地震级别低。两岸为一个中国的共识是不可动摇的，两岸的往来会更加密切。今后应当通过密切经济上的交往、融合，更有力地为两岸和平统一奠定坚实的基础。

五、福建省建设全国生态文明示范省的构想与建议

（一）生态文明示范省建设的重大意义

党中央提出了"必须树立尊重自然、顺应自然、保护自然的生态文明理念，把生态文明建设放在突出地位，着力推进绿色发展、循环发展、低碳发展，从源头上扭转生态环境恶化趋势"的新要求。全国范围内生态文明建设即将进入全新的发展阶段。

生态文明建设涉及发展理念的转变、政绩观和发展成果评价的调整、资源节约集约利用、生态环境保护、体制机制创新等非常广泛的自然科学、社会科学、社会管理范畴，是复杂的系统工程，在一些独具特色的先行省域开展生态文明示范省建设，探索创新发展经验，具有重大示范带动意义。

生态文明示范省建设的目标，是探索经济持续发展和生态环境有效保护的科学发展模式，探索适应生态发展的体制机制和制度规范，以及探索支撑

生态文明发展的科技保障的综合体系。国家可以通过包括财税在内的政策支持和对发展成果评价方式的调整、鼓励，以支持和调动地方政府对生态文明建设的积极性。

（二）福建省建设国家生态文明示范省的有利条件与主要依据

福建省作为建设生态文明示范省具有得天独厚的自然条件、发展阶段、生态环境现状、人文支持环境等优势，可以在全国起到生态文明建设示范作用。主要有利条件包括：

一是自然条件具有独特优势。福建省地理单元相对独立，山、河、陆、海、岛兼备，区内密切关联，自成体系，全省河流绝大部分发源于本省境内，并在本省入海，易于控制全流域生态环境质量；地貌类型丰富，可以更好地展示多元自然条件下生态建设与经济发展的关系，并提供多样的生态效应范例；具有发展新能源（如风能、潮汐能、地热干热岩、太阳能以及核能）的资源和区位优势，可走多元结构能源和资源高效综合利用道路；森林覆盖率63.1%，为全国第一，发展潜力大；水资源相对丰富；气候条件独特，适应多种生物生长，特产品和中药材，以及花卉、水果等，都有很好的前景；地处东海，受台风、地质灾害多种威胁，已有的防灾减灾措施和群策群防经验较丰富；已划分生态功能区，建立了38个省级以上自然保护区，有3处列入世界自然与文化遗产地名录，51个省级以上风景名胜区，81个省级以上国家森林公园，10个省级以上湿地公园，11个省级以上地质公园。数量众多的保护区、名胜与公园，遍及全省各地，其生态环境必定对当地起着重要的影响，促进周边地带生态文明建设。

二是经济发展特点鲜明，示范意义明显。目前福建省GDP在全国位列8～9名，处在中上游，具有一定的经济实力，可以较好地支持生态文明建设；目前生态环境状况总体良好。福建大规模经济建设起步较晚，因此可以避免早期外省市在建设中因缺少经验或认识不足所付出的环境代价和难以弥补的生态环境问题；福建省城市规模适中，易于控制生态环境问题。

三是科技和人文支持环境优越。福建人民教育文化素质较好，教育质量高，在国内外有很多福建籍著名专家学者，有利于为生态文明建设提供智力支持；多目标区域地球化学调查在全国率先基本实现了全覆盖，获得了多介质、多指标的系统地球化学数据，为优化国土空间开发格局和环境保护整治提供了重要基础资料；福建受到较多海外乡亲的关注，一千多万福建籍乡亲居住在海外，对美丽家乡的建设都非常关心；福建作为海西经济区核心区，对于增进海峡两岸民众感情，促进祖国统一大业具有重要意义。

从上述三个方面有利条件来看，选择福建省率先建设全国生态文明建设示范省是适宜的。

1. 生态文明示范省建设的战略构思

生态文明示范省建设的谋划，一要体现生态优先的理念，二要体现城乡统筹、流域统筹的理念，三要体现走向海洋、海陆统筹的理念。对福建省建设国家生态文明示范省的策略内涵，提出如下看法：一是科学发展以福建为核心的海西经济区；二是跨越发展高端引领产业、基础民生产业及先进农林业；三是构建陆地－河流－海洋－岛屿的绿色经济和蓝色经济链；四是统筹城乡、优化城镇群、和谐海峡环境、防灾兴利；五是加强两岸合作，共建实验区；六是依托港口群及快速交通网络，振兴与拓展通向世界的海上丝绸之路。

福建省生态文明建设的最终目标是生态福建、美丽福建。

2. 对福建省生态文明示范省建设的几点建议

生态文明示范省建设影响全局并涉及方方面面，要实现建设目标，需要工程措施、政策措施、科技支撑措施的相互配合。建议对以下几个方面问题给予重点关注：

（1）以生态建设重大工程协调发展与保护的关系。

生态文明建设需要通过一定的工程措施使生态环境状况得到显著改善。我们认为，福建省建设国家生态文明示范省，可以考虑在以下生态工程方面加强投资，取得实效：①水资源优化配置工程；②林业提质增效工程；③高效特色优质农业培育工程；④河口海岸带生态修复工程；⑤气象—地质灾害链防治工程；⑥城市生态环境保护综合工程。

（2）发展高效、优质生态产业。

一是大幅提升港口、交通、地下空间、海岛等基础设施建设水平；二是建立能源多元化试验示范基地；三是大力发展生物医药和高端制造产业。

（3）创新生态要素补偿交易机制，体现生态建设效益。

生态文明示范省建设必须探索并解决好生态建设与经济建设的利益转换问题。解决生态补偿问题，关键是要切实转变发展思路和理念，尽快调整考核发展的指标体系，把生态文明建设的相关内容不仅纳入政绩考核，而且作出与经济发展指标一样的量化、可交易制度安排，在此基础上，按照社会主义市场经济规律，在公平负担基础上就生态要素进行区域间交易，使生态建设和生态产品与经济建设和经济产品具有同等价值和效益。

此外，在政策和管理层面，还要建立杜绝发生有长远环境影响和重大社会影响的生态环境事件的机制。

（4）加强生态文明建设基础条件调查和科技支撑。

一是系统开展生态文明建设基础条件调查评价；二是构建生态文明建设相关指标体系和监测系统；三是构建生态应急响应和科技支持体系；四是加

强创新引领发展和生态技术研发。

（5）推进有利于两岸交流合作的基础设施相关工作。

海峡通道的建设，酝酿已久，两岸科技人员已多次开会讨论，两岸同胞都有期盼。建议国家支持海峡西岸先行开展平潭岛至牛山岛之间的地质勘测工作以及有关生态环境的调查与监测，为进一步论证海峡通道可行性作前期准备。

结　语

福建省具有优良的自然条件，福建省自改革开放后，也得到了很好的发展。由于改革开放前的近三十年没有很好的建设，而且处在两岸对峙的前缘，福建人民作出了重大的牺牲和贡献，保障了国内广大地区的发展。

目前，福建省虽然在近三十年来，奋起直追，努力赶上，但由于以往发展少，底子仍薄，所以经济上仅处于全国中上的水平。最主要的是，福建与台湾只相隔一个海峡，目前福建与台湾相比经济上仍有些不足。为了和平统一的远景，应当更好发挥福建与台湾具有历史上"五缘"相通、相循与相近的特点，应当更好发挥福建这个牵手台湾的平台的作用。

所以，发展福建的经济，仍是全国重要的一步棋。

根据党的十八大精神，经济建设应当与生态文明建设密切结合。结合以上论述，关于海西经济区（闽江、九龙江等流域）生态环境安全与可持续发展研究，在经济发展上的战略认识可归结为：

科学发展以福建为核心的海西经济区；跨越发展高端引领产业和基础民生产业及先进农林业，构建陆地、河流、海洋、岛屿的绿色经济与蓝色经济链；

统筹城乡、优化城镇群、和谐海峡环境、防灾兴利；加强两岸合作，共建实验区，依托优质港口群及沟通各地的快速交通网络，振兴与拓展通向世界的海上丝绸和平之路。

要实现这个战略，当然必须以生态环境安全为前提，而达到长远发展是不可忽视的目标，就是可持续发展。

所以，要保障这个战略理想的实现，达到生态环境安全与可持续发展，需要不断深入地提高对建设生态文明的重要层次的认识与实践。也就是说，在海西经济区今后发展中，应当以建设生态文明作为重要前提，这样才可对生态环境安全有保障，也才能更好地推进上述发展战略，以使海西经济区得以可持续发展。

海西经济区，今后在建设生态文明方面的战略性理念是：

以科学发展观为指导思想，节约、高效、循环利用资源，开拓多元洁净新能源，合理配置水土资源，发展有机生物资源，综合建立陆地—河流的绿色经济。高举创新旗帜，建设两大生态流域、六大生态城镇群。防治气候—地质（及地震）灾害链，控制发展中不良效应与污染，真正防灾兴利。建设三大生态港口群，扬起通向五大洲的新的海上丝绸和平之路的船帆，发展蓝色经济。将海西区（福建省为核心）建成生态文明、和谐安全、山川美丽、人民富裕和牵手海东—台湾的可持续发展的示范区。

作为海西经济区核心的福建，与海东台湾，有着地缘相近、血缘相亲、文缘相通、商缘相连和法缘相循这五缘密切的关系。通过建设海西，牵手海东，可以促进两岸交流与共同发展，使海峡成为"五和"的境地。这"五和"是：经济发展上和顺，同胞交往上和好，生态建设上和谐，统一态势上和平，发展前程上和美。

―― 院士建议 ――

　　党的十八大专门提出生态文明建设问题,将经济建设、政治建设、文化建设、社会建设及生态文明建设共列为一体化的目标。

　　上面提到有关海西经济区(福建省)的发展战略,这是经济建设的战略目标的建议。相应地提出海西经济区生态文明建设的战略性理念,使经济建设战略内涵与生态文明建设的战略理念相结合,一定会有力地推动海西经济区的科学发展、更好发展,将海西经济区福建省建成美丽的省区。

　　海西经济区核心的福建省,应当可早日实现作为中国复兴梦想的一个环节,即:建设生态福建,美丽福建,幸福福建。

附件 2

参加咨询项目研究的主要人员名单

周　济　项目顾问，中国工程院院长

潘云鹤　项目顾问，中国工程院常务副院长

沈国舫　项目顾问，中国工程院院士

周干峙　项目顾问，中国工程院院士、中国科学院院士，建设部原副部长

石玉林　项目顾问，中国工程院院士，中科院地理科学与资源研究所研究员

梁应辰　项目顾问，中国工程院院士，交通运输部研究员

金鉴明　项目顾问，中国工程院院士，国家环保部研究员

宋振骐　项目顾问，中国科学院院士，山东科技大学教授

雷志栋　项目顾问，中国工程院院士，清华大学教授

沈照理　项目顾问，俄罗斯工程院外籍院士，中国地质大学（北京）教授

王秉忱　项目顾问，全国工程勘察设计大师，原国务院参事，住建部建设环境工程技术中心研究员

卢耀如　项目组长（兼课题组长），中国工程院院士，中国地质科学院研究员，同济大学教授

王思敬　项目副组长（兼课题组长），中国工程院院士，中科院地质与地球物理所研究员

尹伟伦　项目副组长（兼课题组长），中国工程院院士，北京林业大学教授

—— 院士建议 ——

王梦恕 项目副组长（兼课题组长），中国工程院院士，北京交通大学教授
王　浩 项目副组长（兼课题组长），中国工程院院士，中国水利水电科学研究院研究员
孙　钧 课题组长，中国科学院院士，同济大学教授
徐　洵 课题组长，中国工程院院士，国家海洋局第三海洋研究所研究员
谢华安 课题组长，中国科学院院士，福建省农业科学院研究员
范立础 课题组长，中国工程院院士，同济大学教授
王光谦 中国科学院院士，清华大学教授
陈志恺 中国工程院院士，中国水利水电科学研究院研究员
陈厚群 中国工程院院士，中国水利水电科学研究院研究员
陈运泰 中国科学院院士，中国地震局地球物理研究所研究员
黄荣辉 中国科学院院士，中国科学院大气物理研究所研究员
邓起东 中国科学院院士，中国地震局地质研究所研究员
李焯芬 中国工程院院士，香港大学教授
彭苏萍 中国工程院院士，中国矿业大学（北京）教授
林学钰 中国科学院院士，吉林大学教授
周丰峻 中国工程院院士，总参工程兵第三研究所研究员
王景全 中国工程院院士，解放军理工大学教授
茆　智 中国工程院院士，武汉大学教授
周绪红 中国工程院院士，兰州大学校长

对贵州省望谟、册亨县泥石流灾害综合防治与生态城镇发展的建议

（2013 年 7 月 12 日）

卢耀如　周丰峻　石建省　田廷山　黄润秋　许　强
石振明　熊康宁　余　斌　宋建波　黄法苏　刘　琦

为支持贵州发展，2013 年 4 月 3 日—6 日，中国工程院卢耀如、周丰峻院士及有关方面专家一行 11 人对贵州省望谟县和册亨县进行了山洪、泥石流等地质灾害考察。在考察调研的基础上，针对两县的具体情况，研究提出该建议。

一、基本情况

贵州省望谟县、册亨县是少数民族聚集区，被称为贵州最贫困、受地质灾害威胁最严重的县，近年来曾多次遭受严重的山洪地质灾害。如望谟县，在 2006 年 6 月 12 日、2008 年 5 月 26 日及 2011 年 6 月 6 日，分别发生了三次严重山洪－泥石流灾害，短时间内降雨量达 196.7 ~ 316.3 毫米，最大每小

时雨强达 105.9 毫米。望谟河段洪峰达 994～1700 立方米/秒。三次灾害受灾面积 42.02 万亩,受灾人口 49.3 万人,房屋倒塌 8105 间、破坏 11 991 间,公路、灌渠、三小水利工程、通信、供电等基础设施严重受损,有的城镇水淹近 4 米,直接经济损失 50 多亿元。经三次暴雨的冲刷后,目前望谟县还有近 1700 万立方米的危岩(土)体存在,地质灾害隐患点有 140 处,威胁百人以上安全的隐患点有 22 处,涉及 8 个乡镇 57 个行政村 132 个自然寨。今后,重大山洪泥石流灾害隐患依然存在。

望谟、册亨连续遭受重大山洪地质灾害的原因在于:该地区山体多为砂岩、泥岩为主的岩体,强烈的构造挤压造成岩体结构破碎,风化作用使岩体强度降低、土层松散,暴雨山洪在河谷中短距离(18～20 千米长)产生 1200～1300 米的落差,大股水流直接冲毁岩土体,形成挟带大、小泥石的泥石流,其破坏性远大于一般的土颗粒与小石块为主的稀性和黏性泥石流。

二、灾害防治与发展的思路

1. 综合防治地质灾害

治理望谟、册亨山洪地质灾害应建立"与洪水共处"的理念,即难于根绝洪水,但应当避免其产生重大灾难。为此,除了加强气象预报之外,还应采取相应的工程治理措施,包括上堵、中疏和下排,以及生物处理,将治水与治岩土体相结合。有相应的投入,可以大大减轻山洪泥石流地质灾害的危害。

2. 生态移民与生态城镇建设相结合

生态移民是指将人口从脆弱恶劣的居住地迁往相对适宜的地带,重建家园与发展生产。对望谟县而言,目前受灾人口达 49.3 万人,对其中受灾最严重的地区分期分批进行生态移民是必须的。生态城镇的建设过程要充分考虑能源、矿产资源、土地资源和生物资源等开发利用的限度，充分考虑对城市生态环境的影响。特别是城镇的选址和建设，要以地质环境为重要依据，加强植被恢复措施，以及水土保持与石漠化治理，考虑整体环境的整治与绿色产业发展。

3. 发展绿色产业

望谟县、册亨县发展绿色产业有广阔的前景。两县水热资源丰富，特色资源优势明显，特色农业及农产品加工业、绿色生态旅游等产业值得支持。其中，重点发展竹、柳、油茶、核桃、板栗种植，适度发展中药材、早熟蔬菜，发展畜牧业，增产粮食，建立农产品种植基地等，有效地拓展灾民的生计与就业，将县城建设成为融艺术、观赏、娱乐为一体，有布依族风情和文化特色的综合性旅游区。

4. 因地制宜加强交通基础设施建设

蔗香港位于望谟县蔗香乡，距县城约 39 千米，地处珠江上游南、北盘江汇入红水河的两江口，是西南出海水运中通道西江干流的起点，自蔗香两江口至龙滩水电站大坝为 B 级航区，龙滩水库可以保证常年通航千吨级以上船只。蔗香地势开阔，水域面积大，航道条件好，是建设大型港口的理想场所，预计年吞吐量为 2000 万吨。适合规划建设不同类型的专业化泊位，可供上百只大中型船舶同时停靠作业。可依托港口发展临港经济和腹地绿色经济，建设工业园区、物流园区、餐饮服务区，以及港口附属设施，如车库、停车场、机具修理车间、消防站等，有利于扩大港口的综合规模。

三、支持望谟、册亨灾害综合治理和生态城镇建设的建议

贵州望谟、册亨是少数民族集聚地，又是山洪泥石流灾害频繁发生的重灾区，经济欠发达。目前，仅靠举步维艰的贵州省地方财政，无法从根本上解决问题。

为解决望谟、册亨县山洪泥石流灾害频发造成的严重危害，促进当地经济发展，维护民族团结和社会稳定，以实现防灾减灾，应将民族地区生态城镇建设和区域经济发展协调推进。为此，建议国家把"望谟、册亨县综合灾害治理和生态城镇建设"作为专项给予支持，实施"贵州省望谟、册亨山洪泥石流灾害综合防治和生态城镇发展建设工程"，希望在国家层面进行规划。该工程包括：①望谟、册亨县民族特色生态城镇建设工程；②望谟、册亨县综合灾害治理工程；③望谟、册亨县交通物流基础设施建设工程；④望谟、册亨县山洪泥石流灾害监测预警与基础能力建设工程；⑤蔗香临港经济区发展建设工程。需要指出，在交通设施工程和蔗香临港经济区建设工程中，都涉及黄百铁路建设及通向望谟的高速公路建设问题。建议国家尽快组织相关部门和专家开展详细调查和规划设计，尽快落实专项资金予以支持。

关于创新福建核心区
促进 21 世纪海上丝绸之路发展的建议

（2015 年 10 月 22 日）

卢耀如　王思敬　郑绵平　王　浩　周丰峻　王梦恕　陈运泰
孙　钧　石建省　申建梅　翟明普　唐益群　汪　林　李守定
刘顺桂　许建聪　刘　琦

今年，福建省被中央确定为 21 世纪海上丝绸之路核心区，为更好发挥福建省核心区作用，我们提出如下建议供参考。

1. 建设海上丝绸之路博物馆

泉州已建有海上交通博物馆，于 21 世纪初得到当时有关省领导的支持，也得到古丝绸之路有关国家及其商贾后代的支持。建议对此博物馆予以支持扩建，成为"中国海上丝绸之路博物馆"。

2. 支持申请海上丝绸之路世界文化遗产

泉州有许多有关文物可作为海上丝绸之路起点有关的遗址，以申请世界文化遗产地目录。如九日山、开元寺、承云寺、天后宫、龙山寺、关锁塔、屈斗宫古瓷窑址、清净寺、草庵摩尼教寺、龙山寺、崇武古城、洛阳桥，以及有关墓穴、碑 365 处和石刻、塔等 62 处。

3. 积极开展有关海港的地质环境监测与保护

泉州港作为古丝绸之路起点，公元 561 年南朝陈就与海外有往来，从全盛时期中唐后兴起迄今已有悠久历史，海岸线及港口已发生很大变化，涉及港口淤积、河流的改造等。此外，风暴潮、台风及诱发地质灾害，也需要更好防治以防灾减灾。目前，应当对泉州港口及福建核心区内其他两个港口群，即福州港（包括宁德三都澳）、厦门港等海岸带进行海洋地质环境监测与保护。

4. 在福建召开 21 世纪海上丝绸之路国际研讨会

由国家主持，把古海上丝绸之路的主要国家及 21 世纪海上丝绸之路的主要国家的学者、航海企业家等召集在一起，重温古丝绸之路的盛况与遗址，再研究今后协作创新，以开拓 21 世纪海上丝绸之路的理念、技术与合作发展问题。

5. 建立海上丝绸之路友谊街（或公园）

可以由我国发起，另外征集国外投资，共同建设海上丝绸之路友谊街（古时泉州就有）或公园，作为国际贸易交流之场所，有各国商贾办公所、茶座咖啡厅，一条街建筑可呈现我国及一些有关海上丝绸之路的国家主要风格的建筑，并有典型景观、文艺作品的呈现，包括字、画、动漫演示以及文艺表演。

6. 在福建核心区举行海上丝绸之路起航仪式

由国家主持，以泉州一带海上丝绸之路作为起点，聚集我国沿海新的船舶及海外有关沿途重要国家与地区代表，共同举行 21 世纪海上丝绸之路和平起航仪式。同时，也需要设计"21 世纪海上丝绸之路的图标和旗帜"，以挂在航行船舶上，用以宣告国际上合作维持这条和平、商贸、友好与发展之路的联合意志。利用这种仪式，继承古丝绸之路的友谊，宣传 21 世纪丝绸之路起点中国维护和平、互利发展的力量与信心。

7. 建立海上丝绸之路博览交易会

福建省每年 6 月 18 日在福州举办"中国海峡项目成果交易会"。建议将交易会于双年份改为"中国–海上丝绸之路博览交易会",地点仍在福州,厦门、泉州可设分会场。

8. 建立 21 世纪海上丝绸之路合作委员会

由国家出面,召集与海上丝绸之路商贸、文化交流有关国家的代表,组成合作委员会,共同拟定有关章程,保障商贾、文化等交流,保持良好的合作环境。

此外,应加强福建省省内及福建省与沿海省市的港口密切分工与协作,更好打造 21 世纪海上丝绸之路的外运新产品,探索开发海上丝绸之路的多种旅游线路,开展有关丝绸之路的科技与人文方面的国内外合作与人才培养,发挥福建省核心区作用。

―― 院士建议 ――

积极发展衡水成为智能－生态－综合特色城镇群示范区

——作为鼎立三足之一支持京津冀核心区发展

应中共衡水市委、市人民政府邀请，中国工程院卢耀如、陈厚群、谢礼立、李廷栋、顾金才等院士及有关专家于2018年9月8日—11日，就河北省衡水市今后更好发展问题，开展院士专家行，经考察研讨形成如下认识与建议。

一、现状

京、津、冀同属一个地理单元，北有燕山山脉，西有太行山山脉，东临黄海、渤海、南界黄河，中心是华北平原，地质构造同属一个系统，气候相同，自然资源三地紧密相连，自然灾害也类似。党中央设立雄安新区是千年大计、国之大事，北京、天津和雄安构成"鼎"之核心，京津冀和雄安新区发展必须与近邻地区的发展协同，一个鼎身必须有三足以使鼎稳定矗立。河北省的张家口、衡水－沧州和秦皇岛应是京津冀这个鼎的三个"鼎足"。张家口是鼎身的东北－北部阻挡西部风沙、荒漠化推动的重要高原坝上屏障；秦皇岛是东部的一个屏障，也是一个开放的特殊口岸，促进与东北区、东南区，以及与太平洋彼岸和远方欧洲、非洲的海上通道的连接，南有海南岛、北有秦皇岛；衡水－沧州是南－西南这片水环境对鼎身基础的保障支撑，以衡水为最低点，代表华北平原南部的水环境对鼎身可能产生影响的一个屏障和承接化解地区。衡水作为支持"京津雄之鼎"的稳定的三足之一，而且也是华北平原南部的广阔面积的发展的引领者，起着新时代中平原发展的引领示范作用。

长期以来，河北平原工农业发展和城镇人民生活用水以开发利用地下水资源为主，传统农业生产的冬小麦－夏玉米种植结构大量消耗水资源，与当地水资源总体不足的矛盾突出。近年来，采取冬小麦休种和深层地下水限采、咸淡水混合灌溉、节水灌溉等措施，深层地下水位降落态势得到有效控制，但"漏斗"依然存在，地下水位调节任务依然繁重。

二、建议

（一）坚持贯彻落实三大重要战略，确立衡水作为支持京津冀核心区巨鼎的三足之一支柱地位

衡水今后发展应当坚持落实中央提出的三个重大战略部署：坚持生态文明发展战略，积极融入京津冀一体化发展战略，推进实施乡村振兴战略。其发展目标，一是作为支持"京津雄"鼎身的一个重要支柱，二是作为华北平原南部城镇发展的引领示范者，三是作为半干旱地区创新发展智能、生态与安全城镇的先行者。

（二）加强水生态环境修复与水资源开发保护

水生态环境修复的主要任务：一是调整地下水开采格局，涵养恢复地下

水水位，修复地下水降落"漏斗"；二是按照"清水绿岸、鱼翔浅底"的要求，修复和改善河湖生态系统，治理河湖水系水污染，特别是保护利用好衡水湖湿地资源。

具体行动包括：①稳定"藏粮于地"政策措施，长期实施冬小麦轮休轮作，切实压减深层地下水开采量，建议开展深层大口径钻孔回灌地下水的试验；②增加滏阳河对衡水湖的补给，深入研究衡水湖整体生态保护修复规划，探讨修复西湖水域的可行性，部署开展河网生态修复工程，并积极推进衡水湖生态修复工程纳入国家生态保护修复计划；③增加引黄、引长（南水北调）调拨给衡水补给回灌地下水量；④更好节水、提高水资源利用效率，实行分质供水；⑤综合利用雨水、河水、湖水、地下水、处理中水和周边大水库、人工水塘水等"六水"资源。

（三）促进传统农业发展方式向节水生态农业转变

优化调整传统种植结构，推动节水约束下的现代高效利用水－土资源的生态农业发展。①合理规划农业生产布局，调整粮食、其他农作物、蔬菜种植的品种和相应的数量；②控制养殖场分布和保护生态环境，控制与减少养殖业对环境面源污染；③控制化肥农药用量，修复土壤污染；④扶持培育农业龙头企业和地方特色品牌。

（四）谋划发展智能、生态与特色城镇群

衡水有许多独具特色的乡镇，调整发展有特色的城镇，发展一批智能、生态兼具的特色城镇群。如工业产业小城镇群、养殖及加工小城镇群、特色粮食作物生产（及深加工）小城镇群、文化教育小城镇群、湖滨休闲娱乐小城镇群等。衡水市未来乡村发展应遵循新型智能、生态与创新的农村小城镇的特色发展战略，成为华北平原南部及半干旱地区生态农业的典范、品牌农业的典范、智能 – 生态 – 综合特色城镇群的典范。

（五）工业产业的调整与协作

发挥区位优势，根据雄安新区建设的进展，主动对接服务雄安新区建设，打造京津冀区域交通物流枢纽、绿色农产品供应、生态保护屏障、技术成果转化及产业承接、教育医疗及休闲养生功能疏散基地的功能定位，成为雄安新区的交通南大门、产业新腹地、生活近郊区、美好环境花园区。

实施工业品牌计划，做强做大白酒、饮料、丝网、玻璃钢、橡塑制品、铁塔钢构、食品医药、高铁玻璃等特色产业，开拓基因医药等更多新型高科技产业领域。

综上，建议河北省召开衡水、张家口、秦皇岛、雄安新区管委会联席会议，邀请北京、天津有关部门参加，研究如何实现协同发展。同时，建议成立"河北省发展与生态院士专家咨询合作委员会"和"衡水市发展与环境院士专家咨询合作委员会"，依托院士专家开展相关战略咨询研究，为河北省实现跨越式发展贡献力量。

院士建议

衡水院士行考察组名单：

组长：

卢耀如 中国工程院院士，水文地质工程地质，同济大学

印象初 中国科学院院士，动物学，河北大学

成员：

陈运泰 中国科学院院士，地球物理，中国地震局地球物理研究所

李廷栋 中国工程院院士，区域地质学，中国地质学会副理事长

顾金才 中国工程院院士，岩土工程与防护工程，军事科学院国防工程研究院

谢华安 中国科学院院士，农业学，福建省农业科学院

李焯芬 中国工程院院士，岩土工程，香港大学

谢礼立 中国工程院院士，土木工程抗灾与防护工程，中国地震局工程力学研究所

陈厚群 中国工程院院士，水工结构工程，中国水利水电科学研究院

石建省 俄罗斯自然科学院外籍院士，水文地质工程地质，中国地质科学院水文地质环境地质研究所

科 技 评 论

科技评论

当好工程建设的安全卫士

——谈地灾监测为工程安全提供基础依据

（中国国土资源报 2012年4月17日）

编者按：《全国地面沉降防治规划（2011—2020年）》获国务院批复后，中国工程院院士卢耀如接受本报记者专访，阐述了正确、科学地应对地面沉降以及地面塌陷的问题。近日，卢耀如院士读了《参考消息》转载的《港报报道：内地50多座城市受地面沉降困扰》一文，特为本报写本文，以期广大读者能更好地认识与关注地面沉降问题。

关注地面沉降是为了城市安全与科学发展

报道中中科院地理科学与资源研究所专家封志明的观点是，直到我们停止建造高楼大厦、不再开采地下水资源的那一天，土地才会停止沉降。这个认识在多数情况下是正确的，问题在于什么时候高楼建造该停止？什么情况不开采地下水？这是需要科学监测与防治的。联系到城市发展问题，在地面沉降加剧的情况下，城市的安全应如何保障？地面的继续沉降不仅会对城市造成致命的安全威胁，而且地面沉降的加剧，还会影响科学发展。

"只要经济不沉降，地面沉降问题是小的，让它沉降吧！"持这样观点的人，主要是认为地面沉降防治监测与经济发展相对立，而没有看到地面沉降的严重性，以及严重地面沉降是会制约经济发展的。

工程处理措施不是万能的

由抽水引起的地面沉降，是不可能通过人工回灌以使地层恢复原有结构的，只能是减缓、降低沉降速度。而我国有70%以上城镇需靠地下水作为水源，所以完全不开采地下水是很难做到的。关键在于依照自然规律，合理调蓄利用地表水和地下水资源，科学利用供水资源。

在工程建设上也应关注及监测地面沉降情况。中国工程院院士王梦恕认为，国内的高速铁路设计时已经考虑了土地沉降因素。比如，世界最长的高铁线路京沪高铁几乎完全架设在桥梁上。是的，针对冻土、软土、易溶石膏层，我们曾建议做平桥穿越这些地带。但即使有桥基建在下部好的基础上，关键还要看这些桥基桩基的持力层是否稳固、安全，有没有沉降和滑动的危险。这个我们在一些工程讨论中提过，发表在2000年4月高等教育出版社出版的《硫酸盐岩岩溶及硫酸盐岩在硫酸盐岩复合岩溶发育机理与工程效应研究》上。有了这种平桥，这只是一条线，如果桥基持力层不稳定，就会受到大面积沉降与滑动影响而危及工程安全。

在2011年"3·11"日本地震海啸后，我在有关建议中强调了要注意相应的地质灾害的稳定性处理。比如，深圳有很多高层建筑，在基础桩基上，就建有实时沉陷的自动监测传输系统。目前，我国高铁尚缺乏这种自动监测实时传输的预警预报系统。工程处理阶段的预防，其实还是有限的，不过桩基、高压灌浆、排水、减压等几把"斧"。只有正确依据自然条件，进行建设发展，才能做到人类工程与自然的和谐、友好。

防治地灾是地质人的天职。人类的大规模发展，破坏了地球上原有相对和谐演化的环境，出现了极端气候与条件，地质灾害由于人类发展而加剧。这种情况是令人担忧的，这也是地质工作更多关注地质灾害防治与监测的缘故。而且我们应当通过监测等成果提高对自然的认识，以提供给具体建设部门作为城市发展与工程建设方面的依据。如三线建设时，铁道部原部长滕代远专门找了原地矿部副部长何长工，邀请他帮助派地质队伍进行成昆线地质调查，当时地矿部一下就协调几千人的勘探队伍，奔赴成昆线。

近些年，有很多单位是集勘测、设计和研究于一体的。在这种情况下，常常是勘测费用先垫付，项目批复后，才有勘测设计费用下来。于是，不少这样三位一体的单位，勘探时对地质条件多是做了不充分勘探，目标是以争取立项为主，这样就会使工程存在很多隐患。

最好是，一个设计单位可以集勘测、设计和研究于一身，但不要进行同一项目。如以设计为主，则勘测可由别的单位的勘测队伍负责。这样不会以本院领导的主观意见为主，而会客观地从事勘测，而且勘测费用应该先予以支出，不能立项后拨款。

地质工作对国家发展是起尖兵作用的，又是工程建设的安全卫士，对各种地质灾害的防治包括地面沉降是责无旁贷的。地质科学更要密切地为各项工程建设服务，一条铁路、一个水电站、一座高楼等的建设，其成功建设与安全运转首先是地质上要有充分保障。

今后，在地质工作方面，特别在防灾减灾上，我们更要迎难而上，努力创新，进一步发展地面实时监测以及卫星监测，完善预警预报系统。目前，

这方面已取得不少成效,避免了很多损失。但是,还需要进一步加大力度宣传、深入探索。作为地质工作者,更应该为保护经济社会发展与工程安全履行应尽的职责。

———— 科技评论 ————

从日本大地震思考我国今后防灾战略

(科学时报 2011年3月18日)

这次日本大地震诱发海啸，给日本造成很大灾难，但因为电信、交通的瘫痪，对重灾区的情况还没有全面了解，所以目前对地震造成灾害的损失情况，尚不能给出最后定论。但可以肯定，这次大地震对日本造成的损失是惨痛的。

中日两国一衣带水，中国从这次日本大地震中，也应吸取一些深刻的教训。

加强地震灾害监测，注意防止灾害链

日本处于太平洋板块、欧亚板块及北美洲板块交界地带，是地震多发国。日本对房屋的防震相当重视，也有丰富经验。例如，他们特别注意基础的防震，并加强建设中、低层结构的抗震能力。但是，日本在防备诱发海啸及其他灾害方面，还没有相应的防护与预警安全措施。

我国是地震多发国，特别是在西南的云南、四川以及西北的新疆等地区，还有东南沿海至香港海域中也有活动断裂。有人认为我国东南沿海没有产生诱发海啸的地形条件。我想，这仍需要作具体研究与分析。但是，地震诱发其他地质灾害，如滑坡、泥石流等，其危害性也是很大的。汶川特大地震等都深刻说明了这点。

地震虽然还是难于精确预报,但有的具有前兆。例如,2004年印尼海啸前,我国广东有地下水喷出50米,北京收到次声波,东海科学钻探5 000米深处氦、氩气体异常等;地震时我国10多个省发生地下水异常的同震效应。因此,加强地震危险地带的监测,完善海域(领海)的传感监测设施;对地震易发及可产生更多诱发地质灾害的地带,对人民生命财产有严重威胁的可能地点,预先采取防治措施,目的就是斩断地震诱发的地质灾害链。

加强对核电站的地质选址工作

我国核电站正处于发展的高潮之中,目前有20多个机组,正在国内制造,今后核电站将会不断投入电网。在核电站建设中也都注意到了地质选址,但以往只是从断层性质上考虑,或挑选安全岛以建立核电站,对相关灾害威胁,还没有更多注意,如是否有抗御附近泥石流、滑坡等地质灾害威胁的能力,是否可抵抗强烈风暴潮、海平面上升与海啸的威胁等。这方面,很需要对已建和将建的核电站进行一次抗灾能力评估,以便采取相应补救措施。

加强城市及重要设施的安全能源与安全水源建设

这次日本福岛事件,是否会造成重大灾难,目前尚难断定。如果不能得到安全控制,最主要是能否保障能源,使出事的核电站设施得以降温。同时,已发生事故可能对地表饮水产生核污染,因此,不要让灾区人民乱饮水。

针对我国人口密集的城市,已经有重要设施(核电站等)的城市,都应注意加强建设安全的水源和能源。这样能够做到防患于未然，收到防灾减灾的功效。

我国城市人口密集，具有风险的工厂遍及各个省市，如何有备用安全的水源和能源，是一个重要问题。要解决这个问题，也非一朝一夕之事，但是，应当借此次日本大地震，从中更好地领悟到其迫切性与必要性。

注意建筑物的抗震及应对其他自然灾害的能力

日本对建筑物的抗震是很注意的，但只考虑到抗8级地震的要求，而没有考虑抵御9级地震。即使如此，这次由地震造成建筑物的破坏还是不多。而我国只要五六级地震就造成了较多的房屋破坏。

有记者电话采访我，他说："汶川地震已两年了，为什么这次云南地震仍有那么多房屋毁坏。"我回答说："我国以往民用建筑对抗震考虑较少，特别是早期的山区民间住房以及早期建设的小城市。汶川地震两年了，我国地域广阔、人口众多，不可能在这两年内都把民间住房予以改造。"

虽然如此，我国也应采取相应措施，以增强建筑的抗灾能力。首先应当对有可能发生强地震等的灾害地区，对民居及公共建筑进行抗灾能力评估，再对抗灾能力低的建筑分批加固，或者构筑公共的安全避难所。

提高全民防灾减灾意识，有力开展宣传活动

对各级政府领导部门，进一步加强防灾减灾意识仍非常重要。汶川特大地震两年了，还有玉树地震、舟曲泥石流等灾害，更多领导注意到了防灾问题。

但是，也有领导及有关部门仍然忽视，其中还有建议在强烈地震危险地带、活动断裂地带进行高铁或其他工程的建设。

这次日本地震，有3条高铁中断，受灾严重。保护人民生命财产，要重于维护领导形象；稳妥的安居比不稳定的华丽建设更受百姓欢迎。汶川灾区老百姓的感受也说明了这点。所以，目前对高铁等应像核电站一样，应当加强注意有关抗灾综合能力与风险评估。

此外，应当加大力度宣传"5·12"国家防灾减灾日，以提高全民意识。

最后，强调一下：我们重视这次日本大地震，从中吸取教训，为的就是要在今后更好地建设。自然力量是巨大的，人类工程建设的手段不是万能的。因此，绝对不能忽视自然灾害。只有重视了，才能使建设工作更加适应可能发生的灾害情况，也才能达到和谐自然的目的。

―― 科技评论 ――

卢耀如院士：地质勘探并非可有可无

（中国科学报　2016年7月27日）

任何一项工程在施工前，必须做好地质环境勘察以及有关地质环境与地质灾害的评价；要如实反映客观自然条件并作出正确评价，而且要终身负责。

我们经常可以看到"某某事故系自然地质原因引发"这样的报道。现在，有些地区的工程建设，在建设之前往往忽视地质条件和潜在的地质灾害。一旦出了问题，就推脱说地质条件不好。事实上，工程建设必须要有先期勘探，这是基础。地质勘探是先行的，不是可有可无的。

实际情况如何呢？虽然有些单位先垫了经费做"走过场式"的地质调查，但时间很短，根本做不到位。做出来的结果只是为了保证工程能顺利被批准，导致调查结果中对地质灾害、地质不良现象等的评价不是很客观，甚至隐瞒了一些潜在问题。

等到工程一批下来立刻就上马，也就没条件再做勘测了。结果一施工就发现，设计没有很好地符合自然条件，有的就导致施工过程中出现问题。一出问题，就找借口，把地质条件作为一个挡箭牌。这样，设计、施工就没有责任了。

其实，布一个洞、挖一个坑，地质勘探都有严格的规定。工程建设必须符合地质条件，必须贯彻追究事故责任的制度。

任何一项工程在施工前，必须做好地质环境勘察以及有关地质环境与地质灾害的评价；要如实反映客观自然条件并作出正确评价，而且要终身负责。同时，必须有一定的时间开展勘探研究，相对大型的工程则要有深入的研究工作成果作为防范可能存在的地质灾害的依据。

为减少工程的困难，减少施工事故，我提出了6个"超前"，即超前进行地质研究，超前进行风险预案，超前准备相应器材、设备，超前探测有关地质信息，超前进行重大问题处理，超前准备避难处。

曾经有个长几百公里的轨道工程，一路需要开挖很多隧道，施工中克服了很多地质难题。剩下的最后300米恰巧在断层带上。有关工程人员认为没问题，想抢工期，打算一两个月就打通。当时我坚决反对。即使就短短300米，也要严格按照6个"超前"程序来做，如果不认真做将来可能出问题。结果，这最后的300米多施工了一年多。这个例子深刻说明，搞工程建设千万不能骄傲自满，自始至终都应当兢兢业业地认真进行。

"九层之台起于累土，千里之行始于足下。科学真谛验于实践，伟业大厦稳在基础。"这是我近些年用以鞭策自己的。我认为，必须重视地质勘探，必须把勘探、设计、施工三者结合起来，密切注意一些潜在的问题。只有认识了地质条件，工程的设计、施工才能与自然和谐相处，才能减少工程产生的危害。

科技评论

开发旅游资源要强化科学意识

（国土经济　1999 年）

发展旅游业对推动当地经济的作用是十分明显的。从一定意义上讲，甚至是脱贫致富的有效途径。云南、广西一些地区就有"开发一个洞，救活一个县"的说法。正因如此，当前我国旅游资源开发中的无序现象比较严重，在一些地方"占山为王、占地为王、占洞为王"的问题比较突出，造成大量高价值的旅游资源被破坏，十分令人忧虑。21世纪开发旅游资源，无论是岩溶地区还是非岩溶地区，不在于扩大数量，关键是要在提高质量上下功夫。我是研究岩溶地质的，就岩溶地区的旅游资源开发与保护问题，我认为应当强调三个意识。

第一，要有环境意识。旅游资源与生态环境是密不可分的，生态环境状况不仅是旅游资源的重要组成部分，而且是影响旅游资源品位的重要因素。目前，许多地方在开发旅游资源过程中讲眼前利益多，讲长远利益少；讲局部利益多，讲全局利益少。破坏生态环境的问题没有得到足够的重视。殊不知，掠夺式开发也许能赢得一时的经济利益，但最终付出的代价也是十分沉重的。

第二，要增强科学意识，一个洞穴就是一个自然历史博物馆。洞穴里许多沉积物都存储了大量的地球演化信息，是我们研究地球演化的极好依据，一旦破坏了，对我们研究工作来说是莫大的损失，然而很多从事旅游资源开发的人却毫不知情，施工人员更是把这些宝贵的沉积物当成一钱不值的垃圾清扫出门，所以应当强调洞穴资源为国家所有的观点，要建立严格的审批制度，科学规划，科学开发，科学保护。科学意识还包括普及科学知识，洞穴旅游本身就是很好的科学知识传播场所。遗憾的是不少洞穴旅游搞得很庸俗，有的搞成地下鬼怪宫殿，这是缺乏科学意识的表现。

第三，要有爱国意识。西方国家的许多旅游项目不仅是给游人提供游乐场所，还渗透着国家历史教育。而我国近几年发展起来的有些旅游项目片面追求吃喝玩乐，恰恰缺少爱国主义教育内容，应该引起注意，应当让游人通过饱览美丽的自然风景，为祖国的大好河山感到自豪，从而爱护它的一草一木。

科技评论

重庆武隆边坡滑塌灾难敲响警钟
如何防治人工诱发地质灾害

（科学新闻 2001年）

今年5月1日晚8时30分，重庆市武隆县乌江北岸城区巷口镇仙女路发生人工陡高边坡滑塌的地质灾害，产生的1.5万立方米的滑塌岩体摧毁，并掩埋了一座于去年3月才完工的9层砖混结构的楼房，酿成79人死亡、7人受伤的惨剧，引起党中央和国务院领导的重视。

作为国务院派出的调查组的一名成员，笔者深感这次灾害应引以为戒的问题是多方面的，谨结合以往有关地质灾害的情况，提些有关西部大开发方面的建议。

一、西部脆弱的地质生态环境，大开发中要防治人工诱发的地质灾害

西北地区300万年以来地质生态环境不好，气候以干旱为主，土地多戈壁沙漠及荒漠化，隆起高山和相间的沉降盆地有不同的地质灾害频繁发生；西南地区受喜马拉雅山强烈隆起影响，地震以及滑坡、泥石流、岩溶塌陷等

地质灾害规模大、发生频率高。这些都是自然界的客观现实。

而武隆人工陡高边坡的滑塌，是人工开挖而诱发的地质灾害。这一带三叠系须家河组由厚层砂岩和软弱泥岩、页岩组成，构造节理发育，岩体较破碎。1989年修建319国道，开挖形成8～15米人工陡坡；1997年为建房又开挖深15米多、宽160米、高46.6米的70°～80°陡高边坡，使岩体急剧释荷作用，破坏岩体的稳定性，少量砌石护坡不起作用，也无排水措施，因而在连旱三月后又阴雨三日，使积木似的不稳定岩体产生急剧形变而滑塌的地质灾害。

面对地质灾害较多的自然条件，西部大开发中更要特别注意防治人工诱发的大规模的地质灾害。武隆1.5万立方米的滑塌体，就造成79人死亡。在人口密集的城镇或重要建设地带，如果不当的开发诱使发生大规模的地质灾害，其后果是不堪设想的。在各种开发资源及建设中，人工蓄水、人工抽排水、人工爆破、人工震动、工程荷载和人工开挖等方面，都已诱发过地质灾害。人工诱发的地质灾害有三个特点：①诱发灾害面广；②诱发灾害速度快；③诱发灾害的损失大。以往人工诱发地质灾害造成的损失已是巨大的，今后大开发中更要有力地防治人工诱发的地质灾害。

二、防治人工诱发地质灾害的几项措施建议

人类要全部防治自然地质灾害，在很长的时间内还是做不到的，特别是对深部地质作用有关的灾害——地震等的防治，困难更大。但是对浅层、表层的地质灾害——滑坡、泥石流及岩溶塌陷等的防治，还是容易些。理论上讲，对滑坡等边坡灾害的防治还是有办法的，实践上也已有丰富的经验。目前，

―― 科技评论 ――

不可能对自然界中所有存在危险的岩（土）体全部进行治理，因需要大量资金，而且自然界中还会不断产生新的灾害。全部防治大的自然灾害（如体积达亿立方米以上滑坡），这在国际上先进的国家也是做不到的。但是，有一点应该做到的是，人工开发资源及进行各种建设时，不能诱发造成人民生命财产严重损失的大地质灾害。为了达到这个目的，特作如下建议。

1. 严格立法、执法，明确职责，地质条件不是人工诱发灾害的挡箭牌

人类的生活及各种建设都在地球上进行着，必然受地球的制约，反之又会对地球产生各种效应。以往，在开发中产生不良效应，常归"罪"于自然地质条件，未予追究职责。有的为争取项目，就不顾不良的自然地质条件，而只强调好的一面，得到了项目后，也不再考虑防治地质灾害问题。近期虽然规定工程建设要有环境方面的评价，但是执行不严。工程建设中有关正确的不同意见，易受到抵制、封锁或封杀。今后应当在有关工程、开发中严格建立相应法规，明确责任，严格执法、把关，再也不能以地质条件不好作为人工诱发地质灾害的挡箭牌。

2. 保护环境、防治灾害应是考核政绩的主要内容

为官一方要为民造福，为人民服务，这是地方上各级领导的共同想法，也做出很大的贡献。但是，以往多重视经济发展、工程建设上的成绩，而对环境保护、防治灾害方面，就没有更多注意。东部不少地区经济发展了，但污染严重，灾害增多，要进行综合治理，就需付出大代价，经历更长的时间。因此西部开发中，必须吸取东部开发的教训，为官一方，必须要做好环境保护、防治诱发自然地质灾害等，这方面应是重要的业绩。去年3月，笔者在西南地区水资源开发利用会上就曾对有关市的领导们提出建议：该市地质灾害多，在3~5年内，应为该市"生存"（不是没粮吃）做好环境的治理，防治地

质灾害及进行污染治理，以迎接三峡水库的蓄水，这些方面注意了并采取有效措施，今后才可能有大发展。从武隆灾害事件看来，这方面意见也还是具有现实的意义。对于西部其他地区，也应在抓环境治理中，再求大开发与大发展。

3. 加强大工程有关保护环境、防治诱发灾害的审核与监督

今后将开展的大系统项目有青藏铁路、南水北调、西气东输、西电东送以及长江三峡这五大工程系统，建议深入一步考虑有关环境保护及防治诱发地质灾害问题，这方面在以往已进行工作的基础上，仍需进行大量的工作。以长江三峡工程而言，库区1500多个较大的地质灾害点，移民120万人，目前只能重点抓几个滑坡进行处理，至于防治污染方面，相应的措施还没有很好地进行。为了确保这些工程实施及今后运行中不会导致环境恶化并诱发危害大的地质灾害，进一步客观、公正地审核有关的防护措施，并能在今后实施及运行中仍能得到有效的监督，是非常紧迫必要的。例如对于南水北调，就必须坚持落实中央支持的"三先原则"，即先节水、先治污、先环保，否则其结果就不堪设想。

4. 大力整顿小型开发工程，合理布置小城镇的建设

目前很多人工诱发的地质灾害，都与当时小矿山、小企业不用科学方法开采、乱挖滥采甚至是掠夺式开采矿产资源有关。这些灾害包括矿井突水、瓦斯爆炸、塌陷、滑坡与污染等，造成人民生命和财产的损失是严重的，也影响到矿产资源的合理利用，应当全面停产整顿。

随着经济发展、城市化率的提高，山区农业人口将更多地向城市转移，今后西部地区将急剧增加县以下新城镇人口，这些新城镇又多劈山平地，各项建设都会破坏已有山体稳定性，使诱发地质灾害机遇增加，因此，对这些

新城镇的发展，必须有严格的环境评价及灾害防治措施，根据自然条件合理规划建设。

5. 加速全面建立地质灾害快速反应机制，保障西部大开发

在1999年8月25日的"中国工程院院士建议"中，针对当时中央领导关注的巫山望霞乡同心村危岩崩塌问题，笔者已阐明了《建立地质灾害快速反应机制以保障二十一世纪可持续发展》的建议，其中强调了这项工作的重要性，包括：①建立群众性灾害预报的基础；②分级快速处理地质灾害的机制；③建立有关地质灾害的信息网络系统。这次武隆陡高边坡滑塌之前，有关部门已注意到这一开挖地段的危险性。在滑塌前半小时就已发现有石块崩落，如果早点建立快速反应机制，对这类突发性地质灾害，就会像对地震那样，迅速撤离危险地带人口就不会造成如此重大的伤亡。以往对滑坡灾害的临灾预报，有不少地带都已取得成功，避免了生命的伤亡。为西部大开发，在地质灾害有隐患的地带，都应当积极迅速地建立这种快速反应机制，其中包括培训观察人员、监测信息网络完善、确立决策领导的核心等一系列有关决策的事宜。

至于缓变性的地质灾害主要是荒漠化、石漠化现象的发生与发展，特别是这些现象成为沙尘暴及山洪急发源地的地带，也应予以建立相应的快速反应机制。

三、西部大开发中，应加大公益性保护环境、防治地质灾害的资金投入

以往资金投入多以建设项目为主，其中就缺乏用于环境治理及防治人工

诱发地质灾害的专项投入。不少情况是，建设工程顺利完成，而环境未能治理，暗伏着环境恶化与诱发灾害的隐患。今后在西部大开发中，有关建设项目投资中必须含有防治灾害、保护周围环境的资金。另外，也要加大公益性保护环境、防治灾害的国家投入资金。这方面资金的投入，使工程的造价要比东部地区高，也是非常必需的。否则的话，虽然具体建设工程很成功，由于累积的环境恶化和诱发灾害的损失，会使这些建设项目失效，或者造成不可挽回的经济、环境和社会上的损失，所造成的损失比所得的效益要大得多。其结果将是严重影响西部大开发的功效。

　　西部地区有其许多有利的资源条件，但也应当看到其脆弱的地质生态环境这一面。在今后大开发中，首要问题是做好保护环境、防治地质灾害，有了这方面的积极关注与投入，才能为大开发奠定坚固的基础，才能有得以生存的安全生态环境。西部大开发中应当用一定时间先做好这一打基础的工程，以使西部大开发的大厦屹立于世上。武隆的小规模滑塌，造成79人死亡，这应当是警钟，要引起人们的关注。就如同不讳疾忌医，病人才能得以医疗康复。重视西部脆弱多灾害的环境，才能使西部取得辉煌的开发前景。

——— 科技评论 ———

西藏地区水资源开发保护与地质生态环境

（科学新闻　2001年）

西藏高原水资源主要来自印度洋暖湿气流，沿藏东南河谷及雅鲁藏布江河谷上游，形成降雨，降雨量极不均匀由200毫米以下至800毫米，最大年降水量和最小年降水量之比一般小于4.0，多年平均年水资源量为$10\,822\times10^8$立方米，多年人均水资源量达180 725立方米/年，1997年地下水资源量为$1\,344\times10^8$立方米，其中孔隙水资源量$47\,035\times10^8$立方米。

虽然西藏人均水资源在全国居首位，但是由于自治区面积广阔，多数仍是属于半干旱、干旱气候条件，因此水资源仍是制约经济布局与发展的重要因素，多数的降水需要作为生态水予以保护。西藏地区雅鲁藏布江及东南部二江蕴藏着丰富水力资源，目前基本上尚没有开发，水资源开发量只占当地水资源量0.15%，西藏地区耕地总面积348 955公顷，人均耕地2.19亩[①]，人均灌溉面积只有0.94亩。受水旱灾害的耕地有11万亩左右，西藏于1992年时，工业废水量只有180万吨，1997年增为2386万吨，增长了13倍多，未处理的仍有1150万吨，污水净增了6.38倍，所以，西藏地区存在旱涝及污染问题，需要予以重视的。西藏湖泊多，有淡水湖、微咸水湖、咸水湖、盐湖，湖泊

---

① 1亩≈666.67平方米。

面积达 2 578 859 公顷。合理保护及开发淡湖泊的水资源及盐湖等矿产资源，是今后重要的研究内容。

西藏地区直接受喜马拉雅山强烈上升影响，地质、生态环境是脆弱的，土地沙化、滑坡、泥石流、冻融冻雪等灾害多，而且规模大，所以在大开发中要特别注意防治人工诱发大的地质灾害的发生。保护生态环境、防治地质灾害，是西藏大开发的重要前提。

科技评论

农业地学的当前任务[1]

(2000年)

21世纪,在我国发展大农业仍是非常重要的。要使大农业的发展能为新经济发展起着保障作用,同时也能为生态的恢复与重建起着先导作用,运用地质科学特别是有关农业地学的科学原理,却是一个非常重要的前提。

在地球的岩石(包括土在内)上种田,发展各种作物原料,开发生物资源,也涉及生物圈的发展问题;发展农业如何利用资源,又是水圈的问题;作物的带谱与品种改进又涉及大气圈的问题。农业地学就需要研究四个圈层的运动规律,及21世纪农业的发展受地质环境的制约与影响问题。

应用农业地质,在目前基本上就是研究水资源在农业上的合理开发利用,及农业节水途径中使地质环境质量得以提高。农业地质方面还有另一重要问题就是如何减少化肥对环境污染,而发展新的矿物-生物复合农肥与农药。在农业地质中,又需研究如何减少地质灾害的加剧发展,如何介绍由于发展大农业而诱发地质灾害问题。

我国农业地质还是刚刚起步,需要研究的问题很多。希望这次大会在农业地质方面起有力推动作用,使农业在21世纪现代大农业发展中,为经济的可持续发展起到有力推动作用。

---

[1] 本文为作者向2000年全国农业地学学术研讨会大会的贺信。

复合灾害频繁　重建须经岁月考验

（中国科技奖励　2010年）

对救灾而言，速度要快。对于重建而言，速度要相对"慢"。"慢"不是消极，而是先抢基础地质调查，之后才是施工盖房。

今年春天，我国西南地区的云南、贵州、四川、广西、重庆等地发生罕见旱灾，导致一些树木枯死，给当地生态环境造成很大破坏。4月14日，青海玉树发生强震，诱发了山体滑坡、泥石流。8月7日，甘肃舟曲又发生了暴雨引发的泥石流灾害。

人们认为，这是极端灾害，是由气象条件和地壳活动异常而引起的。其实，今年这些灾害都可被称为极端复合灾害。以前，对自然异常变化直接产生的风灾、地震等称为自然灾害，而对诱发的滑坡等灾害称为次生灾害。其实，这两种灾害都是由于存在灾害链而产生的复合灾害。复合灾害比单一自然灾害更复杂，笔者将对此作些探讨。

一、自然界存在灾害链相应产生复合灾害

自然界中的灾害主要有三大类。

气象灾害（或气候灾害），如风灾、旱灾、洪灾、冰雪灾害等。风灾，特别是台风灾害，伴随着暴风雨会诱发洪灾及大量滑坡泥石流。我国福建、浙江等沿海地带曾发生这类灾害，造成重大损失。但经历长期的台风灾害，当地对这类灾害已积累了相当的防灾经验，通常会根据有关台风预报，将危险地带的居民转移到相对安全的地点。

地质灾害。如地震常诱发大量山体滑坡与泥石流等灾害，造成更多的伤亡；而洪灾也会诱发山体滑坡、泥石流等灾害，造成重大伤亡。

生物灾害。今年年初的西南旱灾，实际上诱发了植被死亡现象，当地生态环境遭到破坏，严重影响人们的生活，构成了生物灾害。生物灾害与地质环境密切相关。地震等大灾后也常诱发疾病流行，构成生物灾害。

根据历史的惨痛经验，在1976年"7·28"唐山大地震、2008年"5·12"汶川特大地震中，我国政府对防治疾病流行采取了有力措施，切断了地震灾害与生物灾害之间的灾害链，从而制止了疫情的发生。这表明，当前人们难以凭借人力因素避免大灾发生，但可以切断灾害链，减少伤亡。

二、复合灾害发生的时间效应

复合灾害的发生，其中存在不同的时间效应。

以2004年12月26日印度尼西亚苏门答腊地震诱发海啸而言，在其发生地震前两天，我国广东一水井地下水喷出约50米高，在北京地区也收到次声波（北京理工大学），在东海进行的大陆钻探于5 000米深的地下观测到氦（He）、氩（Ar）气体的异常（中国地质科学院），这些反应均为震前反应。而发生地震时，我国10多个省份的地下水（国家地质局的监测资料）发生突发性反常升高或降低，称为同震效应。这种地下水位突然升高与降低，其实也是一种灾害现象。

汶川地震同时诱发了数万处山体滑坡、泥石流，这是同震效应，也是同时复合灾害，即发生地震的同时，随着P波（纵波）到达，引起房屋、岩石上抛破裂，接着S波（横波）到达，对房屋和岩土体产生水平推移破坏，相应出现房屋倒塌和滑坡的发生。玉树地震同样是同时发生山体滑坡、泥石流，也是同震效应的复合灾害。

但今年舟曲以及映秀、绵竹、都江堰等地的泥石流、山体滑坡灾害，却都是双重的复合灾害，即汶川地震时诱发岩石进一步破坏，但没有发生灾害，而是滞后潜伏的灾害。舟曲在今年极端气象条件——暴雨的诱发下发生了这次重灾。没有"5·12"汶川特大地震的影响，单凭今年的暴雨，可能诱发的复合灾害要轻一些。所以，国土资源部部长徐绍史认为，今年舟曲和映秀的泥石流灾害，应与"5·12"地震有关。这是滞后复合效应，也是双重复合灾害。

三、灾后重建的思考与科学准则

灾后重建，以人为本是最基本的。一切应从灾区人民的利益出发也是毋庸置疑的。在救灾时，必须争分夺秒，只要有一分希望就要尽百倍努力以抢救灾民的生命，这是胡锦涛主席和温家宝总理在多次灾害中指示的救灾原则。

而在灾后重建中，就必须贯彻科学发展观，认真、确切地弄清灾后的地质环境变化情况，采取正确的重建或异地建设的措施。而不要在没弄清楚基本情况时，就匆忙地盖房子、修复城市原貌。

对救灾而言，速度要快。对于重建而言，速度要相对"慢"。"慢"不是消极，而是先抢基础地质调查，之后才是施工盖房。

前面已谈到，大灾后还有滞后效应，这就需要考虑，岩土体尚未发生滑坡、泥石流的地带已遭受的破坏程度以及将来可能发生灾害的危险度，要对这些进行深入评估。这个调查监测也是需要过程的。

特别是应当考虑到今后还可能发生灾害链的情况，如可能还会有极端气象影响，可能还有强震发生，应如何更好地重建。这些都需要有科学的预测，以作为灾区重建的重点依据。

四、吸取教训以进行灾后重建

对比唐山、汶川、玉树和舟曲，人们应当得到一些深刻的教训和认识。刚发生汶川地震时，人们在救灾中感叹汶川地震比唐山地震还厉害；发生玉树地震时，人们感叹高原救灾难度很大；而发生舟曲泥石流时，人们感叹泥石流灾害比地震还厉害。

其实，唐山地震死亡24万人，是一个平原地区城市被摧毁，但这主要是地震灾害，相对诱发其他地质灾害的规模小，所以是单一震灾为主。汶川地震发生在高山峡谷地带，受印度洋板块影响，这一带平均20年就有一次6～7级以上的地震，诱发的山体滑坡、泥石流多，还有气爆、气蚀现象。玉树是高原地区，构造复杂，附近城镇不多。舟曲泥石流只有100多万立方米，然而形成的堰塞湖处在县城中，要消除这类堰塞湖，比由地震诱发的山体滑坡堵江而形成的唐家山等30多个堰塞湖要困难得多。今年在映秀等地发生的泥石流灾害也说明灾区重建仍须考虑今后的极端灾害。

五、重建应经得住时间考验，安全第一

看到灾区的惨状，人们都希望马上让灾民恢复正常的生活，特别是当地领导会有急切为灾民谋福利的心愿，这是可以理解的。但真正的丰碑应当是让灾民有安全的居住、生活、工作环境。让灾民住进稳固安全的小房，比住在基础不稳或可能再发生灾害的高楼大厦要实惠踏实得多。

灾后重建，必须要考虑到今后岁月的考验。长江三峡修建初期，有人呼吁应重视库区地质灾害的防治。但有些部门的领导认为"只要挺过17年，就没事"，这17年是施工期，认为库容393亿立方米，滑坡滑到库区也没关系。这一想法就没有考虑到在有人居住的地带发生灾害的问题。经历了今年7.5万立方米/秒的洪峰和暴雨考验的长江三峡枢纽，经过三期地质灾害处理相对就稳定些了。

所以，灾区重建应当把目光放远些。有人只看到眼前的业绩，而不考虑复杂的地质条件。工程不是万能的，人定胜天不是无条件的，只有认识自然，才能与自然和谐，才能"胜"天，这个"胜"也只是不受或少受自然灾害的威胁。

就今年不断发生极端灾害的情况，针对有关灾区重建问题，笔者最后提出一些看法：灾区重建必须掌握灾后变化的地质环境条件，认真做好规划再实施；灾后重建必须考虑今后可能发生的气象、地质极端灾害产生的复合灾害的防治；各种人工措施和工程建设，应当考虑要经得住岁月的考验，不能出现不良工程效应而产生复合灾害；重建灾区的丰碑，应当树立在安居乐业的老百姓心中；人口集中的城镇更应注意气象、地质等复合灾害，应有稳定的地质基础和通畅的泄洪通道。

科技评论

自"5·12"汶川特大地震震难以来,举世震惊,举国同悲。巨大的灾难与痛苦面前,中华民族的生命力、凝聚力与向心力再一次迸发,民族精神与爱国激情空前高涨。在全国人民万众一心、众志成城抗震救灾过程中,广大社会科学工作者从自身研究领域出发,及时进行灾难反思,发现问题,研讨问题,提出对策,为抗震救灾工作承担起知识分子应尽的责任与义务。为此,上海社会科学院协同上海市科学技术协会联合举办了这次"新思维头脑风暴"学术沙龙,主题是"城市公共安全与应急管理"。

卢耀如:中国工程院院士、中国地质科学院研究员

胡家伦:上海市科学技术协会副主席

滕五晓:复旦大学公共危机干预研究专家

侯　放:上海社会科学院法学研究所国际法室主任

黄家鑫:上海气象学会秘书长

韦　晓:上海市地震局震害防御处副处长

李文艺:同济大学上海防灾救灾研究所教授

刘　敏:华东师范大学地理系主任

居安思危才能临危不乱

——专家会诊"城市安全与应急管理"[①]

（社会观察 2008年7月）

一、今天的城市比农村更脆弱

卢耀如：目前，城市在物质文明充分发展的同时，城市安全与应急管理方面却仍然很落后，因此，今天的城市甚至比农村更脆弱。眼下，人们更注重追求物质方面的成就，诸如拥有多少汽车、多少高楼、多大的空间，却很少考虑安全性问题。在对物质建设开发利用时，缺乏对科学发展观的贯彻。科学技术能够增加GDP，却不能更好地促进科学发展观的形成。各重要学科领域专家专业知识不能很好地被整合利用。某些政治干预现象（如保官、好大喜功、官员敷衍塞责、不作为等）仍然存在。民众避灾自救意识淡薄，缺乏群众演习。政府对灾害历史经验教训的借鉴不够，不能科学分析灾难与风险。中国最危险的几大板块包括长江三角洲、环渤海地区等，都是自然灾害多发地带，应该特别重视灾害防治。

韦晓：我感觉对于城市公共安全来说，首先必须考虑的一个问题是：面

[①] 文字由吕鲜林整理。

科技评论

对巨灾怎么办？实际上中国地震局在3年之前就提出了这个问题。2005年10月8日巴基斯坦发生7.8级地震，与汶川地震造成的伤亡和影响范围很接近，中国地震局派出了紧急救援队赴巴，回国后就跟国务院应急办提出，要加强我们国家面对巨灾的应急机制建设。

首先我们必须加强基础数据库建设，对城市的基本状况有个准确的把握。比如，上海以后会不会发生大地震？我们目前缺乏这方面的基础数据，因此难以下判断。其次，应加强城市基础设施建设，尤其是增强建筑物抗震能力。鉴于地震爆发时间、地点的难以预知性（以日本神户地震为例），上海完全有发生大地震的可能。但是上海房屋建设的防震性标准不够。其实只要房屋建设时符合防震标准，基本不会发生严重倒塌事故。再次，增强政府和民众的防灾意识，在这方面我们和美国、日本的差距是比较大的，官员、老百姓的防灾自救意识都很淡薄，急需提高。此外，我们对灾害的预测、预警方法陈旧落后，而且即使有了很好的预测、预警，也没有好的对策实施。

李文艺：我们社会普遍比较缺乏灾难忧患意识，对改革开放与平安建设的关系认识不足。基础设施陈旧，诸如电力设施有些甚至是1960年代的东西。灾害预警与防治部门方法陈旧，不能运用有效信息进行加工整合利用。学生防灾自救意识薄弱。城市网络安全问题严重，建筑质量不能保证，有些房子尽管很好看，但是一旦灾难发生，很容易垮塌。人很多，但是真正有用的专业人才不多；钱很多，但真正有用的钱（用在解决实际问题上的钱）很少。所以我觉得一定要有居安思危的意识，杜绝一切盲目乐观和侥幸心理，这也是今年的大雪灾给我们的教训： 原来以为南方不可能发生那么大的雪灾，因此包括电力的设计等标准都是相对比较低的，一旦发生大的自然灾害就可能面临崩溃。

刘敏：城市是人类活动最集中的地方，很多灾害实际上是自然灾害和人类活动叠加的结果。由于这样的叠加效应，使得自然灾害影响更强烈，产生的后果更严重。所以，我觉得今后要从法律、宣传等角度，进一步规范和制约人类活动的强度及方式。并且，现在我们的国民防灾自救知识宣传有些"本末倒置"，儿童教育时没有普及，老年时才开始学习。对基础性研究的投入深度、力度与重视度不够。现在灾害链中究竟风险如何评估？目前，我们没有重视相关专业知识整合机制的建设，没有形成有效的灾害评估机制。灾区大灾之后，为防止瘟疫而进行的化学消毒会不会引起负面影响？对此我们也缺乏研究。这次华师大派了12个研究生去地震灾区进行心理援助，他们回来后说好像有的地方连苍蝇都看不到，因为一天消好几次毒，这对防止瘟疫是有好处的，但实际上它以后会产生问题，把很多生物杀掉了，生物食物链或者整个生态也给破坏掉了。

侯放：我们中国是一个人口大国，但并不是一个资源大国，中国有2/3是山地和不毛之地，而且其面积在不断扩大。近年来，大家感觉到北方是沙尘暴，南方又是暴雨暴雪成灾。所以随着人类活动的加剧，灾害肯定是越来越多，而不是越来越少。

像上海这样的大城市，在迅猛发展的过程中，必然会产生很多影响到公共安全的问题。上海现在户籍人口是1800万，再加上流动人口常住人口可达到2000万，如果发生地震等大的灾害，后果是非常严重的。我们现在一个很大的问题是条块分割，每一个部门都有自己的信息，举一个简单的例子，现在上海人很多是人户分离，有的人常居地和户籍地不在一个地方，这必然带来信息传递的困难。不少公共设施老化，有关城市安全与应急管理方面的资料散佚不全。城市安全与应急管理没有高效统一的专业化建制。城市基础设施建设的质量认定机制缺失,认证机构不能独立运作。政府行为仍然有政出多门之嫌。

滕五晓: 目前,地震预测、预警方面存在的问题突出(主要是手段问题)。社会风险承受能力有限。上海城市安全与应急管理意识淡薄,一旦灾难发生时,民众都不知如何逃生自救,甚至救灾帐篷都无处搭建。市民预警识别知识浅薄,能对红、黄、橙、绿的警戒色识别者仅占市民的19%。城市建设时没有很好地考虑防灾自救、灾民安置等问题。问题发生时只抱怨有关部门没有按章办事,但是具体事情应该由谁来负责?谁来操办?怎么追究责任?在灾民安置问题上,如何既注重安全又不造成资源浪费?比如,如果政府补贴多,灾民宁愿重新建设住房,而如果政府补贴少,灾民可能会选择危房再利用。这里面存在的问题值得认真分析。

二、城市要有大灾危机意识

卢耀如: 由于城市在现代社会发展中的重要性,应该高度重视城市安全,综合运用物质财富包括高科技与城市 GDP 优势,提高城市安全与应急管理研究对策。城建时一定要考虑科学发展与安全问题,避免人工诱发性灾难的发生。地震等灾害预测、预警方面的研究应更加深入和精细化。同时也要注重从以往灾害中吸取经验教训,把灾难变成宝贵的资源。要注重卫生、环境、恐怖主义等方面的问题。同时,上海地区的灾害主要是风暴潮引起的排水、内涝以及地面下沉等,因此应更加重视研究环境减灾问题。对上海这个接近2 000万人口的大城市来说,还应考虑水资源、能源、食物供应、交通网络、通信网络等应急性问题。如果说水资源污染了,被切断了,那么我们大都市能维持多久？能源不安全了，突然大停电该怎样应对呢？

比如，我问一个最简单的问题：谁家里会经常预备一些水、食物、应急灯、手电等？还有，谁会考虑危险发生时哪些地方可以避难？在美国，会专门有部门检查民众的防灾应急准备，真正做到居安思危。香港地区也经常会有防灾演习，我去年在香港开会时就正好碰到演习，尽管是国际会议，也必须停下来参加。这次汶川地震带给我们很多启发，包括在突发灾害时怎样避灾、怎样疏散等，都是我们今后应该加强教育、宣传和训练的。

自然灾害是无法完全避免的，但是我们要努力做到不因人为建设诱发更多的灾害。上海城市公共安全与应急管理对策的研究一定要把自然科学与社会科学紧密联系起来。自然科学可以提供数据分析，社会科学应该对之加以综合分析与整合利用。

李文艺： 要进一步加强学习科学发展观的自觉性，有居安思危的忧患意识。既要看到防灾减灾方面的科学进展，也要看到我们在目前在一些领域与国际先进水平之间的差距，重视完善"政府主导、社会参与"的体制建设。加强对学生有关防灾救灾知识的普及教育。日本哪怕一个小县城都有一个防灾的展览会，里面有很多模拟的东西，我们看了以后感触非常深。上海要有大灾危机意识，加强地震等灾害预测、预警方面的研究力度。除了在硬件设施上增加投入，更要重视风险辨识。减灾应考虑测、报、防、抗、救、援、恢复重建等方面。要充分利用有效信息，注重方式、方法与手段。应特别注重网络安全问题。应该编制《抗震防灾应急条例》。与其每天担心生病，不如平时多健身。还有就是要充分重视和完善社会参与的机制。我们政府并不是万能政府，在抢险救灾或者防震减灾方面不一定都是政府行。这次汶川地震后，一些志愿者组织以及保险等社会机构发挥了相当大的作用。因此我们应该好好考虑这方面的职能，在体制机制上给予完善。

滕五晓：我提两个建议，第一个建议是加强市民的防灾教育体系建立，这是非常重要的。在国外这方面的教育工作已经比较系统化、部门化了。比如，消防知识的教育，就是消防局专门有教育科到中小学或者其他社区定期做教育宣传；交通安全教育，交警专门有一个教育科，到学校进行知识普及教育，这样就比较系统化，覆盖面也比较广。还有就是应急预案的设计，如上海如果遭遇台风，影响人口有多少？要转移多少人？安置场所在哪里？救灾物资在哪里？如果在灾害发生以后再做这个方案的话，成本会比灾前做高许多。

第二个建议是应该加强对城市综合学科的研究。我们对这方面不太重视。像这次汶川地震发生后，日本马上就成立了由不同专业人士组成的调查团，到汶川实地考察，因为日本是一个地震多发国家，他们认为从汶川大地震中吸取经验教训很重要。他们已经有一个措施在实行了，就是机场跑道要设定一个新的、更严格的标准。由于地震灾害发生后，公路、铁路、水运都可能受到很大的破坏，在救灾中承担重要作为的就是飞机。但是机场跑道在地震中也可能发生损坏，因此必须要有更严格的建筑标准。

胡家伦：上海应该对所有住房进行质量登记，数据要及时更新。第一，随着城市的发展和人口的增多，有些街区、马路非常狭窄，消防车都开不进去，我们必须要掌握这些变化着的情况。第二，要建立和完善上海的生命线，包括应急系统、水电煤等。第三，要建立和完善监测系统，对气象以及一些突发事件进行检测。第四，要严格把控城市的建设标准，规范法律、法规。第五，要建立和完善城市的避难系统。上海到现在为止城市地图里没有一个避难所，建议我们在这方面应该向日本学习，充分利用现有的学校、公园、广场等。第六，要建立和完善应急救援系统，充分利用现代装备，包括直升机等。第七，要建立和完善我们的专家应急咨询的决策机制，要经常会商，给政府提建议。第八，要尽快建立城市的灾害评估系统。此外，上海市应该加快对目前城市的修补方面的工作，对我们现在一些房屋进行普查，尤其是对政府、学校、医院的房子以及桥梁等关键的地方进行普查，发现漏洞就要及时修补。

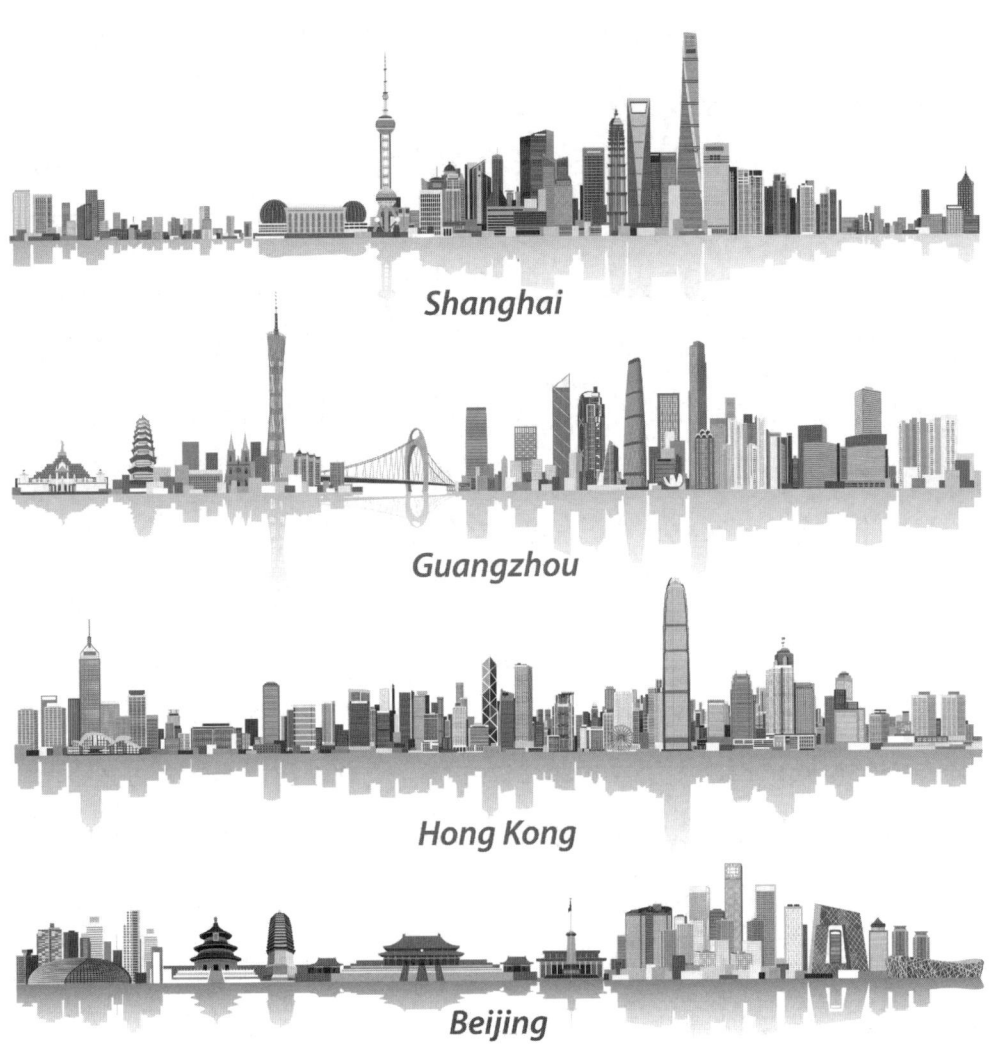

―――― 科技评论 ――――

灾区农房重建：和谐自然最重要

（中国减灾 2010年）

灾区农房重建，如何考虑今后可经受自然灾害的危害，这似乎是很简单的问题，其实不然。如何和谐自然，是一个值得重视的科学问题。下面从几个方面做些探讨。

一、我国农房的规模及其抗灾脆弱性

农房，就是农民居住的房屋，具有数千年文明历史的中国，不同民族的农房，在建筑风格上是有差别的，但有一点是相同的，就是分散居住的农房，多是靠山、向南、傍水而居，讲究风水。于是，有的农房就很好，有的就存在着危险。有的农房靠山，就把山坡拓出平地，盖起房子，结果破坏了边坡的稳定性，在强降雨等情况下，就易于产生滑坡、泥石流，从而造成房毁人亡。这种单一分散的农房，其抗灾害能力都很低，而农房不断遭受这类灾害，只是少数农房遇难，因此就没有造成很大的社会影响。在以往贫困的农村，这种灾害可以说并没有引起社会的关注。一些村镇甚至是县城，经常因为修路、盖房子，挖了山坡脚而没有进行防护，诱发了滑坡、泥石流。

今天我们提及农房的安危，就不能仅仅考虑分散的农房，更主要的是农房集中的小乡村、小镇，涉及人口在数百人以上至数千人。目前我国这类人口原居住的农村，遍布全国各地，分散在不同的地质环境处，但有一点是相同的，就是抗灾能力低下。对于这类农民聚居的小村镇的农房，其抗灾能力就要涉及一系列建设问题。通过2008年"5·12"汶川特大地震，2010年"4·14"玉树地震和8月7日的舟曲泥石流灾害，深刻说明我国农村抗震防灾的能力是多么薄弱。

二、汶川地震灾区今年一些农房遭受灾害重创的启示

汶川地震灾区，影响达10万平方公里。面对当时深重的地震灾害，在全国支援下，大家都想让灾区能迅速重建，让灾民能重振家园，忘掉苦难，重新过上幸福的生活。这一愿望大家是相通的。但是如何做到这点，却存在着不同的认识。在灾后两年时间内，不少受灾地区，新房迅速建成，开辟出了新的村镇好景，令人感慨不已。但是，今年8月强大的降雨，也诱发大量泥石流灾害，使新建的一些村镇，遭受重大损失，使刚刚满怀喜悦的灾民，又成为了灾民。有些将借贷资助的款项投入的建筑，又遭到毁坏。为什么会如此呢？特别是再一次遭灾的灾民，所经受的打击可想而知。

这次四川映秀、都江堰、绵竹等地有些原地表灾区又一次经受泥石流灾害的损失，的确值得人们深思。

中国农村本来就缺乏抵御自然灾害的能力，灾后重建就应当全面思考，如何抵御自然灾害，确保灾民在今后的新住房中，得以安居乐业，这是重建中必须首先考虑的原则。恰恰是这一重要问题有的被忽略了。这次汶川灾区的部分地带，再次遭受山洪、泥石流灾害的摧毁，带给人们的是沉痛的教训。

三、最主要的教训在于应当认真考虑灾区重建如何和谐自然发展

在汶川灾区重建中,也有不同的争议,也进行了重建规划。在极短时间内匆匆进行,最主要是为了灾区重建上马,有个"科学"的依据。实际上,匆匆调查、评价,并没有对灾后自然情况的变化予以深入调查研究,因此很难作出科学的评价。

据不完全了解,目前汶川地震灾区成功重建的是北川县城,这个县城地震后诱发泥石流、滑坡造成县城严重破坏。而北川又是羌族重要的聚居地,因此,曾讨论是旧地重建还是搬到擂鼓镇,而擂鼓镇滑坡、泥石流灾害也多,最后从确保安全的角度,在平原地区利用一旧城址而重建。对于其他灾区,多是旧地重建,而对于今后如何抗击各种灾害,缺乏深入规划与考虑,甚至可以说是没有更多防灾措施,似乎今后不会再有地震发生,也不会再有其他灾难。

映秀镇,其实是最靠近震中的一个城镇,也遭受重大伤亡。漩口中学破坏严重,汶川地震一周年就在那里开的纪念会,漩口中学也搬到他处重建。附近新建的民房却是很好,但是对新建筑物所在山坡,显然有的缺乏防护工程,城镇所在的盆地,今年五月仍是波涛滚

图1 重建后的四川省都江堰市天马镇向荣新村 闫志壮/摄

滚，缺乏进一步的防护。后来在8月，映秀镇部分新建楼房遭受灾害，这就是由于缺乏防灾的意识，而不是先有防灾措施再进行民房建设。

四、认清灾后地质条件变化才能作为重建灾区的重要依据

"5·12"汶川特大地震，只是漫长的地质发展历史上的一个灾害事件，从特提斯海消失到喜马拉雅山的上升，从印度洋板块俯冲到青藏高原隆起和云贵高原的形成，在这些地质演化过程中，有多少次地震、滑坡、泥石流等等灾害发生，又有多少次的洪涝与干旱灾害威胁。据二千多年的不完善统计，滇西地区平均相隔十年就有一次6~7级及以上的地震，川西地区每隔20年，就有一次6~7级以上的地震，至于滑坡、泥石流灾害，更是频繁发生，而且规模巨大，多数在数万立方米至几亿立方米。

显然，汶川特大地震后，在这片大地上不可能不再发生地震、滑坡、泥石流和气象（气候）灾害。但是，没有想到的是，汶川特大地震后，刚刚过了两年，又发生如此大的泥石流灾害，即使今年没有异常极端气象条件，这类泥石流灾害，迟早还会发生的。

汶川特大地震后，对这片长期剧烈隆起地带究竟会产生什么样的破坏，还没有深入细致的调查研究，究竟诱发了多少滑坡、泥石流灾害，仍是数目不详。更主要的是，大的地震对周围山区的岩体造成什么样的破坏，没有科学的研究数据。应当说不少地带虽然没有出现滑坡、泥石流，但是岩土体稳定性已处于临界状态，当有暴雨、洪水时，就会促使不稳定系数增加，而发生滑坡、泥石流灾害。

所以，人们应该认真研究灾后的岩土体破坏，包括震时同震效应和震后

效应产生的断裂情况，并掌握其地震灾后的有关地质灾害现象的延缓效应或滞后效应。

五、关键在于确立真正"以人为本"的理念

如何真正做到防治自然灾害，或认真进行有关减灾活动，收到减灾效益，关键在于真正树立以人为本的理念，真正建立科学发展观。

面对汶川特大地震后的灾难惨景，人们自然会想到应当积极认真地为灾区迅速重建，尽最大努力，这种想法和愿望当然是好的。汶川大地震后，当地的领导提出"三年任务，两年完成"。这要具体分析，首先三年任务制订得对不对，是否运用科学发展观，一方面认真高效开发灾区的资源和有利条件，另一方面是否认真考虑了今后防灾减灾措施。再者，两年完成是如何完成，是增加人力、财力，加深调查，提高合理工效完成，还是为了赶时间为提前完成而完成。以往，为领导的献礼意图赶工，以作献礼的项目不少，多数都影响到工程质量。所以，这要具体分析，如果有的为当地及时出政绩，而急着见成效，而不顾长期效应，那就不好了。

对于汶川灾区的一些大工程，当地领导急于上马，有的技术人员为迎合当地的需要，甚至大会上不顾有人提出进一步对地质灾害做调查研究，以采取有力措施以保工程安全的建议，而是夸下海口说没有任何地质问题，坡、泥石流、地震我们都可以处理。实际上并没有认真调查，是一种急功近利的赌博。事实上，不当的开发，也是加剧今年汶川灾区泥石流严重性的一个因素。

所以会发生这种情况，这与以往职责不清有关。很多由不当工程施工引起的灾害，都归结为自然灾害。因此，在某些技术人员及领导之间，也产生

图 2

图 3　泥石流使百姓家园毁于一旦

图 4　重建后的绵竹市遵道镇棚花村　　闫志壮/摄

一种认识，即不切实际的高调与计划，能实现就是大业绩，如果出了问题，那就是与自然条件有关，与自然灾害有关，而与工程无关，与自己职责没关系，不需负任何责任。

这里不得不提及 2001 年 5 月 1 日某地发生 1.5 万立方米小规模山体坍塌，压垮新盖的七层楼，造成 79 人死亡。当时，业主不顾地质人员警告，在 319 国道自行开辟出一地块，形成四十多米高险坡又不做处理，盖上楼房。出了事故当地领导想推为自然山地灾害，那样就不用负责。我们坚持是人工高陡边坡滑塌灾害，不听从地质人员的警告依势而盖，我们的结论最后得到有关部、市领导的支持，作为人工不当开发引起的灾害，处分了有关人员。这事件，也推动了三峡后来三期对地质灾害的处理。

六、应努力建立滑坡、泥石流等大型灾害的预警系统

滑坡、泥石流灾害，不少情况下可以建立预警预报系统，也已经取得很好的成效。舟曲从1823年起就有泥石流灾害的记载，20世纪90年代，有的地学专家，就提醒对舟曲泥石流灾害应予以重视，经过"8·7"舟曲泥石流灾害后，加强了监测，近日也预报了产生泥石流的危险，从而及时将居民撤离危险地带，避免了伤亡。

在长江三峡及西南其他地区，也有临灾前及时预报撤离居民、避免重大损失的例子，不少是一次就避免上千人的伤亡。

滑坡、泥石流等自然灾害是不可避免的，但是，人们应当在威胁集中居民（包括农村小镇的危险地带）处，建立相应的监测系统，以起到减灾功效。

目前，我国建立了群测群防体系，这是很有效的，今后应当与科学监测相结合，在今后也应当进一步提高群测群防的科技手段，以取得更好的功效。

很重要的一点，地质灾害如滑坡、泥石流等预测预报系统，需要精确及时的气象预报信息，要有地应力地壳形变方面的监测信息，以及水文变化方面的信息。因此，加强这些方面的信息汇总分析是非常重要的，有了这些综合信息的交流平台，地质灾害的预测预报，才能取得更大的成效。

像汶川、玉树和舟曲那样受地质灾害威胁的山区小镇、村庄，甚至是县城，应当说其数量不在少数。因此，今后应当认真积极地进一步制定切实可行的防灾减灾规划，踏踏实实地把防灾减灾提到重要地位，而不是以大灾后救灾为唯一的措施。

粗放型开发是先污染后治理，其实也包括是受了大灾再救灾的做法，也就是不预先防病看病。贯彻执行科学发展观，不能走先污染后治理的老路，也不能用大灾后才救灾的老一套。

人们在问，那下一个汶川，下一个玉树，下一个舟曲将是在哪里？回答应当是：通过不懈的努力，即使遇到更大的震灾和地质灾害，争取下一个"汶川""玉树""舟曲"，受灾情况会大大减轻。

总之，农村特别是山区农村，保障其农房安全，应当是一个综合的系统工程。在地震灾区，农村小村镇及县城的建设，不是仅仅考虑房屋能抗8度9度地震，而是要综合考虑各种自然灾害，如洪、旱、地质灾害的复合发生的危害性，以及相应的防灾减灾措施。

人们应当谨记一点，在大自然面前，人类的行为还是渺小的。只有和谐自然条件，只有依据地质等条件出发，做好规划，做出真正的努力，才能使农房及村镇，立于稳固的基础之上，才能真正为民造福。

——— 科技评论 ———

对西南旱灾的思考及建议

（中国减灾　2010 年）

云南省人均水资源量可达 5000 立方米/（人·年）以上，而昆明和楚雄地区 22 个县，当地人均水资源量只有 1600 立方米/（人·年），低于联合国规定人均 1700 立方米/（人·年）的缺水标准。而其他西南地区这十多年开发水电能源投入大、速度快。所以，虽然西南地区水资源量相对丰富，但是对于供给生活与农田建设的水资源开发工程仍是很不够的。

图 1　淘水的孩子

所以，目前开发西南地区的水资源战略仍应是：水资源为西南开发的制约因素；水资源是西南经济发展的前提；水资源是保障多级城镇的安全条件；水资源是构建生态文明的重要内涵。

一、西南地区水资源开发的基本对策

根据西南五省旱情而思考，西南地区水资源开发的对策主要有以下方面。

（1）水资源开发应与恢复建设良好生态环境与防治石漠化密切结合。

不久前，温家宝总理考察贵州旱情后，曾提出将水资源开发与生态环境及防治石漠化三项一体来考虑，是非常正确的。不能将西南丰富的水资源变成优势，以保障生态环境和进行石漠化防治，那样就不可能收到效果。这次旱灾，很多地带的树林枯死，石漠化进一步恶化，使得原先治理所得的效果，遭受沉重的打击。

（2）实施以工代赈，大力促进水资源开发工程。

这次旱灾深刻地表明，西南地区水资源开发工程是薄弱的，几个月无雨水，就使不少山区人民因无水喝而到处找水。目前，西南山区仍有缺水的贫困县和上千万饮水困难的山区人民，可以通过水资源开发的加大投入，使当地的农民通过以工代赈，得以改善生活。

（3）建设安全水资源地，以防灾减灾。

据两千多年历史资料不完全统计，滇西地区平均10年有一次6级以上地震，川西平均20年有一次6级以上的强震。2008年汶川特大地震，诱发了几万个滑坡、泥石流，水资源开发工程受到破坏。因此，山区城镇，都应有安全的备用水源。

（4）大、中、小型工程相结合，以中小型为主。

前十年（"十五"和"十一五"），主要是开发大型水电站，以西电东送，忽视了利用大型水电枢纽，如何与中小型水资源开发工程相结合。其实，在岩溶地区大中型地表水库中，包含许多地下水库，再配合中小型开发水资源措施，就可以更好地解决高处山区及城镇的用水问题。

（5）水资源节约和污染防治的并重措施。

西南各地农业用水仍占百分之七十到百分之八十，农业节水仍需要进一步加强。如黔西南则成等山区，利用塑料瓶两头打孔，以无动力自行滴灌金银花等农作物，就是很好的节水措施。

当前值得警惕的是，有些工矿企业的污水往岩溶落水洞中排去。这就会严重污染宝贵的岩溶地下水，而且地下水被污染后，是很难加以治理的。

二、西南地区水资源开发的重要措施

（1）加强地表水与地下水的综合调蓄与开发利用。

近几年来，有专家认为：地下水不是资源，因为地下水要排入地表，地表水资源包含了地下水资源，所以地下水不能被当做水资源。这种说法是不全面的。这次抗旱，大力寻找洞穴暗河中的岩溶水，应急解决旱灾地区人民的生活用水，就不能说打井及洞穴内开采地表水资源。况且，在入海口测量的地表水资源之外，还有从海水下排入的许多地下淡水资源。

实际上，自然界对人类生存的有益资源，都具有三个特性：资源的有限性；资源的相对性；资料的生态性。所以，地下水在某一定地区、条件下，就是宝贵的资源，而地下水在某一定条件下（如被污染），也就不是资源，而成水质性缺水了。

所以，应当合理调蓄地表水和地下水，才能合理开发岩溶暗河洞穴水资源。西南岩溶地区地下水开采量只占8%~15%，而北方地区已达80%以上。

（2）合理开发岩溶暗河洞穴水资源。

整个西南地区（云、贵、川、渝、桂及鄂西、湘西地区），早期调查的较大洞穴系统达3358个，枯水期流量达426亿立方米，相当于黄河的全年径流量，在贵州省就有1130条暗河系统，经过初步调查了解，实际上还不止此数目。

在这次抗旱中,贵州就寻找到以前没有被发现、更没有被开发的暗河系统,有的抽水扬程 160 多米,解决了当地山上民众的生活水源。

开发暗河,除了直接抽水之外,还有利用水轮泵、泵船抽取洞穴竖井天窗岩溶水,打洞抽取暗河水等方法。更重要的是在暗河中修建多级地下坝,形成封闭或半封闭地下水库,也有地下建坝或地表建坝,形成地表和地下相连的水库。

(3) 利用岩溶发育特征合理调蓄水资源。

除了利用洞穴系统之外,有些高处洼地,土层薄瘠,也可以堵塞落水洞形成地表蓄水湖、塘。云南个旧市所在小盆地,就是 20 世纪 50 年代中暴雨使落水洞堵塞而为洪水淹没,后来进行处理,成为可控的湖水,解决矿山及城市生活水源。贵州威宁草海,原先也是天然暴雨堵塞落水洞后形成的,后来为发展耕地却又让水从落水洞排走,大大降低水资源储集量,并影响生态。在岩溶地区,也可选择适宜地段进行工程处理,在地下兴建地下水库。

三、今后西南地区水资源开发的几个建议

(1) 大力加强不同部门的协作。

要使西南地区更好更多地开发水资源,必须加强各部门间的协作,才能减轻灾害,满足人民生活及工农业发展对水资源的需求。有关水资源管理,可以由水利部门统一负责,但必须发挥多部门的能动性。

(2) 建立探测洞穴的专业队伍。

我国洞穴系统多,但我们专门探测洞穴的队伍和地质人员探洞装备差。

科技评论

目前，我国在贵州绥阳地区的双河洞已经探明总长度超过 120 千米，重庆武隆地区天星洞竖井系统，垂直深度已达 1020 米以上。这些探测工作，都是借助国外的探测力量，而且我国尚不能完全获得这些探测成果。此外，洞穴探测中也需要潜水员，探测充满水的洞穴与一般的河海中潜水又不同。有了专业的探洞队伍，也才能更好地补充水文地质测绘所无法进行的洞穴详细探测工作。

（3）建设应急水资源地。

这次西南抗旱应急措施之一，就是打井，开采地下红层中的地下水和石灰岩（及白云岩）地区地下岩溶水资源，为这次抗旱发挥了很大的作用。灾害过后，应当对这些井孔，做进一步评价，有的应封存，作为今后备用应急的水源地，通过资源评价，更好地进行管理。

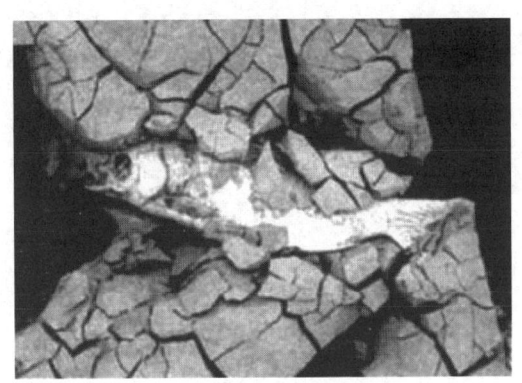

图 2　云南干旱，无处逃生的鱼

（4）建立水资源预警预报系统。

水利部在统一管理水资源中，不只是掌握水资源量或批准开采量，更主要应当密切利用气象和水文监测资料，建立相应的水旱灾害预警预报系统。目前，对旱灾以及整个水资源状况的预警预报系统还是不能达到更好防灾减灾的目的。

（5）合理安排水土资源配置与产业调整。

西南地区的水资源相对丰富，只是分布不均。因此，水土资源的合理配置特别重要。这需要多部门协作，使有价值的土地得到水资源的充分保障，使贫瘠的土地又可充分发挥其土地价值。水土资料的合理配置，也包含了产业调整，包括种植业及养殖业的调整。

（6）地质工作先行，从和谐环境出发，合理规划水资源开发。

目前，旱区省份都在规划今后水资源开发工程。以往开发地表水修建水库等，也出现不少工程问题，有的诱发灾害，影响了环境。开发地下水，也会产生塌陷等灾害。做好地质调查的基础工作尤为重要。

所以，对地下水和地表水的开发，应当慎重，都需要认真做好前期的地质调查研究工作。

—— 科技评论 ——

对灾后重建对口支援的思考

(中国减灾 2010 年)

汶川特大地震发生两年多来,全国各地分别对汶川灾区进行对口支援,取得很好的效果。

一、对口支援灾区重建是伟大的救灾策略

汶川地震的强度及其破坏力,是罕见的。最主要是该地区地质构造活跃而复杂,本来就是山高水深、地震与地质灾害不断发生的地区。

2008 年 5 月 13 日,北京有关记者电话采访,要我谈谈对这次汶川特大地震救灾的一些想法。汶川地区我曾经去过,也曾提过注意地质灾害对傍河中学的威胁问题。电话采访时我提及叠溪地震形成堰塞湖的问题,希望这次地震不要诱发更多的伤亡。

当时,我没有想到应当对口支

图 1 北京对口援建的什邡北京大道

援灾区重建家园的问题。后来，中央及时作出让有关省、直辖市，进行对口援助重建灾区这一英明决策，使灾区迅速医治了地震带来的毁灭性的创伤，而得以迅速地重建家园。

  灾后一个多月，灾区就有了很大的改观。映秀镇是受灾最严重的地区之一，我于2008年7月中，就看到在受灾严重的璇口中学的对面，广东支援的蓝白色的移动木屋内，灾区的儿童们穿着五彩缤纷的新衣裳，在老师的带领下，唱着歌跳着舞。走出这个移动木屋，人们可以看到璇口中学被破坏的惨景，以及在映秀镇的废墟中，仍在飘扬的一面国旗。当时，我真的不禁热泪盈眶。我也看到了家乡福建对口支援彭州重建家园的大幅标语，挂在灾民集中居住的排满活动房子的广场旁，这使我心中也感到宽慰。还有北京、上海、山东等许多省市的大力支援，使受灾地区不是悲伤和无望，而是呈现出一种豪气，显示出全国上下同心协力争取胜利，共建家园的决心，体现出"同舟共济"的美德。

  让经济上相对发达的地区（省、直辖市），分别对重建灾区的一个县（市）进行救灾与重建家园的支援，使灾区得以快速在废墟中重建起来，是一个伟大的决策。

二、对口支援灾区的积极意义与效果分析

  面积达十万平方公里的灾区，若只依靠当地政府的人力和物力，显然是不够的。当时四川省应对这么大的灾难，显然困难重重。因此中央作出对口支援建设，具有深远意义，也会收到更好的效果。

  第一，充分体现在中央领导之下，全国同心协力争取救灾胜利的信念。

科技评论

"一方有难，八方支援"，这是中华民族的传统美德。人们也会记住在20世纪60年代初期的三年困难期间，四川援出大批粮食对外地的支援。

第二，对口支援重建可带入有关科技与发展经济方面的新理念。汶川地震灾区中很多是经济不发达的甚至是贫困的山区。这片山区地震前有一特殊的景观，那就是在深山峡谷、青山绿水中的许多村庄，装有一系列白色圆形的卫星天线，那是帮助当地农民接收卫星信号而看上电视节目的扶贫工程。这次通过各地的分片支援，实际上也把支援地区已取得的一些科技和发展经济方面的理念带到灾区。

例如，绿色农业、保护环境与防灾减灾、和谐自然的理念。这对于灾区重建后的发展起着重要的影响。其中包括发展山区的途径及建立今后与支援市（区）的相应的密切联系，有助于开拓灾区的视野，以寻求与发达地区的进一步深化合作的途径。

第三，对口支援灾区使当地（省、市、县）政府集中精力开展工作。由于有了外地援建，因而减少了当地党组织和政府的压力，而能集中精力做好灾后有关党政领导工作、灾后的安全和其他紧迫的调查任务，为外地支援救灾做好协调工作与相应后勤支持工作。如果完全依靠中央及四川省的拨款，由受灾县区申请取得经费，当地再调动人才进行重建家园的设计，既拖延了时间不易于很快取得适宜的重建方案，也难以付诸实施。因为灾区面积太大，有了外省市的大力支援，当地政府就可在恢复政府功能的基础上，重点为外来的支援人员创造有关的条件，以协调重建工作为主线，而减少了很多的阻力。

第四，提高重建家园的速度，减少灾民的痛苦。依靠外省市的对口支援进行灾区的重建，必然带来一整套的有关技术力量，在当地政府的配合下，就可加速进行重建工作，许多灾民也可以迅速投入到重建工作中。为了早日开展援建灾区的各种建设，各援建地的技术力量与设备、资金很快到位，这也减少了灾区人们对新家园的等待时间。这样的援建工作必然得到当地政府的全力协调与支援，特别是有当地灾民的热情参与，所以援建工程的进展必然迅速。

三、对口支援重建家园的进一步思考

这次汶川灾区重建家园的对口支援，取得了很大成绩，许多新建房屋崭新的面貌令人耳目一新，这也是记录了外省市对汶川灾区支援的功绩。

去年汶川特大地震一周年时，我在一些灾区看到的是繁忙景象。今年在迎来汶川特大地震两周年前夕，我又次来到映秀镇，灾区仍在繁忙的建设中。我也再一次献上一束白花在纪念的围墙上，而附近新建的璇口学校，正在举行新校址落成的典礼。看了校舍，令人感到欣慰和高兴。我们也去了深受地震灾害重创的都江堰市的聚源中学。这所中学已在新的校址上重建起了新校园。门口内不远处有一块很大的石块，上面刻着"大爱如山"纪念碑。它铭记党中央和全国人民对承受苦难的聚源中学予以的真诚关心和爱护。

今天再次回顾一下这种由各地方直接负责支援灾区的情况，再联想目前开展的东部发达省、直辖市，负责对口西部一些地区的援建，所起的积极作用，都是很重要的战略措施。但我想有几点，还是值得人们做进一步的思考。

第一，将相对发达省、直辖市对西部的对口支援予以常规化和制度化。中国要能更好地崛起，屹立于世界民族之林，必须在可持续发展过程中，注意到尽量减少区域之间、城乡之间和民族之间经济发展的差异。前几年，经常有这种呼声，就是西部地区相对不发达，为了东部发展付出了生态上的代价。

———— 科技评论 ————

因此，东部应给予西部一定的补偿。目前已开展的东部省、市对西部一些地区进行对口支援，这是在平时常态中进行的支援，显得更有效更重要。目前北京、上海、福建等对新疆相应地区的支援，取得了很好的效果。这一正确的决策，应在今后常规化、制度化，这也是东部对西部生态的补偿方式。

第二，将平时的支援西部发展，纳入防灾减灾范畴。汶川特大地震、玉树地震和舟曲泥石流灾害都发生在我国西部，我国西部地区受喜马拉雅山隆起影响，以及西伯利亚寒流影响，加上多为干旱、半干旱地区，特别在极端气候和地壳活跃的时期，自然灾害加剧，气候及地质灾害频繁发生，而西部的生态环境也会密切影响到东部地区。例如，西部为了向东部供应能源、矿产资源等，生态环境也需要投入治理。所以，许多人呼吁，为了东部得益，应当为西部在生态环境方面的损失予以补偿性的援助。

目前，正开展的东部对西部地区的对口支援，其实就是一种最好的补偿方式之一。但是，在平时的支援西部的工作中，也应有助于西部受援地区的防灾减灾，也就是东部对西部所支援地区，应在今后降低受灾（如风灾、水土流失、泥石流等地质灾害）的危害度，这对东部减少灾害也是有帮助的。

第三，对口支援应当注意在家园重建中充分考虑保护生态与和谐环境问题。在汶川大地震的广大灾区，各地直接援助重建家园的成绩是骄人的，但是在今年汛期，都江堰、映秀、汶川、绵竹等地发生的暴雨山洪泥石流灾害，使有的已援建部分新住宅建设，又一次遭受了灾害。这次情况出现，主要是没有更好考虑如何在异常气候与灾害情况下，而能凸显其保护生态与和谐环境的效应。由于汶川特大地震带来的滞后效应，所建设的建筑物对异常气候条件下可能诱发的更严重的泥石流等地质灾害的发生，就估计不足。这是今后应当吸取的一个历史教训。对西部进行援助时，也应当考虑到今后该地区可能遇到的自然灾害,而能相应地采取有效的措施,更好地从和谐自然的发展上着眼,而不是只注意到住房建筑在正常情况下的安全性。

第四,在东部省、直辖市直接对应支援西部及灾区的重建中,应结合所在地的流域治理。对口支援的地区,不能以县城为界,而必须考虑到对该地区有直接影响的上下游地带的治理,特别是处在山区小流域中,这方面必须多加考虑。只局限负责重建家园的县城所在地,那样就不可能对其自然条件有更清晰的认识,因而也就缺乏相应的防灾减灾措施,其援建的成果,也容易被上游带来的灾害所摧毁,或者是因下游成灾影响到新建的城镇家园。舟曲泥石流灾害的严重性就是由于没有考虑到县城建在小支流的洪积扇上,堵塞了山洪排泄途径,而上游又大量砍伐森林,使小支流成为祸害之源。

第五,在对口支援重建家园中,仍需以全面系统的规划作为依据。在汶川特大地震中,有许多省、直辖市进行对口支援。当时,看到灾情严重,都希望尽快地予以援建,多是仓促上马施工。对于密切关联的受灾县区,未能有较好的相互沟通,并系统地进行有关地质等条件的深入监测,而进行更全面地规划。符合客观的规划,是需要全面地进行有关地质、水文等条件与周围环境的灾变等系统的调查,研究以资料为依据,并分析建设后的效应与潜在诱发灾害的可能性。以往,在灾区重建中,偏重局部县城是否就地重建,或选新址搬迁,争论很大,而系统调查与全面科学规划就显得不足。所

图2 江苏省常州市武进区对口援建的绵竹市金花镇 闫志壮/摄

以，因认识不足而有隐患存在，也是必然的。

第六，受援灾区或西部地区城镇间安全的交通网络建设，是振兴灾区的重要前提。"要致富，先修路"，这对山区重建是一句名言。为保障灾区的重建与今后的发展，在山区山峦重重的条件下，只有将稳定的城镇居民点与安全的交通网络密切结合，才能使重建的家园得以振兴。对于受灾沉重的山区，即使有漂亮的楼房新居，但没有安全便当的山区交通（山间公路）沟通，也是难以达到重建的效果。今年的洪水与泥石流灾害，使一些山间交通受阻，大批灾民受困山中等待救援，也证明了重建家园中的综合发展的系统性，包括建设安全的山间交通网络的重要性。当然，在地质条件不好的山区，建设安全交通网是有困难，需要首先进行有关地质灾害与山洪的治理，才能保障交通网的安全。

总之，在对口支援重建灾区家园或东部对西部对口援建中，有关地质、水利、建筑、环境及交通等部门必须保持密切协作，以寻求最佳的建设方案，以保证新家园的安全，并具有可持续发展的光辉前景。在灾区重建家园中，最重要的理念就是安全第一，力求有真正的安居乐业的环境。今后，可以经受严重的山洪、地质、地震灾害的危害，尽量减少其灾害，这就是灾后重建的最基本的要求，特别是像汶川那样自然条件不好的山高水深的地区，任何的建设千万不可在不和谐的多灾害环境中，又留下重大灾害隐患。

"中国速度"背后的地质思考

（中国国土资源报 2011年）

这次日本大地震及海啸，对日本高铁造成了重大的灾难。应当说，日本是较好发展新干线高铁的国家之一，我国发展高铁，也吸取了日本、德国等国家的经验。同时，日本是多地震国家，各种建筑及高铁也有防震措施。日本高铁已运行了相当长时间，有很多规章以及有关的安全措施。所以这次灾害，应当思考的并不是日本有没有考虑防震问题，也不是中国高铁考虑没考虑防震问题，而是考虑得够不够的问题。

中国高铁建设考虑了防震，也有许多规范，但我们应当再审视一下这些规范，是否能减轻强大地震及其他灾害对高铁的影响，特别是在构造活跃、断裂活动的地区。

当然，我国建成一些高铁是不容易的，有自己的创造，但是运行时间尚短，没有遇到极端灾害的考验。所以，从这次日本大地震对高铁的危害中，应当汲取经验教训，这对今后保障我国高铁在强震及其他极端条件下能够安全运行是非常有益的。

通过分析，我认为可以从以下几个方面来为中国高铁进行"体检"。

其一，认真分析我国已建高铁运行短暂时间内所产生的效应。例如，武广高铁有岩溶基础地带，对高铁基础的威胁要再校核，需有检测数值以说明其安全性，包括极端的大暴雨、地震情况下的稳定性。

其二，对滨海地带低高程的高铁，应当分析研究大风暴潮情况下，以及在暴风雨引起内涝使地面沉降加剧情况下，每公里沉降不大于1毫米的高铁基础稳定性。

其三，高铁中有关隧道进出口的岩土体稳定性，以及高架桥的桥墩基础，是否会受到泥石流、滑坡、崩塌等灾害的破坏，影响高铁稳定性。这些情况，有的在汶川特大地震中就已发生，有的在2010年山洪–泥石流灾害中也已发生。

其四，人工填海造地后，可能因人工填海造地的斜坡加大风暴潮，或可能因地震诱发海啸，使巨大风浪对基础的破坏而危及高铁的安全。

其五，应加强高铁安全的预警系统建设。高铁是长距离运行，通过地带多是复杂的，不只存在单一的地质现象，也不只有地震，还需要考虑其他地质灾害，甚至是复合灾害的影响，包括大暴雨、地震、强大的滑坡、泥石流、塌陷以及大面积急剧沉降等。所以，对高铁的安全预警，是多方面的组合和协同的预警预报系统，这需要地震、地质、气候、水文等方面的预警预报系统。这时各系统既有独立性，又有相互间的密切联系，应建设一个综合交流及适时做出预警预报的平台。

高铁时速达250～350千米，而中国的自然条件，比起主要是火成岩体、高山只有3 000多米富士山的日本来，显得更加复杂。所以中国高铁的预警系统，应当是复杂多样的，而不是简单的控制系统所可保障的。

其六，如果大部分高铁路线都在活动断裂带上，或者是滑坡、泥石流极其活跃地带，面对这样特殊复杂的地质条件，如何保证高铁安全，也是需要更深入调查研究的。绝不能忽视自然界极端力量影响安全，而存侥幸心理。

其七，在高铁运行地带，除了单纯考虑高铁本身在既有条件下行驶产生的效应，也必须考虑周围其他工程措施产生地质环境的不良效应，从而危及高铁安全，如抽水、排水、其他建筑物造成基础沉陷等对高铁线路所形成的影响。

总之，根据日本大地震对高铁产生的危害，不应当单纯考虑地震波破坏力，而应考虑涉及诸多不良效应的综合影响。

我国高铁取得的成绩不易，今后也还需要不断发展。日本今后恢复重建高铁必须从灾难中吸取经验，而不能照搬以前老规范、老本本。对于我国高铁而言，更应当从中得到些教训。目前，我们应当考虑大地震、极端气候条件、复合自然灾害以及建设综合环境效应对高铁产生的影响与安全问题，防患于未然。更多思考及采取有力的措施，我国高铁一定会更加和谐自然，为经济社会发展做出更大贡献。

―― 科技评论 ――

对三峡工程兴利、防灾与扼弊的建议

(中国减灾 2011年)

早在1993年11月三峡工程动工前,卢耀如就向国务院三峡建设委员会提出了《关于长江三峡工程库区地质——生态环境保护与上游系统性工程的建议》,在这项建议里,他强调"三峡工程的兴建,不仅仅是大坝工程,而库区如何保护地质-生态环境,应当被看作关系三峡工程成败的更艰巨的工程"。三峡工程实施若干年后,这个问题经相应的对策收效显著,但仍需积极防治新诱发的灾害,三峡治理依然任重道远。卢耀如提出了以下建议。

1. 客观认识三峡工程的利弊以更好发挥其最大作用

三峡工程和其他水利水电工程一样,都有其利弊,应将如何发挥其最大作用,为我国经济发展服务作为今后探索的重要问题。

2. 从全流域治理入手发挥三峡工程的功能,维持其良好生态环境

三峡水利工程在长江上游拦腰一截,无疑会使长江生态环境系统一分为二,且在长江上游及支流仍有不少大型水利水电工程存在。因此,对三峡上游的多级水利枢纽的梯级开发及其对生态环境的影响,应当以一个特殊系统对待。这里涉及地表与地下水资源的多梯级运动特征,以及多种形式的泥沙运行的状况。对上游系统还涉及大片石漠化的治理,以及多种生态系统的复合效应问题。

3. 全流域着手建立长效机制，有效地治理地质灾害，争取做到减灾的好效果

三峡库区的地质灾害虽然经过三期处理，但是今后仍需进行可能诱发的新的地质灾害防治，以保障三峡工程的安全运转，达到更好的减灾效益。

4. 做好全流域的污染防治，保持其良好水质与生态系统

三峡上游的水环境恶化与污染，必然会影响到三峡水库。这方面，需要认认真真地控制水库沿岸城镇的污水排放，完善小型污水处理厂的功效；此外也需提高两岸农民的环境保护意识，发展沼气，减少牲畜排泄物入库。

5. 进一步合理调度发挥三峡水库及关联湖泊的综合效益

三峡防洪的另一半功能，也包含着抗旱的作用，所以，三峡水库中蓄积的洪水，和其他湖泊中蓄积的洪水，应当看作重要的水资源，这也是和洪水共处、洪水资源化利用的基本内涵。

6. 以三峡水库等大型人工水库为骨干和中小型水利措施相结合，以保障高处山区的供水

长江在峡谷中奔流，而周边山区却经常少水干旱，人畜饮水都困难。因此，除以三峡等大型水库或天然湖泊为核心之外，必须在山上建有其他中小型水利设施，包括地表或地下小水库、水柜、抽水泵房、引水渠道等多种因地而异的措施，以保障山区农民的生活和生产用水。

7. 建立全流域统一的旱涝和地质灾害的联合预警预报系统

8. 地表水和地下水的联合调蓄

地表水和地下水都是宝贵的水资源，充分调蓄可以增大水资源的调蓄量，增加防洪抗旱的能力，特别是在三峡水库上游和库区周边的岩溶地区，以及湖泊周边的冲积层。湖泊周边的地下，有的地区可修建地下水库，增加蓄洪与抗旱的能力。

9. 建立长江全流域的广泛的安全备用水资源

不要遇到干旱大灾了,临时再去打井,在全流域的主要城市、主要农业生产地、主要的设施等处(包括核电站),都应当有备用的安全水源,以备干旱或水源地被污染时,仍有安全的水源可供使用。

10. 科学节水节能,发挥长江三峡工程的水、能的功效

三峡工程在防洪、抗旱、发电、航运等方面,都发挥了巨大作用,但是,从水、电资源量上看,还都是有限的。所以,对整个长江流域而言,都应当认认真真进行节水、节能,才能发挥长江三峡工程的巨大作用,这样也才能使长江三峡工程以及全流域得以保持良好的生态环境,得以可持续发展。只注意到多开发水资源和能源,而不多注意水资源和能源的高效节约利用,只追求无节制的开源,而忽视有限度的节流,包括发展耗水耗能的产业,其后果必然是不可持续的。

暴雨过后对城市防灾兴利的思考

(中国减灾 2011年)

从2010年多个城市内涝,到今年的暴雨致使北京交通受阻,无不给人们敲响警钟。合理规划建设、防灾兴利相结合才是城市安全运转的保障。

一、暴雨灾害链对大城市的考验

生存在地球上的人类,除了享受各种资源性条件以供生活与发展之需外,也必然受到灾害性条件的制约,其中,最主要的有气候灾害、地质灾害和生物灾害。

在极端气候灾害中,就强大暴雨这一灾害而言,存在着气候灾害与地质灾害间的一个灾害链。

(1)平原地区的城市暴雨灾害链。

在我国北京、天津等大城市所处的环渤海地区及黄淮海平原,有较厚的相对平坦的第四系黏土及砂砾石层,其排水河道主

图1 一场暴雨让安徽滁州市的排水设施再次经受考验

要是黄河、淮河、海河等流域，强大集中的暴雨，常常会产生洪涝灾害，也因此导致地表沉降与塌陷。如1963年华北地区大降雨，造成城市内涝使铁道交通受到影响，河北正定县城的老百姓只能临时躲在相对高的地带。1975年8月的暴雨，使河南一些城镇经受了大灾难。1992年8月的淮河与太湖水灾，也威胁到长江三角洲的多个城市。

（2）非岩溶山区的城市暴雨灾害链。

在非碳酸盐岩分布的山区，若城市遭遇到强大的暴雨，特别是砂页岩、风化的火成岩及土层厚度大等山区，常诱发大量的滑坡、泥石流灾害。例如，作为世界自然遗产地和世界地质公园的福建省泰宁城，在2010年6月就遭受了泥石流淹没的灾害，同年兰州黄土高地的滑坡也是暴雨诱发的。长江三峡的万州地区，于1983年遭受连续暴雨，从而诱发了数万处滑坡、泥石流灾害。这类受威胁的城市很多，北京市管辖的如平谷、密云等山区就属这类型，以往暴雨造成很多滑坡、泥石流灾害。

（3）岩溶地区城市的暴雨灾害链。

在岩溶地区，由于岩石可被水溶解，并发育成许多地下洞穴系统，所以暴雨灾害链的情况与前两者有所不同。例如，贵州咸宁草海，原先是高程2000米的大封闭岩溶盆地，盆地周边有岩溶暗河，泉水很多，通过一大落水洞消落水流于地下。公元1857年（清咸丰七年），一场大暴雨使落水洞堵塞，就壅水成湖，形成现在的草海，面积达45

图2　暴雨之痛

平方公里。在 20 世纪 50 年代，为退湖造田，对落水洞进行疏通，使湖水面积缩小到只有 30 平方公里，如今只剩下 5 平方公里。云南个旧市原处在一高程 1600 米的封闭岩溶小盆地，也是由于 50 年代一场暴雨，使落水洞被堵塞而形成湖泊。当时落水洞堵塞，四周水流不断汇聚，政府开动了大量的抽水机抽水，避免城市被淹没。后来，是因为落水洞闸门的修建，使这个旧湖保留至今。目前仍有不少岩溶地区城市受暴雨威胁。岩溶地区城镇还有一种常见的暴雨成洪涝灾害，就是暴雨时雨水都通过落水洞消落地下暗河中，由于地下排泄不畅或局部堵塞，就使上面临近盆地洼地中落水洞向上涌出上游已消落地下的洪水而成涝。这类向上涌出洪水的落水洞，又称雷公井，即汛期大雷雨时向上翻水，淹没城镇和农田。这些岩溶地区在暴雨袭击下，又常诱发岩溶塌陷，也有滑坡、泥石流等灾害的发生。

二、雨水对城市发展的重要两重性

在平素生活中，"天街小雨润如酥"曾给人们带来不少温婉美好的回忆。但同时大雨倾盆、洪水之猛，更是惊心动魄。当然人们也有面对久旱无雨时的无奈。可见，雨水对城镇（农村也一样），具有重要的两重性，即资源与灾害。

（1）雨水是城市当地水资源的重要补给源。

地球上的水，目前是处在大循环之中，主要是海、湖、河等大水体，以及土壤、岩石层上部和植被的蒸发与蒸腾，聚集的水汽，在大气圈对流层上产生复杂的运移，而在各地成为雨水下降，以补给地表水，汇聚成河流入湖海；有的雨水渗入岩土体内成地下水，大部分又排入河流再汇入河海；有的地下

科技评论

水则直接排入湖海。对城市而言,当地的水资源量主要是靠降水补给,在城市辖区内川流而过的河流,及从城市外围而运移进城区的地下水,都是过境水资源。最理想的模式是,城市地表水和地下水的开发量应当只占当地雨水补给量的30%~40%,这对人口众多的大城市难于做到,必须更多动用过境的地表水和地下水。如果一条河流,上游到下游都过量开采当地水资源,其结果必然使这条河流量大大减少,甚至在枯水季节断流。

(2)雨水在城市中的开发应当防灾兴利并重。

中国处在季风影响区,雨季多集中于每年5—9月,这时雨量占全年平均雨量的70%~80%。以长江流域而言,全流域水资源量多年以1万亿立方米/年而计,大约有7000亿~8000亿立方米/年水资源是靠汛期雨水补给的。在汛期中,降雨也不是均衡的,又多是集中于几次大暴雨的补给,所以,汛期的洪水本来也就算在总水资源量中,应当予以认真对待。集中的暴雨产生大洪涝灾害,也对人们生命财产造成威胁。在人口不多的早期,设法让洪水很快流过,以保平安是上策。但是,随着人口不断增长,对水资源需求增多,再以泄洪为主要对策就不现实了。因此,将古时认为"水火无情"的感受,转变为"和洪水共处""让洪水资源化"的新概念,就显得更加重要。如果长江流域只靠2千多亿立方米的枯季水源,及汛期时的无洪水的流量,则有一半以上水资源被抛弃,肯定不能哺育全流域的人民。所以,对于集中降水而成洪水而言,城市应当考虑的是"防灾兴利"相结合,更好地开发利用水资源。

映秀是汶川特大地震中受灾最严重的城镇,"5·12"地震三周年时,城镇已焕然一新。不幸的是去年8月5日,这个新城镇的部分建筑又遭受了洪水与泥石流的灾害。今年泥石流对这些建筑的损坏,主要还是没有将防灾作为灾后重建城镇安全的保障。

(3) 雨水是城市保持友好生态的重要前提。

在干旱少雨地带,没有良好的植被,这是必然的现象。城市中的土壤在自然状态下,要接受大量降水的滋养补给,这样才能建设绿色城市,而呈现出一片盎然的生态系统。反之,如果不重视雨水对城市的生态系统所起着重要保障作用的前提,那么城市也就必然隐伏着更大的祸患。

三、关于城市正确对待雨水资源及防灾的一些建议

(1) 城市外围山区修建中、小型水利措施以拦蓄洪水。

不少城市管辖区内,结合当地地形、地质条件,修建不同规模的水利措施以拦蓄洪水,供城市发展需求。例如,北京早期的官厅水库,后来的密云水库,都发挥了很大的作用。这类中小型水库易于调换所蓄的库水,相对也可较好地控制库水的水质,对于周围生态也有好处。此外,还有一系列的地表水利措施等。

(2) 在适宜的山区修建地下水库可发挥更好的水资源效益。

在北方一些城市的周边,可在冲积层中修建地下水库,以拦蓄地下与地表的洪水。城市中集雨水的大排水管道,也可与地下水库相连,增加调蓄的能力。城市中排泄雨水的管道与污水管合而为一的排水系统,是不可取的,是对雨水资源的浪费。

在西南等许多城市的外围,有大的岩溶暗河发育,有的可修建地下水库,以蓄积汛期的洪水,蓄水量可达几百万立方米至一千多万立方米,这对于解决枯水季节的城市用水问题、充分利用洪水而言,是很重要的措施。

（3）雨水状况应作为城市发展与规划的重要依据。

我国在以往城市发展中，主要考虑到资源性条件的开发，或者是考虑了城市的门面工程，而对于防灾的工程考虑得较少。所以，在考虑城市发展及进一步进行城市规划时，应当将雨水包括暴雨也进行科学的规划，将防灾与兴利相结合。

对福建今后发展的一些想法

——从农业说起

11月8日,我荣幸地被邀请参加福建省农业科学院(以下简称农科院)成立六十周年庆祝大会,学习很多,也深有感想。

首先,农科院为了国计民生,取得很多成果,如谢华安院士培养的大米品种,香美果腹,富有营养,得到好评。已成主食之一的土豆,克服了品种异化的世界难题,可供主食以起增粮之高效……

对于农业科学,已不是也不能只看作"面朝黄土背朝天",只是辛勤而不以高度评价认识。

在这次会上,我向他们表示深深的敬意。中国古语:"民以食为天,食以粮为主。"搞农业科学,更好解决与提高民生水平,让以食为天的人民,得以更好为国奉献,他们真是"做顶天立地的人,保国泰民安之基"。敬礼!

当然,不能自满不前,仍需不懈努力奋斗,更好开展深度的科学研究使农业发展达到新的高度,以更好保障强国梦实现,更好提高民生的要求。

福建已是第一个批准为生态文明建设的示范省,已取得丰硕的成果。今后,仍需高举生态文明建设的大旗,更好起到示范的引领作用。

根据目前国内外形势,中央强调了要"六保",近日习近平总书记在长江经济带会上也强调了粮食安全问题。所以,福建仍应在粮食以及有关农业发展上，更好发展有关粮食及系列重要农产品，提升品种的产量与质量问题。

农业，名正言顺是绿色发展主线，这绿色发展表征着生命活力、春光前景、和平安全的环境。整个中国今后的发展，需要更好贯彻习近平总书记多次指示的"高质量发展"，涉及国力与民生的农业及许多有关产业，更需要高质量发展。

绿色与高质量发展，也就是应当为以后的可持续发展打下坚实的基础，不能竭泽而渔，更需要提高保护生态环境力度与抗灾害综合能力。

为此，下面谈几点想法与建设。

一、涉及农业发展几要素是：水、土、种、肥、药

这几方面，农科院已注意到。这也是全国性，甚至是世界性问题。但这些方面，也与地质基础密切相关。今后，开展更多密切合作，这是大势所趋，是发展的重要途径。

（1）水，涉及雨水、地表河水、天然湖水、多种地下水、大型人工水库，以及近海地带的海水等，五六种水的综合调蓄、开发、利用需要深入研究。

（2）土地，涉及土层成因性质、组分和结构特性。福建多火成岩体，风化后土层较厚、成分多，多是好土层。当然，不少是经过搬运而沉积的冲积层和洪积层。这些不同土层成因，也使其成分特征有很大差异。但是，也有碳酸盐岩分布地区，残积层贫瘠，氮磷钾少，甚至没有氮磷钾等，需要施加养分。农肥，用化学肥超标很多，要改用有机肥、矿物肥、生物肥，这都需深入研究发展以推广。

（3）水—土匹配的问题。

水的成分特性，土的成分特性，二者结合后产生的效应——在天然光、热条件下，如何生产出产物，这是重要的科研问题。如对种水稻而言，注意到了每亩地灌溉水量，而不同水—土质之间的效应，相对研究不多。

西南地区，一亩水稻田，需水250~400立方米，曾考虑减少到水稻田用水在250立方米/亩以内，但不太可行。北方干旱地带种水稻，如河北省，一亩地要这么多水，显然不可多发展。

如何少灌溉，用人工加以热能增湿，是否可行，能否打破"生长期长、日照时间多，所以北方水稻反而好吃"这一认识，福建培育的大米，已有好的成效。

有关农业的药肥，也是中国各地共同存在的问题。这方面，需要更好地组织研发，特别是对品种的研究与选择方面。

建设福建可集中提高某些品种的质量。

花卉方面：重点是水仙花、蝴蝶兰、茉莉花、玫瑰、腊梅、月季等。

水果：文旦、柑桔、龙眼、橄榄、无花果、石榴。

蘑菇类中如红菇……

农产品似乎收入不多，但把其加工成产品，既可保鲜又可保存食用，新产品就会有大些的新收益。旅游与自采结合，就可提高收入水平。

三、研究生物多样性

提高对多样性环境的认识，福建可举办两地生物多样性的园林博览会，一是在武夷山—泰宁一带，自然原野—林地生物多样性展示，不一定是局限一个人工园地中；另一地点是闽南地区，漳州—龙岩一带，既展示天然生物多样性，又有清新的野外景观和一些人工名建筑如土楼等地古建筑群等。

四、创新发展城镇—农业生态智能群

目前，一般注意到建立绿色—生态—智慧城镇群，实际上，还是以在小城市结群为主。但是很多农村只有老人、妇女耕作。年轻人与壮汉都去城市打工赚钱。

福建作为海西经济区的核心部位，在2013年已获批准作为"生态文明建设示范省（第一个）"。近些年也取得很大进展，才有中央台上广告"生态福建、福建生态"。

目前，应当更进一步地发展提高，起示范作用。这是把大中城镇群的生态智慧发展和农村的绿色—高质量发展密切结合。也就是农村与城镇发展要一体化来对待，一个城镇群的生态—智慧发展，必须携带着绿色—高质量发展的农村小寨与田野，紧密相连。

当然，不是要农村和城市一样修大楼，而是在环境保护、生态状况、智能方面努力，让农村紧密地与城市发展密切相连。

农村的绿色发展、优良生态是建设相应生态—智慧城市群的保障。而城市与农村人口之间的转移，世界规律是：人口转移似抛物线，早期向上抛物线，一期和二期都是农村人口向城市转移多，第三期是农村和城市间人口转移近于相等，农村发展好了，城市人口向农村转移多，成为为抛物线下降的曲线。

福建应把农村（农业）发展与城镇群发展一体化规划，一同发展。有的新工业，有的学校，有的加工业，就转向农村，农业生产也建更多科学实验站。

这样，发展的生态—智慧城镇群，都带着绿色与高质量发展的农村，这生态智能的农村，可向相应城镇群供给新鲜—生态的农产品以及相应加工品。绿色生态农村是相应城镇群的后花园、休闲健地，二者相结合，显示新型的农村—城镇群的绿色—生态与智慧的光辉前景。

福建省的福州、厦门、宁德、泉州、南平、三明、龙岩都可建成绿色高质量发展的生态—智能农庄—城镇群，以在全国起示范作用。

这方面问题，一半是农业发展的高质量要求的前提，因为以往虽然大城市下都管辖有农村，而在发展中，考虑农村、农村的发展，作为城市工业及其他商业等发展的重要组成部分，基本上很少一体考虑，而是分头考虑。

目前，不把农业农村发展看作国民经济再高质量发展的重要组成部分，那就会达不到今后的可持续发展。把饭类、肉食品以及水果，过多依赖国际贸易（是需要，但不能没有制约），那样会非常危险的。

可以说，这一条不只是为农业，而是为今后真正的高质量与可持续发展。

五、加强高铁网发展以开发海港的对外通道

福建作为海西经济区，仍需高调出手，一方面密切与长三角及珠三角的联系，使沿海高铁及人流、物流得以更好畅通联系。

福建的厦门港、泉州港、福州港、宁德港应进一步整合分工。开放三都澳港，作为军民两用，这比长期封锁军用，收益要大得多。

另外，作为海西区核心，福建省应主动联合浙江南部（特别是温州）、赣东及粤北形成海西经济区的自贸区，以吸收海东区——台湾，为两岸统一起积极作用。海西经济区也是最近签署的 RCEP 的一部分。

科技评论

密切海峡两岸民间联系,是两岸统一的重要着力点,台湾的统一回归是全国人民心愿,更是与福建发展密切相关。

2020 年 11 月 20 日

加强城市防灾减灾 能力建设刻不容缓

（中国社会报　2013年）

我国有不少城市都存在着自然灾害的隐患，除了地震灾害之外，还有其他地质灾害以及气候灾害，都会给城市带来安全威胁。对这些灾害需正确认识，以尽早采取相应的防灾、减灾措施。

随着我国城市化进程的发展，城市防灾能力建设不足的现象也日益凸显。目前，我国很多城市人口在达十万、几百万甚至上千万，但面对突如其来的自然灾害，人口众多、高楼林立的城市的抵御能力却显得十分脆弱。如今，在城市发展中，建筑规模、经济实力等方面成为主要考虑的因素，防灾能力建设仍存在欠缺。

树立城市防灾减灾理念，是当务之急。城市建设发展应当遵循"以人为本"的原则，既要考虑如何提高人民的物质与文化生活水平，也要对人民的生命财产安全予以有力的保障。城市建设应当综合考虑环境安全、经济发展与社会影响三方面效益，同时重视与城市发展相关的研究监测工作，如关注城市发展对环境的影响、开展城市发展的风险分析及地质环境调查、制定灾害风险管理机制、建立灾害预警系统等。

城市的运转涉及很多方面，应当提前做好预案以防发生突发性自然灾害。从影响城市安全的主要方面来看，要特别注意供水系统、能源供给系统、粮

―― 科技评论 ――

食等日常生活食品的供应渠道、城市主要交通干道、城市救灾通信与对外交通渠道、城市消防系统、城市防洪防风暴系统、城市有毒有害产品生产工厂及仓库、城市逃生避难所及城市抗灾救灾物资储存所等的安全问题。

自然灾害是不可避免的，但人们可以采取得当的措施减轻灾害程度。为了有效应对灾害，城市防灾减灾工作需要多注意以下各方面。

认真研究各种自然灾害的灾害链，从中发现其对城市综合危害的规律性与特殊性。

认真研究各种防护与减灾措施，制订切实可行的防灾减灾计划。

认真考虑与城市安全密切相关的包括水、电、煤、食物、通信等系统在内的建筑的抗灾能力，制订相关应急措施。

认真系统地选择并规划抗灾能力强的市民避难所的建设。

广泛宣传普及防灾、减灾知识，让市民了解自身所处的地质环境和可能出现的自然灾害，以及自身在防灾、减灾中应作出的努力。

居安思危，经常认真举行防灾、减灾的演习。

每个人、每个家庭都应有相应的防灾、减灾思想准备和水、应急灯、食品等物质准备。

重视建筑安全检查，特别是对人口密集的学校、商场、写字楼等公共场所建筑物，应加强安全检查。

发挥大城市科技优势，建立灾害的综合预警系统以及迅速传送灾害信息的预报系统，以便迅速采取措施，避免受到伤害。

建设生态文明保护地下水资源促进可持续开发利用

(地球学报 2014年)

水，是人类赖以生存与发展的重要资源。在我国多年平均的年水资源总量2.8万亿立方米中，地下水资源量约占8千亿立方米。但是，我国有70%的城镇的人民生活用水是依靠地下水。而我国人均水资源目前已不足2 100立方米/（人·年），距离联合国规定的缺水标准为1 700立方米/（人·年），已是为期不远了。北方干旱区及南北方大都市，人均当地水资源只有一百多至几百立方米/（人·年），都是缺水的地区与都市。

水资源，不只是供给人类生活饮用，人类赖以生存的生态环境也需要水资源，人类衣、食、住、行以及其他方面的各种物质生产，都需要水资源。

作为人类生活所必需的水资源，主要包括两方面因素，即水的质和量。在水联质方面，由于以往我国粗放型经济快速的发展，地表水的水资源遭遇到污染情况是日益加重，而与地表水密切关联的地下水，也遭受不同程度的污染。欧美国家，早先注意到了地表水污染危害，所以有英国治理伦敦的泰晤士河、德国等国联合治理莱茵河，以及美国治理密西西比河等。近些年，欧美国家又强调饮用水中有机物污染的检测与治理，以保护人们的身体健康。

―― 科技评论 ――

我国的《生活饮用水卫生标准》（GB 5749—2006）已作为国家强制性标准，有机化合物检测指标已达 53 项，并规定了水质指标的门限值。

在我国"十二五"规划中，明确提出："加强地下水污染防治"，"开展受污染场地、土壤、水体等污染治理修复试点示范"，"加强对重大环境风险源的动态监测与风险预警及控制"。2011 年 10 月国务院通过了《全国地下水污染防治规划（2011—2020 年）》，明确要求到 2015 年，基本掌握地下水污染状况，全国启动地下水污染修复试点，逐步整治影响地下水环境安全的土壤，初步控制地下水污染源，全面建立地下水监管体系。

中国地质调查局自 1999 年，先后在北京、江苏的苏锡常地区，进行地下水有机污染的初步调查，而后又组织对珠江三角洲、长江三角洲、淮河及华北平原的地下水污染调查评价。综合调查结果显示：我国东部地区地下水"三氮"污染普遍，重金属污染突出，有机指标多项检出；与浅层地下水相比，深层地下水质量较好。

另外，不当建设加剧了中国的水资源量与质存在的问题，特别是为供水而过量开采地下水以及其他工程开发影响，造成大面积的地面沉降。例如，长江三角洲地区和华北平原地区的地面沉降，以及许多岩溶地区的塌陷。再一方面，地下水资源不当开发，也带来不少严重的环境灾害问题。例如，全国煤炭开采，已近 40 亿吨／年，山西省开采一吨煤，要消耗 2.5 吨水资源，主要是地下水资源；许多长隧道等大工程建设，为防止地下突水突泥灾害，又大量抽排宝贵地下水，使供水的水源地干涸，增加缺水灾难。所以，不少地区因污染存在着"水质性缺水"。"工程性缺水"则由两方面原因造成，其中一种工程性缺水，是尚有较多水源而无水利工程可以开发，另一种是因工程建设而破坏水资源造成缺水。

近日，瑞士保险公司发布的《全球最易遭灾的城市和区域》报告指出，最脆弱的10个城市（地区）中，珠江三角洲位列第三，上海名居第八。这与水资源污染、风暴灾害以及地面沉降等综合因素有关。瑞士绿十字会2013年11月初公布的全球污染最严重的10个地区，分布在8个国家。虽然10个地区中没有中国，但我国还是应当认真有效地进行污染防治，在开发利用水资源及建设发展中，都应更好地保护水资源，特别是地下水资源。

2013年8月中旬，中国地质调查局等单位主办了"第二届全国地下水污染学术研讨会"，会上交流了200多篇有关地下水污染调查监测与治理等方面的论文，也更好地交流了目前现状及对今后积极合理开发与保护地下水的质和量的认识。对于中国的地下水防治污染问题，已是时不我待了。将这次学术会议的论文，编成"地下水污染调查评价"专辑，具有积极现实的意义，一定会有助于今后全国对地下水宝贵资源与有关环境的保护。我有幸参加了这次学术研讨会，先阅读并再学习了有关论著，感到受益良多，应当向这些作者表示敬意。

针对目前状况，我想提供一些建议：

其一，建设生态文明，保护地下水资源，要从地下水的补给至开采过程中，密切注意其质与量对水环境的影响，与生态环境的安全问题。

其二，将地下水污染与有关同一水文系统的地表水的污染相结合，不是从地下水本身，而是从整个水文系统上研究生态水文的问题。

其三，对地下水污染的调查，应密切联系地表水与土壤（及岩层）、大气的污染，水固气三位一体密切研究。

其四，在开发利用宝贵的地下水资源中，仍应重视节约用水，节水应是基本措施，有条件地区，应逐步实施分质供水，将优质地下水作为专供饮用的安全水源。

其五，注意在生态水文系统的研究中，将地下水开发效应与其他建设效应相连，更好地保障生态环境的总体安全。

其六，在保护与开发利用地下水资源中，加强法律法规的权威，杜绝浪费水资源，严惩向地下直接排污的犯罪行为，建立保护地下水资源的公德。

在保护与开发利用宝贵的地下水资源过程中，人们需要认真从建设生态文明入手，更好地贯彻党的十八大和十八届三中全会精神，使地下水的保护与开发融入各个领域。这方面重要任务，水文地质、工程地质与环境地质工作者应当发挥重要的引领与创新的作用。

谨此表述有关认识，是以为序，望共勉之。

以科研创新成果促生态文明建设

发展布局不协调，工程建设诱发不良效应，防灾不力，水、土与大气污染……这些问题的出现，有的是因为发展初期的经济实力薄弱，未能更多投入，有的却是认识上的问题，还有的是科技上创新不力。

近年来，我国有了较强大的经济实力，更加关注生态环境的保护。党的十八大提出"五位一体"发展理念，将生态文明建设融入经济、政治、文化与社会建设之中。这是极其重要的决策。

"绿水青山就是金山银山"，这个重要理念符合客观认识，起了重要的指引作用。以往，有的地区或部门强调"先发展，后治理"，把国外错误做法当作好经验，甚至有地方认为保护生态环境要花大钱，结果把"保护"与"开发"对立起来，影响了生态环境的质量。

"保护生态环境，就是保护生产力，提高生态环境质量，就是提高生产力。"近日习近平总书记再一次辩证地提出这一认识，深刻表明搞好生态环境保护，不是花钱多而影响生产发展。试想，不这么重视生态文明建设，保护生态环境，能够更好地进行可持续发展吗？古语有云："留得青山在，不怕没柴烧。"后来，这句话又被延伸到形容珍惜生命。今日的"青山"，则意味着以保护生态环境为前提的开发才能收获更大的发展。

当中央号召生态文明建设之时，正是中国工程院"海西经济区（闽江、九龙江等流域）生态环境安全与可持续发展研究"重大咨询项目进行总结的日子。该项目组织了26位院士和百余位来自企业、研究院所和高校的专家开展调研，全面总结了福建省的生态环境特征，系统分析了生态文明建设现状和存在的问题，明确了生态文明建设的重要原则和主要内容，提出了福建省建设全国生态文明示范省的构想和建议。

最后形成的研究报告经国家20多个部委单位审核，认为它为贯彻落实国家生态文明建设以及海峡西岸经济区建设的战略部署提供了有益参考与支撑。随后，国务院正式批准福建省为生态文明建设示范省，这也是我国第一个全国生态文明建设示范省。

目前，生态文明建设已深入民心，全国各地纷纷拟建成省、地区、小流域、城镇等不同级次的示范区。同时，更须针对不同地区的情况，明确生态文明的建设重点，科技创新与产业调整相结合，从自身发展途径的提升中得到主要的发展力量源泉。

这里想强调的是，生态文明建设关键有两个方面：一是生态环境的安全，二是可持续发展。这就涉及资源的节约与高效利用，这些资源主要是水、土、能源、矿产、生物这五大类资源。另外，防灾、减灾及救灾涉及气象灾害、地质灾害与生物灾害三大类。要达到这些高层次的目标，应当在生态文明建设中，更好地开展科学研究和利用所取得的创新成果。

低碳经济研究的创新之作

——评《河北省发展低碳经济的战略选择》

(经济日报 2014 年)

由北京大学出版社近期出版的《河北省发展低碳经济的战略选择》是以石家庄经济学院郝东恒教授为核心的科研团队依托科技部重大合作项目研究的成果而出版的一部新著。此书最突出的创新点就是以资源的优化配置为切入点,探索研究低碳问题。作者根据学科的发展和现实所提出的要求,构建了相关低碳经济的理论框架,其中包括:低碳经济的产业路径;低碳经济的技术选择;低碳经济综合评价;低碳经济资源承载;低碳经济对策措施;低碳经济创新机制等多层面、多领域问题。

评判一部好书,首先要看看作者的立意是否高远,此书的立意正符合全球大战略。众所周知,低碳问题是全球问题,解决低碳问题已是全球共识。作者以河北省低碳经济发展为研究点,提出了低碳经济发展方式的协调机理。从实际应用层面上讲,则是在尊重河北省省情的基础上,给出了具体解决的思路,特别是采集整理的大量系统的数据和凝练的学术观点,理顺了河北省资源存量与流量的定量关系,为节能减排、低碳经济落到实处提供了有益的参考依据。

―― 科技评论 ――

大力发展低碳经济，无疑是产业结构调整的有效路径。《河北省发展低碳经济的战略选择》应用计量模型，从产业影响力和碳排放影响力对工业内各行业碳排放进行了测算。得出的"短期内，产业结构调整的对象为第二象限内的非金属矿及其他矿采选业和电力、热力的生产和供应业两个行业；长期内，通过技术进步，促使第一象限内的高耗能行业和建筑业转型，通过技术降低碳排放是实现河北省低碳经济发展的根本途径"，这个结论有很现实的说服力，具有现实的指导意义。

河北省的石家庄、保定、秦皇岛3市是国家低碳试点城市。低碳清单、低碳路线图、低碳指标设计等是创建低碳城市的主要内容。此书在低碳技术选择方面也做了有益探索。针对河北省省情，提出了有关认识，涉及以下方面：适合河北省煤炭企业的低碳技术及预期效果；金属矿产产业低碳技术选择及预期效果；新能源产业低碳技术选择及预期效果；农业产业低碳技术选择及预期效果等。这些探索是此书的又一创新之处，对创建低碳示范城市有重要的指导意义和可操作性。在河北省发展低碳经济的对策与建议方面，作者也提出了能源建设、农业建设、工业建设、服务业建设等领域的工作重点。这些创见，都为低碳试点城市的建设以及低碳战略实施指明了路径。

综观全书，其提出的河北省资源优化配置与发展低碳经济的结构框架清晰，所做的大量调研工作是可贵的，采用多种研究方法得出的结论也是具有科学意义的。无疑这是一部低碳经济应用研究的创新之作。

生态类型与生态活性度

在 2020 年，中国面对突如其来的新冠肺炎疫情，中国人民一方面奋起防控，另一方面仍是紧紧抓住一切办法，完成三大攻坚任务，特别是全国脱贫攻坚，进入小康社会的决战。

同时，习近平总书记也一再强调绿色发展和高质量发展。

一、绿色发展的内涵

在中国共产党领导之下，为人民政府为人民，为人民谋发展，这样的政权是红色的。绿色中国的强大，也日益深入中国和世界人民的心中。

而红色中国发展，为什么要绿色发展呢！

在荒漠的土地上，发展植被，出现绿色，容易使人感到收到实效，从风沙一片而变为绿色植物一片，绿色发展寓意卓有成效的发展，人民受益的发展，改善生态环境的发展。这种认识没错，是直接的感受。

我想，绿色发展着重有三个重要层次的表现。

第一是生命，发展是为了民生，是为了生命，是为了提高人民的生活水平，全方位展示"生命至上""人民至上"。

第二是春天，是欣欣向荣的发展，人民拼搏奋斗，获得美好的生活，全国上下喜笑颜开春风满面。中国是春天的交响乐。

第三是安全，发展过程是防灾兴利，经济发展了，有正确的党和领导，即使有突发灾难，因有绿色发展，人民也感到安全。

二、高质量发展问题

顾名思义，高质量发展就是发展的过程、结果与效应，都应当是高质量的。例如，建造一座高楼，应当是稳固、舒适、方便、节省而又能经受一定预设的风险。

而对于一片建筑物，还有地上交通网络、地下空间开拓，以及工、农、商、学、兵等多种建筑设施，综合产生的相互影响，还有自然界中产生的影响，这样高质量的成效的体现，就是重大难题。

对当地自然灾害的综合防治自然灾害包括三大类，即气象灾害，如风暴、台风、冰雪灾害，洪涝、干旱灾害等；地质灾害，包括地震、滑坡、泥石流、塌陷、沉降、沙漠化等；生物灾害，包括各种传染病如天花、霍乱、瘟疫、病菌与病毒诱发的疫病等。

这三个重要的自然灾害之间，存在着自然灾害链。这方面要能够高质量防治，那是须作很大的努力。

在掌握综合自然灾害的基础上再考虑综合开发与发展后，可能产生诱发与触发的灾害问题，这方面需要重点防治。重点在于，这种诱发与触发，如果是在短时间内发生，那就容易些，如果是经历长时间后的效应，而后突成大灾，那就麻烦得多。但高质量发展必须考虑到这点。

三、生物灾害的复杂性与艰巨性

第一，微生物在食物链中，是属于宝塔结构的顶端，各种陆上的大型生物，其死亡多与微生物的病毒有关，其死亡肢体，也是靠微生物而分解，海洋中的大型生物死亡，也靠浮游生物而分解。

2003年的非典和这次的新冠肺炎疫情，都与微小的病毒有关。"华佗无奈小虫何"，血吸虫肆虐了中国等地数千年，但最终还是"纸船明烛照天烧"来送瘟神。但是如果不连续、不松懈防血吸虫，也还会发生。在世界上还有危害不轻的其他病毒。中国在2020年抗疫取得了明显的成效后，今年仍有发生，但与国外相比好得多。

第二，生物灾害一方面是直接对人体产生的病毒灾害，并造成死亡，另一方面生物对人类赖以生存的环境或食物产生的灾害，也影响到人类的健康、疾病与死亡。

在三大自然灾害中，人类对气象及地质灾害这两大灾害，相对认识得较为深入，但仍是难以掌握规律，予以完全控制。

例如，大规模的洪旱灾害，仍是难以科学防控，"大禹治水"流传数千年，而华夏由于气候异常，洪旱仍多。地震也是仍难精确预报，在可能发生强震的地带，仍应精密监测。

第三，生物多样性是一个重要的自然规律，

当代，生物多样性引起多方、多学科重视。人们把生物多样性作为评讲认识自然生态的一个重要因素。

世界上气候条件有很大变化，各地的水、土条件也不一样。而生物无论是动物还是植物，其生存与发展对自然条件的要求也是非常不同的。荔枝生产在广东、福建为多，桔子也生长在南方，而许多植物的生长，具有高度分布的规律。

破坏和违背自然生物分布生长规律，就会带来对生物的灾害。

例如，南方一枝黄花的入侵，其根系就会绞杀当地许多原生植物，破坏原有生物多样性。长江江海岸引进百花米，也伤害当地滨海大面积的原生物多样性。桉树，在热带地区生长，是造纸的好材料，但是其吸取地下水量也大，加大蒸发量，有抽水机之称，使当地遭到破坏。

所以，各地的地质条件、环境不同，其生物多样性也不同。研究生物多样性，对生态是一个重要的内容。因此，应当更好研究生态环境等诸多因素，包括生物多样性，使人类能认识区分生态类型，而更好走绿色发展与高质量发展之路。

四、生态类型与生态活性度

生态，原来是植物生长与环境的关系。有的学者认为，生态就是环境，二者只能用一个，鉴于在中国，多年来将生态更多理解和用于解析生物之间依存关系，所以主张还是用生态环境更全面，目前用生态系统可更全面讨论表达多种生物共生依存的大系统与相应理解的环境关系。

第一，生态类型。不同的自然环境中，生长繁衍的生物，包括人类活动与生存所在的环境，存在着一定的相关性与和谐性。这样表现出来的是，在特定自然与人工影响下的，一种生态类型之中，包括多方面特定的自然条件，也包括在这环境中和谐生存与发展的包括人类在内的多种生物的共生共存，与可持续发展的生命系统。

地球，综合受地球内外多种因素影响。自身也作为太阳系的一个行星，而不断演变。"沧海桑田"，海陆变化不断，一年四季似乎恒定，但各方面变化还是发生着，从地质历史上看，地球上的变化是惊人的。

生态类型，首先呈现的地貌景观，就是综合地球例外因素影响的结果，而全球板块运动，呈现的五大洲，各洲内部综合生态状况差别就很大，在一个洲内，生态类型也是多种多样的。单就中国境内而言，生态类型也多种多样。

以大河流而言，有黄河上游的河源山地生态类型、上游高山峡谷，中游黄土高原生态类型及沿山河谷生态类型。

长江流域有河源山地生态类型，上游的高山深谷生态类型、高山生态系统、上游盆地生态类型、峡谷生态系统、中游平原盆地生态类型、下游及三角洲的生态类型。珠江流域有上游山地与峡谷生态类型、中游山丘谷地生态类型和珠江三角洲生态类型。

许多中小河流，有其自身的生态类型，也可能有多个类型存在于某一地域中。

大湖泊有青藏高原上盐湖生态类型，云贵高原上断陷湖生态类型。

大河流的中游湖泊生态类型、三角洲的湖泊生态类型。

岛屿有大岛屿生态类型（台湾岛、海南岛）、礁岛生态类型、小岛群生态类型、半岛生态类型。

海岸带有不同温度带的生态类型……

生态类型也可按不同地质结构体而划分。如以岩溶（喀斯特）、黄土、火山岩、火成岩、变质岩、沉积岩等不同岩性为主而形成的地质体，而进行相应的生态类型划分。

第二，生态活性度。根据多因素以反映，当地这种生态状况下，会展现其生命力特性的潜在能力度,涉及的因素有水资源、土地资源、矿产资源、能源、生物资源、大气污染、水环境污染、土地污染、气象灾害、地质灾害、生物灾害、综合已开发的效应。

这十二项因素,每项的评判都是很复杂的,可分为5级:优、良、中、差、劣。综合十二项因素评判后,得出当地生态类型目前的生态活性度。

十二项因素中,一般可采用同一权重以评判,但是对待一些地区,某些因素特别重要,可以增加权重。

十二项因素中,只有生物资源是有生命的,其他都是无生命的,但对人类生命显得更为重要。生物资源中,包括生物多样性,也可认为其他因素对生物资源及生物多样性的密切影响。所以,只强调多样性,而不考虑有关地质生态环境的因素,那就会片面,会知其然而不知其所以然。

人类应当处在具有这十二项因素优良的生态系统中,就会有良好的生态与发展的空间,所以要更好地保护与开发利用人类赖以生存的整个生态系统。

为绿色发展与绿色世界而奋斗

绿色，表征着生命，生机盎然；绿色显示了春光来临，万物复苏；绿色展现了安详平静的生活，给人们以希望与幸福；绿色的橄榄枝，展现的是和平与平安的祈求。

绿色的发展，是为国为民且美好强盛的未来追求。绿色发展，意味着可持续的光辉幸福的未来。绿色的世界，是和平、美好、和谐与幸福的世界。

一、绿色追求的生物多样性

世界上有不计其数的生物存在，各种植物在不断发生变化，不断有生物物种的灭绝，也不断诞生新的物种。地球在不断演化，生物也在不断进化。有一点需要肯定的是，在地球上沧海桑田的变化中，生物物种的演化总是要向更多、更复杂的情况而发展，而不是趋向减少或只有几个物种的情况。白垩纪时恐龙这种庞大生物因大星体撞击地球而灭绝。但是，后来地球上物种却是更多了，并有猿人、原始人类至现代人类的出现。

追求生物多样性，是维持地球生物的生命力与繁衍的重要前提，世界人的目光，都关注不同地区的生物多样性。

紫荆泽兰从国外入侵西南，绞杀了当地生物，终于有人说：兰公主你太霸道了，你不能留在华夏，于是把她割杀。上海错误地在海岸带引进百花米，

———— 科技评论 ————

百花米也太霸道了,拼杀当地护带植物,也被告知:百先生皇太子,你太霸道了,必须驱逐你,于是花了不少精力,将其在海岸带彻底铲除掉。

老虎是兽中之王,世界上动物只有老虎吗?没有,老虎,如华南虎、东北虎等虎种都成了被保护动物。非洲老虎,看到成群马队过河流,在旁只能睁眼看,不敢动一步。那是群马的力量啊!

两千多年前,古圣云:万物并育,不相为害,道并行而不相为悖。

二、绿色发展重在绿色清洁能源开发

中国以前多开发煤炭化石能源,随着生产发展,煤炭开挖达年40亿吨,占全国能源的75%以上。结果,污染大气、水环境,产生许多不良效应。

近些年来,随着水电、太阳能、风能、地热能的清洁能源开发,煤炭能源的占比在缩小,但仍占很大的比重。另外,油气能量一半以上靠近江河。

重庆地区,开发三峡水利枢纽,这是清洁能源,也存在一些问题,这早有成果表明。一些人曾发起攻击,鼓吹应炸掉三峡大坝,其实目标是对中国发展,对着中国共产党领导,我强调三峡工程是利大于弊。我的文章《三峡工程现状与利弊》收在中共党史编辑室编的《中国共产党与三峡工程》中。

另一重要能源——地热洁净能源,地球内部的地热,有多种成因,包括地球内部原生储蓄能、太阳辐射能、放射性元素衰变能。中国地热能,开发量可达100亿吨煤的热量。

绿色发展,开发各种资源水资源、土地资源、矿产资源、生物资源等,都需要集约、节约与高效利用这些资源,并注意环境保护。

三、绿色发展应注意各种自然及人为诱发灾害防治

自然对人类的影响有气候灾害、地质灾害（包括地震）及生物灾害。今年武隆地区，也有气候灾害（洪水）及百多起地质灾害，如滑坡及塌陷等，虽规模不大、损失少，仍是需要防治。

三峡工程起了很大防洪作用，今年二月时，我就提出要注意今夏的洪灾。并提出，三峡库区下泄洪水，应联系清江以借洪峰，以减少对下游武汉的威胁，六月以来二次洪峰，第三次就是调节水量避开三峡和洞庭湖洪峰重叠，收到防洪好效果。

今年防洪，再次证明三峡工程的重要作用。

生物灾害也与地质环境有关。毛泽东说，青山绿水枉自多，华佗无畏小虫何，说的是血吸虫病在江南一带严重。这次新冠肺炎疫情，我们警惕性警戒措施还是不足的，公共卫生防控是短板，今后应加强。

四、绿色发展在于交通运输的便捷与安全的保障

1965年我参加国家科委组织的三线喀斯特调查，为科委编了中国南方喀斯特图系（1/100万）三幅图及全国喀斯特分布图（1/1000万），后科委指定我负责圆梁山隧道155千米的勘测研究，由铁四院配合。1966年我到工地预备开展工作，没几天就被三道金牌（电文）召回，让我回所保定，那时"文化大革命"开始，科委要我负责这难题时问有什么要求，我提：①成立岩溶（喀斯特）研究所；②开展地质雷达新手段研究（与物探所合作）；③开展有关地质工程研究。这三个条件，主任全答应了。三道金牌下来，我只好赶回所

里。2002年12月,铁道部又邀请我参加圆梁山隧道灾害治理专家组,为组长。那时圆梁山隧道为渝怀线的要害工程,施工中发生岩溶水,爆发灾害,死9人,到工地他们汇报说用水冻法,被我制止了。因为在喀斯特活动剧烈地带不可用此法。后来2003年7月,上海在透水性大的地层上用水冻法,结果引起大管涌和地表塌陷,几座大楼被毁坏。

2000年5月1日,武隆319国道旁人工开挖边坡没处理,引起大量崩塌,损失严重,我写了事故过程原因分析,基本为国务院采用。

这一带地质灾害,将来还是会发生,须加强监测。

重视自然灾害,直接面对灾害,妥善抓住治理事宜。319国道灾害,我直言了,引起中央重视了,总理基金先拨用,武隆是第一个受益者,否则后面再发生连锁灾害,危害就大了。

五、绿色发展要建设生态—智慧城镇群

绿色发展,应使用大数据、大信息,利用现有科技水平建设以武隆城镇为核心的一片生态智慧城镇群。

这方面应当有了基本条件,还需深入地推进。

生态方面,表现在良好的、可控的生态环境生物多样性,各种自然动植物和谐生存。人们生活食物优质无污染,需要无污染的土壤、水流和大气中,需要安全高质量的生长环境。

智慧表现在防灾、减灾方面,有安全完善的监测和预警预报系统,可适时预先采取措施,防止大的灾害发生。

交通方面,可以自动控制交通的状况,提出警示,也可帮助人们决策出

方案，避免盲目出行受阻，浪费时间。

生态—智慧城镇群，首先与重庆的生态—智慧城镇群相连接。生态环境、智慧的水平与效果，都是一个时间过程，需要不断地提升其功效，不断提高其可靠性与适宜性。

六、绿色发展对人素质的要求

要搞绿色发展，应当提高干部的素质。当然，首先应当认识什么才是绿色发展、绿色世界的特征以及现有的环境是什么样。

更重要的，应当提高干部的素质，首先应当进一步提高自己的奋斗目标。就是：努力实践——提高创新——无私奉献。

而不是只顾追求自己的地位、金钱与享受。要办绿色发展，是需要艰苦的历程、应当更好培养自己的人生的人生观、价值观与世界观，这三观具体做到：人生如歌———人生逐梦——人生似水。

在绿色发展之中，让你的人生唱出一首绿色欢歌；在追求绿色发展之中，你的人生为实现强国之梦而顽强奋斗；在你今后人生，为绿色发展的贡献不会随岁月流逝而消失。

2020 年 8 月 5 日

―― 科技评论 ――

生态地球与可持续发展

——从科学发展观的认识来讨论资源开发与灾害防治

中华人民共和国成立以来，我国经济取得了很大的发展，特别是改革开放以来发展迅速，这是世界人所共睹的现实。但是，目前存在的地质环境恶化现象，以及人工诱发灾害的加剧，也是不容忽视的情况。为此，党中央提出应用科学发展观来指导各项建设和今后的发展，是非常重要的。本文想就这个问题从地学方面作些探讨。

一、从地球自然演化规律上建立科学发展观

人类生存在地球上，必然受到地球自身演化的影响与制约。地球存在着地壳、地幔和地核，这最基本的结构。20世纪20年代古登堡（B.Gutenberg）分析认为，在地表100~200千米间存在一个地震波的低速层，新的地质资料认为60~250千米范围内有比其上下岩体更软的物质即软流圈的存在。软流圈上部界限有认为是地壳下部的界限，有认为是地幔上部的界限。软流圈中有液、气、固三相物质，地壳的板块即漂浮在上面，按阿基米德原理，高山地带厚地壳沉入软流圈多，就发生内侵蚀作用，薄地壳沉入少，也会发生内吸附作用。地壳厚薄演化，几十亿年历史中产生沧海桑田的高山与海洋的变化，是

包括软流圈在内的地球演化的复杂过程。软流圈是火山喷发及地震等灾害发生的渊源，也是形成矿产资源的源泉，而且是地球内部三相流发生带是热力、动力等多种作用发生源地。

目前，引起地质学家们密切注意与重点探索的是地球的圈层运动，即地球上存在着的岩石圈、水圈、大气圈和生物圈。四个圈层不完全是孤立分离的，而是密切相关联的。岩石圈的表面及其中孔隙、裂隙、断裂、洞穴通道等，都是水圈中水体所依附的空间，水圈和大气圈又在地球外甚至与地球内部空间相重叠。水圈和岩石圈又共同孕育了生命，多样性的生物构成生物圈。目前，人类是生物圈的主导者，但又由于人类开发，影响了水圈、岩石圈和大气圈，甚至也影响了生物圈。

地球这自然体对人类生存与发展，存在着两个条件或因素。一方面为有利的资源性条件，主要是水资源、土地资源、矿产资源、能源和生物资源等，另一方面为不利的灾害性条件，主要有气候灾害、地质灾害和生物灾害。对于资源性条件而言，应当注意到资源的相对性、资源的有限性和资源的生态性（下面再解释）。对于灾害性条件而言，特别需要提及的是灾害之间存在着灾害链。气候灾害如台风等，常诱发地质灾害如滑坡、泥石流等，造成更大的危害，地震灾害也会诱发其他地质灾害。生物灾害，又与环境的恶化密切相关。可以说，人类的不当开发，常常表现在资源不能很好开发与循环利用，而又会诱发与加剧灾害的发生。

因此，从科学发展观看，应当掌握地球自然演化的规律，合理高效地循环利用资源，认真有效地防治与减轻自然灾害，让人类与自然和谐相处，建设循环经济和友好环境。

二、维护良好生态地球是当代人类共同而紧迫的使命

早在1869年,动物专家海克尔(Kaeckel)提出了生态学(Ecology)概念,所以,当时生态学词义上理解就是"居住地的科学"。其含义与环境(Environment)有关,但还是有区别的。较长一段时间,生态学一词主要为生物科学所应用,更多是用以研究生物个体、个体群和生物群落(不同种群的聚集)以及生物界与其生活所在环境间的相互关系,并研究特定地段中全部生物(多样性生物群落和物理环境作用的统一体——生态系统)。生态系统内部能量的流动导致形成一定的营养结构、生物多样性和物质循环。其中,也涉及有机体与环境的相互关系以及达到彼此和谐状态的生态平衡问题。因此,生态学和环境有一定的区别。武吉华曾强调生态系统包容了生物群落和无机环境。

各种资源中,生物资源的生态性是不言而喻的。其中有第一级绿色植物、第二级食草动物、第三级一级肉食动物、第四级二级肉食动物、顶部肉食动物(包括人类),尸体通过细菌微生物分解成养分、水,产生新一代植物。海洋中第一级浮游生物、第二级浮游生物、第三级小鱼、第四级大鱼、第五级鱼鹰,尸体分解也靠细菌微生物。

水资源的生态性不言而喻,没有水就没有生命,更主要是水在光合作用中的功能,在维持当地生态系统功能和对人类生存而言,显得更为重要。按照爱因斯坦的理念,在光合作用中,每激活一个分子去参加反应,必须要有一个量子,就是每还原一个摩尔(mol)的反应物,就需要一个爱因斯坦能量单位的量子值。光合作用的能量,来自宇宙中的太阳,也涉及 CO_2。德国科学家普朗宁(M.Plank)等于1900年针对有关热平衡的黑体内部电磁波能量

密度和频率的问题，而提出普朗宁公式。爱因斯坦解析了植物体内的叶绿素捕捉光能而产生光电效应，从普朗宁辐射量子论出发，而得到上述的光合作用中量子值。

土壤在光合作用中提供的养分与环境的作用，具有明显的生态性。矿产资源的生成有时也与生物作用有关，有的也是生物生存的养分所在，或者处在与生态系统有关的无机环境中，但是与生物间的生态系统具有密切的关系。至于能源如煤炭、油气的形成，许多与生物作用有关，水能开发也必然影响到水的生态性问题。可以说，在地球上所有资源都具有生态性。

至于各种灾害，对人类及其他生物造成的灾难，也是一种生态性的表现。因此，在人类开发利用各种资源、防治及减轻自然灾害过程中，首先应当注意的就是如何保持其良好的生态系统，使人类和自然环境得以和谐，而使资源开发中不会过多地使生态向恶性方向加剧发展，诱发更多灾害。人类和自然和谐相处，就是在自然地球规律演化上，使人类得以更好地生存与发展，自然大环境不会构成对人类生存的威胁，而使人类生存和自然环境相互恶性"成仇"相向，而是二者相安，是"朋友"。

地球演化结果，产生了高山、中山、丘陵、沼泽、沙漠、草地、河流、湖泊、海洋等现象。1939年特罗尔（C.Troll）创立了景观生态学，将地球上景观与生态统一起来进行研究。1968年特罗尔又建立了地生态学（Geo-ecology），也是地球生态学。根据上面有关生态的含义，目前科学发展又将生态作为特定的形容词，主要是说保持对地球上或某地带多样性生物间良好依存和食物链及与所在环境和谐的现象。目前，国际上更多关注生态水文。生态水文涉及水、气、岩、土、生物等相互作用。水文是环境中的一种现象，国内也扩展了生态环境的含义与认识。而且，也出现生态省、生态市等建设目标。

地球上圈层运动及自身演化的海陆变迁过程都是全球性的。温室效应、厄尔尼诺现象，气候变化以及大流行病等都涉及全球范围。显然，一个地区生态恶化状况会影响到邻区。世界各地生态环境的变化就会影响到全球。所以，好的生态地球应是全人类共同关注的使命。

三、开发资源的环境效应要符合自然演化总趋势

地球演化有自身的规律，也受到宇宙因素的制约。目前宇宙对地球的主要影响可归纳为太阳系、银河系、小行星和超新星爆炸四个方面。太阳对地球的影响，除了重要的阳光之外，还有黑子、耀斑、谱斑、日珥等，都是对地球大气产生激烈扰动的过程，在太阳总辐射能中有百分之三是以中微子形式发射，而造成上述对地球有密切影响的现象。月球对地球也产生影响有岩体固体潮和海洋等水体及地下水的水体潮汐变化现象。

地球内四大圈层运动和宇宙上四大因素综合影响到与人类生存密切相关的水质量、土质量、大气质量、气候条件、光合作用、食物链条件等，构成生态地球对人类生存与发展有重要直接关系的生态条件。

在地球演化中形成的，从冰雪覆盖的高山到海洋，地表上各种区域景观都可具有其独特的生态特性。河流，特别是长江、黄河和珠江是我国三大入海河流，奔流数千公里，连接着多种多样的景观现象，具有多种多样的生态系统。河流本身流淌奔腾的河道，是地球演化的聚水道，真正流水的河道本身面积很小，大量的水流是靠广大流域面积内的无明显河道地面漫流和地下水所补给。可以说，大江大河的水流是博大胸怀的大地所哺育的。因此世界各国人民称其祖国为母亲，对早期集居而饮，发展民族文化的河流又称为母

亲河。河流，是贯通不同生态系统的重要纽带，河流也是生命的源流。河流的发展、演化以至消失，以及当前河流的特征与生态，都是受地球演化所控制，也受地球圈层运动的控制。

因此，开发水资源中，应当认识到地球自然水循环的规律性。目前人类所直接利用的水资源，还是地壳上部的积极循环带，实际上水圈包括地核地幔内生水带、软流圈聚水三相流运动带、壳幔深层保水输水带、水圈上层积极循环带。后者又包括深层承压渗流亚带、潜水运动亚带和水汽变化亚带。在积极循环带中，水液体的液－气－固三相变化经常变换着。目前是否有太空冰块降入地球大气层作为水补给源，尚有待研究。

根据水的特点，可以说水资源是在其上部循环和生态能量变化中，具有可再生的性质。降雨—入渗地下及地表汇聚入河道—地下水汇入河流—海洋—蒸发—降水的反复过程，是可再生的能源。如果曲解了水资源的循环规律，把河流孤立于广阔流域的大地之外，认为地下水还是要排入河流中，因此地下水不是资源，只有开发地表河流水才是水资源开发利用，结果把修建大水库作为唯一重要水利措施，忽视其他水利措施的功效，造成的结果是：半干旱地区及内陆河流上游修大水库，蒸发浪费水资源，中下游河道得不到补给，只有加大对地下水的开采，导致地下水位大量下降，中下游湖泊萎缩及内陆河末端湖泊干涸，进一步导致生态恶化。另一方面把地下水看作取之不尽、用之不竭的错误认识，也早已为客观事实所否定。因而，只有正确理解水资源的循环和其循环赋藏的特性，才能正确了解水资源可开发系数、生态水资源量及合理调蓄水资源问题。

实际上地表水和地下水应当看作是广阔大地对河流的哺育生命水量。所以，在水资源开发中，应当掌握水资源转化及地表与地下水合理调蓄的问题。

―――― 科技评论 ――――

2004年在意大利佛罗伦萨召开的第32届国际地质大会上，地质学专家们认为当前的地学前沿问题有八个方面，即：地下水；灾害；地球与健康；气候；资源；巨型城市；地质深处；海洋。其中地下水摆在第一位，可见其重要性。

目前，国际上有些炸坝的现象，最主要还是从其效益和对环境影响上考虑。应当强调一点，我国几十年来水利建设还是发挥了重要作用，体现在防洪、水资源供给和水能源开发方面，水利建设也是我国经济发展的重要保障。另外，河流不当开发，经历岁月验证后，也有不少造成河流生态恶化的情况。这种变化不仅水利学家，就是地质学家在50年前也是认识不清的，笔者也如此。因此，结合实践结果，对比成功与得失的现象，思索正确的水资源开发利用及亡羊补牢的正确途径，还是最为重要的。

我国2 200多年前李冰父子修建的都江堰，至今仍发挥作用，反映了治水的智慧光芒。就是这样古今中外罕见的水利创举，于1958年"大跃进"时，竟在其鱼嘴附近上游修了一个混凝土坝，1960年在水利部召开的水利会议上，笔者亲自听见当时水利部副部长冯仲云说："主张修新坝破坏都江堰的人，应拉到二郎庙前打屁股（原话）。"西部大开发后有人还要修此新坝以废除都江堰，为了投资者在修上游紫坪铺水库后，再建反调节的坝，每年可得1亿~2亿元的发电效益。都江堰的价值对当地的经济发展，每年的效益何止当时的1亿~2亿元。这个方案在环评时，受到地质、水利和环境方面专家的坚决反对。

河流是地球演化结果的产物现象之一，河流的性能与作用，是控制与制约在四个圈层运动之中，涉及水—岩作用、水—土作用，及三相物质的转化与三相流运动。地球演化包括河流的自然变化基本上是缓慢的过程，洪水期河道变迁是急变性的。中国成语"以邻为壑"源于战国孟轲《孟子·告子下》，原意说的是战国时宰相白圭很会治水，一次他对孟子说：我治水的方法要胜于大禹呢！孟子冷笑道：大禹治水是顺着水的本性，把洪水引入河道，最后流向四海，使人们免除水的灾害。而你呢？只修筑堤坝，填补漏洞，加高坝的高度，你自己保住了，可是流到邻国去了，让别人遭害，这是以邻为壑。目前，不顺乎自然地球演化规律，不注意整个流域的生态效应的堤坝，是会影响到其中下游广大人民，因此，这"邻"就是中下游的邻。围湖造田，是缩小河流自然调蓄洪水的面积，加大淤积，这以邻为壑也害了自己。因而，1998年洞庭湖大洪水时，有人认为不应围湖造田，应在洪泛区将居民村建修（高台），非大水季节又可下台耕种。同理，开发矿产资源也必然改变圈层运动，不注意防灾措施，就会发生突水及瓦斯有害气体爆炸事件。

任何大工程都是有寿命的，经过岁月考验，效益不好，对生态有产生恶化影响与不安全的，当然难免有被废除的一天。今天关闭不安全矿山，今天对已建的大坝如何继续发挥作用，如何控制不使对生态环境构成更多负面影响，还是需要进一步深入开展探索研究。

四、积极掌握自然规律，防灾、减灾是可持续发展的前提

人类在开发中的着眼点，应当在掌握自然灾害的规律上，将开发工程的效益、灾害防治，统一进行评价。以往，在水利水能和矿产资源开发及其他工程建设方面，多强调开发效益，而忽视可能造成不良效应及诱发各种灾害。有的明知会有不良效应，反正是国家投资，以争工程项目为第一，采取隐瞒的态度还是不少见的。就水利工程而言，诱发的不良现象是多种多样的，包

括地震、大规模滑坡、泥石流、岩溶塌陷以及对生态的影响等,以往对特大工程进行了有关研究,但是对流域库群,对上下游地壳稳定性气候与生态系统的长期效应就研究不多。

各种建设,也存在减少诱发灾害问题。自然界是复杂的,因此在效益与不良效应方面,应当有认真客观的分析,绝不能够主观臆断,更不能从单位及部门利益出发,而违背客观真理。近期,因人工开采矿产资源而诱发的灾害矿难不少,造成了生命的损失及国家资源的破坏。在20世纪80年代初,我国由多个部门联合进行过矿山水文地质条件回访,对主要矿区存在问题还是有所掌握。90年代以来,许多新矿区开工,可以说基本地质资料都不多,老的矿山环境缺乏进一步治理,也有不少产生了恶化倾向。不采取措施、不注意人工开采矿产资源诱发不良效应问题,必然导致矿难频发。许多小型非正规开采煤矿,就是不考虑不良效应,而是进行掠夺式与不科学开采,结果得小利(矿主得利),给环境造成的损失却是重大的,由国家负责事后的埋单。

50多年前,开发水利只看到造福人民的一面,就没有多考虑产生不良效应,及对生态系统的恶化和产生灾害的问题。今日,水利已发挥很大的作用,在大规模开发中,由客观现实上人们也认识到了其对环境产生的不良效应的问题。因而,前段时期有的把水能排斥在可再生能源之外,而强调开发可再生的风能、太阳能和地热能等。这种认识混淆了可再生能源的本质和开发不当人工诱发不良效应的两个方面的问题本质。当然,这些可再生能源目前开发尚少,但是也必须考虑对生态系统、对地球可能产生不良环境效应问题。澳大利亚某一地带,因大量开发风能,使当地温度上升几度,引起当地居民的不满,要求摧毁这些风能发电站。自然在调节气候及输送水汽的方面,起着重要的作用,因而开发这些能源,也需有科学依据。所以,今后也应当重视大规模开发这些可再生能源后,将会有什么不良环境效应问题。对任何资源的开发,都不能只顾一时浪潮,一哄而上。按科学发育规律进行资源开发,进行灾害防治,这是最基本的"以人为本"。

今天,由于美国前总统提出数字地球引起各方面重视,其实,数字地球只是研究全球的一个手段,探索与重视生态地球,应当是全世界共同的目的。全人类都应当合理循环利用资源,通力防治与减轻灾害,协力维护地球环境有良好生态。目前我们开展的生态省、生态市、生态企业、生态河流等建设都是希望中华大地在欣欣向荣发展中仍保有良好生态系统,和环境成为相依存的好朋友。

好的生态中国,是中国人民的期盼,也是大家的责任。中国需要在优化的生态中,取得可持续发展。良好的生态地球,是全球人民的共同期待。全球可持续发展须全球的合作与努力。

———— 科技评论 ————

探索旅游资源内涵　掌握开发环境和谐

——美丽的地方发展旅游事业的方法途径

2005年10月23日，由《中国国家地理》举办的"选美中国"活动，举行揭晓颁奖仪式，我有幸作为总评委之一，参加了这次盛会，深为感动。这次"选美中国"的成果，引起了国内轰动，不仅是有关的科学界人士，也引起了包括其他领域部门和许多人士的共鸣。

这次所以取得这样的成功，在于这项活动把全中国的壮丽山河，分成16个景观系统予以评选，其结果是不仅在单项景观方面，而且在综合方面，进一步体现出伟大中华多姿多彩、雄伟壮丽的锦绣山河地貌，也进一步激发人们爱我中华的情感，产生情与境的交流贯通。这项活动成功的运作，首先应该感谢的是《中国国家地理》的领导与全体有关人员的创意、构思、组织与实施。

在欣赏之余，我们也需冷静地思索，如何让这选美中国的效应，能够更好地发挥，让这些美好的景观更好地造福于人民，成为中国可持续发展的源泉。下面就有关发展旅游方面问题发表一些浅略意见供各方参考。

一、进一步发掘最美的地方的丰富内涵

这些中国最美的地方通过了一些专家的努力，做出了排行榜，其中有评

选标准，涉及地貌的有关特征、规模、观赏价值以及人文价值和现在已经开发情况。不同景观系列有相应的不同标准，在优美文字之中也有较好的介绍。为了更好地呈现这些最美的地方的意义，并使之能够呈现出更好的观赏的价值，扩大其影响，今后需要特别注意这几个方面的内涵结合。

1. 最美的地方的科学内涵

各种自然景观都受到地球演化所制约，也是演化过程中在不同地区所呈现的产物。因此，在欣赏最美的不同地貌景观时，应当深入掌握其在地球演化中形成的机理。只有掌握这自然规律，才能正确地理解其价值。例如，北京石花洞，早期当地人不认识月奶石的科学意义，其观赏上也是很有价值的，但为了洞内平坦大道而将之挖走，使之遭到破坏。

2. 最美的地方的文化内涵

不同的最美的地方有其人文的发展历史，而且这种文化的不同体现在自然地域的不同，也体现在当地的不同的民族文化特点上。在最美的地方也多有相关的民间传说，也有神话色彩，能够去伪存真，真正解释这些神话，就能够体现出这些最美丽的地方的丰富的文化内涵，将景观与人文的演化结合，就更会突出这景观之美。例如，庙岛的有关八仙过海传说，西湖的许仙、白娘娘和雷峰塔传说，从中探索这些神话传说，就可以更清楚这些美丽景观所以产生的缘由。再如，苏东坡"欲把西湖比西子，浓妆艳抹总相宜"，这些文笔也使西湖更令人向往。

3. 最美的地方的美学内涵

评选出的各系列的最美的地方，给人的直接感觉就是美的享受，令人感叹。但是，这种景观价值实际上是存在着丰富的美学内涵，只有真正掌握其美学的内涵，才能够更好地掌握其美的价值，而不会人为地破坏其自然美的价值。中国画就是画家掌握了山、水、石、花、鸟的统一和谐之美。所以，常把美丽的地方称为如诗如画般的美景，这种人工图画的美景融合了各种景观。因此，对自然界中最美丽的地方，应当从美学上进一步认识它美的真正内涵所在，这样才会更好开发与保护。

4. 最美的地方生态内涵

早在1869年动物学家海克尔（Kaeckel）提出了生态（Ecology）概念，是指居住地科学，后来更多用于研究生物个体、个体群和生物群落，以及生物界与其生活所在环境间的相互关系，并研究多样性生物群落和生物环境作用的统一体——生态系统。1939年德国学者特罗尔（C.Troll）创立了景观生态学，将地球上景观与生态统一起来进行研究。1968年特罗尔又建立了地生态学（Geo-ecology）。最美丽的地方都有其生态系统的特征，应当认识其生态的内涵，而不能破坏其生态多样性和生态系统。美国黄石公园就曾发起打狼的措施，而使当地生态景观受到破坏。不当地引进外来生物的物种和不当的开发，破坏当地景观与生态系统的现象也很多，应当引以为戒。

5. 最美的地方的经济内涵

最美的地方的经济内涵，这是很多人首先想到的，因为多数人首先想到的是如何利用这些最美的地方，进行旅游开发，以创造经济的效益。考虑经济上的效益，特别是美丽的地方，多是相对经济不很发达而没有更多开发的地带，因而将美丽的地方想方设法予以开发旅游，以创收经济效益，这是首先考虑的捷径。这种想法是可以理解的，问题在于如何衡量这经济效益的内涵，这里需要提的是，应当在综合考虑科学、文化、美学、生态的内涵基础上，再考虑需要什么样的经济效益，如何有效地综合开发，才能创造最好的经济效益。

6. 最美地方的可持续发展的内涵

任何最美丽的地方，都有其特定的各种自然条件，所以能够在目前呈现出美丽的存在魅力与价值。因此，深入了解与掌握该美丽的景观已经长期存在的内在条件，才能更好考虑今后如何使之可持续发展的内涵。这样，才能避免不当开发，而失去可持续发展的原有条件。认识这美丽景观已长期存在的内在因素，包括相应的自然条件，这样才能顺乎自然规律而进行正确开发，使该美丽的地区得以可持续发展。

二、合理开发最美丽的地方的几个和谐前提

要使最美丽的地方，能够很好地开发旅游及其他产业，以使之可持续发展，并能得到最大与长远的效益，应当特别注意下列几个重要的和谐前提，也就是人与自然和谐的几个重要的内容。

1. 自然景观的开发与环境保护相和谐

"开发中保护，保护中开发"，这已经是目前人们常说的一句话。在开发旅游地区，也多是喊这个口号。应当说，有的就是这么做的，而有的地区却没有认真做到这一目标。最美丽的地区的景观，也包容在当地环境之中，如果只是注意旅游经营的开发，而不能保护周围的环境，其结果是，最美丽的景观，也会因之而遭受观赏性的破坏。实际上最美丽的地方的核心景观是"红鲜花"，没有周围绿叶景观的衬托，那红花孤单的景观，也会失去其美丽的。

2. 自然景观资源的开发与灾害防治的和谐

最美丽的地方的景观常作为资源而有相应的开发工程，但是每一处最美丽的地方，还都有其承受自然灾害的另一面。因为任何地带，都会不同程度

地发生自然灾害，包括气候灾害及地质灾害。因此，在景观资源开发工程中，应当注意不要诱发及加剧自然灾害，同时采取相应的工程措施以防范自然灾害。在最美丽的地方发展旅游，一方面需要考虑如何吸引旅游游客，另一方面也要有预案和相应的措施，当发生灾害时，如何有序地引导游客，以保护游客生命安全及避免财产损失。

3. 自然景观特色和人工建筑的和谐

不同的自然景观，特别是最美丽的地方的景观，都会有其特点。要开发这最美丽的地点，必然需要有人工的建筑。人工建筑要和当地自然景观相和谐，不会破坏原有自然景观之美，又要使广大游客对当地最美的景观的游览，真正达到赏心悦目、流连忘返的境地，而不会"一次就够了，下回不来"，甚至阻止别人来的情况。

4. 自然景观客流与交通状况的和谐

要使当地特别是西部地区美丽的景观能够得到更多的客流，必须有相应的交通网络。就是说，只有根据已有及将要发展的交通情况，而考虑最美丽的地方的接待旅游能力的安排，将这二者和谐发展相结合，才不会形成最美丽的地方的无效投入，造成更多资金的积压，收不到开发的价值。这种接待能力超过交通允许的客流情况很多，因而常使一些旅游胜地，造成负债经营的状况。选美刚结束，广西有的地区就发生了交通不便引起游客不满的负面影响。

5. 自然景观的容量与正确接待设施的和谐

任何最美丽地方的景观，能够接纳的游客容量都是有限的，过多的游客，使人群拥挤，很容易造成伤亡事故，这种情况，在有的地区造成了惨案。如金华、北京密云等地，游客多，破坏景观是一方面，另外一方面人多呼出的 CO_2 也多，CO_2 的比重大而往下沉，人多拥挤易摔倒，摔倒后由于地面缺氧而使昏迷，后面就发生连锁反应，发生挤死挤伤的灾难。所以，应当根据自然景观的容量，考虑相应的接待能力，让二者和谐以控制最优化的游客容量。

6. 自然景观建设与其他工程建设的和谐

在美丽的地区进行开发，经常与已有城市、集镇的建设相比邻，或者附近还会有其他建设工程的进行，包括道路、工矿、水利措施（水库）等工程建设。因此，必须让自然景观开发工程与其他工程建设及城镇的发展相和谐。以往经常发生其他建设与旅游地带发生冲突的现象，或者是其他建设破坏了旅游资源。这方面的和谐有时是很复杂的。在最美的地方，应当尽量避免不和谐现象，甚至破坏不可再生的美丽景观资源的现象发生。例如，都江堰是两千多年的中国水利杰作，1960年及2001年左右，两次有人想在鱼嘴附近另修混凝土水坝，实际上对都江堰水库起到的是破坏效果，从而都受到反对而被遏止。

三、开发宝贵的美丽景观旅游资源的方法途径

上面所提到的6项内涵和6种和谐条件，应当作为开发不可再生的宝贵旅游景观资源的重要的两个前提。对各地的美丽景观资源如何开发，我再提出10个方面的方法途径，供参考。

1. 科学决策

上面讨论的6项内涵和6项和谐，需要进行相应的科学研究，取得第一手资料，才能得以建立相关的认识。科学是第一生产力，只有重视了科学研究，而且应当走在前头，这样才能为合理与正确地开发利用宝贵且美丽的旅游资

源提供基本的依据，才能建立正确的开发旅游资源与保护环境的理念，科学地做出相应开发的有关决策。在管理机制中酌情建立相应的专家委员会或研究中心，也是很有效的。

2. 风险评估

根据科学调查的结果，尚需要进一步对开发有关旅游资源将可能加剧与诱发不良效应及可能产生突发性灾害的风险问题，认真进行风险评估，才能明确在开发旅游资源中可能会产生什么样的风险，包括气候灾害、地质灾害产生的风险，有的风险重大，一时难以克服，有的风险尚可以防治，但须采取措施。此外风险分析也包括资金投入是否有效益的风险评估。风险评估是决策开发旅游的重要依据。

3. 环境评价

风险评估重点在于开发这些地区旅游资源是否会发生大灾害，造成景观破坏，以及资金投入能否有效益这方面，就是涉及是否值得投入开发的问题。进而进行全面环境评估，这就需要更全面深入地进行综合环境效应方面的评估。环境评估应在风险分析之后，二者也可结合进行，有投入开发的基本前提下，进行深入的有关评价，使"开发中保护"与"保护中开发"的原则，能够有具体深入的评价内容。

4. 合理规划

在科学研究、风险评估及环境评价的基础上，结合当地及周边已有的各种措施情况，合理进行规划。一是让美丽景观资源可以真正在开展旅游事业中，发挥有效的作用。合理规划，涉及水资源、能源、生物资源、土地资源和景观资源的基本条件与综合有效地开发利用；二是合理规划，也包括美丽景观区，在不破坏自然资源景观的情况下，进行相应有限的旅游方面的设施建设，这方面包括缆车、船只、休憩场所、饮食供应和厕所、废弃物处置等设置方面。

5. 有限开发

一个美丽景观地带，通常都有多种景观，在作为旅游资源的开发方面，应当有所保留，只是部分先行开发，留存一部分以备以后开发，或者只作为其他研究场所。对广大游客只是有限的开发，易于贯彻"开发中保护，保护中开发"。这样也是隐存着神秘的内容，不是一览无遗，也增加该美丽地带留给游人的是对未来的期待与兴趣。

6. 多种经营

开辟美丽的景观资源，为了争取更多的效益，应当以多种方式经营。在旅游性质上，可酌情分别开展观光式旅游、会议式旅游、休闲式旅游、度假式旅游、科考式旅游、探险式旅游等。相应地也应有餐饮、旅馆、娱乐场所、纪念品等多种经营场所，这方面建设与产品如何反映当地景观与文化特色，却是一个非常重要的问题。目前，有的地区将这些附属措施，盖过景观的美丽，不相和谐，出售产品各地又基本相同，这就不能吸引更多游客的兴趣。

7. 引进资金

目前美丽的景观地带，不少处在西部，相对资金有限，要很好地开展美丽的旅游资源，引进外来资金是非常重要的。有的可以让大企业进行投资，有的也可以利用东部资金进行开发，再通过组织东部地区旅客，而回收资金。以往东部地区美丽景观开发中，由当地人或引进的投资人进行承包，由于合同本身有很多漏洞，结果是承包人发了财，而景观遭受破坏。引进资金，决不能把景观资源作变相出卖。北京云水洞，就是被外商承包所破坏。因此，建立相应的董事会，进行重要的决策，控制合理经营是非常必要的。

8. 严格审查

美丽自然景观作为旅游资源进行开发，必须有严格审查制度，包括规划审查中、应涉及环境保护、土地利用、水资源开发等内容。这些审查应当是名副其实的审查，而不能是走过场。可以说，许多东部的旅游资源都已不同程度地遭受破坏。在这方面，专家应当发挥专家的科学态度，严格把关，不徇私情。例如，审查都江堰的鱼嘴工程和西安的乾陵开发问题，专家发挥了作用。这方面，也应防止官商勾结，将国家财产变为私有。

9. 联合发展

一个美丽的景观作为旅游资源总是有限的，将附近景观连成一个旅游线路，进行联合发展，对当地旅游业会有很大的促进。在旅游信息、基础设施、经营管理等方面，都可相互联络沟通，减少投入，增多客流，增加收入。以前很多西部景观，虽然投入了不少，但由于地处僻远，没有与其他景观连成一条活跃的旅游线路，结果收入有限，不能创造出好的经济效益。

10. 长效发展

任何一个美丽的景观资源，不能进行掠夺式开发，不能不科学地开发，更不能不顾未来而进行破坏性的开发。应当采取的是长效开发，就是可持续开发利用这旅游资源，让自然界经过漫长的地质发展史而产生这些宝贵的景观得以长久地利用，发挥其资源效应，造福于人民。如果不能长效地利用，就不应当予以开发。什么时候能够保证可持续开发利用这资源，那就什么时候再作开发的决策。由于目前不能很好得以保存地下葬品，所以乾陵不能予以开发，自然景观也是如此。在西部美丽景观地开展旅游，建立长效机制非常重要。

有了这次轰动的选美中国活动，这系列美丽的景观倾倒了各界有识之士

和广大中外旅游者。当地及有关人员,也都想从中开展旅游事业。有这方面的想法是好,但是如何发展这些景观的旅游业,应当是很慎重的问题。

根据这一段接触有关旅游方面了解的一些情况,特别是东部地区开发旅游业存在的情况,特提出6个内涵,6个和谐和10条开发方法途径。前面6项全做到了,一切都会顺了,再采取10条开发方法途径,那就十全十美了。

祝愿美丽的地方,更好造福于人民。

2006年1月2日

―― 科技评论 ――

掌握湿地机理性　立法保护中发展

（中国绿发会　2021年2月24日）

2021年春节刚过，2月19日（正月初八），由中国生物多样性保护与绿色发展基金会（以下简称绿发会）主持，召开了《中国湿地保护法（草案）》的研讨会（网上）。这草案是绿发会领导，组织多方面专家编写的。

我有幸被邀请参加作了简短发言，今特作了整理补充，以作有据之文，共供参考。

一、对湿地立法保护的必要性与基本原则

湿地是一种自然的地质环境的常见现象，又与人们日常生活、各项建设工程，以及与综合发展多有关系。湿地，是资源，也是环境的一个基础条件，人类多数只看到"有水"这个资源条件。

刚才听了多位专家的发言，其中明显有两种看法。

一种是，湿地在中国，分布很广，但多数都已过度开发，应当立法，予以更好地管理，更好地发展，对湿地要合理充分利用，而又能很好保护，立法是迫切需要的。

另一种是，也有专家认为，湿地保护法，不用这名称，制定"湿地法"即可，

湿地要有开发利用效益，这样那谁投资谁受益。

很明确，前者着重保护，所以要制定"湿地保护法"，后者感兴趣的是湿地资源效益，而只制定"湿地法"，不用保护法，影响开发利用。

目前，实际上对各种湿地多是单纯资源性观点，而有了过多开发，所以有不少专家强调了"湿地保护法"。而不主张加上保护法，是考虑到开发效益受到限制。

我认为，不论用什么名称，都必须有保护而又有适当开发利用。我主张"保护中开发，开发中保护"。党的十八大上习近平同志的报告中，"生态文明建设"理念已成为重要的战略，后来习近平总书记也强调了"绿水青山就是金山银山"。

湿地，实际上多是三种资源自然汇聚的宝贵之地。这三种是土地、水和生物，三者的混合相融，体现出地质环境自然美好的一面，而三方面资源性，也构成环境的特征。

强调用"湿地保护法"，这对一些人"竭泽而渔"的贪利暴发的思想与行为，具有遏制的作用。

二、湿地的类型划分与相应的调查与监测成果

在湿地的立法中，应当对湿地进行科学类型分类，重要的湿地应当有地质调查的资料，并有多方面系统的监测成果，有了这些基础依据，才能谈得上如何保护和如何合理开发利用问题。否则，盲目不知如何保护，而就是破坏性掠夺式开发利用。

―― 科技评论 ――

1. 湿地的类型

复杂的地质环境的演化，加上在太阳系中太阳和许多星球以及月亮的影响，地质现象是多种多样，湿地也不是一种成因。常见的湿地类型有以下几种。

大江河源头湿地。大江河源头多有汇聚、融化的水流集聚成为冰川河尾湿地或湖泊。青海的三江源，就强调重点保护。贵州乌江源头多泥炭湿地，泥炭为水裹挟入江，水显黑，故名乌江，现在泥炭少了，水也不黑了。

大河流的天然调洪湿地。大江河与交流交汇处，形成调洪湿地或湖泊，如洞庭洲、鄱阳湖泊自动调节湿地，而成大湖泊。

滨海滩涂湿地。海潮升落变化，有红树林发育。

大江河三角洲湿地。主要是天然形成的。大片水网融合洪水、海潮，使大片三角洲无大洪灾，又是鱼米之乡。

大泉域排泄湿地。大的泉域排泄处，有的形成大片湿地，而再集中外汇。

断陷湿地。因构造活动而有断陷盆地发生，使地下水汇聚排泄，在盆地中形成湿地，不断沉降形成湖泊。

沉陷湿地。软土淤泥等沉积推动作用而沉降，使地下水涌出，地表水汇积，而成湿地。

地下水露头湿地。高位地下水高出地表而成湿地。

潮汐湿地。涨潮（地表）时，为水淹没的凹洼地带，下部有阻水层，退潮后，留下浅湿地。

引力湿地。月球引力可使地球产生固定潮，接着又有地下水液体潮，高位地下水涨潮时，液体地下水就成湿地。

不研究湿地成因，盲目开发，后患无穷。例如：

贵州一城市有岩溶泉水湿地，郭沫若抗战时有题字还刻成大石碑在大乌龟石上。结果为修建五星级宾馆，深基础开挖，大量涌水，多种手段强迫止水，宾馆修好了，泉水湿地没了，郭沫若题字碑成垃圾场。

山东济南有一片涌水的湿地，为国际会议我还专门包飞机在空中拍照。后来，当地修了围堰成人工湖，看不到水露头的湿地，而又因抬高水位，改变了泉城的状态。

北京及河北许多湿地，因过量抽取地下水，形成大的地下水漏斗，这些宝贵湿地也消失了……

2. 湿地的地质调查与监测

只知道有湿地，知其然不知其所以然，就盲目开发，必然产生的效果是"湿地消退，湿地死亡"。

所以，首先应当对湿地成因有所了解，什么成因，地层多少面积控制。例如山西娘子关泉城，最大流量是 $16m^3/s$，平均 $13m^3/s$，流域控制面积4000多平方千米，因多处多地开发地下水，目前只有 $5m^3/s$，而且水质不好。

对湿地控制水域范围内应掌握，应当有分层地下水位监测资料、水质分析资料，以及湿地水流排泄量的一年四季变化的监测资料。

需要对湿地控制范围内的地下开采利用的情况，整个流域内可利用水的水资源量，以及开发的临界值，还有引起不良地质环境问题和诱发及加速诱发地质灾害问题，作出科学论断。

对湿地的开发利用，不能只看计划的方面，更需要看到利用的"度"及可能产生不良灾害的情况。

三、向国家提出编制湿地保护法建议

这次绿会等一些专家提出，这份《湿地保护法的草案》很好。当然是初步的，尚不完善，这里强调两点。

1. 湿地的变化是受自然因素及人工开发因素的综合影响

最后一万多年前水期，我国东部海平面低于目前百多米，而距今 5000～7000 年前，海平面比现在高很多，如杭州达到灵隐寺跟前，显然滨海湿地就有大变化。目前，人工行为也影响大。例如，目前滨海湿地红树林。以海口市的滨海红树林为最好，以前有红树林湿地受人工影响而破坏。那是：江河湖海水陆变，林草田地人综效。这里包括湿地，也有旱地。

2. 立法主导多方协作

草案中，提到全国人大的立法权威，也提到湿地立法与自然资源部、水利部、农村学农业部及生态环境部有关，这几个都是密切相关，建议再加上建筑部。

全国人大组织进行湿地法立案编制，上述五个部门与提出草案的绿发会以及中国科学院和中国工程院共同参加，一定会达到高效目的，使湿地得以更好在绿色发展高质量发展，发挥积极作用。

科学地立法，认真地执行，严格地把关，绽放光彩！

2021 年 2 月 22 日

立体交通绿色高质量发展与地质生态环境

交通对国家强盛、经济发展、人民生活和国际交往而言，都是极为重要的基础条件，也是科技创新的先进措施的前缘展示。

不久前（2020年）在一个交通学术大会上，我重点谈了五位一体发展和综合高质量发展问题。

交通发展综合的目的是：①安全；②快捷；③经济；④高效（包括综合效益）。

交通安全是第一位的，这是重要的原则。

一、立体交通网络与地质生态环境

立体交通网络包括：①空中交通；②公路（及高速公路）；③铁路（及高速铁路）；④城市交通（及地下轨道交通）；⑤内河航运及海运。

这五个交通网络，构成城市、区域及全国的立体交通网络。还有周边国家地区及五大洲的国际交通网络。

交通网络建设，很多都存在边坡稳定的问题，包括滑坡、泥石流、崩塌、塌陷、沉降等地质灾害。交通建设的安全问题，更应当与城镇的安全，及线路通过的广大农村的稳定与安全问题密切关联。

—— 科技评论 ——

1. 交通边坡安全问题应当与有关的区域性地质生态环境密切相关联研究

一个交通线路、机场和码头的地下建筑,都经常涉及边坡和地下空间开拓的稳定性与安全问题。

2. 边坡稳定应当与其他地质灾害联系一同研究防治

例如,地震和滑坡等地质灾害之间存在着灾害链。因为地震常诱发各种地质灾害,汶川特大地震就诱发了数万处滑坡问题,北川中学就是被地震诱发的边坡滑动而摧毁。2000年,印尼苏门答腊海底地震,诱发海啸,对海岸和陆地造成冲击,使东南亚多个国家的海岸、边坡和阶地被破坏夷为平地。

3. 由于气象灾害引起的边坡等地质灾害问题

我国东南沿海一带,由于气象灾害如台风、风暴潮等,不仅在海岸边坡产生破坏,就是远离海岸的地带,风力仍可造成边坡的破坏,如福建、浙江、广东、广西、山东、辽宁等地。台湾阿里山在前几年发生台风诱发大量边坡灾害,铁路也被破坏,居民逃生乏术。那时我也正在台湾交流地质灾害防治问题。当时我们都捐献了一些钱略表心意,表示两岸是两岸都是同胞,大陆和台湾一家亲。

4. 大滑坡泥石流会造成堰塞坝还会诱发地质灾害

大滑坡泥石流在河道平缓地带又会淤塞形成堰塞坝、堰塞湖。这是自然形成的水坝,堵江河而成库湖,但是很不稳定,会突然垮塌,给下游造成重大的洪灾以及次生灾害。

1933年岷江叠溪地震,造成40米高的堰塞坝,不久后自动崩溃,使下游的几个村庄发生洪灾及边坡稳定问题,有9 000多人失去生命。

2001年西藏易贡地区,从3 000多米以上高山发生滑坡,堵了易贡河,形成近60米高堰塞坝后崩溃,使下游遭受洪水灾难。

二、绿色高质量发展中科技创新的重要性

1. 边坡稳定性及有关灾害的预防

对于边坡稳定性及有关灾害的预防与治理，是绿色高质量发展的重要内涵。上面已经谈了，灾害如果不能防治和更好地高效治理，那还谈什么绿色高质量发展。

自然界是复杂的，存在边坡不稳定地带的地质条件，包括地形、地貌、岩土体结构、构造特征，水的条件、植被、人工荷载与破坏情况等都不尽相同，所以每个地区、每个地带的边坡，其灾害的发生与发展都不尽相同。这就要研究掌握不同地带产生边坡不稳定的机理与对应的条件。也就是说，每个存在边坡问题的地带，都应当先研究其基础的地质生态环境，而后对症下药，再选择适宜的处理措施。

目前，国际上要遏制中国的复兴、实现强国梦，这是不可否认的。关键核心技术是买不来的，必须自己搞，抓紧创新。

《创新之歌》

世界风云多变幻，自强自立满豪情；

科技创新首位重，教育英才双偕行；

和谐自然规律掌，验于实践真理明；

忠诚奉献为国强，红旗飘扬高峰岭。

对于地质生态环境，科学研究要重视自然和谐环境，相应建立的理念方法技术，也要通过客观检验后采用。

根据我国目前科技创新的发展情况，我们不应当妄自菲薄，而是要更好地展开科技创新，以摆脱一身束缚而进一步强盛；另外当然应该看到我们的

不足之处，而不能骄傲自满。

在边坡稳定性及有关处理办法，也要加强科技创新。

这方面地质基础及有关边坡稳定性模型值得深入研究，涉及构造特征、岩性结构、岩土力学模型、水动力条件、人工影响的作用特性、处理措施的控制模式反馈力和其他人工附加作用力。

要有自然边坡和人工边坡稳定性评价模型的示范，作为综合判断的重要依据。

2. 地质环境的掌握与深入分析

很多地质环境以及有关的生态环境的现象，需要从更大尺度上去探索，这方面除了上述类型边坡稳定性模型分析之外，还需要更大地质环境的研判，这方面的技术仍很重要。

第一是遥感（RS）大范围的影响分析与有关监测，第二是全球定位系统（GPS，现改为我国的北斗系统），第三是原有的地理信息系统。现在我国存在的信息系统、大数据，可以提供更好的应用。

就是说，改革开放初期使用的 RS、GIS 和 GPS 是引进的，现在都是我们自己的遥感、北斗定位系统和信息大数据系统。

1998 年，我参加了一次院士交流会，那时中国只预备发射 8 颗人造卫星，用以提供中国本土的卫星定位服务，现在北斗定位系统已经可以全球定位。我被邀请参加有关北斗应用的讨论。我不搞卫星研究，但我作了地质灾害的报告，希望借助北斗来监测地质灾害。目前，这个技术在地质灾害的监测中得到了较好应用。

例如，重庆武隆区，2001 年时因人工在 319 国道上向内开挖，形成交通边坡而没处理，山坡产生滑坡，1.5 万立方米的岩土摧毁了一栋七层建筑并造成不少伤亡。

去年武隆也发生不少滑坡，最大的有100多万立方米，通过北斗系统的监测，及时预警，而未造成伤亡。

3. 地质雷达

地质雷达，用于揭示地下较浅处的塌陷隐患，有很好的效果。最早在1965年时，我们便和物探所就想联合搞地质雷达，国外也才刚开始研制。我还向当时的国家科委领导人汇报了两次，他们批准了我们的要求，还主动提供了一台军用对空雷达以作参考，就在石家庄水环所的一间办公室内，后因故没搞成。70年代我所年青研究员，又开始搞地质雷达，我带他们去测试之后，有效果，上报之后就付之生产。

4. 滑坡边坡稳定性处理方法与创新

我在三峡的一次边坡应急处理中，我提出要有三个途径：第一是"砍头"，削去危险山头，减轻下滑力；第二是"捆腰"，利用灌浆、锚杆、构筑地下人工支架；第三是"压脚"，在可能滑动的前沿构筑挡土墙、抗滑基础桩等。

这些方面在施工工艺和使用材料中有了改进的，而最本质的创新尚在研究中，需要加速创新。

对于特大滑坡，采取这些措施，工作量太大，不好进行。所以，特别重要的是在大工程建设中必须要做好地质生态环境调查工作，采用可靠安全的施工建设，防止诱发因素的产生，一旦被诱发，就需要及时正确地对待。

必须坚决反对不负责任的态度，如以工程上马为目标，而不承担诱发灾害的责任。

最后强调，诱发边坡稳定性灾害的是：第一开山辟路的道路建设，早期修建的铁路边坡问题，年年造成的断路灾害；第二是水利水电建设，在库水升降交替动力作用下易发生山体滑坡；第三是农村小城镇及农户住宅，开挖山脚修路、建房。诱发的滑坡灾害规模较小，但在大城镇，容易诱发大灾难。

1964年时，意大利山区修建瓦伊昂大坝，坝高260米，库容达1亿多立方米，滑坡体也有1亿立方米，滑床达18°，滑坡体把库水泥沙挤到4米多高，冲向下游城镇，造成数千人遇难。

我国修建了不少高坝，有一坝区正在修建，库区发生了滑坡，造成了伤亡。绝大多数高坝库区，还是较好的。通过监测、群测群防起了超前让居民避难，收到避免伤亡的效果。

1999年三峡巫山地区报告，可能有360万立方米滑坡发生，还可能诱发推动2 000万立方米的滑坡复压，可能堵住长江（三峡正在修建，未蓄水）。当时由国土资源局常务副部长的孙文盛带领中央工作组去现场，我作为首席科学家前往，还有其他专家共去。我们连夜赶到现场，经调查研究有关信息，我认为不可能存在300万立方米的滑坡，更不可能出现2000万立方米的滑坡，由于地下挖煤的影响，最多近期有几万立方米到十几万立方米的滑坡。当时我说了通俗的做法是砍头、捆腰、压脚。对当时巫山这危岩体来说是："捆腰、压脚难奏效，唯一出路在砍头。"爆炸削去岩石重量，扔在后山就可。后来也没处理，进行了监测。2010年时，又开挖地下煤矿，造成十万立方米的滑坡，因为监测，人员疏散得早，没有伤亡。

我提出的这些结论，当时参加专家组的殷跃平、郭希哲等，也都表示支持。

中国近四十年发展很快，今后还要更好进行绿色高质量发展，一定要把防灾减灾放在重要地位。

工程安全了，发展安全了，人民生命财产安全了，就有坚实的基础，以支持高质量的发展，以实现中国的伟大振兴，以实现强国梦。

三、对地质-生态环境精英的素质要求

能否更好地判断地质-生态环境质量，能否认真负责，坚持真理，这不仅涉及当地防灾减灾的问题，更是关系到国家实现振兴与强国梦的大局。我想，没有好的素质，不能在防灾减灾方面建立业绩，作出贡献，那是多大的危害！人民财产，工程发展没有安全，行吗？

我提的几点是：

坚定信念——理想；
强国富民——追求；
攻坚克难——信念；
团结友爱——精神；
先忧后乐——胸怀；
追求卓越——奉献；
终生不渝——学习；
清白光彩——人身。

对于科技创新上面已提两条，也可囊括在内，即：和谐自然规律掌，验于实践真理明！

在结束这篇讨论之前，我们借着中国共产党成立百年佳期，再次高唱，跟着共产党，为实现强国梦，更好完成灾害预警与防治系统的建立。

功莫大于为国为民安全，为强国梦而奋斗不息！

―― 科技评论 ――

积极防治地质灾害　与自然和谐共处

（地球　2006年）

人类在地球上得以生存与繁衍，除了阳光、空气之外，最主要的有利资源性条件是水资源、土地资源、能源、矿产资源和生物资源。另外，地球在演化过程中产生了岩石圈、水圈、大气圈和生物圈四大圈层的相互交叉影响和运动，并受到宇宙因素的影响与制约，也给人类生存与发展带来灾害性因素，主要有地质灾害、气候灾害和生物灾害。

地质灾害是地球自然演化过程中，产生的自然现象中，急变性地质灾害有地震、滑坡、泥石流和岩溶塌陷等，缓变性地质灾害有地面沉降等。急变性或突发性的地质灾害有其缓变的过程，而缓变性灾害又可以诱发急变性的灾害。因此，这也给人类防治地质灾害提供了一个监测与判断的时空。在地质灾害之间存在灾害链，如地震可以诱发滑坡、塌陷等，而大滑坡等地质灾害也可以诱发地震灾害。地质灾害和气候灾害及生物灾害之间，也存在着灾害链，如洪涝、风暴潮灾害，常诱发大规模的滑坡、泥石流等地质灾害，造成大量的人口伤亡，大灾害之后也易诱发生物疾病灾害。生物传染病的暴发，常与地质环境恶化有密切的关系。

自然地质灾害目前尚难避免，因此人类与之共处最主要的是：一方面掌握其发生发展的规律，建立预警预报机制，以避免及减少造成的损失；另一方面是在各种建设中，应当针对自然条件，避免诱发大的不良效应而产生大灾害。以往由于开发不当，诱发地质灾害造成生命财产损失的情况是不少见的。

例如，长江三角洲许多城市和环渤海城市，由于过量开发地下水，造成地面沉降，累计最大的深度达到 3 米以上。许多矿山在开采资源时，不注意防治灾害，造成矿井突水和瓦斯爆炸等灾害，造成大量损失，矿山城市有的下沉十几米。大型水库的兴建也可诱发地震发生。近年来，世界许多地带，发生大的地震、海啸、泥石流、风暴潮和高温等灾害，其机理仍待研究，这些与全世界开发的效应是值得深入研究的。

在唐山大地震 30 周年之际，我们更应重视地质灾害的预警预报，更加注意避免人类不当开发诱发更多的地质灾害。今天，应更加重视防治地质灾害，实现人与自然和谐共处。

―― 科技评论 ――

排蓄并举应对城市内涝

（中国减灾 2011年）

目前城市的发展，完全是水化，而不是现代化与生态化。钢筋水泥的高层建筑、水泥（沥青）的不渗水宽大道路、水泥与严密铺砖的人行道、一平方米多的树根透水坑及有空格盖板的小型下水道入口……凭着这些设置，面对集中的大降水量的暴雨所形成的洪水，当然是不可能通畅排泄的，必然会积水成涝。而且有的地下排水管道还是明代时留下来的。因此，城市中让有较大面积的土层、岩面直接承受大气降水补给，是很重要的措施。

另外，要想城市在大暴雨中没有一处会产生暂时性内涝也是不现实的。因为那样会增加很大的投资。但是，尽可能做到排蓄并举是有可能的。建立在主干道、主要市区地带的大沟状、隧道状的排水系统，以排泄大暴雨集中的水流，这是一个重要措施。

另外也可广泛修建地下储水柜，以蓄积暴雨洪水，在平时也可供浇灌树木、冲刷路面等用。这种水柜可在林草地、马路边等适宜地带修建，体积可几十立方米至数百立方米，集少成多。南方一些山区，修建积蓄表层水的水柜，也收到了家庭饮水的功效。蓄积山区洪水的水柜，也有助于农田抗旱。

全面创新让水工环地质为五个发展重铸辉煌

——纪念中国地质科学院及其水文地质环境地质研究所成立六十周年

中国地质科学院水文地质环境地质研究所，它的前身是地质部水文地质工程地质研究所，已成立六十周年了。中国地质科学院也已成立六十年一个甲子的岁月，令人难忘！

光阴荏苒，回忆这六十年岁月中，地质科学研究工作为中国建设与发展的贡献，不禁豪气涌上心头，想起曾经经历的艰难与沧桑岁月，又使人感叹不已，再追忆共同奋斗但已离世的师长战友们，又油然怀着深切的追念心情。今天，我写这稿子时，正是2016年4月4日清明节，首先，祭祀他们，祝愿他们在天有灵安息，祖国和我们活着的地质人，不会忘记你们！

一、为中国的建设需要有力壮大地质队伍

1949年10月12日中华人民共和国成立时，老地质人员包括工程师、研究人员与教师，只有两百多人，如何满足国家的需求，已是当时最近迫切的任务。在中华人民共和国成立初期，成立了直属政务院的中国地质工作指导

委员会，这个委员会中有一个工程地质室，由高平（老地质人员）及邓林（原清华大学学生中共地下党员）负责。

1952年下半年，才将这委员会扩大改组为中华人民共和国地质部。

1952年，当时全国进行相应的院校调整，以北京大学地质系和清华大学地质系为主，组建北京地质学院，并将西北大学及唐山工学院有关师生也并入。另在长春组建长春地质学院，在成都组建成都地质学院，南京大学保留地质系，通过教育上的改革，为培养中国所需求的大量地质人员，创立了有利的条件。

我于1952年，作为清华大学的二年级学生，带领几位同学前去淮河参加治淮工作，走前是和中国地质工作指导委员会联系的。实习两个多月后回校，就要搬出清华大学，到城内新组建的北京地质学院水文地质工程地质系报到。

二、创新发展水文地质工程地质以应国家需求

中华人民共和国成立时留下的二百多位地质人员，多是从事有关矿产资源和基础地质方面的人才，而后百废俱兴，又特别需要为工程建设发展予以保障的水文地质工程地质方面人才。这方面领域也是第二次世界大战后，国际地质科学中新兴的学科。所以，在新成立的地质学院中，就设立了水文地质工程地质系。我们清华大学同班中有十位同学，在清华学习时，就选择在该学科发展。所以，进入地质学院时，就成为水文地质工程地质系的老大哥。

新成立的地质部也于1954年初设立水文地质工程地质处，要大力发展这方面地质队伍。当时，委派延安的老干部张更生为处长，他已是11级局级干部。

我于1953年7月分配到地质部工程地质室，在地质部迎新大会上，我

代表所有分配到地质部的那届大学生讲话，表示兴奋，并高兴要为中国地质事业贡献一切。

在中华人民共和国成立后，几位相对年轻具有一定素质而适于转入搞水文地质工程地质的人员，就成为开创水文地质工程地质的领军人员，如谷德振、贾福海、陈梦熊、姜达权、胡海涛等，他们带领年轻地质人员，前往淮河、黄河、辽河等地从事有关水利水电和铁道方面地质工作。朱庭祜老先生，也过问并负责有关新安江水电站的工程地质工作。

1954年初，成立了水文地质工程地质处，为了更好地开创发展水文地质工程地质，当时强调向苏联老大哥学习，于是也请了两位苏联专家来指导，一个是水文地质鲁萨诺夫专家，另一个是工程地质马舒可夫专家。当时在水文地质工程地质处中，设立了研究室，指定跟工程地质专家马舒可夫学习，段永候和任福弘跟鲁萨诺夫专家学习，我跟马舒可夫专家学习。

三、全面创新建立水文地质工程地质研究所

随着地质部参加淮河、黄河开发、武汉长江大桥建设、浑江、新安江等多项水利水电建设，以及对城市供水的需求，许多部门如水利、电力、城建、铁道、交通、农业等许多部门都需要地质部派高水平队伍前去勘测。不久，地质部将水文地质工程地质处扩建为局级，以领导有关勘测队伍，周刚为局长、贾福海为总工程师，陈梦熊、姜达权为副总工程师。

另外，不少年轻骨干也划归入研究队伍，组建了地质部水文地质工程地质研究所（下简称水文所），由谷德振为负责技术的副所长、张更生为水文地质工程地质局副局长兼任所长。

———— 科技评论 ————

水文所下设研究室：工程地质研究室（胡海涛负责），地质学研究室（张宗祜负责，张是1954年由苏联完成副博士学位后回来地质部），区域水文地质研究室（阎锡屿负责），水地球化学研究室（赵俊义负责），矿床水文地质研究室（王锐负责），戴广秀工程师也曾作为工作地质室的负责人之一，因1956年年底生病，休息了多年。胡、张、阎、赵、王五位工程师，是新成立的水文所的骨干。可称为五虎上将。谷德振先生当时还兼任中国科学院地质研究所工作，后来于1956年年末就离开了水文所。

水文所从1956年建立，中国地质科学研究院也于1956年建立，水文所也划归地科学院领导，但业务上更多与地质部水文地质工程地质局联系，所与局都属正司局级。水文所成立后，开展以下方面工作。

1. 根据国家需求开展相应研究

（1）密切结合国家发展需求开展相应研究工作例如，为解决我国第一个大水库官厅水库发生渗漏、塌陷，威胁北京天津安全，开展有关官厅的渗漏研究。

（2）为长江三峡工程及黄河发展，大力进行相应研究工作。

（3）为缺水干旱地区发展而开展区域水文地质条件及有关黄土的研究。

（4）为城市发展，开展有关上海地区、西北酒泉等地区水文地质问题研究。

（5）开展主要矿区水文地质调查研究，解决矿区建设与有关灾害。

（6）开展水化学研究，以为水资源评价提供重要依据。

（7）结合中国特色地质条件，开展有关喀斯特、黄土等专项研究。

（8）为未来开拓，开展了有关地铁建设调查研究，这在当时是很前沿的课题。

2. 产学研结合多种灵活地组建队伍

在研究工作中，强调产学研结合，水文所的技术骨干兼任野外勘探工作的领导，将研究与勘测密切结合，也让学校师生参加调查研究工作。例如，胡海涛先生作为所技术负责人（主任工程师）、兼地质部三峡队副总工程师（实际上为总工程师）；卢耀如为水文所研究组长、兼三峡南津关坝区技术负责人，统一领导勘测等研究工作后为岩溶矿床水文地质与地下水动力学研究室技术负责人，早期卢耀如曾兼任地质水利与电力三部合组官厅水库研究队技术负责人。

许多研究工作也有学校教授、学生参加。

3. 编制长远科研计划，合理开展近期研究

1956年水文所成立，不久正是全国编制十年科学发展规划之时。当时，参加编制有关水文地质工程地质方面十年研究规划，更明确系统研究黄土、喀斯特有关自然规律，以及结合工程建设，应开展有关水文地质工程地质问题研究的重要方向。

应当说，我国第一个十年科学发展规划，对我国水文地质工程地质这门新兴学科的发展，起了很重要的引导与促进作用。

4. 多方培养科技骨干是提升研究队伍素质必由之路

新成立的水文所，骨干人员除了老地质人员为领军人物之外，积极培育年轻的新人，其中包括跟苏联专家学习，后来又采用灵活方式，更多强调采用为了实际建设需要，而担负具体勘测与研究相融合的工作。

在吸收国内大学毕业生中，注意多个学科的学生兼收并纳方针。

建所前已在地质部工作，后纳入水文所的骨干人员有：南京大学徐乃安、段永候、合承估、朱学稳、长春地质学院的任福弘、纪传豪、北京地质学院卢耀如、钱学溥。建所后，1956年来一批北京地质学院毕业生有施德鸣、殷正宙、秦毅苏、姚足金、刘启仁、李长松等；1959年留苏回国大学生有费瑾、焦淑琴、张伟、吴晓龄、童伯良、王兆馨、李生林等，及1961年田国的副博士张之淦。此外，还有后来长春地所研究生杰显义等。在所中，尚有非地质专业的李家熙、王刚、侯定远、房素娟、贾蕴茹、戴笃等。在1956—1966年，水文所人员仍是不断加强与提素质，除了上述几方面人才成为所内专家骨干之外，还有中专毕业并在工作中又学习而提高学历而成专家的一批人才，如王明德、蔡宗仁、兰燊荣等。

5. 学术风气浓厚努力提高研究人员素质

不论哪个学校毕业的人才，也不分国内和国外培养的人才，大家都能相融合这是很根本的一条，进而学术氛围浓厚，使水文所呈现好景象：努力学习，提高科技水平，为中华人民共和国建功立业。所以，除了白天八小时研究工作之外，晚上在百万庄的四楼东侧，一片灯火明亮，都是所内年轻人员在学习、钻研。这时水文所，是全国这学科最高研究机构，也易于参加及主办多种学术交流会，并在所内举行年末成果交流，都对提高年轻人的素质极有帮助。

6. 充满创新精神以提高新的学科水平为国家建设出力

水文地质、工程地质是在建所后，才大力与系统地开展有关工作，对所有老、中、轻的地质人员而言，所从事与面对的问题，都是新奇、迫切与必须解决的科学问题。为此，必须充分发挥个人及群体的力量，必然会不断遇到新问题，也必须不断追求新理念、新研究途径，以获得新成果，为国家建设与发展服务。所以，科技创新，在那时水文所是一个必需的趋向。

水文所，在这时期还有值得赞扬的是，全所办事机构简练、高效与廉洁。全所最多时达360~380人，只有一个会计、一个出纳。还有两个采购，负责全新科研工作所需的采购任务。

水文所从 1956 年至 1965 年，这十年是水文所蓬勃发展为国家作出重大贡献的黄金十年。

四、艰难动乱岁月仍为国家作出重大支援

因为 1964 年开始大三线建设，国家要准备可能发生战争的情况，因此提出大三线建设，一些学校、机关、研究单位以及工厂企业，都要搬迁到我国西南和西北地区。

中央提出三线战略后，水文所就积极参加有关调查研究。

以喀斯特研究为例，我参加西南以及川汉线考察，并向国家科委韩光、武衡两副主任汇报中国西南喀斯特情况，领导及组织有关水文地质人员，编出了全国喀斯特分布图（1/1000 万）及西南地区喀斯特图系（1/100 万），以送给国家科委领导等作三线建设的重要参考依据。

但是，水文所还必须搬离北京，几经考查，最后按新到部的一位领导决定，必须立即搬到河北正定，那里有原正定地质学校大面积旧址，该校已解散了。

水文所于 1955 年下半年开始搬迁，到 1966 年已基本搬迁完毕。有的老科学家，因家庭问题，不能前往正定，只好留北京转其他部门。

正定，当时除了有大片空平房和操场之外，对开展水文地质工程地质工作没什么好条件。首先，大大减少与其他部门联系，也失去更好为国家建设服务的机会。第其次，基础地质学的有关研究机构仍留北京，水文所也就不能更好融合其他地质学科的成就，不能更好协作以发扬水文地质工程地质的成就。

科技评论

况且，水文所刚全体基本搬迁完毕，于1966年5月16日发表了通知，表明"文化大革命"开始，水文所立即在地方影响之下，动荡起来。旧的三层办公楼成了"抓走资派"与"批判反动学术权威"的战场与大字报的汇聚场所。全所科技人员与员工和社会上一样成两派分异，展开了惊心动魄的两派斗争。造反派与地方相联合，不仅夺了水文所大权，还夺了地质部一些权，占领地科院及部领导办公室。

1966年5月—1976年10月，水文所和全国许多研究机构一样，取得进展不大，成绩不显著，但是，由于形势需要，还是作出了三个贡献。

1. 支援了地震调查研究队伍的建设

1966年3月河北邢台发生大地震，周总理亲赴灾区慰问，李四光部长从地质力学上考虑，今后我国尚有可能发生大地震，于是强调要搞地震方面监测与调查研究，水文地质现象也是地震监测需要加大加强的一个内容。于是，地质部下命令，水文所抽调二十多位专业人员及少数行政人员，支持地震队伍。后来，抽出的水文地质人员，就划入地震部门，其中有的成为河北、广西、广东、天津、北京等地震部门的重要骨干。

2. 支援中国人民解放军水文地质普查部队

三线建设，面临许多工矿企业需要解决水源问题，特别是山区更要很好利用地下水。由于"文化大革命"，地方水文地质队伍多已不能正常进行地质勘查，所以周总理亲自抓建立水文地质普查部队，开展许多西部地区1/20万水文地质填图。于是，水文所又支援了一批年青、政治条件好的水文地质人员前去参加水文地质普查部队，进行区域水文地质调查工作。

3. 支援岩溶地质研究所建议

三线建设开始，我参加科委组织有关考察工作，西南地区三线建设，面临大量岩溶（喀斯特）问题。我向国家科委韩光、武衡两副主任汇报时，建议成立岩溶地质研究所，而且于1966年3月在桂林召开中国地质学会第一届喀斯特学术会议上，展出西南地区《喀斯特图系1/100万》。当时科委已批准地质部成立岩溶地质研究所，让我负责筹备于这次会后，张更生所长和我一行桂林，与市委市政府领导协商在桂林成立岩溶所的问题，得到地方领导大力支持，我们也挑选了所址，并在七星岩公园后门一带树林中。

不久，"文化大革命"开始，停止了筹备。1975年应贵州要求，在广西南宁召开会议，讨论成立岩溶所问题，中科院当时也想成立，地质部门已经由卢耀如负责筹建为由，坚持仍由地质部门负责建立岩溶地质研究所（简称岩溶所）。中科院领导当时也同意了，会后地科院陶然院长、张更生副局长及我多人同去桂林，又与桂林市领导协商，张局长又把我介绍给桂林市领导，说：以后仍由卢耀如负责和你们联系。

后来，有人喊出建立研究要依靠工农兵，不要专家。原先领导考虑去岩溶所的技术领导是陈梦熊副总工程师，这是张更生领导征求过我意见时我提议的。后来，我和陈老总都被排斥，去不了岩溶所，而水文所去了一些人，但研究岩溶的骨干，当时都没让去。

在这十年中，水文所是停滞不前，相对还落后了。另应水利部指定，我在1973年3月—1974年1月，与姜国杰、胡海涛先生去了阿尔巴尼亚作高级专家，指导中阿专家解决有关滑坡、渗漏等问题。姜国杰原在地质部，后调入水利部门，在那里只待了一个月就回京汇报，我和胡先生就雇员实际调查研究，有了结论后才回国。

以上支援三个方面的发展，靠的是以前十年所取得的成绩与进展。

——— 科技评论 ———

五、继续全面创新为实现中华梦重铸辉煌

1978年,党的十一届三中全会以后,在邓小平的总设计师领导之下,中国走上发展经济、改革开放的康庄大道,那时期对科学技术的依赖是空前的,也开始了科技发展的春天。

1. 转变观念恢复发扬科技力量时期

自1978党的十一届三中全会上提出改革开放,发展经济及重视知识科技力量,使10年来对待科技与科技人员的错误认识与政策,得到了有力的纠正,开始恢复与创立新的科技队伍。这时期,恢复与发展了与欧美西方国家科技界的联系。

实际上,这时期前夕,为参加1976年25届国际地质大会,并恢复我国在国际地质科学联合会地位,我国提出三图一册及一些论文,中国地质界在隔离26多年后,树立新中国地质科技影响力,其中《中国岩溶》图册和一论文,就是我们提出并得到 了国际地科联充分赞扬和许多欧美专家赞叹,改革开放后,立即引起访问中国喀斯特的热潮。

这时期,水文所也开始培养博士、硕士,密切与国外交流合作,也在欧美讲学,并开始派出学生到欧美国家进修攻读学位,有关水文地质工程地质研究,也更多考虑大地质环境方面,如干旱地区的水资源环境、南方岩溶地区石漠化问题。这个时期,水文所也有了院士。

在1996年举行的国际三十届地质大会上,我所人员参加了大会的筹备,并主持了一些水文地质、环境地质方面的分会,显示了我所在这些学科方面的世界水平成果和有关专家的成就,得到了国际上认可。

2. 组建地质调查局的研究工作再开拓时期

1998年，原改革开放后恢复的地质矿产部扩大组建为国土大资源部，主要并入土地方面管理，而地质工作却相应缩小，成立了中国地质调查局。实际上，把一部对地质工作的领导变为地质调查局领导。于是，中国地质科学院及下所属各研究所，由中国地质调查局领导水文所改为"中国地质科学院水文地质环境地质研究所（简称水环所）"，成立国土资源部后，的确使全国地质工作受影响，许多地质人员都转行，以争取摆脱困境。

但是，如何能让水文地质、环境地质获得更多支持，更好为国家当前大建设发展服务，却是现实一个问题。这个时期也是中国粗放型高速发展时机，发挥水文地质、环境地质这方面科学的积极作用，确是非常重要的。

3. 依靠今后全面创新发扬水工环地质为五个发展作更大贡献

党的十八大上，提出生态文明建设要融入经济、政治、文化、社会之中，成为"五位一体"。水文地质、工程地质和环境地质应是贯彻生态文明建设的主要科技力量，涉及国家整体发展建设与安全体系、交通与水利水电建设安全格局、大地质环境的防灾兴利措施，以及人民生命财产的安全保障等方面。

十八届五中全会上也提出了五个方面发展，即：创新发展、和谐发展、绿色发展、开放发展与共享发展，水工环地质工作也与这五个发展紧密有关，可以说：水文地质、工程地质与环境地质是要探索掌握自然地质作用对人类生存与发展所具有利条件与不利因素，人类生存在地球上，就必须充分、合理与高效开发利用世界上自然资源，并要对威胁人类生存与发展的自然灾害予以防治，更要避免人类活动诱发与加剧各种灾害的发生发展与诱发不良的地质环境效应。

水文地质、工程地质与环境地质与这五方面发展具有密切关系。我们今

———— 科技评论 ————

后更应全面创新发展水工环地质工作。今后必须全面创新，包括理念上创新、体制上创新、研究途径上创新和研究手段与有关措施的创新，以取得全面创新的成果，作出更好贡献！

对老的地质工作的目标——寻找各种矿物资源仍是重要任务内容，但必须更多注意开采矿产资源对环境的保护问题，更多考虑到"保护中开发，开发中保护"，应当如何按不同地区，而有不同的开发途径与效果。

在这时期的水工环地质工作，应当是任务要明确、责任更重大、加强水工环地质研究工作，要更好发挥水工环地质作用，全面创新水工环地质的科技作为，才能更好而确切地为实现伟大的中国梦，在地学上作出历史性的贡献。

水环所已大面积进行地下水环境污染调查中，对黄淮平原的水资源合理开发与地面沉降的研究，对海西经济区生态环境安全与可持续发展等重大项目研究中，都已取得令人瞩目的成绩。今后，更要乘今日东风，破隐伏灾患之浪，而高歌猛进。

在纪念中国地质科学院和水文地质环境地质研究所成立六十周年之际，我们应当保持清醒的头脑，既要鼓起沸腾的更大热情，更要对未来充满着更高的期待。在纪念六十周年的时刻，看到了六十年来院、所做的成绩，更应当看到目前与国家对我们需求之间存在的距离，不快马加鞭、大力创新就可能马失前蹄、陷入泥沼，而不能奔向光明的远方。

今后，在实现伟大的强国富民中华崛起的中国梦过程中，人们会对水文地质、工程地质和环境地质在可期待的未来，作出重大贡献并重铸辉煌而感到欢欣鼓舞。

双观研究自然 科学决策发展

(中国绿发会 2019年12月30日)

双观,就是宏观和微观。

一、宏观上研究地质—生态环境

地球,人类生存与发展所依靠的共同家园,有四个圈层即岩石圈、水圈、大气圈和生物圈;六大场,即地应力场、水动力场、磁场、地温场、地球化学场和生物场。

生物场,重要的有植物带谱分布、生物多样性,是珍稀动植物分布的场所。

地球为人类生存与发展提供的资源性条件,即土地资源、水资源、能源、矿产资源、生物资源。灾害性条件下,即演化出地质灾害、气象灾害与生物灾害。

地球在不断演化,沧海桑田。西藏喜马拉雅山在白垩纪时是欧亚的特堤斯海,后板块碰撞上升为高山,早期三峡巫山为分水岭,西部水入四川大湖盆,往西流入海,巫山东入湖北大云梦泽湖。后西部也上升,东西合流向东逐渐东延而成长江。

第四纪最后水期,海水平比现今低百多米,近水期结束海水平上升,距今5 000~7 000年,为大暖期,海水面高于现在,近20多年,东部海平面上升了数厘米。

地球是太阳系一行星，显然受太阳系的诸多影响。目前，如太阳的辐射热（是变化的影响十大气象要素），月球引力对地球产生固体潮和液体潮，超新星大爆炸、太空的射线等。我们尚研究不多。

所以，要今后高质量发展，仍需要宏观研究地球上不同地区、地带的地质—生态环境变化。

二、微观上研究

从微观上研究，主要是从分子、离子至微生物方面微观研究，研究复杂的各种作用。首先宏观上研究，掌握自然界的过去与现在，以及人类已发展造成的影响，预测未来的趋向与基本规划。而微观上研究就深入揭示地质—生态环境复杂演化作用的机理。

我们曾从事的工作有以下方面。

（1）微生物作用和矿产资源形成。如20世纪60年代我所闫宝瑞等就研究了海底锰矿与微生物作用，一些微生物与金属矿的形成。

（2）宏观上掌握海平海升降，而距今5000~7000年东海水位达到杭州灵隐寺前，就是依靠江苏希望虫等微古生物而确定的。

（3）北京东方红炼油厂的污染，我们用微生物方法而治理，获得成效。

（4）我们开展三相物质的多种水况溶蚀试验，不同矿物、不同温度、不同CO_2含量，后来增加微生物作用的溶蚀试验，以研究岩溶（喀斯特）发育规律。

（5）微生物在人体中作用巨大，微生物如嗜盐菌，可作色品添加剂，人体中微生物数千种帮助分解营养物质。合成微生物帮助吸收营养。香菇、灵芝、各种食用菌可供人类食用。我亲身体会到微生物在人体中应多样性，不可滥用抗生素，杀死有益细菌，而破坏菌种平衡。

（6）微生物用于生态养殖业（如养猪）使猪圈清洁、猪粪可做化肥，种植猪食用的食物。

三、提高素质和研究手段

要更好开展双观研究，更好提高研究手段，提高我们的素质，以达到高质量发展。

所以改革开放时期三S手段，即地球信息系统（GIS）、遥感（RS）、卫星定位（GPS）。现在这三S，都是依靠我们自己力量。

其次，是4B，即大信息大数据（Big data）、北斗（Beidou）定位及卫星遥测、双观（Bothscopes Studies）。所有科技都可焕然一新。4B研究结果是ABC：Advancing（领先）、Best（最好）、China（中国）。

人员素质方面，提出以下要求：

清白光彩——人生；富强美好——追求；忠诚卓越——奉献；终生不渝——学习，不断提高学习；首先要学——习近平新时代中国特色社会主义思想。

快新年了，撰一对联：

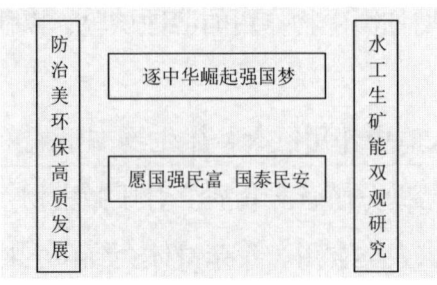

——科技评论——

文化科技融景观　三位和谐促旅游

随着中国改革开放，国家经济实力不断上升，人民生活水平也迅速提高，旅游事业也空前地发展起来。

刚开始，主要是国内名胜古迹吸引更多的游客，国外旅客快速增长，促使国内设施、接待旅游的设备也更加规范并提高档次。

中国旅游人员，从国内地区也扩展到新、马、泰，进而遍及欧、美、澳诸多国家。现在，许多欧美国家都有中文的导游宣传，商店中也雇请中国人当售货员，以促进商品销售。

目前，中国要进一步更好地发展旅游业，这是非常重要的产业，可带动许多行业，增加就业人员、增进国家的经济实力，也扩大中国对外的影响。发展旅游业，不只会增加国家的经济实力的影响，也会扩大中国软实力的效应。

中国旅游业今后如何更好发展，我认为应当更好地体现出综合景观、宝贵历史和文化、科学技术的大力支撑这三方面。就是说，景观、人文与科技的三位融合与三位一体，才可形成充满活力、令人赞叹、身心愉悦、收获丰硕的旅游宝藏资源之地。

一、综合的旅游资源的发掘

刚刚开始改革开放，广大人民追求的是生活稳定、食可饱腹、衣可御寒、住有其所。要求不高,有了余款,就想得开了,到国内其他名胜地区看看,这就涌起旅游的风浪。宽裕的家庭,就先走向近邻国家地区。

改革开放初,许多外国朋友也来中国,除了有事务之外,多是来了解中国而踏上华夏大地。早期,国内外游客观赏的多是传统性景观、古建筑,而后各地也都挖掘出新的旅游地点,或者对老景点予以扩大改造,以吸引和容纳更多游客。

无论是自然的景观,还是人文的遗迹,都成了最起始的旅游资源。早期有形容单一旅游资源的比喻说法,例如:"一个洞穴救活一个县",反映早期经济不发展时,发现一个洞就成了重要资源,使贫困县有了旅游产业,增加了收入。目前,单一资源的开发,已成过眼烟云。现在强调的是综合的旅游资源,在中国广大的领土和领域之内,综合的好旅游资源,是极其丰富与多种多样的。

在自然景观方面,有喀斯特、黄土、火山岩、多种沉积岩,也都发育了各种奇异的自然景观。从不同发育的地貌上,有奇峰、异洞、高山、中低山丘陵、河滩、海岸带、岛礁、河流、湖泊、大泉、瀑布奇特水流沉积、风蚀地貌……举不胜举。

综合的景观,不仅由于地球的漫长演化历史,产生各种现象与地貌之外,还有人文建设方面的古迹,包括建筑街道、商铺等。

综合的旅游资源,还包括在自然及人文景观之中,自然的森林植被、多种花卉和自然界中的生物多样性。鸟群飞掠、蛙声呼应、五彩鲜花摇曳原野、鱼跃清水仰河畔。综合的自然与人文景观,有着自然的林、草、花、果的围绕和多种生物的相伴,还有中国特色的亭台楼阁与诗词书画。这种自然的天地、人文的胜景,却使旅游者似乎置身在旷世罕见的仙境,令人领会到什么是宝贵的旅游资源，得到什么样的陶冶和愉悦。

二、科学的融入以认识自然的奥秘和正确防护

各种自然景观，都有其发育过程，在景观面前，只知其多美，而不知其所以然，那就不能领略到资源与旅游之乐趣。例如，喀斯特石灰岩地区，为何有这么多奇峰，为什么又发育那么多大而深的洞穴，洞穴中为何有这么多璀璨奇异的沉积物。融入科学研究成果，让人们知道这是有侵蚀性水对可溶岩（石灰岩等）进行溶蚀和沉积的多种复杂地质过程而形成的，包括物理、化学以及生物等复合作用，旅客知道这地带的自然地质、地理的背景，知道其形成的简单机理，再欣赏这些奇妙现象，那就会眼观四方、心知肚明、感叹自然之伟大，心悦现实旅游之乐趣。

科学融入，还在于知道应当如何防灾、避灾，知道当地景观形成之外，还应知道当地隐伏着什么样灾害。当黑云压城之际，不能再登山游玩，当上游大雨倾盆时，不要仍在洞穴低处或河流中，而忘却收足回室内，科学融入，更主要在于采取科学的防灾措施。

科学的融入，还体现在其他资源的集约与节约利用，也在于更好低碳消费与保护环境。

三、文化内涵的体现

中国有五千年的光辉历史，中国文化更是闻名于世。

文化包罗许许多多内涵，涉及文学、语言、艺术、规则、礼仪、政治、

法律、价值观、宗教、商业、生产、学校、家庭……中国文化有很大包容性，早期主要受儒学以及道家的影响，而儒家影响更大而长久。不论什么样的文化，上述一切都有其特别内涵。当代，中国在继承优秀传统之外，又呈现社会主义与中华崛起的新文化与有关理念。

文化，也更多表现在文章、诗词、戏剧、音乐、绘画、雕塑等方面，此外也具体体现在琴、棋、书、画，以及诗、酒、花、茶等方面。古诗词在唐宋时达到极致，酒更是多种多样，有酒令，更有"对酒当歌"的豪情。至于花卉、茶道，都是优雅逸趣而体现文化之韵。

中国文字与世界各国主要文字如英、法、俄、西、意、德、葡等文字不同。外国公认，只有中国文字有美妙书法，成为艺术，可作欣赏艺术品。诗词文化可以见仁、展智、示德、传情、明志、交友、抒怀、寄愿……

在中国境内有北京猿人等距今40万~70万年发现在喀斯特洞穴中，还有距今十几万年至一万多年的智人化石，和距今七千多年至一万年的新人化和许多石器文化层发现。

我国4 000多年前的《尚书》中《禹贡》篇，公元前1155年西周博物辞典《尔雅》、周《易经》，公元前770—前220年的《山海经》等，是反映古代文化及相应科学认识的经典。我国3 000多年前开挖铜矿的地下坑道，迄今仍有部分保留在湖北大冶，公元前2100多年修建广西兴安灵渠34千米长，连接湘、漓两江，沟通长江和珠江流域，公元前400多年就开采太原晋祠泉，灌溉几万亩田地……许多例子都是中国古代先进文化与科技之例证。

《徐霞客游记》，60多万字的文字记述，充分反映徐宏祖在400多年前的许多旅游和多方面地学景观的科学认识及其文化上贡献。

中国文化的强大，也促使中国的科技发展。中国古代文化的高度发展，

科技评论

也促使中国人更好了解周围和世界，所以有西汉时张骞的出使西域的丝绸之路，和海上丝绸之路全盛时的郑和下西洋。实际上，丝绸之路是19世纪德国地质学家李希霍芬给予命名。中国的四大发明，对世界影响深远，这1942年英国李约瑟的总结宣传。

所以，中国许多旅游地点，能融入科学技术，使其更好开发。综合景观是新时代的旅游资源之本，融入了中华当地的文化，就是旅游资源的"车辆"有了动力与方向盘；融入科学技术，使这旅游车辆插上了机翼，就可自然飞翔。

一个地方的旅游景观资源是丰富的，有了科技才知道如何认识这景观，如何合理开发利用这景观，突出了当地民族的悠久文化，这景观才能长成参天大树。在国外旅游，也应掌握这三者的内涵，才不至于"上车就睡觉，下车就拍照，回国人一问，什么都不知道"。

使人们真正从旅游中得到历史文化陶冶，才能博古通今，开阔眼界，而正确认识未来前进的方向。

杭州西湖有秀丽风光，但更有神话传说与历史上许多文化留下，苏轼的"若把西湖比西子，浓妆淡抹总相宜"，这诗词把西湖唱活了。

延安宝塔和延河，也是激荡人心的历史见证地，从中体现抗日文化与抗敌的献身精神，"延安颂"就是激扬卓绝奋斗的战歌，连同"怒吼吧黄河"，还有什么能阻挡中华的崛起。

云南昆明盆地，面积有800多平方千米，其中滇池有300平方千米，自古以来这个断陷盆地，便以其风光而引人。

参考清时孙髯翁的大观楼长对联，反意简化而另杜撰《华夏逐梦》，以表达将文化与科技融合于新长征：

广袤的中华，屹立东方，展巍巍多娇江山，便引诗词到云霄，水天一色千帆过,林花共舞麦浪翻,再看那:绝顶珠峰、奔腾江河、富饶原野、海洋浪涛。

悠久的华夏,誉传世界,现滚滚英杰豪才,勇唱凯歌为国强,而今迈步再跨越,发展长征号角扬,立宏志:红旗永飘、生态城乡、创新崛起、如梦呈祥。

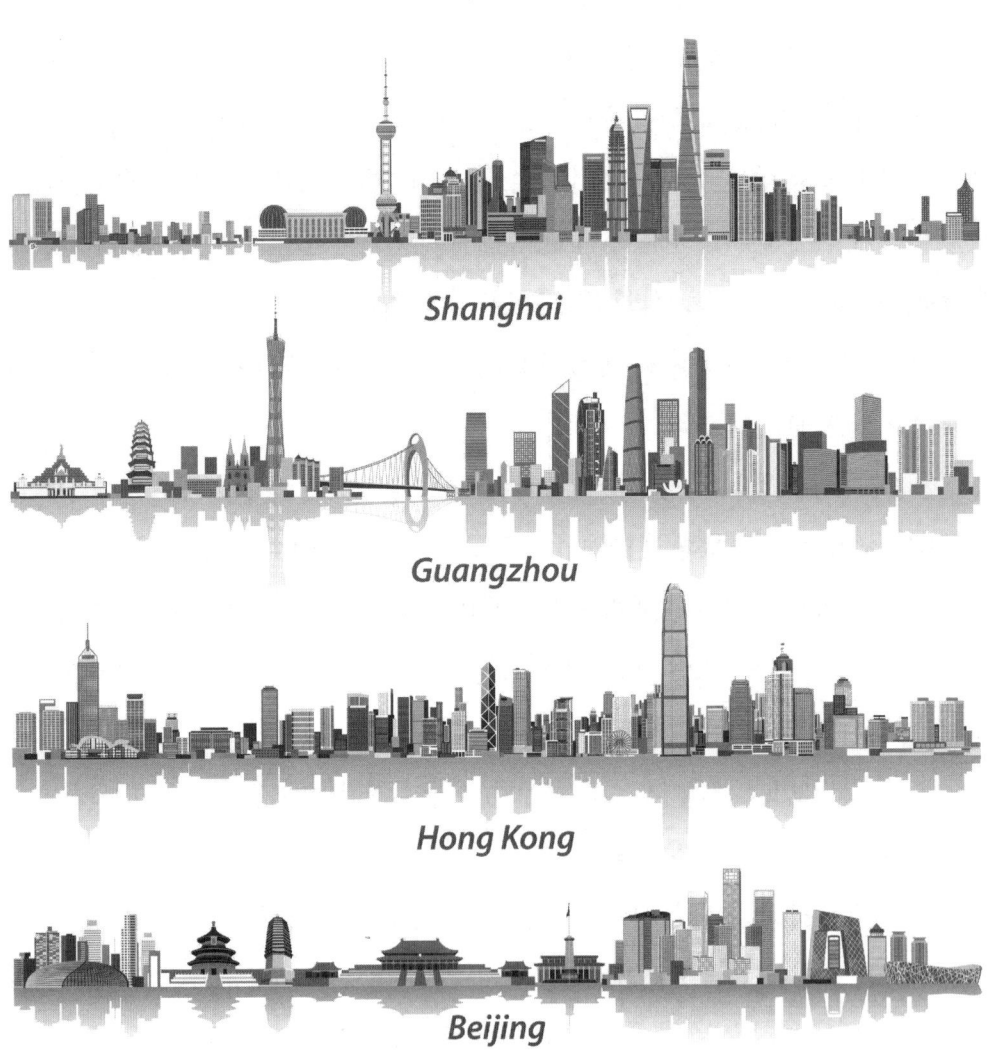

―― 科技评论 ――

三峡工程的现实与争议

（中国减灾 2011年）

长江三峡水利工程，于2010年已蓄水至175米高程。但是，自去年年底以来，长江中下游湖北、湖南、江西、安徽、江苏等地，连续少雨，发生干旱，虽然三峡水库持续"放水"支持抗旱，但仍有声音将这次大旱归结为三峡大坝所致……

今年4月以来，湖北、江西等长江中下游地区遭遇严重干旱，与近几年三峡及周边频发的泥石流、地震、水灾等一样，又有人指责：三峡工程是这次长江中下游发生严重干旱的罪魁祸首。与此同时，国务院于5月18日通过了《三峡后续工作规划》，英国路透社即刻就以《中国承认三峡大坝存在弊端》为题做了报道，又一次将三峡工程推向舆论的风口浪尖。

三峡工程历经十七年的施工，已胜利建成，然而这项曾被称为"共和国的动力心脏的工程"却一直处在是非论争的漩涡中。

一、截断巫山云雨

中国地域广阔，自然条件复杂，历来水患频繁。最早就有"大禹治水"的传说。长久流传下来的还有都江堰水利工程。

"截断巫山云雨"（即修建三峡工程）是中国人近一个世纪的梦想。最早是在20世纪初孙中山先生的《建国方略》中，提出了一系列有关水利、交通等建设的设想。但后来由于军阀混战，时局动荡而未能实现。

抗战胜利后，国民政府鉴于国外，特别是美国在田纳西河兴修水利上的成就，兴建三峡大坝又被提及，并聘请美国著名水利专家萨凡奇来华考察。但这一次建设三峡的梦也因为中国的时局被阻隔。

真正将三峡工程摆上议事日程的是中华人民共和国成立后，1956年，毛泽东发表了《水调歌头·游泳》"……更立西江石壁，截断巫山云雨，高峡出平湖，神女应无恙，当惊世界殊"。坚定了中国要修建长江三峡水利工程的决心与信心，而更重要的考虑是长江三峡中下游两岸年复一年的人水之斗。

那时，周恩来总理兼任国务院长江流域规划办公室主任，林一山为副主任，开始了长江流域的规划工作。1956年，地质部组织大批地质人员进行长江水利工程有关地质勘探工作。同年，国家又聘请了当时苏联著名地质学家波波夫等人和中方地质专家多人共同进行三峡考察，期望对三峡坝址的选址进行多方论证。

当时的国内水利人员和苏联专家组有的倾向选择南津关坝区，也有设计人员和一些地质学家偏向火成岩坝区。最终在详细论证了两坝区的地质条件等基础上倾向于火成岩三斗坪坝区。这也成了80年代后，三峡工程选择坝区和坝址的重要依据。

二、三峡工程利弊之争

长江三峡水利工程是吸引国内外关注的大工程，从1919年孙中山先生

―― 科技评论 ――

首次提出修筑三峡大坝的构想,至1993年全国人民代表大会决策,共经历了74年的岁月,在这漫长的时期内,一直争论不断。

最早的争论是在20世纪50年代中期,主要是有关河流修坝开发问题,是从上游先着手,还是进行三峡工程建设。时任水电总局局长的李锐主张先建上游水库;而以长江流域规划办公室副主任林一山为代表的,主张先修建长江三峡大坝。但其实这两派的争论,并不涉及三峡工程不能修建的观点。李锐的主张主要强调河流的发育与治理,期望从上游开始,且当时的水电总局不管长江三峡。而林一山所代表的,最主要是负责三峡工程的开发设计。所以,这两派的分歧,实际上也涉及争取更多资金投入何处工程的问题论争,并没有涉及反对修建三峡工程以及有关利弊之争的问题。

真正有关三峡工程的利弊之争是在20世纪80年代中期,国家又提出三峡工程修建问题。于是开展了大规模的论证,论证内容涉及对生态环境的影响,泥沙淤积对重庆的影响,还有其发电效益、防洪能力与国家是否有能力进行三峡工程建设等问题。有的学者就旗帜鲜明地反对修建三峡工程,强调对上下游的影响,有的科技人员则认为有关问题可以克服。当时,三峡工程对生态水质的影响,也有争论,但更多是集中于国家有没有财力修建三峡工程。

当人们正在思考不同意见的统一时,1992年夏季,发生了淮河和太湖流域的大洪灾。特别是太湖流域,周边涉及长三角的主要工业与经济要地,包括上海、南京、镇江、无锡、苏州等城市,是我国东部的经济要地。特别是,

图1 三峡大坝远景

当时已改革开放十多年，我国正开始将经济开发的重心由珠江三角洲向长江三角洲地带转移。于是，确保长江中下游的防洪问题，成为长江三峡工程决策上马的主要缘由，1993年全国人民代表大会通过，并决定于1994年开始动工。

三、不能将长江中下游干旱归罪于三峡工程

根据设计，2003年开始三峡工程蓄水达135米高程，2006年达156米高程，2008年和2009年，三峡先后进行了两次175米试验性蓄水。2010年三峡水库水位达到了175米高程，容纳了393亿立方米水资源的三峡水库为长江中下游防洪抗旱起着显著的作用。

但是，随着全球气候变化，近几年长江上中下游灾患频发，2006年川渝大旱、2007年重庆暴雨、2007年湖南和广西等地区发生的冰雪灾害、2008年汶川地震、2009年重庆大洪水、2011年长江中下游严重干旱……这些大灾难的发生，不少群众都认为与长江三峡水利工程的修建有关。尤其近期的干旱，又将三峡工程推向舆论的前端。长江三峡以上控制流域面积有100万平方公里，通过三峡地带的多年平均径流量为14 300m立方米/秒，年总径流量达4 520亿立方米。长江流域1931年、1935年、1954年及1998年洪灾，洪峰流量只在7万多立方米/秒，也都造成极大危害。2010年，三峡水库拦蓄了7万立方米/秒洪峰，滞后下泄4万立方米/秒，从这些情况可知，三峡库区防洪作用应是很明显的。

长江三峡工程在宜昌出口地带，1954年时测得水流量为5751亿立方米/年，但长江全流域总水资源多年平均为1万亿立方米/秒，就是说，还有一

科技评论

半的流量在中下游地区，如湖北清江、汉江，湖南的湘、资、沅、澧四江，江西的赣江等许多河流。因此，在1998年长江大水时，三峡工程防洪就起了很大作用。但长江中下游广大地带的防洪不能全靠长江三峡工程。中下游及相关支流和湖泊的防洪，应与长江三峡工程密切配合，形成完整的防洪体系。同理，这体系也应是抗旱体系。

洪灾和旱灾，二者又是密切相关联的灾害。在三峡及周边地带，水灾和旱灾的频率都很高，据500年来有关气象的数据表明：重庆地区（原川东地区）水灾频率10.14%，轻水灾31.02%；轻旱灾21.81%，重旱灾13.54%；水旱灾频率达76.51%。江汉平原、洞庭湖西山地也是水旱灾频发。

洞庭湖1825年时，面积达6000多平方公里，而1949年时有4000多平方公里，至1998年时为2300平方公里，2010年时1600多平方公里，2011年5月7日只有382平方公里水面，三峡放水后为577平方公里。

从这些数据上看，洞庭湖面积不断缩小，加上湖底淤积，使容水量大大减少，从1949年至1998年，四十年，湖容积缩小了172亿立方米，平均每年缩小近3亿立方米，如果以6000多平方公里面积而计，则减少了更多湖的容积。这种湖面积和湖容积的减少，主要是由淤积和大量人工围湖造田而造成的。早期就造田800万亩，而近十多年来，湖面积和容积的缩小，使洞庭湖不能起到防洪抗旱的功能。

可以认为：三峡工程起到了拦蓄洪水的作用，有利错开下游支流洪峰，从而减少了中下游洪灾的威胁，并降低了其洪灾的损失。三峡工程库区和下游湖泊相结合而合理地调蓄洪水，就可最大地发挥防洪抗旱的作用。

三峡水库主干长600千米，最大库容为393亿立方米，因为是峡谷长条形的水库，所以基本上还是峡谷型水库，增加的水面积不大，所增加的蒸发量比原来的江面多几倍。而临近洞庭湖面积的缩小，和千湖之省的湖北湖泊的减少，对水汽的影响都要严重很多。但气象研究表明，这方面影响区域很小，更不是造成大片面积严重洪旱灾的原因。所以，尚没有确切的证据说明长江三峡水库对大片区域严重洪涝与干旱灾害具有密切影响。

另外，大气环流的降水效应，涉及大面积的南部湿热气流，东南部的季风，西北部的寒流气候等的对流、混合、阻隔等，大气圈对流层高度达12平方公里以上，只有120多米高于当地下游地面的三峡大坝，不可能阻挡暖湿热气流，而且这种气流活动，不是局部的运动，而是大面积的。只有海拔高达数千米的喜马拉雅山、横断山脉才阻挡得了南部印度洋来的大部潮湿气流，使青藏高原变得干旱。三峡大坝所起的作用，不能与大气流的运移相提并论。所以说，2010年西南大面积干旱，2011年春天的华北大片旱灾和2011年春夏长江中下游严重干旱的成因，都无有力证据归罪于长江三峡工程。这种极端气候变化受自然演化与二氧化碳排放等人类行为的综合影响仍是值得深入研究的科学问题。

四、汶川地震与三峡工程无关

水库会诱发地震，这是公认的事实。最早我国诱发地震的是广东新丰江水库，震级达6级。后来，我国发现诱发地震的水库有21个，其中15个主要是在碳酸盐岩（石灰岩、白云岩等）地区。水库诱发的地震等级一般不高，多在2~3级，少数达5级。对三峡水库诱发的地震，早期也有较多研究，首先涉及仙女山活动断裂、九湾溪断裂、运安断裂等。其中运安、仙女山断裂和九湾溪断裂有一定的活动性，地震构造专家认为发生强地震的可能性很小。

科技评论

水库诱发地震有三种类型：荷载断裂类型、气化爆裂类型和洞穴塌陷类型，但据初步监测研究，一般诱发震级不高，也只在1~3级。三峡水库地区相对处在较稳定地块，所以无诱发中强地震的构造条件，这是评估论证时的结论。而对2008年汶川地震是否与三峡有关，有的地震与地质工作者有了相应的结论：三峡是处在扬子地台上，汶川地震发生在龙门山断裂带上，主要有汶川——茂县后断裂，映秀——北川中断裂和安县——灌县前断裂。受板块运动、喜马拉雅山隆起的影响，两千多年来滇西常发生中强地震，约10年有一次6~7级地震，而川西约有20年发生一次，而且这两地的地震震级有互补的现象。

根据断裂、构造、岩溶的特性，以及历史上有关地震的记录，将8.0级强震的汶川特大地震认为与三峡有关也缺乏科学的依据。至于滑坡、泥石流受水库蓄水而诱发的例子，还是肯定的。例如，2003年7月13日，湖北省秭归县发生2400万立方米千将坪滑坡，与水库诱发有关，但预警及时，1200人迅速撤离。需要说明的是，三峡在历史上就是滑坡、泥石流多发的地段，历史上也发生过滑坡堵江的灾难。1985年6月21日，秭归县发生的新滩滑坡由于预警及时使1371人幸免于难。同年，四川省云阳县鸡扒子滑坡曾半堵江，经治理后恢复通航。这里需提及这一带有的危崖垮塌和滑坡与三峡蓄水无关，而是挖煤及乱开挖修房而诱发的。

在20世纪90年代，决定修建三峡大坝时，国家进行了一期地质灾害处理工程。例如对长江西陵峡链子崖危岩体和黄腊石滑坡体的处理，收到了成效。这期处理对岸区的地质灾害，又进行了较多的调查和研究。

特别是2001年5月1日重庆市武隆人工高陡边坡滑塌灾害后，国家三峡建设委员会拨款40亿元，进行三峡库区二期地质灾害处理。后来，又投资

80 亿进行第三期地质灾害处理工程，这两期滑坡、泥石流等灾害处理，取得了很好的效果。

当然，为发电随着今后库水由 145~175 米间的波动，仍会不断诱发滑坡、泥石流等，关键是今后应当有长效机制，使监测和治理地质灾害，能够有队伍、经费等的保障。

不修三峡工程，同样还会在这地区发生重大地质灾害，例如，1983 年大暴雨，万州地区就诱发数万个滑坡、泥石流地质灾害。但修了水库，如果注意边坡处理，相对会减少这类灾害的发生与发展。这是我们要强调的一点，我们不能阻止大灾的发生，但我们可以斩断灾害链，进行有效地预警、防治，达到减灾的目的。

―― 科技评论 ――

教育寄语

　　教育之目的，在于培养英才，作为今后国家之栋梁。人才，特别是有用之才，都是国家最重要的资源，这种资源的宝贵价值，就在教育过程中予以生成。人的身心都有不同，所谓天资也不尽相同。所以在施教和受教过程，可能而且肯定会有不同的结果。但教育之宗旨，就在尽可能做到能成国家有用之力，尽量让受教育的学生，得以成长为国家有用之才。

　　下面谈些这方面的感知，以供参考。

一、教育培养学生的素质要求

　　我认为培养学生具有六方面素质好，是非常重要的。

　　　　立德树人，培智育人，

　　　　健体康人，融文嘉人，

　　　　创新骄人，时代强人。

　　对学生德育非常重要，现在对学生德育观很不够。文，是应当有中华文化的熏陶，也包括生态文明的素质认识。有创新的意志，要有培养走出校门后，有立志做应有贡献，成为一个新的强人。

二、奠定学生走向工作岗位的愿望要求

学生走出了校门，在工作岗位上、在社会上，就要度过其人生的更多岁月。走出校门时，就应有向上的严格诉求。

勤奋光彩——人生；

国强民富——追求；

忠诚卓越——奉献；

终生不渝——学习。

走上工作岗位，就应当勤勤恳恳努力开拓的工作，要让自己好发光，为国家增加亮度，"尔乃世之光"，有光彩人生。想的应当是追逐国家强盛，人民更富裕生活的梦想。忠诚于党和国家，作出自己最大贡献，而不是只追求私利。学校只给予学生以学习的钥匙，工作上，甚至一生，仍是要不断学新东西，学新的科技，也要学习习近平新时代中国特色社会主义思想。

三、对教育的八个重要思考与期待

育人不倦，教师天职；

学而不渝，育生心欢；

为国输才，重如泰山；

精英辈出，任重道远；

成才之道，追求实践；

爱才之路，梦想以求；

同舟协力，成功在前；

欢庆时日，真理昭然。

这里强调：教育重任追梦成真。教师也是不断学习提高，实现中华之崛起和强国之梦想。教育是目前最迫切需要大力提高增强，为国输送各方面精英，成为国家强国之本。

四、为教育发展的基本总要求

就是要求全身心为教育而奉献。

上面第一和二两项是6+4=10，主要对学生的受教育要求的素质，第三项的八条加全身全心为8+2=10，对领导与教师的要求。

全心，就是一颗红心为党为国为人民。

全身，就是勤勤恳恳施教，廉洁奉公，像洁白的莲花，出污泥（有社会不良风气影响时）而仍得保持洁身自好。

强国英才歌

行路开拓求真知，教育创新好时境，

精英成长新时代，师生高涨爱国情。

科技教育再腾飞　实现强国重推力

（上海科技报　2020 年 6 月 2 日）

目前，从国内外形势来看，中国必须很好地增强自身科技实力，才能安然屹立于世，才能得到更好的发展，这是毋庸置疑的。

但是，中国真正强大，没有居于世界前列的科教实力，行吗？当然不行，而且国家的安全都可能受到威胁。

如何更高更强发展科教事业，下面再说些拙见。

一、坚定发展我国科教事业，争取居于前列

对于中国要做强国，这似乎人人赞同，但这是没有问题的吗？针对这问题，有的观点认为，似乎中国科教已经很强大，现在中国已经厉害了。有的观点认为，中国差得远，在科技成就上中国排名列不上前十，比美、英、日、法、德差多了。

在中华人民共和国成立初期面对外国围困千万重，国力还很弱小时，毛泽东同志和斯诺谈话时强调"纸老虎"，这是从战略上藐视美国的强，而战术上，却又是弱小争胜的，许多历史发展已揭示其理。

毛泽东同志说美帝是纸老虎的同时也重视发展战略武器，所以说"你打

你的原子弹，我打我的手榴弹"，其实是争分夺秒地发展自己的两弹一星。如果中国没有自己的两弹一星，那么，美国以战略、金融的欺诈，让苏联解体、东欧社会主义国家也纷纷亡国瓦解，中国也会遭到严重破坏。

所以，今日中国不能片面地看待自己，应当坚信已取得的重大成就，尽管还有重重围困，但为了民族复兴，为了国家的强盛，为了国泰民安，必须坚定信念，让中国科教事业站上世界前列。

你先有，我后有，我们都有；

你已强，我也强，世界多强；

人类命运当先。

二、建立科教创新的领导队伍

在艰难的中华人民共和国成立初期，毛主席等第一代中央领导集体，高瞻远瞩就决定开展两弹一星的研究，周恩来总理亲自抓。技术上有钱学森、邓稼先、郭永怀，还有一些留学青年，更有国内培养的大学精英，他们"干轰轰烈烈的事，做隐姓埋名的人"。主要领导力量强大，很快做出不朽的功绩。

这次武汉及湖北抗疫很快取得成效，首先，是坚定信心，同舟同济，科学防控，精准施测；二是中央领导组，贯彻中央政策，并创造性地建立火神山、雷神山医院，收治重症，以及16处方舱医院，做到"应收尽收，应治尽治"。分轻、重予以治疗，并听取意见，采用封城之举，结果很快稳定了局面。其中领导团队起的作用非常重要。

我国发展快速，已成为世界第二大经济体，科技教育上也有不少成就，但与强国的要求还是有较大的距离。

管理科技教育的领导层，多数都是有较强领导能力，思路清晰，可建树功绩。但是，不可否认，还有一些领导，以有学位而自傲，而无实践经验，加上思想狭隘，作风不端，不能有力支持团队，限制了科教创新发展。想的是，既当官，又捞科技教育成果。建议中高层领导，一定要从基层领导脚踏实地为民造福取得成就的人中提携上来。

中央领导的坚强有力能力挽狂澜，带领全国人民奋身前进，就在于有丰富的基层经验与锻炼。

三、不拘一格降人才，重德才而培养

中华人民共和国成立初期，许多留学欧美已成为著名学者的不少人才，为了中国发展，不计艰险毅然返国，国内也急需这些科教界的知名学者，作为科技界的将帅之才使用，委以重任，如钱学森、李四光等知名学者。

当不拘一格降人才，国内外大学毕业的，都要一律平等对待，从德才上知人善任，从基础工作做起，好才华就委以重任。一定要提高国内大学培养优秀学生的声誉，同时也是学校更好提升声誉的实力所在。

四、更好融合大学、科研、设计部门变成高水平高校

目前，很多大学还是有一定的声望，教育部门为了更好重点支持与培养，也出了"211"和"985"的高招，有这俩招牌的大学，身价更高得多。虽然如此，但国外学生在华学习的高校仍算少数。

很少有来自欧美的国家学生来中国学科技，多数是学中文、中国历史等。

中国工学没有独当一面的重大科研项目，多是大项目中个别小项目。例如，有的知名大学，百周年校庆时，值得骄傲的还是20世纪60年代担负的一项工程的设计。

为此，各大高校应当并入有关研究员，并和大的设计院联合。一所大学有2~3个强大的专业，并融合科研、设计部门也对教学有很大提高。国内有几所专业强的大学，国外学生就可来学习，在从事科技学习中了解中国。

五、深入加强科学研究，大力提高教育水平

应当看到，我国科学研究也达到了很高水平，从建设上看，多少高坝屹立是国外所不能比的，我国高校发展居世界前列，我国的航天技术也赶上世界高水平。

我们不要自卑，更不要自傲，我们承认不少方面还得迎头赶上。要更好提高科技成就，提高教育水平，我个人觉得主要做到这几方面工作：

（1）进一步编制全国科技发展规划（2022—2037年）15年科研项目，包括：基础研究、生命科学与原子研究、工程科学技术研究、地质—天梯科学研究……另外，还有社会科学的研究。

（2）建立与改进科学技术的奖励与激励制度。

（3）建立发现人才、保护人才与保护成果及推广成果效应的机制。

（4）加强建立对有关科研、大学的督导与支持的机制。

（5）教育水平考核素质，不是强调升学率，科学研究应当着重多学科的融合协作，注意科学性、效益性和前瞻性。

20世纪70年代初，中国恢复在联合国安理会常任理事国席位后，邓小

平同志批示,中国应恢复在国际组织中席位,地质学会应是先行恢复。1976年,在澳大利亚悉尼召开第25届国际地质大会时,通过恢复中国席位的决定后,中国代表团马上赴会,带去准备的学术成果。

1988年,在广西桂林召开第21届国际水文地质学家大会,有200多个国外代表参加,这是1949年以来,第一次有这么多国外代表参加。1996年,第三十届国际地质大会,这是国际学术会议,在中国人民大会堂召开,总理出席讲话。

虽然40多年来,中国与国外的学习交流合作研究迅速发展,但是也还存在很多不足。只要我们自强不息,奋斗不止,共同为实现中国梦而努力,同时加强和国外科技教育界互利合作,携手共进,中国的科技教育定会登上新的高峰,对世界做出有力与卓越的奉献。

―― 科技评论 ――

坚定信念办强国　力助科教高发展

这次的中国两会是在全国经历一场严重的新冠肺炎疫情部署的二月底三月初时，推迟到这时召开的。

这两个多月的时间，是在以习近平同志为核心的党中央坚强领导下，取得武汉保卫战、湖北保卫战和全国防控战，战胜新冠肺炎疫情的决定性时刻。面对全世界还笼罩在疫情的阴影灾难中，中国疫情防控取得重大战略成果，更显得难能可贵，必将大力提升中国在世界的形象。

中国之所以能战胜疫情，除了党中央的坚强领导和正确措施方案之外，中国人民的团结与万众一心以及中国科技的强有力支持，也起到了很大作用。

但是面对世界上仍有强国对中国发起的敌视打击，面对着今后仍会面对更多自然与人类的灾难，中国还应当更好地发展科技，以保障能更好地实现中国梦。为了更好地面对今后的各种自然灾害，以及反对侵略的战争，更好全面地提升科技水平与能力是非常迫切与需要的。

为此，我提几点建议。

一、坚定信念发展我国自己的科技

1978 年开始改革开放，那时科技水平还是不高，邓小平同志提出要"韬光养晦"，这是切合当时国情。那时和欧美强国合作是必须的。所以，那时也派大批青年出国学习、交流、访问，把一切国外先进的技术、知识等学回来，当时确实对国内科技生产水平有了借鉴。但在关键科技上，还是要靠自己努力。目前，中国已有完善的汽车、轮船、战机等制造业和一系列民用、军用工业体系。中国要对自己科技感到有坚定信念！

二、国外学习交流不可或缺，但不要妄自菲薄

欧美强国，科技发达，首先向他们学习是应当的，中国古语有"三人行，必有我师"。别人的长处，是值得学的。对不同大小国家，也互有值得学习之处。当然，在学习过程中，应当有选择地学，学其真正的长处与创新。

1890年后，中国打破自我封闭，开始派人出国学习，1945年，中国也有一批青年派出学习，于中华人民共和国成立之后学成归国。1978年改革开放后，也有不少青年被送出国学习，那时国家很穷，每人只有40美元，他们去国外拼搏学习，后来返国后，为国家作了很大贡献。

出国学习应当坚定信念。中国必定会强大，不惧任何侵略与威胁。

在国外的华侨及华裔子女，只有中国强大了，他们才能显示自身的价值，以华裔身份而自豪。

三、加强爱国教育，培养青少年爱科学爱创造

举办多种活动，培养青少年学生爱国意识和情怀，让他们学习了解中华悠久文化历史，以身为中国人为荣，让青少年心中有为中华民族伟大复兴而奋斗的理想。

培养学生爱科学兴趣，包括社会科学、自然科学和工程科学，要在社会营造尊重科学崇尚科学的浓厚氛围。整个社会，也需要加强对科学知识的宣传。

四、科教兴国，应更好提高我国对科教的重视与支持

科学与教育是密切联系的。根据目前国内外形势，我国应当做好自力更生独创性、原创性的发展科学技术，同时也能更好地培养我国的年轻一代。

在教育方面，应当，小学—中学—大学—研究生有一套科学的教育系统，特别是大学阶段。在中国目前强大的国力情况下，要对自己的教育有信心，要有力转变大家只有到国外学才有前途、才有出路的理念。

中国从中华人民共和国成立初的贫困落后，到今天成为世界第二大经济国，主要贡献力量在于人才。人才要在国家发展中锻炼成长。只有这庞大人才基础，中国才能强大。近年来，强调"重学历、重学位、重论文"这"三重"不应为之，应当"重实践，重创新，重奉献"。

在疫情防控取得重大战略成果背景下，我们更应当认识到我们要更好地提高科教水平。

让中学生学好数理化与社会教学及医学知识是基础，让大学在某专业的基础牢固，让硕士生在某专业有博学基础，让博士生在某专业的某个研究方向有独特研究成果。

中华民族有几千年历史，中国科技的辉煌也给世界带来了前进的方向。

同舟共济，这古训早已刻入中国人民心中。这次疫情，在党中央的坚强领导下，全国人民同舟共济，才取得了疫情防控的重大成果。面对全球疫情，中国人民也与世界人民同舟（世界）抗疫共济。

今天，在疫情防控中，中西医相结合，取得了重大成效。我国的科技教育，也应学习欧美科技教育之精华，而进一步发扬中华之优秀传统和广大智慧人才，培养更多的科教人才，作出让世界瞩目的成就。

坚信我们伟大的中国共产党，坚信我们的国家，在科技教育方面，我们必会作出对世界更大的贡献。中华民族的代代儿女，只要有信念，就会有无穷智慧与力量，继续向科技教育珠峰努力攀登。

―― 科技评论 ――

新时代科技干部的素质要求

——生态文明建设与创新方面

当前，在习近平新时代中国特色社会主义思想的指引下，对科技干部和党政上指挥与规划当地发展的领导干部，都有了更高的素质要求。

在中国当下这个重要新时代中，肯定对领导干部、科技人员都有这时代的要求，有这时代应当担当的重要攻坚克难的任务。

党的十八大上，习近平的报告中强调了生态文明建设，在十九大上也强调了生态文明建设。而在中国崛起、追求中华强国之梦的时刻，科技创新是一个重要前提。没有科技上的很好创新，中国只能处在被动与扼制的环境中。

有了科技创新，其奈我何！

生态文明建设战略方面，习近平总书记提的"绿水青山就是金山银山"很形象，也易为广大干部，理解接受。

一、武隆这地区生态环境的基础是什么

生态文明建设，必须体现在这些方面。

1. 资源的合理高效利用，同时不产生副作用或灾害反应

武隆这里有最深一千多米的近垂直洞穴系统，地表下有深切大暗河与地

下峡谷，地表有多种喀斯特现象，特别是天生桥与大大小小的洼地和沟谷。

重要的长江支流在云贵高原深切而发育的乌江主干流穿过武隆而下泄，乌江上已建成多个高坝发电站，总装机容量超过一千多万千瓦。

简而言之，喀斯特地貌和清洁水电能源是重要的资源。

二、自然灾害的防治方面

自然灾害各地都有，武隆地带滑坡、泥石流、喀斯特凹陷以及旱涝灾害都存在。

不少天生桥、塌陷，都是喀斯特地区常见灾害，还需警惕的是，必须密切调查地下喀斯特强烈发育及其对地表的影响。滑坡泥石流也是常见不可忽视的灾害。

所以说，必须有严密控制监测的系统，更主要的是，一定要避免人工开发引起复活与诱发地质灾害。

2001年5月1日晚8时，发生在319国道旁、乌江边的滑坡灾害，就是人工诱发高陡边坡灾害。这灾害引起了朱镕基总理重视，也掀起三峡库区治理地质灾害的序幕。后来，沿江的319国道两侧的危险地带都作了处理。应当说，认真地对待这些灾害，武隆得了教训，也得到了好处。

其一，必须重视水-土的合理匹配。

武隆地区还是山多、平地少，只有稍大的江边有平坦阶地和山中洼地，所以要更好重视水-土资源匹配，不能过多浪费土地。大家可能认为在乌江边，还怕没水，过多开采过境水资源，就影响下游，而且水的污染不治理，多用一方水，而增加污染的不只是一方水，而是更多的水资源。

其二，生物资源的多样性防止外来生物入侵。

生物多样性是非常重要的，各种生物能和谐共处，就是好生态的基本要求。

贵州是重点保护生态的试验点，得到了政府支持。当地为了治理石灰岩地区的石漠化（岩漠化），发展人工植树造林这是对的，但是树品种单一，认为松树好，生长年代长，冬天也不光秃，结果树种单一，引发虫灾，许多松树都死了。

西南地区紫荆泽南的入侵，绞杀了当地适生的生物。海岸城市沿海岸地带，有人引入互花米，孰料造成当地海边生物死亡，最后只好把大片互花米给铲除。人体也一样，人体内微生物多样，是平衡的。我的左肾被汽车撞了，当时痛得要命，知道肾撞破了，但没尿血，第二天又上 5 000 米黄龙，以后也没上医院。过了两年，2003 年，在石家庄体检发现问题，医院要我住院做手术，后来由协和医院权威医生来开刀，手术很好，前后肾功能都正常，以为可出院了。孰料突发高烧，因用了一星期美国最大强力抗生素，破坏了身体菌种平衡。后来转科，中医药调节高烧退了。

其三，各种农肥农药要控制，最好发展有机的农肥农药。

我国各地农肥农药都是化工产品，多数都超标多倍，而土壤中积聚的农肥农药是不易降解的。

在九年前，担负"海面经济区生态环境安全与可持续发展"这中国工程院重大项目时，我就注意到这问题。当时也注意到了大气–水–土壤这三种介质污染的相互影响与变易问题。

台湾的方便面首先由康师傅传来中国，一年就十多亿，当时西南想大力搞方便米粉（中国人爱吃），结果找不到没有污染的大片农田种植大米为原料。

其四，寻找当地适生的农作物，注意树立品牌。

西南石漠化地区，普遍都种金银花、花椒等，千地一样必然导致销路受影响，也赚不了多少钱，也立不起品牌，各地应当有各地适宜生产的农作物。

话又说回来，要控制与治理污染，要发展当地的产业，必须有科技支撑。

去年9月我到美国参加国际工程地质大会，后去得克萨斯州一个研究所讲学。当时参观一个很大的核桃园，边上就是和墨西哥交界有高墙阻挡。这里生长的核桃皮薄，用劲敲一下挤一下，外壳就裂了。这里有中国人领导的一个团队，适时分别对水、土、大气监测情况分析，提供给当地园林当局，农民按他们成果而适时加肥、灌溉，使核桃丰产、质量好、无污染，这里生产的核桃全部运往中国。

三、科技人员在新时代中的素质要求

无论是贯彻生态文明建设方针，还是要推进科技创新，对科技人员和有关领导都有高的要求。

1. 坚持信念，不忘初心

信念是什么，就是相信与追求中国特色社会主义。我们中华有五千年文明历史，今日应复兴，要建成强大的中华人民共和国，一定要民富国强。

坚持这信念，就应当爱党、爱国家、爱人民，不要忘记初心。而今的中国已从站起来时的贫困，开始富了起来。当然还有一千多万人未脱贫，特别是山区，包括喀斯特山区。这一任务一定在近期得以完成。

1994年我第一次访问我国台湾地区，那时台湾青年学生人均收入比我们高，一个大学毕业生工资比大陆要高好多倍，汽车很普遍。目前，大陆的经济显然优于台湾，台湾大学生要来大陆找出路。

所以，我们要坚持信念，共同努力，一定会使中国变得更加强大。中国不求领导世界，而是要引导人类共同发展，全世界人民要和谐发展。

2. 高级人才的培养

这种高级人才的能力，主要在两方面：一是战略性的认识与能力，主要通晓国内外有关情况，而自己又要有清醒的对前进方向的认识；三是能够解决具体实践及工程建设与经济发展方面的难题。

3. 真正贯彻生态文明建设方针

在领导及具体实施的科技人员身上，必须不断由这理念与政策来支配自己的工作，不是一时而是时时都要坚持这个原则不能动摇。

先污染、先完成建设任务，以后再考虑不良问题的治理，都是不对的。

4. 坚持科技创新的追求

当然，科技创新是不易的，但这个信念必须坚持，不断思考做的任务、工作，有什么可创新。创新思路、创新的方法、创新的结果，这三者是必须考虑的。

科技创新，需考虑到需求、力量与条件。首先，要有创新理念，取得应有条件与支持，否则，有创新愿望，也无力实现。

5. 在实践中锻炼提高

做任何科技工作，都应在具体实践中锻炼，在实践中解决问题，在实践中得到提高。脱离实践、高高在上，只是瞎指挥。领导者应避免陷入这样乱作为的境地。

6. 重视地质环境与地质条件

很多工程建设与发展，都是因为不重视地质问题而产生。这样的例子很多,很多水利电工程、高铁与轨道交通建设、城镇化发展等,许多问题由于不重视地质问题而引起,造成人命生命财产损失,让人痛心,前车可鉴。

7. 团结协作,合力前进,要有团队精神

团结就是力量,很多问题必须多学科多单位团结协作,但是,现在有些人却是以个人奋斗、个人名誉地位为主,以本单位、本学科、本小组为主,多单位、多学科协作就不大考虑,这样很难有重大成果产品出现。

8. 经过磨难挫折

任何研究工作,都不可能一帆风顺、一举成功,有的经历要多次失败,有的会因人为因素而挫折,这些都应当在思想上有准备。

一个革命者,一个真正的科技人员,经不起磨难与挫折,那不会取得成功。

9. 坚持真理,勇往直前

高素质的科技人员,必须坚持真理以避免国家利益更大的损失。但现实中,有的人看领导脸色,有的人怕报复,有的人怕关系影响。总之,私字当前,个人得失在先,国家利益在后,这样例子也有不少。坚持真理,就应把个人得失不考虑,始终以国家利益为重。

总之,科技人员还应做到:

立德树人,培智育人,
健体康人,融文嘉人,
创新骄人,时代强人。

院士科普

—— 院士科普 ——

地质灾害防治与城市安全

——卢耀如院士在上海社科院的演讲

（解放日报 2008年6月30日）

2008年5月12日发生在我国四川汶川的8.0级特大地震灾害，已造成69 000多人死亡，18 000多人失踪，汶川、北川、青川、都江堰等城市大量房屋被摧毁，重灾区面积达10万平方公里，包括北京、上海在内的中国大部分地区都有震感。1976年7月28日，唐山大地震造成24万人死亡，人们记忆犹新。再经历这次汶川大地震，不禁使许多人想到所居住的地方是否安全的问题。实际上，我国有不少城市，都存在着自然灾害的隐患，除了地震灾害之外，还有其他地质灾害以及气候灾害，都给不少城市带来安全威胁。人们不必为这些灾害过于担忧，但也需正确认识，以尽早采取相应的防灾减灾措施。下面就如何防治地质灾害这个问题谈些认识，希望有助于人口密集的都市考虑今后的防灾减灾问题。

了解地球演化的规律

地球属于太阳系，在其形成与发展过程中，不断产生着动态变化。地球，已知似鸡蛋结构。地壳（似鸡蛋壳），由上部硅铝层及下部硅镁层组成，连同地幔上部，通常称之为岩石圈。在岩石圈下60公里至250公里范围内有比其上下更软的物质——软流圈存在。软流圈中有固、液、气三相物质在不断转化，它是形成矿产资源的源泉，岩石圈的板块在软流圈中漂移、碰撞，引起地壳隆起造山及沉降，以及火山喷发、地震等灾害的产生。除了岩石圈之外，还有水圈、大气圈和生物圈，这四个圈层相互依存、关联，又相互运动，使地球产生一系列演化。地球的演化为人类的生存与发展提供了两方面的条件：一方面创造有利于人类生存与发展的资源性条件，如空气、阳光、土地资源、水资源、矿产资源、能源及生物资源等；另一方面产生不利的灾害性条件，主要是气候灾害、地质灾害（包括地震）和生物灾害等。

因此，人类在地球上生存与发展，就要了解这两方面的条件和因素对人类生存与发展的影响，充分认识地球自然演化过程的规律性，既要合理、有效地节约资源以及循环利用资源，也要积极有效地防治与减轻自然灾害，实现人与自然环境友好和谐发展。

地质灾害可分为两类：一类是突发性灾害，如地震、火山喷发、滑坡、泥石流和岩溶塌陷等。突发性灾害，易造成重大的伤亡。这类突发性地质灾害，有的在发生之前有预兆现象，可使人警惕，采取避灾、减灾措施，但也有的灾害是没有任何先兆就爆发的。

比如，公元79年8月25日，意大利维苏威（Vesuvius）火山就在没有任何预兆的情况下爆发，喷射出大量火山灰（后堆积有20多米厚）、有毒气体和水，使3万人的庞贝（Pampei）城毁灭于瞬间。直到18世纪时人们开始挖掘火山灰，部分古城市、建筑才得以重现于世。近代以来，仍有许多地区的火山喷发，由于火山灰遮蔽阳光，曾使全球气温下降2℃，也影响到地球生态的环境。

又如地震。自古以来，地球几乎每天都在发生地震，这是地球演化中释放能量以得到相对平衡的自然现象。但造成灾害的 5~6 级以上地震也时常发生。位于复杂地质构造带上的意大利的斯彼诺（Sipino）城，于公元 346 年就为地震所摧毁。

至于滑坡与泥石流，在意大利特比罗铁可（Triportico）有公元前 1 世纪和公元前 4 世纪的为滑坡、泥石流摧毁的建筑和道路遗址。滑坡、泥石流是广泛发生于世界各地的地质灾害。中国西部地区，仍有不少城镇受到滑坡、泥石流的威胁。2001 年 4 月 9 日，西藏易贡藏布河发生大滑坡，体积 2.8 亿~3.0 亿立方米，滑坡高差 3 300 多米，形成堰坝高 60 米，堰塞湖壅水体积达 28 亿~29 亿立方米。1933 年四川松潘地震诱发的滑坡，在茂县叠溪形成堰塞湖，与这次汶川地震在这片地区形成 34 个堰塞湖，相隔了 75 年。有的滑坡有前兆，可及时采取措施以避免人员伤亡。例如，1985 年 6 月 12 日凌晨，长江西陵峡湖北宜昌市秭归县新滩镇滑坡有 1 000 多万立方米，由于有前兆预警，1 371 人及时安全撤出，无一伤亡，只是在长江上形成涌浪，因未能及早通知过往行船，造成 12 人死亡。

岩溶塌陷发生于碳酸盐岩（石灰岩、白云岩）和硫酸盐岩（石膏）的分布区，地表形成奇特山峰，地下发育成洞穴系统，可产生岩溶塌陷，大的岩溶塌陷直径可达数百米，也危及城市建筑、交通设施的安全。天然岩溶塌陷成因很多，如地震、干旱、洪水等，都可诱发岩溶塌陷。洞穴上部岩体重力作用、洞穴水流侵蚀等水动力作用等，都可导致岩溶塌陷发生。

另一类是缓变性地质灾害。这是地球演化过程中缓慢发生的，一般之前会有些征兆。但因涉及范围广，也难以完全防治。例如，意大利威尼斯水城，实际上是地面沉降的结果。早期威尼斯建筑高于沿海，有软土地基，曾打了数百万根桩基，以求保证建筑物基础的稳定性，但随着地面沉降愈益严重，海水入侵的结果是，原先城市的街道逐渐变为水巷。

地壳的上升隆起、沉降，都涉及较大面积的区域，地壳缓慢形变的现象，也都能带来灾害。但是，长期缓变过程，又会激发突发性或突变性灾害。

缓变性灾害中有一种是荒漠化灾害，这是由于多种自然因素使一些地带严重干旱，加上强烈风化、侵蚀等作用以致出现沙漠戈壁，这是自然演化的产物。由于人类开发不当，也会引起荒漠化现象的发生与发展。

还有一种是石漠化现象，这是岩石为主山区，特别是碳酸盐岩分布地区，地表残积土层薄瘠，遭受强烈侵蚀后，出现岩石嶙峋、缺少植被、生态恶化的现象。石漠化在我国南北方都有，但在西南碳酸盐岩地区，由于山势险峻、过度开垦，加剧了土壤侵蚀，而产生了大量石漠化的现象。

研究自然灾害链的机理

自然界的三大类灾害中，一种灾害的产生，常可相应诱发其他灾害的效应，这就是自然灾害链。注意到自然灾害链现象的存在，就可预先采取措施，减少灾害的危害。

地球存在着岩石圈、水圈、大气圈和生物圈这四个圈层的复杂运动与演化。因此，在自然界的三大类灾害中，一种灾害的产生，常可相应诱发其他灾害的效应，这就是自然灾害链。主要以下灾害链。

1. 气候灾害与地质灾害间的灾害链

最常见的是飓风、台风等气候灾害，诱发大量的滑坡、泥石流等灾害，造成更多人的伤亡和建筑物的破坏。例如，2005年台风"云娜"给浙江造成重大灾害；2006年的一号台风"珍珠"和八号台风"桑美"，给福建造成了重大灾害；2005年8月29日美国卡特里娜飓风，加剧了陆地城市沉降和其地质灾害，造成新奥尔良市1300多人死亡，经济损失达960亿美元，受灾面积相当于英国国土的面积；2008年4月的缅甸飓风，造成十多万人伤亡，其中多数是由飓风诱发的次生灾害而造成的。

2. 地震和其他地质灾害间的灾害链

地震是地质灾害中最重要的灾害，危害性大，而且又多是突发性的。目前世界上还难以精确预报。更主要的是，地震常诱发许多地质灾害，造成更多人员伤亡和房屋、财产的破坏。2005年10月8日11时50分巴基斯坦的7.8（南亚）级大地震，诱发许多滑坡塌方等地质灾害，阻断交通，使救援队受阻，扩大了伤亡人数。1995年1月17日清晨发生的日本阪神地震，诱发了地质灾害并引起火灾，造成6000余人死亡，4万余人受伤，30万人无家可归。2008年5月12日14点28分汶川8.0级地震，诱发了大量滑坡、泥石流，并堵江后形成34个堰塞湖，诱发地质灾害造成的损失极大。

3. 海洋和陆地间的灾害链

2004年12月25日发生于印尼苏门答腊地带8.9级地震，引起印度洋海啸，波及20多个国家，造成近30万人死亡。同样由于诱发许多地质灾害滑坡等，使陆上交通受阻，救援难以施展。

4. 河流上下游间地质灾害链

河流上游的地质灾害，如强烈土壤侵蚀、荒漠化和石漠化等地质灾害的发展，可使中下游过量沉积，并引起自然调蓄洪水的湖泊降低蓄洪能力，而发生大洪水灾害，1998年长江流域大洪水，与上游地质灾害频发增强水土流失以及洞庭湖等减少蓄洪调洪能力有关。

5. 地质灾害与生物灾害的灾害链

由于地震等地质灾害的发生，使水文环境产生变化，有时地表水体相对流动不畅，或形成堰塞湖，在人与动物尸体没有及时掩埋火化处理时，再加上原有环境保护工程及污水管道和处理垃圾及气、液体废弃物的设备遭破坏，因此容易使细菌、病毒快速生长，进而引发流行性疾病。所以，古语有"大灾后有大疫"的说法。在唐山地震时，由于及时采取了防疫措施，没有大疫发生；在汶川特大地震中，也及时加强防治，可避免大疫。

各种灾害链的存在，是客观的规律。注意到灾害链现象，就可预先采取措施，减少灾害的危害。

科学监测与预防措施并举

面对自然界带给人类的诸多灾害，我们需要予以足够重视，但也不必惊慌失措。我们虽然没有办法完全杜绝自然灾害的发生，但是可以通过建立科学的预警系统等来减轻自然灾害的影响。

尽管目前关于地震的预警预报问题，在国内外还都是难题。但是，发生在20世纪70年代初的海城地震等，还是得到成功预报。通过对地球的科学探索，还是可以了解地质活动带活动性、地应力大小，可作地震烈度划分及危险度评判。

2004年印度洋地震海啸之前，有不少气体从地壳中外泄，南海的水气通量大于平时，地震前我国广东三水一水井，喷出高达50米的水柱，在江苏东海的5000米大陆科学钻探中，震前有许多氦（He）、氩（Ar）等惰性气体异常活跃，地震前北京理工大学地震试验室的两台仪器都收到次声波异常现象。地震时，我国有20多个省区地下水监测井都收到地下水位、温度等的异常变化。这些异常情况表明，如果能有更精密的综合监测网络，并有海洋监测的数据，再加上太空的监测，要进一步做好大地震的预测，特别是临震前预报，以利适时采取避灾措施还是可能的。地震时，纵波（P波）先发生，而摧毁建筑物的主要是横波（S波），二者有时差，达几秒或几十秒，利用时差可进行减灾预报，日本这次7.2级地震，就是利用这个机理作了预报。

无论有无精确地震预报，提高建筑物抗震性能也非常重要，也会减少很多损失。

对于滑坡、泥石流等灾害，可采取预先处理措施。例如，对于滑坡，可采取减轻主滑力的"砍头"方法，增强岩石完整性与强度的"捆腰"方法，增加阻滑力的"压脚"方法等。此外，还有减少动水压力的排水（地表水和地下水）方法等。理论上，对滑坡、泥石流是可防治的，但当规模过大时，有的就难以进行防治。对于严重威胁人民生命与财产安全的滑坡、泥石流，可建立监测预警系统，适时采取避灾措施，加强科学普及，也可收到不少好效果。

除了进行科学监测，减少及避免人工活动诱发地质灾害，也是预防工作的重中之重。

许多人工活动，都可诱发地震，如大规模蓄水、抽水、开发矿产资源、大爆破、核试验等。

采用高落式开采煤炭等资源，有的矿井深度达千米，每年可诱发地震5 000~7 000次，但震级大多不大，一般为2~3.5级。

水库诱发地震是经常发生的。有数据显示，在3万多座水库中，平均发震率为0.34%。我国易诱发地震的水库有20座，其中有16座在碳酸盐岩地区，一般震级为1~4级，也有的可达到5~6.1级。水库诱发地震可能有两种情况：一种是低强度高频率的地震，有助于释放地层中应力，避免诱发大的地震；另一种是许多大型水库组成的重大附加荷载，破坏地壳原有稳定性，而孕育着诱发大地震的祸源。这方面研究很少，今后应加强研究。

关于人工开发不当诱发滑坡、泥石流的例子很多。例如，2001年5月1日晚8时半，重庆武隆的1.5万立方米的人工高陡边坡的滑塌，摧毁一座7层楼建筑，造成79人死亡。2006年四川丹巴县，由于人工开路，破坏山体稳定，导致边坡形变，诱发了产生1000多万立方米的滑坡的前兆形变，存在着摧毁丹巴县的可能性，后因专家适时进行科学监测并为处理措施提供了地质依据，从而保证了该城市的安全。

城市防灾减灾的理念与途径

城市建设与发展，既要考虑如何提高人民的物质与文化生活水平，更需要对人民的生命财产安全予以有力的保障。城市的运转涉及很多方面，特别是应当考虑一旦发生突发自然灾害时，大都市的安全如何保障等问题，这就需要提前做预案。

目前，许多城市人口在几十万、百万甚至千万以上。城市的经济发展水平，大家有目共睹，可一旦自然灾害袭来，这些人口众多、高楼林立的城市，却显得十分脆弱。如何使大都市得到安全的保障，这是迫切需要研究和解决的问题。因为，以往在我国大都市发展中，主要考虑的是建筑规模、大都市的外在景象和经济实力的表征等方面，而在城市有效、快速的防灾能力建设等方面，还有不足之处。所以，树立城市防灾减灾理念，是当务之急。

城市建设与发展应"以人为本"，既要考虑如何提高人民的物质与文化生活水平，更需要对人民的生命财产安全予以有力的保障。一方面我们需要思考已知的灾害对城市安全的危害，另一方面也要考虑什么样的城市发展可能会诱发乃至加速灾害发生，危及城市安全。此外，城市建设应当综合考虑环境安全、经济发展与社会影响这三方面效益，同时重视与城市发展相关的研究监测工作，如关注城市发展对环境的影响、开展城市发展的风险分析及地质环境调查、制定灾害风险管理机制、建立灾害预警系统等。

城市的运转涉及很多方面，特别是应当考虑一旦发生突发自然灾害时，大都市的安全如何保障等问题，这就需要提前做预案。从影响城市安全的主要方面来看，应特别注意以下十个方面的安全问题：①供水系统安全；②能源供给系统的安全；③粮食等日常生活食品的供应渠道安全；④城市主要交通干道的安全；⑤城市救灾通信与对外交通渠道的安全；⑥城市消防系统的安全；⑦城市防洪、防风暴系统的安全；⑧城市有毒有害产品工厂及仓库的安全；⑨城市逃生避难所的安全；⑩城市抗灾救灾物资储存所的安全。

自然灾害是不可避免的，但是人类可以采取得当措施减轻灾害程度。大都市的防灾减灾工作不容易做。所以，第一，我们需要认真研究各种自然灾害的灾害链，从中发现其对城市综合危害的规律性与特殊性。如果你不了解居住地区存在什么灾害链的威胁，相关措施就可能存在盲目性，达不到防灾减灾的目的。第二，认真研究各种防护与减灾措施，制订切实可行的防灾减灾计划。防灾规划应有科学依据，才能达到减灾目的。第三，认真考虑与城市安全密切相关的各种系统（水、电、煤、食物、通信等）所在建筑的抗灾能力及有关应急措施。第四，认真系统地选择及规划抗灾能力强的市民避难所的建设。第五，广泛宣传普及防灾、减灾的知识，让市民都知道自己所处的地质环境及可能出现的自然灾害，特别是每个人都应知道避灾、减灾中自己可作的努力。第六，居安思危，经常认真举行防灾、减灾的演习。这方面我国还缺乏广大人民广泛参加的防灾演习。第七，每人、每个家庭都应有相应的防灾减灾的思想准备，以及有关物质的准备（水、应急灯、食品等）。第八，重视建筑安全的检查，特别是对人口密集的学校、商场、写字楼等公共场所的建筑物，应加强安全检查。第九，发挥大城市科技优势，建立灾害的综合预警系统以及迅速传送灾害信息的预报系统，使广大市民能够通过多种途径适时得到与灾害有关的信息，以便迅速采取措施，避免受到伤害。

总而言之，自然灾害是不可避免的，我们应当认真对待，采取合适的防灾、减灾措施。不仅要注重城市的资源开发与经济发展，注重高楼的建设和地下空间的拓展，注重城市的现代化外表，同时也要注重城市防灾减灾教育及建设。否则，一旦灾害发生，对城市的损害将是难以估量的。

汶川特大地震在带给我们巨大损失和悲痛的同时，也给了我们警示与启发。在迈向全面小康社会的进程中，我们应当更注意对各种自然灾害的防治与减灾能力的建设，这样才能与自然和谐相处。温家宝同志说过，"多难兴邦"。中国是自然灾害频仍的国度，因此我们更要加强防灾减灾意识，使经济、社会、文化发展更具可持续性。

——— 院士科普 ———

探索洞穴为可持续发展作贡献

（大自然 2016 年）

自然界的洞穴是以可溶岩被水溶蚀为主的地质产物。可溶岩包括碳酸盐岩（石灰岩、白云岩等）、硫酸盐岩（石膏和芒硝等）及卤化物岩（岩盐等）。特别是碳酸盐岩在地表形成了奇特的山峰，在地下发育了异彩的洞穴，它们共同构成奇峰异洞的世界，显示了自然界的伟大。

在洞穴的发育过程中，除了溶蚀作用之外，还伴有化学沉积、重力崩塌和生物作用，甚至还有热液交流等复杂作用的结果，因此在洞穴系统中，存在着千变万化的奇异现象。这些洞穴对人类而言，是宝贵的资源，是人类探索自然、科学研究以及观赏大自然的基地。

由于生物－化学作用，在岩溶洞穴中，常有鸟粪石、磷灰石等磷酸盐和硝酸盐矿床。由于水力分选作用，洞穴中还有黏土、高岭土、锡、铅、锌、金、铜、钨、钼和汞等砂矿床沉积；在与热液作用有关的洞穴中，也可形成铁、铅、锌、铀、钒、锌、锰、金银、水晶等许多矿产资源。

洞穴主要是由于水流的作用而形成的，所以洞穴中的水资源非常重要。我国在云南、贵州、四川、重庆、广西、湖南和湖北 7 个省市，已调查了 3 358 个大洞穴系统。这些洞穴在枯水季时的总水流量高达 420 亿立方米。目前，已开发的（包括修建地下水库等）只占岩溶水资源量的 8%～15%，其利用前景非常可观。

在我国的洞穴中，发现了晚更新世时（百万年以来）的巨猿以及许多哺乳动物化石。周口店的北京猿人、山顶洞人、广西柳江人和广东马坝人，以及桂林母系氏族时期的甑皮岩人等，都发现于古岩溶洞穴中。在岩溶洞穴中，也充满着人类文明发展史的遗迹，如工具、装饰品、字和画等。所以，洞穴还是蕴藏人类文明遗迹的宝库。

在洞穴的碎屑及化学沉积物中，含有大量的植物孢粉。这些植物孢粉的化学沉积的氢氧等同位素，可反映出古气候与古环境的变化。所以，洞穴又是探索自然界演化的重要信息库。

从事洞穴研究还应该探索其对人类生存与影响的灾害性问题。在开发水资源、大量抽取地下水及水库蓄水的工程中，要防止大量洞穴水流及泥沙对矿井坑道的溃入灾害，以及由此而引起的岩溶塌陷。

自然界的岩溶洞穴是宝贵的资源，但也潜伏着危害。因此，应当用科学发展观对洞穴予以有效地保护，在保护中合理地开发与利用，避免对建设产生危害，以期真正做到兴利防灾，让珍贵的自然岩溶洞穴，为人类的可持续发展发挥作用。

——— 院士科普 ———

洞穴文化与洞穴旅游

我国洞穴很多，南方喀斯特地区有"无山不洞"的传统认识，这也是喀斯特地区的一种现象，只是洞穴的规模、现象和科学的内涵存在差异。因而可供观赏与旅游的价值，也有天壤之别。

在不同可溶岩中发育的洞穴是不同的，主要可溶岩有三类：碳酸盐岩（石灰岩、白云岩、泥灰岩等）、硫酸盐类（石膏、硬石膏、芒硝等）和卤化物类（岩盐等）。在我国碳酸岩分布最广，洞穴发育也多，规模也大。而且碳酸盐岩中发育的洞穴，一般在自然界中得以保持较长时间。

碳酸盐岩本身就是资源，可作建材、水泥等，而洞穴也是一种资源。但是，碳酸盐岩中的洞穴，有的有多种矿产资源沉积，规模大小不等。

美国猛犸洞，总长目前已知达600多公里，在美国独立战争中，因封锁缺乏火药，就开挖洞中硝土，以提取硝制作火药。

一、洞穴的种类

前面已谈喀斯特有三种，是依据可溶岩性质而分，如碳酸盐岩喀斯特。原云南路南的石林、广西桂林漓江峰丛峰林景观是我国先型喀斯特。由于西南地区强烈构造上升，所以第四纪以来发育的地貌景观就有很多类型，如石林洼地、丘陵洼地、峰丛洼地、峰林谷边、喀斯特准平原等。

全国碳酸盐岩裸露半裸露的占 130 多万平方千米。加上下埋伏、隐伏的，可占国土面积 1/3 以上。

硫酸盐岩石膏等，在贵州、四川和北方的山西、河北、山东等地以许多省区也有分布。

碳酸盐岩和碳酸盐岩的复合喀斯特，其岩溶景观特殊，洞穴规模也大。贵州绥阳双河洞总长已达 200 多千米，实际上是碳酸盐和硫酸盐岩的混合喀斯特洞穴。

最近，发现许多珍奇石膏沉积，北京银狐洞都是有碳酸盐岩夹石膏层而发育的喀斯特洞穴沉积。

青藏高原上盐湖则是卤化物喀斯特，因不易保存，大的洞穴少见，这类盐湖，有的有嗜盐菌呈红色（如西藏扎布耶盐湖）。

二、洞穴的文化现象

洞穴中的文化现象，可分以下几类。

1. 人类发展史——洞穴中古人类的文明

洞穴中有很多古人类化石及有关文化文明古迹被发现。从 70 多万年前的古猿人，到几千年前的新人，古人类演化及相关文化文明的遗迹极为丰富，如有名的北京猿人洞、山顶洞、柳江人洞……

从洞穴中人类演化及文化文明的发展，可清楚了解人类进化过程、智力的进步。特别是旧石器演化到新石器，还有用火烧食物的遗迹，深刻反映了人类从洞穴而居、茹毛饮血到明火烧烤改进饮食的生动进化过程。

2. 洞穴中躲避战乱的遗迹

人类进化后就会有冲突，人与自然野兽的斗争，就演变为人类群体与部落之间争夺资源与环境、生存场所的斗争。

于是，洞穴就成为躲避战乱的当地人的选择。广西芦笛岩洞穴系统规模很大，当地老百姓就将其作为传统的避乱场所，外乡人都不知道。直到20世纪60年代初，中华人民共和国成立十多年了，国内人生活稳定、民族和谐团结，当地人才把芦笛岩公开出来。

北京石花洞也是当地保密的避难洞穴，在抗战时期，石花洞曾作为伤病员避难和战时医院所在。可惜的是60年代当地开发，这些避难医院遗迹被破坏，而且很好的月奶石被当作淤泥而被清除掉不少，后来我们予以制止才得以少量保存。

3. 人类文明文化的遗迹

国外洞穴中，有现代文明的文化遗迹，如绘画、雕刻以及题字等。

例如，法国的尼亚赫洞穴中，有新石器时代的文物和壁画。匈牙利和捷克的柯格特勒洞穴有22千米长，有5 000多年前新石器时代的300多具骨骼。

匈牙利著名诗人裴多菲于1845年时的题字也在洞穴中。

意大利1995年的一个政府公告中提到，还有37.5万多人居在洞穴中。我国在改革开放前，贵州、广西都有人居住在洞穴中，这就有现代人类生活在洞穴中遗迹。

我国洞穴部发现的文字绘画雕刻等遗迹不多，但洞外比较多，如广西花山的壁画、桂林七星岩外的题词雕刻。

这里特别要提到福建将乐玉华洞。它早期西汉时就有记载，宋代时有洞穴志，有理学家杨时的洞外题词，明徐霞客对玉华洞作了深入调查，并作科学描述(见《徐霞客游记》)。玉华洞附近山上仍较好保存着徐霞客住处。有洞穴志,几个版本被焚,后又延续补救恢复。洞穴志有绘画描述洞中现象,并有诗题字配合。

这种洞穴文化现象是国内外洞穴所没有的,所以取得了吉尼斯世界纪录。

我第一次去玉华洞是1981年,那时玉华洞是封门,铁将军把锁,当地人打开门把让我进去。洞内都被灰烬掩盖,我建议好好开发,冲洗干净。20世纪90年代初在一次喀斯特会上,我把广西芦笛岩、浙江瑶琳洞、福建玉华洞和北京石花洞,称为中国四大名洞。当时,西部一些大洞还没发现或开发。这四大名洞的称呼,后来也得到公认。

我写了《咏玉华洞》:

武夷山傍将乐里,
海西腹地有瑰宝。
斗转星移变沧桑,
水刻岩镂塑玉华。
雄伟秀丽真奇异,
晶莹璀璨好辉煌。
绝妙诗文尽珍迹,
名洞宝藏天下传。

4. 洞穴科学文化的探索

洞穴中各种沉积物,可作为科学研究的基本依据。各种钙华沉积物,与洞穴中活跃水流的不同性质有关,如渗滴水流、片状水流、隙状水流、底面水流、毛细水流、瀑布水流等。

洞穴沉积物的O、H同位素,可作为测沉积时的古气候、古环境的有关判断依据,钙华沉积物、洞穴松散沉积物,可用多种方法测定其生成年代。这样,可科学地认识洞穴的演化发育过程。

为喀斯特研究,我在十三年前曾自描一七律:

> 万水千山锦绣地,五十三年献心身。
> 怀思默吟蜡蚕赋,道向力行地球人。
> 层岭攀越奇峰过,隐穴鹭看异洞看。
> 今朝盛世歌一曲,清眺前景更精神。

四、洞穴文化与洞外景观文化相结合

洞穴的发育与洞外景观的发育是密切相关的。所以,洞穴文化必须和洞外文化密切联系。如洞外景观,包括喀斯特地貌形态的演化与不同时期特征,相应水流的性质变化与洞穴内沉积物的形成过程;当地的地质环境与气候条件的变化,对洞穴发育的控制作用;还有人类洞外文化遗迹,分析不同时期人类活动对洞穴的利用、开发以及对其产生不良效应的现象;等等。

昆明盆地是一个大的喀斯特盆地,800平方千米的昆明断陷盆地有300平方千米为滇池。清孙髯翁有长对联描述滇池,从自然景观的雄伟美丽与生态到后代人文的变化,描述了自然景观的多姿多态与人类朝代变迁的感怀。如此重要的高原上的湖泊,却被污染。

总之,单一的洞穴旅游,其生命力是不强的,把多方面的洞内外因素综合作旅游资源,就会启发旅游者更多和更广泛的兴趣。

地质灾难的类型与性质

（社会观察　2008 年 7 月）

火山爆发。地球内部充满着炽热的岩浆，在极大的压力下，岩浆便会从薄弱的地方冲破地壳，喷涌而出，造成火山爆发。猛烈的火山爆发会吞噬、摧毁大片土地，把无数生命、财产烧为灰烬。中国云南、黑龙江等地都曾发生过火山爆发。

地震。地震分为天然地震和人为地震两大类。天然地震主要是构造性地震，它是由于地球各大板块之间相互挤压，导致地下深处岩石破裂、错动把长期积累起来的能量急剧释放出来，以地震波的形式向四面八方传播出去，到地面引起的地动。比如印度洋板块与青藏高原板块之间的板块活动活跃，容易引发地震。其次是由火山喷发引起的地震，称为火山地震。人工地震是由人为活动引起的地震，如工业爆破、地下核爆炸造成的振动；深井高压注水、大水库蓄水压力、开采等，有时也会诱发地震。水库引起的地震主要有三种类型：荷载断裂、气化爆炸断裂与洞穴塌陷断裂。国际上由水库诱发的地震统计表明，在总数为 33770 座水库中，只有 116 座曾经诱发过地震，诱发率为 0.34%，而且其中 20 座诱发地震的水库都是修建在石灰岩地区。

海啸。海啸是由海洋地震引发的巨大海浪造成，如 2006 年的印尼海啸。对海啸进行预测预警非常困难，目前中国尚缺乏海洋底部传感器的设施与技术。

　　滑坡、泥石流与塌陷。这三者常常相伴而生。中国较为严重的滑坡现象主要有长江三峡新滩滑坡（1 000多万立方米）、黄腊石滑坡（4 000多万立方米）、巴东、乌江武隆、神女峰等地方滑坡。泥石流主要有长江、黄河、丹巴、美人谷、四川金沙江老君滩等地方泥石流。其类型有黏性与稀性。泥石流与滑坡现象都是一体的。塌陷主要有天然洞穴塌陷以及人工爆破、抽水、开采等引起的塌陷。威尼斯水城就是由于大面积塌陷引起的地下水上升造成的。上海也存在地面塌陷，主要是由过度抽取地下水、建造高层建筑、开拓地下空间等造成的。

丰富的喀斯特资源，高品位的世界自然遗产

（科学世界　2008 年）

喀斯特是可溶岩经水溶解后而产生的地质作用过程和各种现象的总称。在自然界，可溶岩种类主要有碳酸盐岩、硫酸盐岩和卤化物岩，故有碳酸盐岩喀斯特、硫酸盐岩喀斯特和卤化物岩喀斯特之分。由于碳酸盐岩和硫酸盐岩常有共生分布的情况，因而又有由两类可溶岩共同发育的复合喀斯特现象。

喀斯特的发育过程受许多自然条件的影响与控制，除了可溶岩的岩性和水溶蚀的特性之外，主要还有气候和地质构造运动两个条件。而这两个条件又与地球演化过程密切相关，所以主要还是从地球演化过程中，气候和地质构造两方面，综合研究对喀斯特发育的控制与影响。从气候条件上看，由于气候带的不同，喀斯特发育的情况也显著不同。因而，可分为热带喀斯特、亚热带喀斯特、温带喀斯特和寒带喀斯特等类型；此外，也可分出海岸带喀斯特、内陆喀斯特、高原喀斯特、高山喀斯特等。

我国地域广阔，除了气候分带的喀斯特类型之外，还由于喜马拉雅山的强烈隆起，使第四纪以来喀斯特的发育明显受到地质构造的影响，当然，喜马拉雅山的隆起也密切影响到我国境内的气候变化。

受地质构造运动影响，我国地势地貌上明显存在着三个阶梯。

第一阶梯是青藏高原，高度在 3 000 米以上。在这一阶梯上，主要发育

了高寒气候的碳酸盐岩喀斯特,此外还有较多赋存于盐湖及周边地带的硫酸盐岩喀斯特和卤化物岩喀斯特。

第二阶梯,在南方为云贵高原,华北地区为山东丘陵和山地,西北地区为黄土高原。这一阶梯是中国碳酸盐岩喀斯特重要的分布地带,特别是云贵高原及周边斜坡地带和山区,碳酸盐岩分布广、种类多,各种喀斯特景观和洞穴系统多种多样,有云南石林喀斯特景观,也有长江三峡及其支流等峡谷喀斯特发育,在斜坡地区,有贵州荔波的峰丛喀斯特及原生态的喀斯特森林覆盖。这个阶梯上,喀斯特类型很多,其中云南石林、重庆武隆喀斯特和贵州荔波的峰丛和森林等景观,已于2007年列入世界自然遗产名录。

第三阶梯主要有广西盆地、东南沿海一带低山丘陵、东北辽宁大连的滨海喀斯特等喀斯特类型。特别是桂林地区的峰林景观,早已闻名中外,这种奇特的山峰和奇异的洞穴,构成奇峰异洞的喀斯特世界,吸引了许多学者探索其喀斯特发育的奥秘,也引来不少中外游客。应当说,第三阶梯发育的高度数百米以下的喀斯特类型及其景观,与第二阶梯上发育的有着显著不同,二者共同组成了极其丰富多彩的喀斯特世界,在世界上难以有其他国家可与我们匹敌。

我国喀斯特资源丰富,喀斯特景观丰富多彩。其中的峰林与峰丛地貌,数以千计的地下河,数以万计的洞穴,大型和巨型的喀斯特天坑,千姿百态的石林景观等,在世界上均占有突显的地位,是高品位的世界自然遗产。

喀斯特不仅是旅游资源,而且与国民经济建设和人们的日常生活具有密切的关系。喀斯特地区具备丰富的水资源、能源、矿产资源和生物资源,但人们也必须注意到,喀斯特地区也存在对人类生存不利的灾害现象,如喀斯特塌陷、滑坡等。因此,研究喀斯特发育规律更重要的意义是,应当为开发资源、防治灾害服务。

我国喀斯特地区多姿多彩,在贯彻科学发展观的基础上,应更好地防灾兴利,造福人民。同时,希望能有更多的喀斯特景观列入世界自然遗产名录,这也是国内外许多喀斯特学者的共同愿望。

本期专辑的作者朱学稳教授对我国喀斯特有着 50 多年的研究经历,也曾在国外调查过许多喀斯特地貌,并开展了国际上的合作研究,是国际知名的喀斯特学家。这次他应《科学世界》杂志的邀约,对喀斯特的由来、科学含义与研究状况作了深入浅出的介绍,并对我国喀斯特,特别是"中国南方喀斯特"的世界自然遗产条件作了精辟的分析,明确提出了符合申遗标准的 8 个提名地,对我国今后的申遗工作具有重要的指导意义。

—— 院士科普 ——

让泰宁焕发出更璀璨的丹霞之光

(贵州省科学技术协会专题资料汇编)

泰宁，位于福建省西北武夷山脉中段，以新生代红层上发育的丹霞地貌景观而著名，并被选为世界地质公园。泰宁也已成为福建省重要的旅游胜地。

一、泰宁的丹霞地貌景观

丹霞地貌景观，主要是红色砂砾岩层，是白垩系、古近系和新近系的红色砂岩、砾岩地层，受侵蚀、溶蚀、崩塌等作用而形成的一种地貌景观。由于岩石的色彩红艳，在阳光的照耀下，更似红霞映照。这种景观现象首先在广东韶关地区传名，广东韶关早有丹霞山，民间早就发现其红色的岩层上霞光映照的奇景，后来地貌学家也就把这种红层地貌景观称为丹霞景观。

虽然著名的丹霞地貌景观称谓首先是在广东出现，但是中、新生代红层在我国有许多沉积，这类景观也就更显示出其广泛性。在我国许多丹霞地貌景观中，福建武夷山中的丹霞地貌景观也是闻名于世的。特别是在南平市地域内的武夷山，有九曲溪、六十六峰为核心的丹霞地貌，也是闻名中外的旅游胜地，又是朱熹讲学之地。因而，武夷山获得了世界自然遗产和世界文化遗产的双重名录。

作为武夷山脉中段的泰宁地带的丹霞地貌景观，和南平市的武夷山，同属一个山脉，形成丹霞景观的姊妹花。

泰宁的丹霞景观，以大金湖为核心，总面积达 461.8 平方公里，其中丹霞地貌 166.9 平方公里，由东北向西南方向发育了上清溪、金湖、龙王岩、八仙崖四个丹霞景区。这一带丹霞景观呈现出急流、曲溪、深谷、峡谷、峰林、峰丛、岗丘等多种的景观。这许多奇异的丹霞景观，丝毫不逊色于广东韶关及福建南平武夷山的丹霞景观。所以，目前泰宁丹霞正和广东韶关、贵州赤水以及湖南、浙江、江西等地的丹霞景观地带，联合申请世界自然遗产，以体现丹霞景观发育的科学规律性。

二、类喀斯特景观现象

红层中的砂、砾石，有的为碳酸盐岩，其成岩胶结物，也多含有钙质成分。因为这类岩石具有一定的可溶性，在自然条件下，也会为大气降水、地下渗流的水流所溶蚀。因而，在地表呈现出的峰林以及峰丛的现象，和碳酸盐岩分布地区以溶蚀作用为主的峰林、峰丛等喀斯特景观，具有相似性。

红层中的构造断裂、节理裂隙，经受水流的溶蚀，也可逐渐扩大，而形成溶蚀裂隙或溶蚀通道。当然其规模一般较小，砾石成分为碳酸盐岩（石灰岩等），由于水流渗透溶蚀，也会发生砾心溶孔。砾石周边经溶蚀后，可以使砾石产生崩落。这样，结果红层中也生成许多形态万千的十几厘米至几十厘米的窝穴。

在泰宁的许多红层上，峰林、峰丛，以及急流陡崖上，有许多形态奇特的窝穴、小溶洞、密集溶孔等，都是与水流溶蚀及侵蚀作用有关。红层上这种和碳酸盐岩地区相类似的现象，在国外被称为假喀斯特（pseudokarst），我们认为红层中水流溶蚀作用还是起到一定的作用。当然，侵蚀等作用还是很重要的。红层中的洞穴系统也可发育，但是规模较小，因此，我将之称为类（似）喀斯特现象，这样可以更科学与客观地反映其形成机理。

三、泰宁光荣的历史与科学文化的内涵

泰宁在 20 世纪 30 年代初期，就曾是闽西红色根据地之一，很多人都参加了红军，参加了土地革命斗争。抗战时期，受国民党迫害围剿的新四军的一部，就是从泰宁转移出发，为抗日而北上，构成新四军的一部分。至今，泰宁人仍以这支新四军出身于泰宁而感到无上的光耀。

泰宁有尚书第等保留完好的古建筑群，反映了泰宁的历史古迹，与当地一些文化的底蕴，在泰宁仍有较好保存。

值得一提的是，泰宁成为世界地质公园，非常重视对地质科学的科学普及。所修建的地质展览馆，是我看到的地质公园和自然遗产所修建的展览馆（或博物馆）中，内容最丰富、最能深刻反映当地的地质发展历史，并揭示有关地质现象形成机理的一个。

还有，泰宁景区中还建立了历史上著名中外地质学家的石碑并有传记刻录，使人们更好地了解这些对地质科学做出历史性贡献的中外地质学家们。

四、加强自然灾害的防治

泰宁地区丹霞地貌景观和类喀斯特现象，都是长期地质作用过程的产物，

其中包括微观的机械侵蚀、化学溶蚀以及生物的腐蚀作用，也包含了宏观上的崩塌、滑动、挫动、塌陷等地质作用。所以，泰宁的赤壁丹崖、方山、锥峰、柱石、岩墙，以及急流险滩、深谷等现象与如诗如画的景观，是漫长的地质年代中各种综合自然作用所塑造的。

目前，从成为旅游胜地而拥有许多观赏人流这方面来讲，要使景色更美好，游客更心爽，就需要更好地保护这片自然景观，而在保护中予以开发，开发中予以保护。这方面，泰宁已经做了不少的工作。

但是，自然界塑造美好景观的力量，也有着难以想象的另一面。大自然对河山的改造，给人类带来的灾害，也是难以避免的。因此，作为美好旅游胜地的泰宁，和其他地区一样，更需要很好地考虑防灾减灾问题。

今年6月初，泰宁受到极端气候的影响，连续降雨量超过200多毫米，给泰宁造成了巨大灾害，县城大片淹水，尚书第国家重点保护文物单位浸在水中近两米深，承受了暴雨—山洪—泥石流—滑坡等灾害。好在大金湖就是一个水库，相对减轻了些损失。这次灾害敲响了警钟，那就是泰宁、南平的武夷山和福建其他旅游地点一样，平时在保护美好的自然景观的基础上，更需要有防大灾、减大害的认识。考虑当地及区域地带的大灾问题，能够共同拥有防灾、减灾的对策，以免一时自然灾害而玉石俱焚。这已是不容回避的问题。

相信，通过这次的大灾难之后，泰宁和福建其他受灾地区一样，奋力救治沉重的伤痕，会焕发出更璀璨的霞光。

院士科普

文化科技相融洽　五位一体促发展[①]

——科普是提高当代国民文化素质的重要措施

中国是具有五个多年历史的文明大国，中华文明丰富多彩、源远流长，绵延至今，在世界上是无可比拟的。

在党的十八大上，提出生态文明建设，近期又提出"创新发展，协同发展"绿色发展，开放发展和共享发展"这五位一体的发展战略思想。

中国古代文化的众多成就，如《四书》《五经》《史记》《二十四史》《资治通览》等，至今仍是具有广大深远的影响，至于《水浒传》《西游记》《红楼梦》以及《聊斋志异》和许多戏剧作品，在国内外的影响巨大。

在今后为中华振兴崛起，实现强国富民的中国梦，更需要科学技术上创新发展，也更需要在文化上来继承和壮大华夏的影响。中华五千多年历史，是世界文明的瑰宝。

世界历史上古文化，有的已衰弱，有的受到欧洲文艺复兴的影响，为欧美新生的资本主义文化所冲击，我们必须更高举起中华文化的悠久的光辉旗帜，吸收世界上正确新颖的文化，但更需要把文化与科技发展更密切结合起来。为此，我们发表此浅见。

[①] 作者为同济大学卢耀如院士和中国地质科学院陈更。

一、文化是强国与发展科技的重要基础

文化包罗许许多多内涵，涉及文学、语言、艺术、规则、礼仪、政治、法律、价值观、宗教、商业、生产、学校、家庭……中国文化有很大包容性，早期主要有儒学以及道家的影响，而儒家影响更大而长久。历史悠久的中国文化体现了"礼仪之邦"，强调"孔孟之道"，以及"修身、齐家、治国、平天下"的理念，也反映"老吾老以及人之老、幼吾幼以及人之幼"这种仁爱、道德的修养上。

文化，也更多表现在文章、诗词、戏剧、音乐、绘画、雕塑等方面，此外也具体现在琴、棋、书、画，以及诗、酒、花、茶等方面。古诗词在唐宋时达到极致，酒更是多种多样，有酒令，更有"对酒当歌"的豪情。至于花卉、茶道，都是优雅而有逸趣的。

中国文字与世界各国主要文字如英、法、俄、西、意、德、葡等文字不同。外国公认，只有中国文字有美妙书法，成为艺术，可作欣赏艺术品。诗词可以见仁、展智、示德、传情、明志、交友、抒怀、寄愿……

中国境内的北京猿人等，距今40万~70多万年。在喀斯特洞穴中，还有距今十几万年至10 000多年的智人化石，和距今7 000多年至10 000年的新人化石和许多石器文化层发现。

我国4 000多年前的《尚书》中《禹贡》篇，公元前1155年西周博物辞典《尔雅》、周《易经》、公元前770—220年的《山海经》等，是反映古代文化及相应科学认识的经典。我国3 000多年前开挖铜矿的地下坑道，迄今仍有部分保留在湖北大冶，公元前2100多年修建广西兴安灵渠34千米长，连接湘、漓两江，沟通长江和珠江流域，公元前400多年就开采太原晋祠泉，灌溉几万亩田地……许多例子都是中国古代先进文化与科技之例证。

我们能说这些科技上成就，不就是中国博大精深的文化中的科技内涵吗？中国的四大发明，造纸、印刷、火药、指南针，是1942年英国李约瑟所总结的，当时也极大鼓舞了中国的抗日战争必胜的信心。

中国文化的强大，也促使中国的科技发展。中国古代文化的高度发展，也促使中国更好了解周围和世界，所以有西汉时张骞的出使西域的丝绸之路，和海上丝绸之路全盛时的郑和下西洋。实际上，丝绸之路是19世纪德国地质学家李希霍芬给予命名的。

当然，中国也有较多时间重科举、轻视科技作用，贬之为"雕虫小技"，影响了中国科技更加强盛。后来，还遭受洋枪洋炮的侵略。

列强侵略的瓜分中国与诸多不平等条约的签署，让国人奋起战争，使中国打破后期闭关自守状态，吸收外国新文化的一些理念和科技成就，使中国古老文化注入了新的血液，变得更灿烂。孙中山先生学医学，转入反帝活动搞旧民主主义革命；鲁迅先生也是学医，转入搞文化，才有"横眉冷对千夫指，俯首甘为孺子牛"。

苏联传来共产主义的理念，使丰富了的文化成为新民主主义革命－社会主义革命获胜的新文化基础。

二、文化的丰富内涵为科技发展提供养分

中国古代文化，拓展了影响的地域以及海域，为了相应的发展，又使中国的火药、指南针、印刷术、造纸等科技居于世界领先，进而丝绸、瓷器、茶叶加工、造船工艺都是居于世界前列。万里长城修建、矿产开采和巨大的

帝王地下陵墓建设，都促使我国在山区建筑与地下空间开拓方面获得的重要成就，体现出科技的发展成效。中国郑和下西洋，庞大的船队制造技术比欧洲人发现新大陆还早几十年。

中国古代《封神榜》等武侠小说中，曾有"顺风耳""千里眼"等描述，这在当时古人是幻想，今日就是有线电话、无线电通信、手机、"望远镜"以及"射电望远镜"等科技杰作。早先的戏剧表演中，有一方手指飞剑上天，另一方手指飞剑予以阻挡，当今就是相似导弹与反导弹系统。文化发展，思维的幻想开拓，就成为科学发展的营养剂。

在唐代，随着文化高度发展，结果有两件大事：一是唐僧西方取经，相应后来有《西游记》描写火焰山、齐天大圣翻筋斗上天宫等，也是航空航天的想象，而今实现了。另一件是鉴真和尚东渡日本，带去中国的文化和科技、日本以及朝鲜半岛受唐朝建筑风格之影响，以及文化上影响是很深刻的，直至今日仍有可见到不少的例证。

在海上丝绸之路起点核心的泉州，曾是许多国外商贾与不同宗教人士聚集之都市。古迹很多，有一块石碑上，雕刻着佛教、伊斯兰教和基督教的标志，明确记录了当时该地三大宗教的融洽与包容。

三、文化与科技的相融是促进社会健康发展的动力

中国数千年的文明发展史是绵延不断的，文化发展必定产生社会的新需求，也促使相应科学技术的发展，而科学技术的发展，又会与时俱进提高生活水平，并进一步提升文化的发展。自然界天灾，也促使人类更好认识自然界带给人类的灾难，恩格斯曾说："没有哪一次巨大的历史灾难不是以历史

的进步为补偿。"抗日战争，从 1931 年日寇侵占东北算起，至抗战胜利的 1945 年，共 14 年，使灾难深重的中国，相应产生了抗战文化。张瑞芳在街道上主演"放下你的鞭子"，冼星海作曲的黄河大合唱中"怒吼吧黄河"，还有许多抗日歌曲、戏剧，激起了巨大的抗日力量。中国共产党所在的延安成了许多青年向往抗战救国圣地。华侨领袖陈嘉庚到延安看到了中国抗日战争胜利的希望所在。中国经历很多的天灾（自然灾害）和人祸（外部侵略和内部战争），这些都相应产生有关文艺作品，丰富了中华文化的内涵。毛泽东的诗词《长征》充满了中国共产党卓绝的革命文化。

曹植的七步诗，"本是同根生，相煎何太急"，直至抗日战争时产生的皖南事变，周恩来同志作为中国共产党在重庆的代表，于《新华日报》上，就在被挖天窗版面上列出这两句，以谴责蒋介石的暴行。南唐末代皇帝李煜成宋朝之囚。他在亡国之痛而写出悲情诗词，却被后人认为是一文学上贡献，让后人觉醒。例如，《虞美人》："春花秋月何时了，往事知多少，小楼昨夜又东风，故国不堪回首月明中……问君能有几多愁，恰似一江春水向东流。"抗战胜利后，描写国民党腐败的进步电影中，白杨主演了一部名为《一江春水向东流》的电影。

在抗战前，动荡的中国民族工业不能发展，受日货推销压迫，茅盾写了《林家铺子》；民国初期的混乱，巴金写了《家》《春》《秋》三部曲，反映当时中国的动荡与文化之变。许多进步作家的创作和革命领袖论著都是中华革命性文化的体现。在"文革"期间，中国文化遭到一些摧残，但造反派却从丰富的唐宋文化中窃取了刘禹锡这两句："沉舟侧旁千帆过,病树前头万木春。"许多造反文章以此为引子。

所以说，文化和科技是应相互融合，这应是在正常的欣欣向上之时，而动乱之时科技发展不能得到文化的融入而发展，却要窃取古文化精华，而用作打压科技人才与发展科技的依据。

四、科技和文化是人类发展的前进车轮

没有完美的文化，就没有善良友爱与崇高的道德，所能取得科技的成就，只能是一个地域、一个国家的暴君、独裁者对人类犯下破坏文明之大罪。第二次世界大战时，德国法西斯是如此，日本军国主义侵略者也如此！

有高尚的文化，再加上先进的科技技术的支撑，就会成为世界和平之堡垒，带给国家和人民以平安、幸福，推动世界走上和平、协同发展之路。

今天中国仍然以《义勇军进行曲》作为国歌："……中华民族到了最危险的时候，……冒着敌人的炮火前进！前进！前进进！"这是居安思危。实际上，世界仍不太平。习近平总书记提出：建设世界人民的共同体。科技发展的地球村，应以共同和平与发展为核心的文化理念。

因此，今日中国必须坚强地崛起，中国必须实现国强民富的美梦，为这个目标，文化更要好好提升，为这个目标，相应要更好地发展科技。

所以，文化与科技的融合，是发展人类的永恒课题。

中国文化上许多名作，都是很好地从复杂、浩瀚的社会中，加以发现、归纳、深化、揭示与褒贬，自然科学也需要从复杂自然现象中去发现、捕捉、探索与论断，这样才能不断揭开自然奥秘。工程技术，就是根据文化的现状，经过人们的思考，从而在发现自然科学的认识精华中，加以应用，并通过采用工程设施，以造福于国家人民以及世界人民。上太空、下深地、入大海，提高全中华文化的水平，更好发掘文化的精彩内涵，以推动科技更好发展，

还有很多事要办，涉及人才培养、研究目标的确立、相互协作的融洽和提高管理的精度等，仍是任重道远。

五、科学普及是提高全民水准的重要措施

文化发展和科技创新是密不可分，二者融合可更好推动五位一体的发展。五位的理念是文化的提升的综合理念，是创新、协调、绿色、开放、共享，这是具有博大精深的文化的熔炉而产生，但又必须有科技的入渗才能起化学的反应。

所以，科学普及的成就，一方面让人民大众得到科技知识的理念，另一方面科学普及也增加了科技创新的力量。科学普及，就能有更多人接受我国第三代核能的发展安全性；科学普及，就能够掌握自然灾害发生机理，而知道如何有效防灾、减灾；科学普及，就知道节约利用资源和循环利用资源，建立节水节能的生活与生产过程。

目前，人口、资源与环境很多方面存在问题。在中国崛起过程中，仍有很多问题，这需要我们以更好地开展科学普及，以提升全民族的文化与科技的水平，这就是最大的增强国力。

参考孙髯翁的大观楼长对联，反意简化而另杜撰《华夏逐梦》，以表达将文化与科技融合于新长征：

广袤的中华，屹立东方，展巍巍多娇江山，便引诗词到云霄，水天一色千帆过，林花共舞麦浪翻，再看那：绝顶珠峰、奔腾江河、富饶原野、海洋浪涛。

悠久的华夏，誉传世界，现衮衮英杰豪才，勇唱凯歌为国强，而今迈步再跨越，发展长征号角扬，立宏志：红旗永飘、生态城乡、创新崛起、如梦呈祥。

为此，科学家应当怀有爱祖国爱人民之心、为科学奉献毕生之心、为科学真理坚持不懈之心、为普及倾注全力之心。

―― 院士科普 ――

科普也应该重视优秀的传统文化

（光明日报　2017年6月22日）

去年的全国科技创新大会上，科普工作被提高到了与科技创新并列的位置，说明当今科普工作责任重大。笔者认为，科学的普及应该是科学家要承担的任务，而且科普工作是提高全民文化水平的一个重要途径，应该要重视优秀的传统文化。

相对来说，有的学科科学普及比较难做，写一篇科学论文可能很容易，要写一篇好的科普文章反而不容易，所以我强调，应该在实践当中进行科学普及。举个例子来讲，地质的科普应该结合实例，结合当地的防灾减灾情况进行宣讲，增加老百姓对自然灾害的认识，让他们知道如何开发利用资源，如何防范自然灾害。

科技人员应该注意强调科学普及和传统文化的联系。就全民文化来讲，中国有五千年的历史，文化非常厚重，在世界上的影响也非常深远。

科普工作应该和传统文化的传承相结合。科学普及使得全民的科学素质得到提高，让一般的老百姓也能对自然有科学的认识，这对传统文化来说，也是一个激浊扬清的过程。

首先，文化是发展科技的重要基础。我国文化史和科技史都很悠久，在《尚书》《尔雅》《易经》等文化典籍中，就涉及风雷雨等自然科学现象。古文化的发展，促进了当时的人们用科学来解决民生问题，比如中国的四大发明，造纸术、印刷术、火药、指南针，1942年英国科学家李约瑟总结出来，体现了国际上对中国古代科技的认同。同时，四大发明也是中华优秀传统文化的一部分。

其次，文化丰富的内涵为科技发展提供养分。文化的发展给科技的发展提供了想象。如中国的古代小说《封神榜》，体现了我国民间科学的幻想，千里眼和顺风耳，实际上后来这些"幻想"之光慢慢照进现实，千里眼可以联系到望远镜，还有遥感卫星。顺风耳就可联系到现代的手机。原先古人只是有些想象，但科学的发展使得这些文学的想象慢慢变成现实。

再次，科技和文化是社会发展的两个轮子。文化和科技相融合，是社会健康发展的动力。只有科学技术这一个轮子，社会也可以发展，但容易偏移，两个轮子就可以更好地推动社会向前进步。比如，现在汶川地区很快就重建起来，除了技术进步，还跟中华民族有不屈不挠的传统信念有关。这种传统文化的信念，对一个国家来说是前进动力，也会促进科学技术的发展。

总之，科学普及提高全民的科学素质，我们现在应该把中国传统的文化继承下来，和科技创新相融合，这样老百姓容易接受，我国民众的科学素质也能得到更快提升。

人生经历

—— 人生经历 ——

我人生道路上难忘的一站

（学会月刊　1999年）

1950年初秋的一天，我别离故乡福州，挤在一艘小汽轮上，沿闽江溯流而上，为了赶赴新中国的首都——北京，去上大学。这是十八岁青春年少的我第一次远行。闽江两岸绿树红花、青山翠竹，构成一幅幅秀丽风光、赏心悦目的景色，但是我无心去欣赏；悬崖绝壁、急流险滩，迎着滚滚的波涛却惊心动魄地震撼我的心弦。我要去上大学了，心中感到宽慰；但上什么大学，读什么系，在我心中还是个恼人的谜。

福州曾两次陷入日本侵略军的铁蹄之下，我曾辍学一年，后来允许插班半年，所以进入春季班。初中毕业后，我选择升入福州英华中学。按当时我的家庭情况，父亲为小职员，弟妹又多，是难于上这所教会学校的。但是我每学期都以优秀成绩列在全高中前6名之内，得到奖学金。1948年，当时清华大学航空工程学系沈元教授因母病回榕，不久北平解放，长江两岸暂时隔绝，沈先生无法北上，就在英华母校教书。我数理化成绩好，沈先生曾单独对我说："自然科学的皇后是数学，数学的皇冠是数论，哥德巴赫猜想则是皇冠上的明珠"。并且说："你敢不敢去摘这明珠？"当时在英华也有留学国外的校友来校说："美国在田纳西河搞水利，有TVA（Tennessee Valley Authority 的缩写，即田纳西流域管理局），中国在扬子江三峡修坝（孙中山先生曾构想），就是YVA"。这都给我留下很深的印象。当时的中国贫穷、落后，我想应当在今后为科学救国而努力。

1949年8月17日福州解放。我于1949年底从高中毕业了。当时有的同学去东北求学，我因旅费困难未能同行。那时许多青年学生被党组织吸收参加工作。我向沈元先生请教可否工作一段时间再升学。沈先生说："好啊，工作一段再升学，理解力更好。"于是我经推荐而选择在南台学联（即新民主主义青年团福州市工作委员会南台办事处）工作，日夜跑几所大、中学校。

不觉7个月过去了，华北高等学校联合在福州招生。我到英华母校见到低一年级的同学都在备课投考，在礼堂楼梯边也见到陈景润，他对我说："我在家备课。"英华高中只有三百多学生，不少同学相互熟悉。当时面对那浓浓的读书气氛，我的心动了，我想自己功课好，应当向自然科学或工程技术方面发展。我想到皇冠上明珠与YVA，我想在数理方面发展更好些，于是向组织提出了升学的申请。离高考只有12天了，终于得到批准。就此我依依不舍地离开了工作岗位。

这时离考试只有11天了，我就住在英华高中部的宿舍里，将丢了个7个月的功课抓了起来。废寝忘食地日夜复习。但临考时病了，失眠、扁桃腺出血。自幼相处的堂弟那时患肺病吐血，我以为自己也是肺病，脸也肿了，思想上太紧张，考试时精神恍惚，出现不应有的失误，结果成绩不理想。在报纸发榜时，我列在"下列考生成绩尚可，但所填系科无法安插"这一栏，需另填志愿。上清华数学系、物理系的志愿破灭了。

当时招考后，沈元先生已返回清华大学任航空系主任，经与招生委员会联系，认为据我考试成绩，可前来北京填志愿入学。但是旅费在何处？正在发愁的时候，南台学联的同志们来到我家，送来同志们当月津贴费（供给制

人生经历

时每人每月只1万~2万元)及卖掉同志们生产的蔬菜钱约30万元(当时1万元在币制改革后为一元)人民币。这真是雪中送炭啊！我噙着泪水，收下同志们支援的钱，当时心中是感激、惭愧交织在一起。我心中默默发下誓言，滴水之恩当涌泉相报，我必须为新中国建设和科技事业作出成绩，以报答组织上和同志们的支持与关怀。

在轮船上我思绪万千。当时还得换汽车及转两次火车，从福州至北京走了7天。到北京后即去清华大学教务处，领了填报志愿单，在一些京津唐大学的理工系，我还可以被录取，包括有的大学的航空系等。但是，我只想进清华大学，于是不顾别人的建议，先填了清华大学地质系本科，拟入校后再转系，并在入学后选修为数学系和物理系学生开的数理课。不久地质系主任袁复礼教授对我说："地质人才缺乏，国家急需，你不要想转系了。"第二学年又限制选修数学系和物理系的课。当时我们几位同学也向工程地质这方面作了进一步的了解，土木系老师也经常来，做我们的工作，就这样我下了为工程地质而献身的决心。

当时已没有机会为数学攻克难题，去摘取明珠，也没学航空专业，但却意外地在地质科学上，向YVA的目标前进。淮河实习回来，1952年秋院校调整入新建的北京地质学院(现中国地质大学)。于1953年提前毕业。

在1954年我负责调查了新安江水库库区喀斯特渗漏与方案比较问题；1956年负责研究周总理关怀的对京、津构成威胁的官厅水库大坝渗需与塌陷问题。随后便为长江三峡工程(即以前的YVA工程)负责碳酸盐岩比较坝区(其中包括美国工程师萨凡奇选择的坝线)的勘测研究，为了"高峡出平湖"，由于连续在碳酸盐岩喀斯特地区工作，所得的成果也得到公认，被称为"喀斯特卢"，加上喀斯特(后改为岩溶)在中国分布广泛。与各项建设关系密切，所以后来我就主要在喀斯特方面开展研究。四十多年来，为长江、黄河、珠江、淮河、梅河等许多流域水利水电工程，以及铁道、交通、矿山、城镇以业等方面建设开展研究调查，作了有关喀斯特、工程地质水文地质与环境地质方面相应的研究，协助解决了许多岩溶地区工程建设上的难题；也曾指导援外大型工程，并在欧美国家及港台地区讲学；在国内外建立学术及工程上影响，系列成果得到重视。进行地质、喀斯特方面调查研究，是很艰苦的，也遇到不少险情，所担负的责任也是重大的。当所得成果能为祖国经济建设发挥作用时，心中欢乐也是难以言明的。

  从离开福州上大学，在外奔波了 31 年，于 1981 年才回到福州参加会议。最大遗憾是，1983 年 9 月我母亲病危时我匆匆返榕探视数日，为工程建设又弃赴野外。母亲不久逝世，当时电讯还不发达电报转了四天我才收到，而第二天我还必须忍着泪作乌江水电工程的地质总结。想起仍是揪心，感到有负慈母培育之恩。

  在地质工作上我鞭策自己不畏艰险，要不舍进行研究探索，要坚持科学真理。我也相信：合抱之木，生必于细；千里之行，始于足下。因此，我重视自己动手与客观地调查。在艰难处境时我始终记住往 B 学联同志们的嘱托，沈元、林观得和王世章等老师的教诲与鼓励，我终身不忘；我为陈景润的成就而欢欣鼓舞，他的执着追求真理的精神也敲励我去攻克难关，也更坚定我在科技事业上奋斗的信念。

  再有选择的话，我还是选择地质。因为今天我更感到地质对未来 21 世纪的重要性。

  今天虽然我当选为中国工程院院士，我似乎还像坐在轮船上求学一样，还很幼稚。我感到对我们所居住的地球还是了解太少，许多问题还不懂。人

类生存依靠的地质 – 生态环境是受地球内部至地表的全球演化影响，并受宇宙因素的制约，而我们对这些方面还是了解不多。更主要的是，人为破坏地质环境，给全球已带来严重威胁。许多地质上的难题；地球圈层运动与动力学；水的形成与大循环；地质作用对厄尔尼诺现象及气候的影响；地质灾害受地球本身与宇宙演化诱发的机理；黑物质与地球已知组分的关系；人类大规模建设与大工程对地质环境产生的深远综合效……都对今后全球的可持续发展与人类生存具有密切关系，但我们都还知之甚少。今后必须由大宏观及超微观上，联合及包容物理、化学、生物及数学上的尖端成就，以揭示地球的奥秘，以解决人类面临的资源、环境的严峻问题。

李白面对"烟开兰叶香风暖，岸夹桃花锦浪生"的美景，仍发出"长洲孤月向谁明"的感叹。今日在我国经济建设中，我要发出"九州圆月我志明"的肺腑之言，那就是为了21世纪更光辉灿烂的未来，为了人类更美好的前景，让我们都来关心并保护赖以生存的地质——生态环境联手进一步探索地球与宇宙的奥秘，让地球成为人类共有的明珠。

往事萦怀当鞭策　为国强盛莫懈怠

参加地质部的欢迎大会后，大家就到各自分配的单位去报到。我是到东北工程地质队，这队的人员都算部内编制，组队出去工作，第二年又重组队出野外。

去东北已是十一月中，天寒地冻，到了沈阳后再去辽宁桓仁，原先日寇占领时修了一半围堰，整个水电站为鸭绿江支流浑江的一个水电站，在下游已修了丰满水电站。我们要进一步开展流域调查，再看地质条件。十一月中至中十二月底就在这一节调查，上游到了吉林的通化。

一月初回京，水文地质工程地质人员集中开训，学政治、学技术。我担任团副支书，并在训练班上讲水文地质学。随后让我跟苏联工程地质专家马舒可夫学习，跑了长江大桥、新安江水电站（浙江）及广东湛江的海港。我感到我们没经验，应到野外去锻炼，于是对专家说：我没经验应到野外锻炼，具体工作仍由您指导，这样我可更好学习。这个建议得到专家的支持，也得到领导支持。

现在想起来这样选择真是太及时与正确，否则老跟专家出差，吃好、住好、有汽车、有宴会、有鲜花、有选美，这些都是因为有老大哥苏联专家，自己也沾光了。但长久这样下去，那会马齿徒长，一事无成。

而后我基本上都是在野外工作，为着具体的建设项目。一方面让自己的科技水平特别是水文地质与工程地质方面的水平，得以迅速提高，能够真正为国家发展作出应有的贡献，另一方面我长期在野外和百姓接触机会也多，让我的感情也更多倾注于相对较贫困与不发达的地区，使其人民的生活得以发展和提高。同时也鞭策自己应当更好做好地质工作，使贫困地区人民能够更好防灾兴利，过上幸福的生活。下面的经历使我十分难忘。

一、何其相似

1952年，作为学生，我率领同学去淮河实习（工作），经常是一个人外出调查地质现象。有一次我从山上下来，有几间旧木房，我绕过侧房，走向正面，突然我眼中一闪，面前出现一个小女孩，眼睛乌黑白亮，头发蓬松，漂亮的女孩的圆脸却是不干净，身上衣服也破旧，但掩盖不住这小女孩的聪明气质，使我内心震撼的是，这女孩没有说话，眼珠中却闪射出一种渴望，我很快理解："你是外来的人，我们多渴望也能学习，像你们一样，很好地有学识呀！"从她的眼神中，我理解了，旁边还有几个小孩在，但这个女孩的眼神，让我难忘。当时我想如果没有人帮助，我也上不了大学，也见不到他们。那时真想给他们什么，没有钱也没有课本纸笔。我身上还有几颗奶糖，就分给了他们。这样小孩，后来见过很多，但这一位一直深深地记在脑中。

不久前报道，一个记者拍摄了渴望求学的女孩的照片，当我看到那照片时，不禁拍案叫绝，真的何其相似啊！记者拍的那位女孩长大了，大学也毕业了。

这就是中国在强大过程中普及教育也取得很大成效的结果。

二、两个解放的"男孩"

我不跟专家学习，就到浙江新安江桐庐一带，为建设水电站向上海供电。上海是中国重要的工业和商业之都。电厂曾被破坏，急需电力以扩大生产。当时浙江水利厅徐洽时厅长（水利专家），让我要查明两问题：①是否寒武系碳质灰岩会漏水；②是一级开发（在铜官坝址）还是多级开发好。

我带领一些人，日夜调查，有时住在祠堂棺材边，有时挤在小木船上。当时浙江有一种习惯，农村老人去世入棺后，放在祠堂或小瓦屋（及祠堂穷人）内，等儿女有喜事了，再入土为安。

一天大雨倾盆后我们三人从躲雨的小亭出来，衣裳半湿，路很泥泞。我们走了小山包,看见一草地上有两个"男孩"在放牛,看来这两个男孩十一二岁，戴着大斗笠，脸看不清。我说，小孩这儿有一个泉水在哪儿怎么走。离这俩小男孩有三四米，我停住了脚。一个男孩有点责怪地说：什么男孩，不是男孩，我们都有十七八岁了。说完把斗笠脱下，她们头发已过了耳朵，才知道是两个女孩，已十七八岁了。那时我真不好意思这样叫，再一想心中是有点难受，浙江是比较富裕，农村也比较好，这两个女孩真是瘦小戴上斗笠，误认为十一二岁男孩，也是很自然的。为什么这么瘦小？答案自然有：中华人民共和国刚成立四年，生活有待提高，四年前她们十三四岁，从一岁到十三四岁，过的日子不会太好，目前瘦小，还是小时营养不良造成的。

那时我才二十三岁，让我想的是，我比她们强得多，还上了大学。同时还想到家中还有弟妹，应尽大哥之责多寄钱回家让弟妹能学习。那时工资是44.3元左右，我寄35元回家。跑野外一天补助4角因为野外劳动量大，这4角都作为伙食补助，自己还得再补几元给这两个"男孩"，真的也是现实生活中的一个启迪的实例，广大农村正变好，但贫困还得有一个过程。我们的职责要加倍努力进行。

三、河南平顶山白色山水库事件

回答了新安江的两大问题后，我又奉调前往河南任地质部淮河工程地质队队长，负责勘探白色山水库，为平顶山开采全国最好铁矿，为发展我国钢铁事业，这是一项重要任务。当时，这里还有土匪残余、国民党散兵以及反动会，这些人联合起来，散布"南？来盗宝"，把龙头（白龟子）打破了，流血水（钻探红层，水是红色），这几个林都要遭殃，要把他们打死赶跑。公安局只告诉我一人，让不要声张，他们会在坏人动手前一网打尽。不久后他们把一网打尽这事说明了。当时老百姓无科学知识，修水库其实是为他们好。这事使我深深感到，提高老百姓的科学知识是非常重要的。这个水库至今仍对平顶山市起重要的供水作用。

四、狗咬勘探女队员

1955年，我们又在附近勘探郏县水库，队上女技术人员夜间去看钻，我本要陪同，结果她不要，要单独去。那时年轻人都热情高，她走后不久，就气着回来了，原来路过村庄被狗咬了。我作为队长非常内疚，如果这小姑娘被疯狗咬了治不好，那我可承担不起。当时农村也无医疗单位，去县城也不行，于是我快写信给武汉防疫站，信中说我一女队员被疯狗咬了，望支援狂犬疫苗，没几天真给寄药来了，就给小殷打上，不管是否疯狗咬，打疫苗做好戒备。原先说，被疯狗咬了必须几小时内注射狂犬疫苗，后来有人说病没发生前注射了也有防疫效果。谢天谢地过了多年，小殷还是安好的。

当时农村的医疗条件还是很差的，在新安江却有大量医疗人员集中，是为了治疗血吸虫病。

五、工程地质责任重大

1956年官厅水库告急，大坝1955年完工等水后，产生土坝塌陷、两岸漏水、集水开出浑水现象，说明塌陷已达心墙。坝若不保，20亿立方米水下去，再加暴雨，对新中国首都北京将是大灾难，总理很关心，让地质部派妥当的人去调查解决。经研究部里让我作为地质、水利、电力三部三组研究队的负责人去调查解决。我拟定计划让十五部钻机半个月内到位，两个水文地质试验组及一些物探人员和水文地质工程地质人员立即抓紧调查。其间，中外专家不断来，李四光部长和傅作义部长也联袂来视察。经日夜操劳努力，我有了正确依据和正确结论。

不久北京市公安局及部保卫处找我，问是否与某技术副总有关，他负责地质调查。我说：此人工作很好，查明很多问题，不会有意隐瞒，他是爱国的。公安局不悦：如果有嫌疑我们就可正式逮捕，你敢担保吗？我说："我可担保，我可写下证明。"不久这位专家恢复工作。我也不告诉任何人我的担保。过了几十年，他的两个儿子和妻子，找了我（由清华大学一处长在北京地质局代职负责召开学术会议时），母子三人一再向我表示感谢！说没有你的担保我们不会有今天，他大儿子是正局级干部，二儿子是高级工程师。

这事给我教育是：工程地质必须认认真真进行，对国家负责，人命关天，不可马虎，也要对人的前途与奉献实事求是，敢于负责。否则的话，这一家真的不可能有今天这么美满。

我想起清华大学冯景兰教授在课堂上说：做工程地质工作，你要准备一双脚踩在外边，一双脚踩在监狱门里，你不负责任，认真工作，那就可能两脚都踩在牢门之内。这件事让我警惕一辈子。

六、汹涌奔泻的三峡洪水

1954年，我在新安江刚预备开展调查时，洪水来了。那时洪水资料不多，这次必须抢测。于是我也被叫去帮水文站站长监测洪水。当时还在下大雨，上游已下多日，我披着雨衣，蹲在河边立有水标尺，隔几分钟，我在登记本上赶快写上，不让雨水浇湿，同时马上高声喊叫是多少水位，站长在对岸也立即记下。第二天洪水不再涨，开始下落了，领导才放心下来，由别人接替我。

中华人民共和国成立初期，水文资料不多，很多水库漏洪能力不足，后来水利部下了通知，许多水库都加大溢洪道建设或增加泄洪洞措施。

1951年春我到三峡，先跟已在那工作近一年的同志去测剖面、观测泉点，调查喀斯特洞穴。

我们住在三峡出口的前坪，那是个较宽的阶地，早晨就在长江左岸边，有一直径1.2米左右大水桶盛放江水，从中舀水洗脸漱口。不久，上游洪水来了，带着泥沙，汹涌奔腾，声势浩大。我在岸边，看到水上冲下很多东西，有时看到猪窝冲来，猪在上面吓得不敢动；还有一次见到整个房屋，下面有木头基础托着，顺着洪水直接泻下，屋内没人，人是跑了吗？长江三峡出口历史上最大洪峰达每秒13万立方米，那段时期我看到三峡洪峰，也达每秒9万～10

万立方米。1954 年，武汉也被滚滚洪水所威胁。王任重作为市长，全力防洪保卫武汉。

在浩荡滚滚的洪水面门，船舶都停航，纤夫有再大的力量也不能拉动货船。

面对这洪水，我想的是三峡水利水电枢纽，要为它献出我的一切，还是应当能驯服的吧！长江三峡让灾害变为利，让凶恶的杀神变成美妙发出光热电的仙境，真是"神女应无恙，当惊世界殊"。

七、在洞口水库与桂家湖水库

贵州是我国西南地区（包括云、贵、川、渝、桂、鄂西、湘西及粤北）这大片喀斯特地区的核心。喀斯特分布占全省面积的 74%，从古就有"天无三日晴，地无三里平，人无三分银"的说法。1959 年底起，我就不断去这个喀斯特地区进行调查研究。1959 年 9 月左右，在湖北武汉的工程地质会上，贵州水电院的邹成杰同志见到我非常热情，他正是贵州猫跳河水利水电工程地质方面负责人。他知道我已有新安江、官厅及三峡等大工程的喀斯特方面调查研究与处理经验，是被公认的这方面专家，名声在外了，一定要请我去指导。不久我就去贵州，首先帮他们在猫跳河上调查六级开发的每一个梯级的地质与喀斯特问题，后来又去了贵州境内不少中小型水利枢纽。

在安顺境内有一个大洞口水库，地委领导专家说有事等我去。我如期去了，见到他们，他们很客气，一定要我帮助解决。当然那时还没到现场，我只好说：等去现场看一下，根据具体情况我们共同想个好办法。

出现大问题的是一条小河流上修建的大洞口水库，那个小地名叫大洞口中，就是那里有大的溶洞，在这小河上修了一个坝，坝不太好，显然是当地修建的人没有进行地质勘探，指导修建的水平也不高。当时很多地方为解决水利灌溉以及日常老百姓生活用水问题，就在喀斯特山区修了小型水利枢纽，以避免"有雨三日便成涝，无雨三日便成旱"，"地坪枯，人求水，地下水却哗哗流"这种现象。

因为硫酸盐岩主要是石灰岩（$CaCO_3$）和白云岩[$CaMg(CO_3)_2$]，都可以为含有CO_2的水所溶解，所以地上有奇峰发育，地下会形成许多溶蚀的裂隙、通道，有的形成洞穴系统。

这个叫大洞口地方，显然是有大洞发育，有大洞口可见。

到了现场一看，我傻眼了，不长的坝，坝顶百多米长，坝高30～40米，可在坝中心即河床上部中心附近，坍了一个大洞，直径有5～10米左右。据当地介绍，暴雨后发生了，塌了这大坑，投放了几十袋水泥，无影无踪，库水也漏光了。显然河床下还有冲开的通道与这垂直的大型井式洞相通，而塌陷的垂直圆形通道又是受下面原生的喀斯特通道相通，所以几十袋水泥无影无踪。这样的灾害，就不是采用填补措施所能解决的了，而是必须全部重新修建，进行喀斯特基础处理，难度高，投资也大，不是当地乡镇所能负担的，需勘探之后进行更好的设计施工。

当时我看后简单向当地说一下，问题需由上级及有关部门进一步做出决定对策，涉及技术、资金、人力等问题。

安顺市也正考虑修建一个中型水库即桂家湖水库，可扩大其受效范围。不久我就去考察了这个水库。那时有了正规设计，也预备加紧施工，原先对喀斯特渗漏问题有所担忧，所以就请我一定去。我仔细考虑后跟他们说：做好基础防渗包括坝后的铺盖，坝下的一些灌浆、采用措施后再蓄水，就好节省投资，又可收到好的开发水资源的效果，如果不采取措施，一味追求马上生效，那会像大洞口一样，诱发灾患扩大，需要投入更多资金、增加工期也拖得更久。后来他们同意执行我的建议。那时是1960年后期了，相对是困难时期。第二天早饭时，有关当地领导笑眯眯地说："老总感谢你对工程提这么多意见，避免重蹈别的水库的覆辙，我们没什么表示，这些日子你也很辛苦，为了表示我们感谢之心，昨晚让通讯员连夜来回在镇宁县买了两斤"波波糖"，这是小意思表示我们心情，请你品尝品尝。"当地领导这么说我实在激动，只是连忙说："你们太客气了，这只是我们应尽的责任，通讯员也太辛苦了。"

领导笑一笑把粗糙的草纸两包打开，里面香味马上弥漫全小屋。"波波糖"是当地土特产，有芝麻、花生白糖为馅，外面是烘烤的松脆面皮，很好吃，在那时候也是有营养的食物。当时我却是连续在野外跑，吃不好休息不好，有钱也难买到好食物。身体确实需要营养，我也只好道谢一下，立即吃了两块，其他不敢再吃，怕被人笑话。当时以"波波糖"酬谢我，真是太好了，比平时的宴请，要显得更为珍贵。到了21世纪初，我在黔西北一带研究灾害，又到了镇宁（以前也再去过几次），发现这"波波糖"早已有了很好的装饰包装，成为当地特产与旅客的采购礼物，在黄果树瀑布景区，有时也有销售。

我想起在大洞口时，一群衣裳不整的男女孩看着我的眼神，渴望水库能修复，他们有水喝，可以在水里扑腾学游泳。我又想起连夜来回奔三十多里的通讯员，为买"波波糖"来酬谢我，想到当地领导，县、地区以及省级领导对我的希望，这喀斯特地区不富、不强盛，作为这方面的科技人员，能心安吗？为喀斯特地区人民、为这大片地区的发展只有作出自己力所能及的奉献。

八、云南柴石滩村的情

　　二十世纪六十年代初赴云南进行滇东喀斯特研究，中间停在南盘江中游的柴石滩林，因大雨滂沱，不好外调，就停了两天。村民热情照顾我们。小孩看见我们背着两个相机，很感兴趣，开始还在村旁照了两张照片，他们才知道是照相机。他们也从照相机上见着了可拍摄的景。那时山区农村还穷，真的没见过什么，小孩子也想照相，我知道这情况，就想给他们照几张全家合影，一个个照则没有那么多胶片。那时困难时期，从北京我们领了 135 柯达胶卷，只领三卷。一路照只剩三张，在这也拍摄了南盘江上的景象，实在没有胶卷了。一同野外调查的云南省的小陈他有相机，我问他还有几张胶片吗。我想过两天回昆明，他们也好再领。他回答说：有，可以照，于是我就告诉老乡可每家照一合影，大约有 6~7 张胶片也可以了。

　　老乡们高兴得很，有的老太太把年轻时出嫁衣裳也找出来，照全家合影。多数还是一般衣服，欢欢喜喜照全家合影。

　　照完后，我也很高兴特此告诉老乡，以后会寄来照片。第二天，我们爬坡到高一层的剥蚀高原面上。到了下午，我和小陈说：老乡照相你也辛苦了，到了昆明后我出钱给冲印出来，再寄给老乡，我留了他们村负责人的地址。小陈说：我根本没照，只是摆样子，我也没胶片了。他这一说，我傻了眼，什么也说不出来。过了很久，我才说你为什么不早说，没胶片就不要让老百姓折腾一天，空欢喜一场，这怎向他们交代。

　　又过些日子，我回北京了，就从北京寄一封信给这村的队长吧，向他们抱歉，撒了谎说没注意，他们取下胶卷时，胶片漏光了，说是用 120 胶片，野外的现场的都漏光了。

真是很内疚，会出这样谎言谎事，真是对不起当地老乡，欠了他们一个情。

九、为西南喀斯特山区的岩漠化而烦心

1988年，开始改革开放，国家民委交给我一个任务，研究"西南少数民族地区经济发展学自然条件"。其实就是整个大西南喀斯特地区。这片山区我们早有较多调查了解，就是生态环境劣，土壤薄瘠，不当开发加大水土流失程度，出现岩漠化现象。贵州看到不少现象，贫困农民只在有些土的小窝窝溶蚀裂隙的上部种上玉米，靠老天下雨灌溉。住的土坯房或竹房透风，真的是很差，附近山区土多开荒，过不了一两年，土壤侵蚀加剧，就成了秃山。广西的西部山区，情况也如此。这种岩石嶙峋，土层稀薄，种庄稼劳力多、收效小。如果都搬迁，人口太多，那时国家财力也不富裕，难以解决。所以提出岩漠化现象，呼吁予以重视。

1988年，桂林召开国际水文地质学家21届大会，为山区解决问题，同时召开了西南各地有关人员会议，我两个会都作了报告。当时国家科委主任宋建也来了，看到喀斯特山区农民的困苦，都掉泪了。但是当时国家还很困难，顾不上西部，多是向东部倾斜资金。

我们呼吁治理喀斯特石山，有整体报告，后来民委领导告诉我，以此向世界银行取得了贷款，石漠化（岩漠化）治理有了方向。

目前，石漠化治理是西南喀斯特地区脱贫的重要任务。这是山区人民的呼唤，所以我愿意多跑贵州，担任贵州师范大学名誉校长，只是为了进一步为贫困地区争取些条件。后来成立了喀斯特研究院，又争取了"科技部石漠化治理工程中心"，有力促进了西南石漠化的治理，也有益于这大片地区的脱贫。

十、李青竹等三位青年学生洞中遇难事件

1998年中，参加院士大会期间，看到报刊上登载三位青年学生探洞遇难之事。那是在贵阳附近村庄，有一男生（初三）喊两个女同学一起去探一个洞穴，他们也没告诉家长，结果当天都没回家，家长急了，三个孩子无影无踪，过了近一个月，又有几个青年学生去探这个洞，他们发现附近有些动静，就向那方向走去，发现像是两个人，他们害怕了，喊"你们是人是鬼"。听到极微弱声回复，似乎说是李青竹，但听不清。他们马上回村告诉大人，快一个月没三个小孩信息，听说可能是李青竹他们，一下子跑来近千村民，都想看看，希望人活着。

少数人进洞，发现小男孩已死，两个女孩极其虚弱，奄奄一息，也快不行了。他们马上抬出一个女孩往贵阳市医院跑去，半路上这女孩经不住折腾就死了。第二个李青竹到了医院还活着，医院立即抢救。

报上登出时，李青竹还活着。我那时不禁天天为他祈祷祝福希望上天保佑，这好孩子能渡过难关。可是没几天报道出来，李青竹抢救无效也走了。

当时我真感到这也是自己应有责任，开展科普宣传呀！其实李青竹三人前往探洞，带的光源不够熄灭了，进去时没告诉家长，家长不知其去向。如告诉了，孩子没回，当天晚上就会去找，也不会出事。再有他们不知道做记号，好找出口。其实他们出事的地点离出口只有40米，能有记号一下就出来，不至于光源燃尽，仍不知出口。

这三个小孩探洞遇难，因为无人告诉他们应注意什么，因此应当传授好的科普知识，但没有老师也无专门知识，这是我们科技人员没想到更好尽责。

1966年在桂召开全国喀斯特会议时，我曾在附近图书馆举办了有关喀斯

特照片展览，目的是科学普及。原也想写一科普书，告诉青年学生，好奇深洞是好，应当注意如何探，要有科学认识与科学的方法。结果因后来的形势而搁置。

此事件发生不久，有出版社要联合出版院士科普100册，让我写岩溶（喀斯特）的科普书。我为李青竹三人的遇难事件，心中有内疚，早想写这书了，于是马上答应。于是，很快寄出《岩溶（喀斯特）——奇峰异洞的世界》书稿，其中写了李青竹三人遇难之事，并借机告诉年轻人应当如何探洞，不要蛮干，要有科学方法。

我感到当时抬着极虚弱的孩子往医院送，消耗了他们生命的残力，是不应该的。但是老乡们也缺乏一些健康的知识。当时他们应与医院联系，让医生护士赶快带些急需药品去洞里，根据孩子情况再定急救措施。

我几十年坚持在实际发展与建设上有一点贡献，当然也接触与了解很多基层和民间的现实问题。中华人民共和国成立了，但开始时人民还很困苦，所以必须要让人民摆脱这种状态，国家必须强盛起来，才能在世界上有更好的影响。

上述列了十件让我感怀之事，鞭策自己更好为人民做实事，做些强国富民之事。人民困苦艰难的生活不改变，国家实力不强盛，在这风云变幻仍是有强权霸道横世的今日世界，不会有什么平等与顺利的背景。

我自信还能极力做些有益之事，但还是很微小的。这需要在新时代更好发扬习近平新时代中国特色社会主义思想，让中国发展得更好更快，让国家更加强大，把一切的阻挠和扼杀统统碾压在伟大中国奋勇前进的车轮下，予以碾压粉碎吧！

—— 人生经历 ——

一件难以忘怀而自责的往事

（文化交流网　2021年1月22日）

那是1949年6月初，我是福州英华中学高三学生，高三上已经结束了，开始放暑假。

英华中学虽是教会学校，但是师生们多数都是追求进步的，在当地进步学生运动中属于领导地位。为民主，牺牲的烈士就有七八十人。我也参加追求民主活动，参加"反饥饿""争民主"的学生运动，并带头领导学生争取平价米。

因为我功课好，全高中成绩在前5名，得以免学费。我当时是数理化好，将来想要摘取哥德巴赫猜想这个自然科学皇冠上明珠，在高三中快结束时，一天国民党训导主任把我们四个人叫去，说："共产党传单是你们四人中传的。"意思是四个人可能都是，要搞掉，也可能是四人中人（1个、2个……），明显是威胁、分化这四个人（包括我），都不吭声。我自知我不是共产党，没有把柄，反饥饿、反内战这是没错的。

放暑假，我们放心些。当时组织了夏令营，在福州市洪山桥地带一所学校里，夏令营都是进步倾向的少数老师和学生参加。我也参加了，唱的歌是："山那边呀好地方……"山那边是指解放区的暗喻。还有"古怪多"，"板凳爬上了墙，灯草开破了锅，只许狗汪汪叫，不许人用嘴来讲话……"当时，预计福州快解放了。

有一天，可能是第二天中午午饭后，安排去闽江游泳，不少师生都去了，不会游、学游泳的在闽江右岸一浅水滩上，站在沙滩边沿，往岸方向学狗爬式，或头投入水中闭气。

我们3～5人会游的，就沿右岸往上游走，超过了闽江上洪山桥后跳入水中，从桥墩、激流中穿越到下游，人们在学游泳的沙滩边深水区，往下游一段再上岸。

我已经这样游泳4～5趟了，耗费了不少精力、体力。

有一次，我刚穿过桥洞出来，看见不远前方有两人陷入水中在挣扎，我马上拼全力，用双目前视的自由泳冲过去。靠上游的一个胖老师，是教我们代数和物理的，我马上拉了他一只手，我侧游，往岸边游去，感到脚碰沙滩面了，再游几步，就都站住了。后来，才知道，这老师另一手，在下游方向也被另一同学拉着了。于是，这位王先生真是得救了。后来，这王先生说：你是我救命恩人，我可不敢当。

我尽力算救了这王先生，马上寻找好像还有一个学生，很快我就看到他已被冲到闽江急流中沉入了水中才又冒上来。我马上自由泳冲过去，他一下又沉下去，我就要超前在他再冒上来时，突然感到我后背被撞了一下，紧接着我发现是这学生。我想转一下身拉他手，结果真是迅雷不及掩耳，他在侧面紧紧抱着我的身体及两个上手臂，那时他已是昏迷了，本能地碰什么就抓什么。我已经很累了，被他抱住，两人又往水下沉，我开始让河水灌下肚。当时我还自我安慰，要冷静，不要慌张。我想灌几口水不要紧，不能往下沉，不要昏迷，必须浮出水面，于是我用双脚拼命踩水。如果只我一人，双脚一踩，双手一按人就上浮了。当时那个同学重量加在我身上，受水面也大，我双脚拼命踩，终于露出水面，喘了气，于是赶快吸气，结果又下沉。我想必须手脚都动，因此不仅双脚蹬水，还用两个下手臂向上弯，想撑开抱我的双

人生经历

手,让头往下缩。如果头一脱离他双手抱的空间,我就自由了,经过这样2~3次下沉、上升的手脚拼搏,我的头终于离开了。那时我灌了不少水,几乎没力气了,如果再挣扎而脱不开身,只要再持续十几秒或几秒,我可能也昏迷了,两人将同归于尽。

当我脱离后,我马上转身一边急促喘气、吸气,一边想拉那同学的手,没拉上,抓了把后背,抓不住,几个浪过来,彻底找不到这同学了。这个同学没救上,我自己也差点完了。那时真是丝毫没想到自己生死,我相信没事。只想救上这同学,如果没救上,我只好汗颜地游回岸边。

过了几十年,我已是院士,一次回福州,福州晚报记者作了采访,我谈了这件遗憾的事,记者说:你已尽力了,一些老师学生在处都看着我拼命救那同学,他们都说:你尽力了。

过了三天这位同学的遗体在闽江口被发现,出这事后,在学校开了一简短追悼会,参加夏令营同学老师都没参加,因为反动当局知道哪些师生参加,会对他们不利。后来在清华大学学习,上游泳课时,我才明白我拼搏努力,不顾自己危险只想救同学,为什么不成功,主要错在我措施不当。

首先,你自己就要防备,被溺水的人,抱着你,我没这戒心,当时被抱住时,虽然不慌张,但失去了救人的机会与能力;

其次,挣脱溺水人的抱困,应当迅速远离些,用力打他的头部,虽然他已昏迷,打他头部让其更不知南北,那时没法安全近身靠近,让他右手反背,然后拉着他反背右手,自己侧游,溺水的人就不会有机会抱你。

最后,大河的沙滩是不稳定的,沙滩边沿多是陡坎,容易被水冲刷而崩塌,使人立即坠入深水之中。当时应当告诫学游泳的人,以早避免事故。

这件使我难以忘怀的往事,经常让我自责抱憾,但往事已矣,无法挽回。

缅怀驱敌献身的卖麦芽糖的小郑哥

今年,是中国人民抗日战争胜利七十周年,全国人民都更加缅怀在十四年抗日战争中英勇牺牲的先烈们。

往昔中国,作为抗击法西斯的东方主战场,全民族英勇抗战的事迹,我们不应忘却,也不会忘记。

我更想手捧一束鲜花,献给少年时的小朋友,卖麦芽糖的小郑哥。但是,他的坟在何处,不知。他应是福州民间抗日的一个小英雄,牺牲在福州吉祥山原福州文山女子中学(现福州八中)附属文山小学的高墙下。那时,是1944年10月中旬初。

福州曾经两次沦陷在日寇铁蹄之下。1937年时我才6周岁,入文山小学一年级,为避免日寇轰炸,于下午5~6点后才上学,晚8~9点放学。后来就认识了小郑,他比我大3~4岁,像个大哥。福州文山女子中学是教会学校,抗战开始时福州原有的中学大学为抗日都搬到闽北,小学部就搬到中学新的一座三层楼上课。为避免敌机轰炸,这所学校因是教会学校就在新楼屋顶上刷上了美国国旗。1941年太平洋战争爆发,日本偷袭珍珠港后,学校又马上把美国国旗刷掉。当时,给我幼小的心灵上就打上烙印,那就是:中国只能自己强大,不能依靠谁。

人生经历

1943年，我小学毕业后，考上了福州市立初级中学初一，这是福州临时成立的两所初级中学之一。那时，我和小郑就有较多接触，他因为家庭生计艰难辍学了去挑担卖麦芽糖。他家在横街小路进去的兴化埕，我有多家亲戚住在那一带。小郑卖麦芽糖就在文山小学至小桥之间，我上学回家经常遇到他。他曾邀请我吃麦芽糖，我虽年小，但知道他没上学，就是家穷，心中很为他难过，当然不能吃他的糖，有时有些铜板，就有意去买他的麦芽糖。

福州于1944年10月7日，又沦陷于日寇。当时，日本一艘军舰漂流到福清海岸，后来就侵占了福州。我们初中学校临时通知要学生跟学校撤退，让大家回去拿些钱、衣服。我回家一时没钱，后来借到些钱，再收拾行李到学校时，少数师生已随陈校长撤退去闽北。我们只好回家。那时，和小郑相见时间就多了些，日寇刚入侵福州，他也没去卖麦芽糖。

"这次日本鬼子和上次来时不一样，日本鬼子像饿死鬼，见什么就抢着食。"这样的情况全市都知道，后来又传说："日本鬼子抓壮丁，让挑箱子从城内到台江、仓前山，又让挑回城内，一挑夫饿昏摔倒了，箱子也摔破了，原来装的不是弹药，而是瓦块。"这一传说又传遍全市。"不要怕，小日本命不长了，大家联合起来，这次要把日本人赶跑，福州人也是不好欺侮的。"这些传言满城飞，这些传话不少是小郑告诉我的。

当时，福州民间约定，以救火会民间组织为核心，分片包围日寇驻兵的单位，把日本侵略者赶跑，那时传说还有国民党一专员会带兵来支援。这情况，小郑也告诉了我。我也想参加，但是因太小才13岁没有同意，小郑那时已十六七岁了，像个小大人。那时，家人也知道这件事。

后来驱逐日寇那天，天气晴朗，我们那一带救火会负责专攻打驻在文山小学的日寇，听说只有十几人。后来才知道，那一天大约9～10点钟时，小郑跟他住处附近救火会聚集的人群，拿着土枪、大刀往前冲，而小郑挥舞着当时的国旗，冲在最前面。文山小学有一高围墙，校门紧闭，日本鬼子在高8～10米以上的顶上窗口向下打枪，小郑第一个冲在前，他的鲜血洒在福州吉祥山大地上，为国壮烈牺牲了。

当然，这次民间自发的逐驱日寇行动没有成功，原说有专员带机枪和队伍配合，没能如愿也就失败了。那一天，在英华中学初中部门口左侧的石砌教堂的日本鬼子，也使围攻的福州勇士们遭受不少牺牲。这不是失败，而是显示了福州人民抗击倭寇的坚强意志的信念——福州不会亡，中国不会亡。

当知道小郑这位大哥、少年朋友牺牲的消息时，我心中极其沉痛，多次在他家屋前一带徘徊，默默地祝愿他在天国安息，誓言要好好学习，长大后为中国强大而奋斗。

今天，我国已屹立在世界，已不是往昔落后贫穷的中国。以牺牲三千多万人民生命的代价而取得的胜利，今日绝不能让历史被颠倒。中国人民的伟大胜利，它容纳了许多苦难伤痛，14年的艰苦斗争，永远不允许这历史被歪曲。小郑只是无数先烈中的一人，他驱逐日寇的心愿，当时没能实现。今天在告慰小郑的英灵时，我愿捧着一束鲜花在他牺牲的文山小学的墙根，告慰英灵：安息在天国的小郑大哥，你看！榕城三山已繁荣似锦，祖国已日益强盛，我们活着的人，誓死为你的追求而作不懈的奋斗。

我捧着鲜花，口里似乎溢着你要请我品尝的麦芽糖的香甜。

在甜美的今日中国，强盛美好的中国梦就要实现。两岸的人民更应团结起来，以强盛统一的中华民族，告慰在天之灵的小郑哥及无数的先烈。

小郑哥出身贫寒，作为少年却辍学担负起家庭生计而卖麦芽糖，他性情和蔼、热情、乐观，能吃苦耐劳，更重要的是为人耿直、嫉恶如仇，而为国家逐敌寇,义无反顾地勇敢扛着大旗向前冲,他为国捐躯,流血牺牲了。虽然那次逐寇没能胜利,但是小郑哥等勇士反侵略的正义英勇事迹,在当时就激起了更多的民间反抗。小郑哥的精神,永远值得我学习。我又似乎看到了你在上天的笑容。安息吧!小郑哥!

《缅怀小郑哥》

清明时节思纷纷,缅怀先人奠君魂;

吉祥逐敌举旗冲,文山报国血躯殉;

七十一年光阴逝,一十六岁永恒生;

鲜花献告小郑哥,中华崛起八闽兴。

盛世清华话今昔

（科学时报　2011 年 4 月 22 日）

清华百年校庆，无论是高龄学长，还是正在孜孜求学的年轻学子，都会从心中怀着感激与喜悦，向母校致以衷心的祝愿。

我是 1950 年秋进入清华大学地质系读本科的，因院校调整，于 1952 年到新组建的北京地质学院。在清华园两年时光，为我奠定了坚实的基础。

发挥优势，接受交叉学科教育的熏陶

我的中学时代是在福建省福州英华中学度过的，成绩优秀，尤其数理化成绩好。我于 1950 年春季中学毕业。因家庭困难，于是在新民主主义青年团福州团工委南台办事处工作了半年多，把功课都丢了。华北高校统考时，我提出申请报考大学，几经曲折得到批准。于是我抓紧复习丢下的功课，满怀"非清华不读"的信心报考了清华大学数学系、物理系。

不幸临考前几天生病了，痰中有血，精神负担很重。那时天又热，睡不好，考试时有些恍惚，没考好。考试结果登在报上，我的成绩在榜单上被列入"下列考生成绩尚可，所填系科无法安插，须重填志愿"。

在学联同志的帮助下，为我筹集了路费 29.5 万元（后来一万元为新人民币一元）。经过 7 天多，我由福州来到北京清华园。教务处给我华北统考可选择的备取院校系，清华大学可选的系不多，理科只有地质系。因此我选择了清华地质系。

刚入地质系时，我仍抱着转系的愿望，后来因国家需要地质工作，组织上要我带头打消转系的念头。

土木系教授陈樑生也是福建人，有一次碰见他，他对我这个小老乡谈起长江三峡工程等都需要地质工作，于是我就接受地质与水利土木交叉学科的学习。在二年级时，我选修了建筑材料、材料力学，以及必修的测绘学。后来又修了理论力学、土力学等。

1951 年毛主席发出"一定要把淮河修好"的号召。1952 年暑假期间，学校指定我为领队，由老工程师姜达权先生带领，和田开铭、钱学薄、任昌毅及余也果 4 位同学一起奔赴淮河参加工程建设。结束后，我写了《淮河大坡岭水库的工程地质条件》，这一论文一直保存在地质部资料馆中。

我们班有 36 个同学，其中有 12 位同学偏向于水文地质、工程地质这方面新兴学科发展，其他专攻传统地质学和矿产的同学也从清华的学科交叉中接受其他学科的学习，以更好地从事地质工作。可以说，我们班 12 个人是我国最早偏向水文地质、工程地质专业的，这可以说是清华大学交叉教育的成果。

重视实践，培养学生创造能力

学校传授的是基础理论，而实际工作能力，特别是创造精神则更重要。

大学一年级时，老师带领我们进行实地的地质现象观察，从中领悟自然界的地质现象。刚入学不久的一天，我问同房间大六的周学长一个问题，他说：

"我不知道，现在不能回答，以后探索研究后再说。"当时我无意识地说他，你都大六了怎么还不知道，他严肃地对我说："许多知识要在实际中学，大学学习，也只是给你一把知识的钥匙。"当时我深感自己的无知和狂妄，深深记住学校只是给你入门的钥匙，需要有创见、有创新精神。

后来，去淮河、去官厅水库的实习，给我出校门后担任地质部淮河工程地质队队长、官厅水库地质研究队队长和负责三峡工程南中关石灰岩坝区的勘测与研究工作打下了坚实的理论与实践的基础。

大师风范谱写师生和谐情谊

清华大学因为有着众多大师，所以成为国内著名的高等学府。我们上学时，叶企孙、周培源、钱伟长、华罗庚、梁思成、陈岱孙等教授都是国内外知名的大师，早期还有王国维、陈寅恪、赵元任以及闻一多等，但已去世。大师们的学识、治学精神与人格、学风，支起了大学的骨架与灵魂。在清华，大师和学生都有着和谐的师生情谊。

一次，时任教务长的周培源连续三天晚上，亲自到我们住的善斋（510房间）隔壁找文学院一位同学，和这位同学交流，并真诚地宽慰这位同学。从这个教务长的耐心三夜谈话，可以想到大师、教授们以学生为本和认真负责的示范行为，深刻体现了清华的师生之情。

坚定信念，培养为强盛中华而奋斗的精神

"厚德载物"的校训，对清华莘莘学子有着深刻的影响。为强盛的中华，

清华师生英勇奋斗，在五四运动、抗御外来侵略者、抗日战争与解放战争中的革命先烈当中，许多是清华学子，让人深深怀念。

我们进入清华已是中华人民共和国成立以后，培养的是要有坚定信念跟着共产党走，为中国奉献自己，真心实意地为人民服务的精神。

在和平时期，建立为国为民的思想，树立高尚道德情操是不容忽视的，这也包含着科学研究上的顽强奋斗与学术道德。

全面素质教育为走向社会打下坚实基础

在培育德育智育高素质人才之外，体育是清华的一个重要教育方面。当时清华和全国学校一样，推行"8150"制，即每周有50小时学习，每天有8小时睡眠和1小时体育锻炼。

那时，我练习3 000米，每天由体育馆出发，路经善斋、化学馆、气象馆、生物馆、静斋、西校门内、清华园二校门礼堂前广场，再回到体育场。全校两千多人，多数都锻炼。

在美育方面，清华有许多文艺社团，如歌咏队、舞蹈队、戏剧社、美术社、音乐欣赏等。我当时就是清华的铜管乐队一员。

1951年我们组织了民乐队，主要由地质系和物理系二年级学生组成，我任指挥。1952年春节演出了《康定情歌》等三个曲子，受到热烈欢迎，我谢幕了三次，但是观众仍然掌声热烈，报幕同学只好向大家解释："对不起同学们，民乐队只练了三个曲子。"观众这才作罢。

从全局出发,为国家的大发展作奉献

1952年全国院校调整,清华从大局出发,很快就将理学院调到北京大学;研究地球的地质系,以北京大学和清华大学两校地质系为主体,成立了北京地质学院;清华地理系并入北京大学,其地理系后来变为地质地理系,而后又分建地质系和地理系;清华航空系也调出组建了北京航空学院。于是,清华上天入地的两个系都没有了,只留下了工程学科。

在母校清华百年校庆之时,作为其中一个老学长,和许多同学一样,对母校仍是充满了感激与思念之情。在此,仅有一个愿望:祝清华大学今后能更好地发展,居于世界著名大学的最前列,为中华培养出更多英才,也为世界教育作出重大贡献。此外,也祝愿清华大学,能很好恢复与发展地学,以促进许多学科的再发展。

值此母校清华大学百年华诞之时,谨赋诗一首以表心愿。

《赞清华》

水木清华逐时波,几代风流舞中华;

报国为民涌豪杰,厚德载物育英才;

百年教绩环球誉,千秋伟业历代传;

盛世大庆论今昔,世纪学堂赞歌扬。

人生感言

人生感言

人生如歌

——人生当今感悟之一

（智库界　2020 年 7 月 1 日）

似乎有人觉得，一个人几十年到百年后，历经千辛万苦怎么还会人生如歌呢？

是的！有这问题很正常。一个人不论是什么工作，什么文化水平，勤勤恳恳一生，为自己、为家人，也为社会为民族，以至为国家都作出了大大小小的贡献。哪怕就是最普通的工人、农民，辛劳一辈子，他们的一生似乎很平淡，却正是平凡中的伟大。劳动一生的劳动者，怎么不是他的一生如歌呢？他尽其所能，在其环境作出贡献，其一生就是一首赞歌。

这里说的"歌"，是真已可唱的歌，包括文字上的诗、词及文字的赞颂，也包括后人口头传颂赞扬之语言。

我国有五十六个民族，各民族的历史、文化、习俗、环境都有很大的不同，其对人生的歌的表达与赞美也不尽相同。

涉及对人生的歌唱，有欢乐的曲调为多，也有伤感悲切的哀悼情怀，赋予更深重的赞颂与怀念。

歌颂赞歌类

对共产党、对领袖、对英雄的赞歌,这方面是很多的。《东方红》原是陕北民歌调,在艰难的背景下,人民对共产党和领袖毛泽东,领导抗日战争和为人民的解放事业作出的丰功伟绩有了认同,才有了《东方红》这首响遍全中国的赞歌。

另外,许多民族以及汉族的大量关于党和领袖的赞歌如胡松华唱的内蒙曲调的赞歌,大大鼓舞了全中国人民的精神,也让世界各国人民更好理解、认识中国。

1952年为迎接中华人民共和国成立三周年,天津音乐家王莘突发灵感,作了词曲《歌唱祖国》,马上风靡全国。

我当时是清华大学地质系二年级,参加军乐队吹黑管,全队马上练习演奏这曲子。国庆节我们3时起床,吃了早饭到清华园火车站,坐火车到西直门,然后步行去东单,到东单就不时演奏。阅兵后开始游行,我们乐队就演奏《歌唱祖国》,通过天安门,接受毛主席和众多领导人检阅,到了四牌楼附近一中校,联欢。下午3—6时又步入天安门广场,参加晚上大联欢。这一天都是不断演奏,嘴唇都破了,但完全不觉得痛,反而精神饱满。晚上,到半夜在一中学中坐了2~3个小时,而后又到西直门火车站坐车到清华园,乐队在二校门不断演奏《歌唱祖国》,迎接返校的同学。返校的同学看到我们,马上热情交谈,向我们欢呼、鼓掌。我们也为祖国强大而欢欣,为同学之深情而感谢,为清华之学府而骄傲。当时,很多乐队学员都是噙着热泪在拼命演奏。

—— 人生感言 ——

军歌战歌鼓舞人们必胜的信念

抗战前，电影《风云儿女》中有田汉作词、聂耳作曲的《义勇军进行曲》："中华民族到了最危险的时候，每个人都被迫发出最后的吼声，起来！起来！起来！冒着敌人的炮火前进！前进！前进、进！"当时东三省被日寇侵占，1937年卢沟桥事变，日寇又侵占华北以至全中国，全国奋起抗战，这首战歌，极大鼓舞了全民斗志。此外，还有《游击队员之歌》《大刀歌》等。《东北流亡三部曲》曲调悲愤，更激起人民的抗日情怀。冼星海的《黄河大合唱》，其中《黄河怨》虽然是悲愤，但更激起后面的"怒吼吧黄河，怒吼吧黄河"的杀敌慷慨之气势。

解放战争时期就流传的《中国人民解放军军歌》，抗美援朝战争初又涌现了《中国人民志愿军战歌》，"雄赳赳，气昂昂，跨过鸭绿江，保和平卫祖国就是保家乡……"这些战歌引发出的战力，也是战胜敌人的强烈炮火。

情歌更好促进男女之间的神圣爱情婚姻

我国五十六个民族，都有情歌欢唱，但少数民族情歌多样表达。汉族，似乎更多转为文字表达，而呈现在诗、词、文章之中。还有在封建文化的长期"媒妁之言，父母主办"情况下，男女情爱的表达却是受到了限制。古代，张生和崔莺莺之间的爱情，就靠红娘的帮助。陆游和唐婉青梅竹马也劳燕分飞，各自婚后，在绍兴一园中还相会过，情爱幽怨的文笔，引得无数后人之叹息。

在西南地区，我见到几次男女对唱高歌，而且是在列车上发生，一些女性和一些男性，原先不是很熟，在列车上就对话唱起来。

电影《刘三姐》把广西壮族的民歌包括情歌表达到了极致，一时全国及海外华侨，都在唱《刘三姐》中的诸多插曲。刘三姐实有其人，她的对歌台就在柳州的叠彩峰。

电影《五朵金花》《阿诗玛》把云南少数民族曲调都融入其中。当时在东南沿海地区，有的男青年受感动，就要到云南寻找金花。

有一群男地质人员在川西调查突然被少数民族女青年围住，她们唱着情歌。这些男地质队员，只能笑笑，拍拍节奏，不能动。如果想冲出去，必然会碰到人，碰了哪个女青年就是表示你看上她，而就要和她联姻。

少数民族泼水节也是一样，女性泼水给你身上，你不能追着向她泼水，如果这样，那就意味着你看上她，向她泼水，回应了她的求爱。

各民族之间有多种多样爱情表达和追求。后来有首《窗外》是把少数民族的一部求婚求爱方式加以提升，表示男生在追求女生所住二层阁屋之处，唱情歌，多唱几次，感动了阁楼上女生，她接受窗外求爱、回应情歌，男生就上楼与之相会。

理解少数民族的风俗习惯，就是会尊重他们，也为他们的表达而欢欣。

在江西革命老区，也有情歌充满革命意志，"红军哥哥你慢慢走，革命胜利再回头，阿妹等你长相守唉，阿妹和你老白老呵"。我在井冈山开会在演出中看到的，还有电台广播中播放的，都使我很感动。

劳动之歌鼓舞合力奋勇的英雄气概

劳动人民在工作中，常会有唱歌：号子，以激发合力，而顽强拼搏。

在学生时代，我到水利工地修建大坝时，铺上黏土后，就靠打夯以压实，

——— 人生感言 ———

那时机械镀压少。先有一领头工人唱一句,然后有七八个工人一同"嘿呵",共同向上抛绳,末端连着一大块圆石,向空中飞上,然后再一起往下拉,增加速度,也增加力量,因力 $F=mv^2$,m 是石头质量,v 是下降速度,产生撞击土层力量就是 F。这种方法让人工很吃力,但很科学。我没敢上去,因为自觉力量不够,其中共同牵扯上下,形成一致合力,那是有一人力少,就会弄偏。1957 年 4 月我到三峡队,为三峡工程勘测。当时,我先参加了多种调查工作,以熟悉情况,住在长江边,早上洗脸、晚上擦身都在长江边,经常看到拉纤的人,唱着川江号子把船往上游拉。有一段时间,我们在三峡出口南津关至石碑这段坝区,在汛前勘测详细剖面,就在江口边岩石漫滩上观察地层,这岩石漫滩,高低不一,局部有砂土堆积,峡谷水流很急,大木船有的装了货,船工十多个或二十个人,分两排,两个大粗绳系在船身,两个纤夫每人一小段绳,一端有一小木,扣在大绳上,共同使劲,水流急,船货重,有人先唱,似乎是"大力齐努力啊……加油干啊……"再一句唱停顿时,大家马上齐声回应,最后一音共同使劲,要使力量大,大粗绳必须近水平,人必须手足都贴低,以得最大合力,非常辛苦。我心中很尊敬他们的伟大劳动,也有两次试一试,让纤夫给我拉,我深刻感到其中艰苦,拉了几米就还给了纤夫。当时,我有两想法。

第一,如果都是像我这样技术员当纤夫,肯定拉不上去,结果可能船不进则退,把我们都带入江中,船向下游冲去将造成灾难;第二,长江三峡当时是绝对冠军,3 300 万千瓦装机容量,能上马即可有大电力能源,也可减少这样拉纤让船向上游航行到重庆。

1958 年,修建十三陵水库。我从三峡回所,参加劳动近三十天,其实是推独轮车,装满上从山坡冲下去,到了坡下往上推还好,没有出现翻车、人跌倒这场面。因为1952年，作为清华大学学生，我带领几个学生去淮河大坡岭（大别山区）水库，当时条件差，从信阳下火车后，也靠独轮车，装着行李，人走路到山区中调查，我当时掌握了独轮车的能力，没想到在十三陵用上了。

没几天，我们又去扛水泥，一袋一百斤，从水泥仓库中，低头让两个同事抬着水泥扔在我肩上，为了快，两人不停地扔水泥袋给下一个人。背了水泥，赶一段路到了门口抛在车上。有一次，我正弯着腰等待把水泥扔在我背上，突然感到有人推了我，于是我突然往前奔了几步摔倒了，马上有十多袋水泥重重砸在我双腿上，那两人不断抛扔水泥，结果刚好在扔给我那一袋水泥时，使层面已倾斜的水泥，一下子失稳，砸了下去。真应感谢他们，没有他们推我，可能这十多袋水泥，不是压在我腿上，而是砸在我身上，那么我当场就呜呼哀哉了。在开始背水泥时，也哼哼几句号子，似乎可以解乏，又可增力量。

还有勘探工作中需钻机，有时钻机搬家，要去定位，又帮着带些钻斗，有一次，背篓里装的钻头多了，我都直不起腰，也站不起来，自叹不如啊。

永别丧葬与忌哀的歌声是有力缅怀

人的一生，从生下来，就有不少赞歌，首先是母亲对婴儿的哼唱，而后长大学习上学、娶亲，岁数大点的生日祝愿，都有歌声。而永别哀伤之时，不同地区、不同民族、不同信仰，也都有悲哀之歌。

一个人的生命，几十年很漫长吗？也很短暂，古语：人生苦短。但是，古语也有"盖棺定论"，人死了，进了棺材才可断定你是怎么样一个人。这也不尽然，有的革命先烈，为革命作出重大贡献，是"生的伟大，死的光荣"。有的人牺牲了但还不能宣扬。所以，有的烈士牺牲很长时间，才予以正名。

人生感言

  在中国台湾的地下党员,为革命作出重要贡献,五十年代本应返回大陆,已到舟山群岛。结果,因叛徒出卖,国民党在舟山撤退前,命人把她抓回台湾,后英勇牺牲,还有地下党吴石,也同时在台遇害。

  直到前几年,才在北京西山修建了他们的纪念广场,让人祭奠、致哀与缅怀。

  一个人生命几十年,不同时期都有他(她),永记心中的歌声,一个看似平凡的人,一生对革命对人民作出的奉献,都是一首首荡气回肠的歌。

  人们不会忘记你,祖国不会忘记你!

人生逐梦

——人生当今感悟之二

（中国文化交流网　2020 年 7 月 3 日）

梦，古今中外的众人都曾有过。梦多种多样，充满了奇特、神秘与感叹。梦，也是悲欢离合的多种心思的反映，最简单的从古至今的解说是，"日有所思，夜有所梦"。不少梦可以解说，但是，有的梦和当时岁月中的白日所思毫无关联，而是更久岁月，如幼时，或者更远的距离地点，那也是在你脑子中，仍是念念不忘或印象深刻的一些往事，仍在梦境中出现。

不可否认，有很多奇特的梦事，医学、心理学上也不能很好解释。小时候，大人曾告诫，有的人常半夜起来做事，而后又上床入睡，有的人犯了梦魇，半夜起来，还会飞檐走壁，在屋顶上嬉闹，千万不要喊他，一喊他醒来，这功夫马上消失，就会摔下来。还有说，有小孩梦游一个月，从城内跑到城外，后来家人寻了一个月，终于在公安部门帮助下找到，这小孩在一人家似亲人般做客，医生也不知所谓。

最有名的黄粱一梦，是卢生在邯郸一庙中的一梦。他烧香求佛，想神佛保佑自己科举上榜，结果梦中终于中榜，又是赐亲，又当高官，不禁欢喜，然而醒来，孤身在庙中一冷床上，还是一场空的美梦。我见过这庙，是否当年卢生做美梦的庙呢？当地介绍说是，我想未必，当地留下这美梦之地，也是好。我这卢生，可不追求这梦。

应当承认，古今中外难以计数的人，在梦中想念之事，后来也真的得以实现。这些事涉及个人、家庭的喜事、好事，能够在现实生活中体现，那真是"好梦成真"。所以，人们祝晚安，有时多加上"祝你做个好梦"，就是祝你白日想做的、想出现的好事，得以遂愿而在梦中，也希望在真实生活中，也会"成真"呀！

"众里寻他千百度，蓦然回首，那人却在，灯火阑珊处"，宋时辛弃疾这词，其正体现了"梦想成真"，"那人"不是指梦中情人，那时没有女子用"她"的字。有人说这"他"不是指人，是一个物。

能够梦想成真的事多了，这梦想之事合乎情理、合乎事物发展规律，就是理之所在的理想。于是梦想就是神圣的理想。

在习近平新时代中国特色社会主义思想中，对中国未来的理想追求，就是中国的复兴崛起，实现强国梦。这梦想也是全中国人民包括海外侨胞的梦想。通过党的坚强领导，全民的努力奋斗，就会取得指日可待的捷报。

为中国的崛起的强国梦，当然也是我们每个人的共同梦想，实现这梦想，是需要全体华人共同努力奋斗的，而且也是自己人生的重要所在。

作为强国梦的追梦人，应当做到下几方面。

一、坚定为强国美梦的信心

五千年悠久历史，幅员广阔，人口十四亿的强国，经历过百多年的列强侵略瓜分、割让，以及各种掠夺，伤痕累累的中华大地和中国人民，于1949

年终于在中国共产党领导之下重新站起来了。七十年来,软弱贫瘠的中华大地,取得了翻天覆地的变化。当今,虽然是世界第二大强国,但还有大国虎视眈眈,不断妖化,不断诬陷,不断威胁,不断施展诡计。在他们看来,这个被毒害并被扣上"东亚病夫"的民族,想更好地崛起,成为真正强国,那还了得。他们想再次肢解中国,打着民主、打破铁幕和反对战争与种族灭绝的大旗,干着扼杀别国发展的强盗行为。

目前,中国已强大不少,但庞大的魔爪还在张大压下。消灭这个庞大的中华,似是他们永不改变的战略。

所以,作为实现强国梦的中国追梦人,必须坚定自己在中国共产党领导之下,为实现强国这伟大梦想,而坚定必胜的信心。

二、为增国力而奋勇拼搏

中国是强大不少,国外敌对势力为什么还死心不已,仍是千方百计要削弱新中国,要阻挡中国发展呢?

新冠肺炎疫情在武汉发生,党领导之下的广大中国人民,团结奋起,阻抗疫情。

中国还有短板,在能源、粮食、科技等方面还有不足。军力强大了,应当认识"战争是政治的延续,战争仍不可能长期避免"。我同意这观念,我们要准备战争,不是让敌人上岸诱敌深入再歼灭,而是应当拒敌国外。

中国爱好和平,但应当有强大的"不战而屈人之兵"的能力,在敌对势力要进攻中国前夕先声夺人。力争强国,不仅要重视信息资源财富,实体资源财富也不可放弃,中央提出的"六保"是非常英明的。

作为强国的追梦人，应当为强国的要求，为国力的进一步提高而作出更大的贡献。

三、科补短板进一步为科技发展而奉献

不可否认，改革开放以来，中国在科技上也取得了很大的进展，但最重要的"两弹一星"基本国力，在中华人民共和国成立以来就着手发展并取得了极大成功。后来，我们在航天上也不断发展。中国在科技上的一些大项目，确实令人刮目相看。

但是，仍为短板而影响国力的还有诸多方面。如这次新冠肺炎疫情，中央已感到在医药防疫和人民健康方面存在的短板。知短板不足所在，奋起直追仍可期。

不要认为我国仍有不足之处就自己贬低自己，伟大的中华民族岂是可轻易被扼杀。两军相遇勇者胜，弱者有理哀兵赢，奋起拼搏强弱换，运筹帷幄前进行。

每个逐梦人，都心怀激情，心系强国，看准目标，砥砺前行，何敌敢挡？若止步不前自弱，才误大事。

四、攻坚克难，不畏险阻山高而努力攀登

每在一些强国及附庸之流的助威下，中国要强大，已是遇到很多阻力和陷阱，有人高喊我们不阻挡中国发展，实则好话说完，转身就挖陷阱，在贸易、经济、政治、生物战已挖了多少陷阱。回头看，在个别大国鼓噪诡计之下，

中国继续强大，还会增加更多困难。所以必须有两手准备，一手是不断为强国而准备，一手是会有暂时的困难，我们勒紧裤腰带，也要迸发出抗争力量。

实际上，霸权的人害怕强敌，且专欺软弱之人。"赤脚不怕穿鞋的"，中国还不是没钱穿不上鞋，而是钉子鞋，你想穿大皮鞋踩我一脚，我钉子鞋还踩一下，穿透你脚背，这就是以我力量、以我智慧来防坑。

当然，中国不是好战，恰恰受传统文化影响，中国常以善心为怀，在黑心人面前，可不能过度展示这慈爱的善心。

"人不犯我，我不犯人，人若犯我，我必抗之"。

你强，我也强，你想强压杀我，我更智慧夺你刀刃，反手一击。

强国梦，是中华民族的伟大梦想！

这梦想不是凭空产生，而是历史的必然。五千年的历史，中华民族经历了多少天灾人祸，正如恩格斯所说"每一次大灾难，带来的是历史的进步"。

这次新冠肺炎疫情，中国在党中央领导之下，举全国之力，迅速基本战胜，这是强大中国的表现。

今后，在我们强国过程中，也要做好再遇艰难的战争准备。伟大的中华民族，我自奋发自强不息，谁能亡我？

> 厚德自强为华夏，
> 同舟共济不畏难，
> 全民拼搏强国梦，
> 待着胜利凯歌扬。

―――― 人生感言 ――――

人生似水

——人生当今感悟之三

（智库界　2020年7月8日）

水是流动的液体，地球上以水为主，大海、湖泊、河流、地下水，还有，水-气变化，水蒸发为气，大气中又下降雨、雪、水，而降落补给水体。据研究，太空中还不断有大水球，降落到地球，使地球上除了自身已有水体-大气的变化之外，还有太空降水补充，也有地球原有固体的物质-岩层、土壤中经过物理与化学及地质作用，而析出水体。一句话，地球上，水体是非常复杂的。

水不仅量大，而且是多种状态变化，即液相-气相-固相（水-气-冰雪）之变化。水是运动的，各种流态也是变化繁多。

人体中，百分之七十是水。人活几十年，生活中必须要水，死后也多化成水。古语有"似水流年"，这更确切地阐明了岁月的变化，像水一样流动，比古语"日月如梭""光阴似箭"显得更确切。

一、水，是人类生存与发展的最重要资源

"上善若水"，没有水，就没有生命，就没有人类，这是真理。所以，

现在对地球太空的研究,就是要寻找哪个星球可能有水,哪个星球有"外星人"。

这需要科学技术更高发展,有更多星球有"太空人",地球将是加入这太空星系的俱乐部,那地球上一切,肯定要有翻天覆地的变化。目前,科技水平较低,那时科技当是达到更高水平,诸多人类的想象,将成现实。

水是最宝贵的资源,人类不少地区是缺水的,而人类生存的环境也需要水。一亩森林,可储蓄地下水十几立方米至二十多立方米。联合国曾规定,一个地区人均水资源量,少于1700立方米/(人·年),划为缺水地区。

但是,多少年来,不少(可以说几乎全部)国家和地区,却是不断在污染水资源和环境,或在浪费水资源。

上善若水,水对人类是最大的慈祥善怀,人类应当更珍惜水资源,更好爱护水资源环境,更好集约节约利用水资源。

善待水资源,也就是善待生命,善待人类自己。

二、水流动的奔腾水态激励着人类奋勇前进

"流水不腐,户枢不蠹",这是真理,流动的水,有自净的能力,腐朽之物难长存,有害物质和有害生物难以繁衍肆虐。因为流动的水,就像不断旋转摩擦的门窗之枢纽,也难发霉腐烂。

所以,智慧的人,看到奔腾的水流,激发的思潮也有深刻含意,或感人肺腑、或振奋人生。

毛泽东作为伟大领袖,写过"秦皇汉武略输文采,唐宗宋祖稍逊风骚,成吉思汗,只识弯弓射大雕。俱往矣,数风流人物,还看今朝"。列举中国著名君主之不足,而最后推荐的是风流人物还看今朝。

―― 人生感言 ――

在二十世纪五十年代，横渡浩瀚长江激流时，毛泽东主席在《水调歌头》写道："才饮长沙水，又食武昌鱼，万里长江横渡，极目楚天舒……"在武昌这楚地的长江中畅游时，又写出"一桥飞架南北，天堑变通途。更立西江石壁，截断巫山云雨，高峡出平湖。神女应无恙，当惊世界殊"。毛主席赞扬了刚建成的武汉长江大桥（长江上第一桥），又期待长江三峡水利枢纽建成，当时被誉为世界水利建设之冠军规模，当惊世界啊！

雄伟奔腾的长江，在伟人眼中想象的，是开发长江之利，与便民大发展的人生幸福通途。

在李煜（唐后主）心中，作为亡了南唐的后主，面对流水而发的悲凉心情就不一样。他写"春花秋月何时了，往事知多少，小楼昨夜又东风，故国不堪回首月明中……"这位亡国之君，虽受优待，但悲惨心情是可想而知，下面写道："问君能有几多愁，恰似一江春水向东流。"李煜自问多大的愁苦，这是可想而知。李煜，不是好君主，在把愁苦放入滚滚东流水中，发出感叹，他却成为了名留后世的一个悲苦的文人。

努力拼搏穿越急流，期望到达胜利彼岸，这已是当代人们的共识。当然，也有人不求上进，随波逐流，一事无成。

人要自问，在新时代的激流中，你是隔岸观潮，还是在大江大河风浪急流中奋勇拼搏，锻炼成长，作出最大贡献。

人生似水，要在新时代的急流中，咆哮、拼搏、奋斗、前进。

三、水，是发展的命脉与基础条件

水，有其灾害性，我们当有防灾的认识。

水，具有危害人类生存与发展的灾害性，古人早已知道。中国很早就开辟运河，如广西桂林地区早期修建的灵渠，实是沟通了长江与珠江流域。又如隋炀帝修建大运河。近十多年来，又有南水北调的中、西两线运河引水，这是兴修水利航运、灌溉的工程。

中华人民共和国成立后，中国更是修建了数以万计的大、中、小型水利水电枢纽。1950 年，淮河大水，灾难大片，据报河南一地，毒蛇躲洪水上农村，就咬死了百多人，水灾之变，让毛泽东主席都流泪，立即同周总理让水利部制定淮河治理规划。后来，毛主席又提："一定要把淮河修好。"

武汉 1954 年大洪水，淹了几千万亩地，数百万人受灾。历史上长江大洪水频繁，出三峡的最大洪峰达十三万立方米每秒。毛主席有了前面的诗词要防灾兴利，让"惊世界殊"。

国外一些别有用心之人，一时攻击鼓噪三峡工程，直言喊"必须把三峡大坝立即炸毁"。其实，这些人并不愚蠢，中国要炸掉三峡大坝，那随之而来有更大的灾害和祸害，就是要让中国通过炸三峡而毁灭。美国二十世纪三十年代有"TVA"，修建田纳西河一些小工程，却名扬世界，以胡佛命名的坝址和中国许多大坝相比，真是小巫见大巫，但却有很多人不断参观。

我参加治淮工程，也参与三峡工程，也涉及许多水利水电建设，我深知这些高喊炸毁三峡的人的险恶用心。

我坚持，应一分为二看待大水利水电工程，以大效益为主，也考虑问题诱发，但可防应治。这种看法受到了欢迎，《中国共产党与三峡工程》这本书中收录一篇我谈科学影响的论著，我感到非常有幸。

应当认识水的两面性，必须科学地防灾兴利，这是任重道远的任务。在今年新冠肺炎疫情肆虐时，我写的一感想文中，就提到要早准备防治 2020 年的大江河的防洪问题。

四、水体，是地质沧桑演变的最易呈现的兆象

人生活在地球上，而地球是在不断演化的。地球沧桑巨变，首先在水体变化中呈现出来。

如海平面升降。距今一万多年至两万多年前第四纪冰期，海平面比目前低百多米，距今六七千年时，海平面又高于目前海平面，长江河口在镇江，杭州湾海平面达灵隐寺前。

在六千多万年白垩纪时，西藏还是属于欧亚特提斯海，后来板块相撞，隆起喜马拉雅山。所以，目前珠峰上有白垩系海相灰岩沉积。那时，没有长江，分水岭在巫峡，西部向西流，四川盆地水向西流入特提斯海，巫山东南水流入湖北大云梦泽湖，地壳运动上升，西部四川盆地水改向东，河流袭夺，有了长江一段，云梦泽湖缩小，长江向东南伸延。

1950年淮河大洪水，就是因为黄河多变迁的入海口及三角洲袭夺了淮河入海口，淮河入不了海，于是泛滥成大灾。

五、水聚成河成为民族与文化发源地

古人多傍水而居，随着有关文化由原始进而发展，达到一定超地区的影响力，称为古代四大文明，即巴比伦文化、古埃及文化、古印度文化及中国文化。前三者，在一千多年前就失去影响或消失了影响，所以称古文化。中国五千年以来，继续存在与发展，所以只称中国具有五千年文化历史。

以往中国文化中把黄河作为母亲河，认为民族、文化是黄河炎黄子孙的母亲河，我认为中国56个民族，许多大江河及其上游的支流，都是中国的母亲河。抗战时，以黄河为题材的更多的抗日可歌可泣之事，加上《黄河大合唱》影响，所以都肯定黄河是中华民族母亲河，应该说是有道理，但应加"之一"。

中国北京猿人，有70多万年历史，还有山顶洞人，都是原始人类遗迹，古人洞文化遗迹。还有数万至一万年左右的洞穴灰烬，是中国古人用火的文明遗迹。外国学者有的就赞扬中国"凿木取火"的文化，用火是文化一大进步的表现，上述除了水利工程，对水资源及其他资源利用都是中国古文化的延续发展。

中国河流如上述，也是作为研究地球演化的主要依据。

人生似水，一个人在大江河中，只是一滴水，夸大点是一碗水，这一碗水汇入大河中奔腾，才会显示出其力量和作用。一碗水只停贮在碗中，遇着气候变化，这水体可能早就蒸发没了，或者结成冰块，侥幸没蒸发，就是清风吹拂，也会落入不少灰尘，成为污水臭水。

人如是有激情，投身融入大时代洪流之中，你才会最大地和向前奔腾的洪流之中，发挥最大的作用。

你的人生似水，就是宝贵的资源，你就是只有小能量，在大洪流中也发挥出大能量。

在庆祝中国共产党建党99周年，在有九千多万共产党员的今天，在沸腾奔向前方的巨流中，你会感到自己的无限力量，你会感到自己多么幸运、多么幸福，汇合在十四亿中国人的大激流中，奔腾向前。

人生似水，这就是一个重要课题。

五十六个民族，大江河和支流汇成的河系，孕育了十四亿人口，有五千

人生感言

多年文明历史,勤劳、智慧、勇敢、爱和平、爱其他人民,追求的不是霸权,而是人类命运共同体,共同幸福发展与幸福的未来。这样的意志和力量汇成激荡澎湃的新时代波涛,具有伟大的生命力、创造力与凝聚力,朝向胜利幸福的前景,不断延伸发展的文化力和和平力。

大江河水流的奔腾东向,期待那更光明、更灿烂的东方吧!

衷心的缅怀　真诚的感谢

——人生的感怀与遗憾之一

近日，已有专家向我祝贺 90 岁生日，并希望我能发表一些个人的人生感悟，供青年朋友们激励与参考。为此，首先表示衷心感谢！

再过一个多月，是我实足 90 周岁生日，时间真快，但似乎又是很短暂。我心中有庆幸，但更多的是感到忏悔与自责，为党、为国、为人民确实贡献还太少，真是心里话，不是虚伪与谦虚。即使有许多客观和人为的因素，但从自己的方面去回忆总结，确实值得深思。

中国古语："知来者之可追，觉今是而昨非。"我的目前愿望是：我觉是而岁月无情，愿青年适时奋进奉献。

今年正是中国共产党百年华诞，"没有共产党就没有新中国"。"没有共产党，就没有今日的强盛的新中国"。中国共产党已百年，我将是 90 岁了，从五六岁记事起，也有 85 年岁月，我都记忆了这过程。在共产党的领导下，中华民族今日才能屹立于世界民族之林。

所以，概括我这一生经历中，首先，应表示对中国共产党的衷心敬意与感谢！作为一个党员，对自己的党的伟大，是真诚的感激！

我应该感谢我的父母，还有许多亲友！我应该感谢和我一齐奋战在野外、在实验室、在建设工地上的许许多多合作战友们！还有许许多多有关部门给

——— 人生感言 ———

我以支持、关怀、合作的专家、朋友们！没有他们的支持、帮助、鼓励与指引，我不可能作出什么重要贡献。

无数的同志们、朋友们、同志们，多数仍健在，有的已经离世，我借此再次向他们表示敬意与感谢！在我几年前的回忆录中，曾表示：故去的同志们、朋友们，祖国不会忘记你们，我有生之年，永远铭记你们！缅怀你们！

这篇，我只说一件事，5月1日不是我的真生日，但我的生日肯定在5月（阳历），农历是4月份。

1950年10月8—9日，我到清华大学教务处去报到，要填新生入学的表格，我写的是1931年4月（农历）。当时一位先生，可能是教务处领导，他很严肃对我说：现在都解放了，还填阴历，填阳历！当时，我真不知道阳历是哪天，反正是5月，在中学参加进步学生运动时，常唱"五月的鲜花，开遍了原野……"我灵机一动说："先生（那时不称老师），阳历真的不知道是那一天，但应是五月，而5月1日是劳动人民节日，我想填5月1日，做个劳动人民的儿子，行不行？"那位先生的手边也没有老皇历可查，他想了一下说："好！你就填5月1日。"于是我的生日，在档案上，在各种场合上都被定为5月1日，发身份证时，也一直引用5月1日作为我生日。做个劳动人民的儿子，这也一直激励我，我也没再更改。

我不过生日，一直到2011年，整80岁了，在贵州师范大学喀斯特研究院和同济大学地下工程系，分别举行了学术讨论会，请一些熟悉的好朋友好专家，参加做学术报告，我也做一学术报告，实际上是为我过生日。

今年，90周岁日子，我认为还是不要过生日，我2013年交了自己写的自传，多方认为很好，但因种种原因未出版，今年底有望在人民出版社出版。

我这里，想要作出概括与补充，以求大家的批评、指正与引导。以求在有限岁月中，尚可存点贡献吧！

　　一个人生于世的几十年光阴中，有多少人为你服务，给你提供生存工作的条件啊！衣、食、住、行、炼、娱、医、学、教、家、生、工、创、信，真是多少人民大众服务了你。中国能有今天，多少烈士卫国抗敌而献身，为了中国又有多少英烈献出了宝贵生命！在和平环境下，我们享受这和平、幸福、美好的生活，深深地怀念无数的英雄烈士，尽自己力量做些利国利民的事情那是应当的。

　　我不能过这生日，但应借此向许多人民表示感谢！向英烈们表示悼念！

—— 人生感言 ——

国家需求是重任　地质工作是保障

——人生感悟与遗憾之二

为国家建设需要，全国理工四年制的本科学生，都提前一年毕业。我们在清华大学地质系的十二位同学，学的是新水文地质、工程地质专业，这是第二次世界大战后，国际上刚刚兴起的专业。在清华大学，我就选修了土木水利方面的有关课程。因为要提前毕业，在新成立的北京地质学院中，学普通地质与找矿有关专业的三年级同学，于五六月份就结束专业课程学习，突击学些俄语。我们新专业，课程就把四年级时应有的课，也增加了些内容。正规四年级是以论文为主，我在淮河实习时写的论文，认为不错，存入全国地质资料，也可充作毕业论文。我们这专业，实际上到1953年8月才结束了，待分配。

毕业后，我被分配到地质部水文地质工程地质室，开始做野外调查研究工作。1954年成立了地质部水文地质工程地质处（后改为局），我们四人在研究所跟苏联专家学习。1956年成立了地质部水文地质工程地质研究所，我们又划归入研究所。我作为所里的正式编制人员，在水文所（后改为水文地质环境地质研究所，水环所）。其实，我多是兼任重要的野外队技术工作。

原先，领导让我在研究科（后研究所）工作，主要是跟苏联工程地质专家马舒可夫学习。我跟随他出差几个月后，便向所领导及专家提议，我要到野外队去锻炼，专家指导，这样学习锻炼更好，领导和专家非常支持。

我放弃跟专家，而选到野外去艰苦奋斗，这对我个人成长，却是一个重要转折点。从1954年到目前，近67个年头，我基本上都是在国家不同时期的重点发展和建设目标区，努力地拼搏，以求更好完成任务，作出贡献。概括地讲，有这几个方面。

1. 为国家发展需求开发资源方面

主要是为水利水电能源、矿产资源开发中有关水文工程地质条件、地热能源等。

2. 交通建设方面

涉及航空机场、海港码头、公路（包括高速公路）、铁路（包括高速铁路）、城市轨道交通等。

3. 城镇群发展有关地质环境问题

涉及北、上、广、深及多个省会城市发展与有关建设问题。

4. 地质灾害的防治与应急的决策

这方面内容，一是对已有自然灾害的发生发展及灾害链作出防治的决定建议，二是各项建设工程中，针对诱发、加剧灾害的发生与发展，提出应注意的问题，三是对威胁人民生命财产与环境安全的灾情，作出科学论断并提出应急的处理建议。

5. 喀斯特（岩溶）发育规律研究

在喀斯特地区，各种建设发展都要受到喀斯特发育的影响，研究其发育机理和规律性，掌握其特殊水动力条件，是解决实际问题的关键。从1954年，我就着手这方面，研究的成果也应用于有关建设中。

6. 地质－生态环境的理论探索与实践

随着建设的发展，环境安全无污染、良好的生态，这是大家企求的，而这些又与地质环境切实相关，我提出地质-生态环境就是为了更好地进行兴利防灾（包括污染），强调综合研究资源性条件、灾害性条件，综合的地质作用与外在人工影响的生态环境相互关系，以作出科学认识。从这方面，在西南水资源、西北干旱内陆河流域、东北大矿山的生态治理，山东半岛地区及长江三角洲等地，开展了探索研究，有了一些认识。

7. 生态文明建设的贯彻与应用

在福建海西经济区开展有关生态环境安全与可持续发展研究时，对福建的研究思想拓展，并建议福建作为生态文明建设第一个示范省，得到批准。党的十八大上习近平同志的报告中，提了生态文明建设重大战略。

8. 适时的重要建议

除了研究工作的成果及报告，往上呈送，有的另写文章发之外，经常是在有重要情况，或发现有重大问题，需立即提出战略性建设时。这方面我提了不少，涉及工程的决策、区域性发展、灾害的应急措施、科技发展的战略性调整、规划区发展协调、科教发展及农业农村发展等。

上面列举的几个方面我所从事的工作，多数都是当时国家所需求，不少是通过我负责带领有关力量，而取得的成果，解决了面临的问题，保障了国家利益，也避免了人民生命财产的损失，也产生一些很好的社会及国内外影响，也得到好的环境效益。

这些成就当然不是属于个人，而是众多参与的人员合力取得的。

但是，也有我感到遗憾，未能如愿，给国家造成损失，自己也应有自疚不足之处。

1. 贵州猫跳河四级电站渗漏问题

在 1960—1962 年，为猫跳河梯级开发，我应邀多次去现场指导勘探，其他五级我都提了建议，建议岩溶地质问题应采取的措施后可保安全。我据当时取得的勘探成果，对四级认为左坝肩有复杂岩溶与断裂发育，必定大量渗漏，建议应往下游移。后来，有关部门水工方面总工对我说：你对其他几级意见，我们都很好接受，这四级我们认为不存在处理难题。结果，我的意见是对的，这坝建成后大量漏水，影响效益。当时，应当进一步力争，充分认识客观地质条件，而我只强调一下，没向上级政府部门及水利部门反映，感到遗憾也很自疚，坚持不够有力。

2. 黄河干流上某个大型水库右岸，于 20 世纪 80 年代要建大型水利枢纽

我去了三次，当时认为右岸必须慎重处理防渗，有关部门急于得到批准，一定要上级批准，让设计地质人员都一致认为渗漏少，没问题可上马。后来不请我去了。我坚持认为会大量漏水，在后来科学出版社出版的论著中，我有一章专门谈到枢纽漏水问题。到了二十一世纪初，大坝建成。漏水极其严重，水利部有关地质总工来找我，谈这坝渗漏严重，以为我也如此认为，我把我书中论述寄给他看。这枢纽发生的渗漏，我书中论述清晰有了交代。我感到遗憾的是，当时我应当把意见呈送水利部领导及国务院有关领导，引起重视就好。

3. 1965 年，三线建设，我参加科委组织的川汉铁路岩溶问题处理

国家科委韩光副主任和武衡副主任两次接见我，我汇报了西南岩溶情况，还编了全国喀斯特图、西南喀斯特图集。他们要我负责圆梁山隧道的地质包括喀斯特问题。12.5 千米长隧道在中国和世界上喀斯特地区都是首次，这是重要的科学难题。他们问我有什么要求，我提三条：①成立喀斯特地质研究所，为三线建设服务；②搞地质雷达，和物探所袁学诚合作，他是清华大学物理系到地质部物探所的，在考察中他先和我商量合作搞地质雷达之事；③搞相应科学研究。当时，美国有文章要搞地质雷达，韩光副主任同意这三条，让地质部筹备喀斯特所，并把筹备事交给我，张更生所长带我去桂林，将我介绍给桂林市领导，强调以后由我和市领导接触，当时选了所址在七星岩公园后门一带。国家科委也让军事部门给我所一个对空雷达作参考，放在百万庄一楼我水文所办公室中。不久"文化大革命"开始，一切都难了，水文所也迁到正定。70年代中，研究室王君力、赵学淳青年人在正定接手搞了地质雷达，我带他们去乌江渡探测试验，效果不错。但却无后话，很遗憾，当时我无力催促。改革开放后，各地许多地质等部门只好从美国、加拿大等国采购大量地质雷达。前两年，一个物探人员说，国内知道地质雷达，是1989年从香港大学教科书上才知道。很遗憾，其实三十多年前就要搞地质雷达，十多年前（都以1989年计），我们也有样机。

4. 没能建立连续性的我的研究团队

从上面所提我繁重任务中，当时团队都是以当地野外队或合作部门地质人员为主，一个任务完成后就解散了，新的任务来，又重新组队。在水文所，研究人员固定在我团队的人少，有在室内搞实验，在两三个人固定做专门试验，也有不同专业人员配合进行探索试验。搬到正定，又开始动乱，队伍也拆散。这深深影响更好的研究与探索。

中华人民共和国成立时，仍是相对贫穷落后，但是有了共产党领导，国家面貌一新，全国充满了朝气。抗美援朝又取得胜利，美帝不得不签下停战协定。中国要站来了，不能再倒下，那就必须发展，必须建设。有了全国人民的努力，共同奋斗，中国会很快地站起来。水利、电力、钢铁、交通、机械、农业等的建设发展，人民生活的保障与提高，哪一样不需要地质工作的保障以取得成功？

那时，我脑中就是"国家需求就是重任，就是命令"。每一次任务地质条件都不同，都是要深入调查、勘探、试验、研究，地质工作，特别我们担负水文地质、工程地质与环境地质工作，是保障工程建设的重要的基础，也是重要的保障与支撑。

我曾写下：

千里之行，起于足下；

九层之台，起于垒上；

科学真谛，验于实践；

伟业大厦，稳在基础。

―― 人生感言 ――

回报人民应继续　科技创新当加力

——人生感悟与遗憾之三

从1949年中华人民共和国成立，到2019年，已整整70年了。近些年，大家也清楚认识到，1949年时，新中国还是贫穷落后，但充满朝气与希望。中国经历了从站起来，到富起来，进入现在要真正强起来的时期。

上篇我谈了国家发展是重任啊！作为中国的一个科技人员，这一段时间，关心的事归纳一下，又感到问题与遗憾的存在。

一、脱贫攻坚与城乡和谐发展

作为一个地质科技人员，早期为学生在野外实习、锻炼工作时，在外为建设而进行调查研究中，都是离不开乡村，对于农民的纯朴、勤劳和善良，我是深深感怀的。

首先，我们在勘探调查时，就住在老乡家中，知道他们的生活很艰辛，他们辛辛苦苦种粮食、蔬菜、果实，养猪、鸡、羊、鸭供城市，而且他们很多时候没有更多的享受，只是劳动、劳动、再劳动。环境好的农村，在国家号召的帮助下，农村生产也发展好了，生活也明显提高了。

但是偏僻的山区，特别是岩溶喀斯特地区，地表水、土资源不好，农村一直很苦,几片薄瘠的土地,靠天降雨生长,稀疏种些玉米杂粮,不少衣不暖体、食难果腹,我也经历过,在野外(我一个学生)调查时,洪水来了,我在的村庄人少,老百姓也没粮食,快要收割,又来洪水,真是看到粮食收不回,肚饥眼花望田野。

我们所1965年从北京搬去正定,近十年里我年年都去收割麦子,一早三四点起来,五时出发,割麦真是腰酸背痛,手足力耗尽。下午四时多返回,有小米粥、玉米、窝窝头,可有一鸭蛋,那就是享受了。

有一次,是秋季收割,我们到正定北郊一农村,中午就没吃饭。傍晚时,所内人和农民一起围坐在场上,所内造反派宣布批斗我,挂上重大木枷,一个多小时散会后,他们都走了,晚上让我到一个老乡家去住,我也没吃晚饭,老乡要我吃,我也吃。第二天又一早喝点米汤去劳动,中午到这老乡家一看,一桌子蔬菜几盘,还有点腊肉片,一对老夫妇不断给我夹菜,并说:"同志,你要想得开,这样的事多,过后就会好,千万要想开。"当时,我几乎感动得要大声哭出来。我听着,噙着泪对老乡说:"谢谢你们关心,我会没事的。"他们老怕我想不开……

这是特殊岁月,在这一段时间,中国还是要站起来的阶段,有曲折,那算不了什么。

1978年十一届三中全会后,中国要富起来,大城市先富起来,问题不大,有基本资金、有基本人才,再进一步引入资金人才。广大农村不断有劳动力涌入城市,解决城市繁重劳动力,打工者收入也改善了农村人口的生活。

我也看到,我国南北方不少地区,岩溶石灰岩山区,水土条件差,仍多贫困,国家民委给我题目:西南少数民族地区经济发展与自然条件研究,实际上涉及全西南地区。1988年交给我这任务,经费也少,我和这几省地质人员,基本上已有资料，编了一幅图系，提出石灰岩岩溶地区如何改进水土条件发展农业及有关产业问题，我还特别提出石漠化治理这关键问题。这是国际上首次提出的理念，我在1989年提给国际洞穴大会的文章中（这会在瑞士召开），我没参加，但文章发表了，英文论中，我把石灰岩地区石漠化，称为"Rocky desertification"。

开始是提岩漠化，后又被引用时，写成石漠化。提出这个理念对石灰岩地区脱贫，起了有力推动作用，不仅政府重视，中央电视台在新闻联播中，还较长时间报道，让我出镜讲话。在我担任名誉校长的贵州师范大学，还建立了南方喀斯特研究院，科技部也在此批准建立《喀斯特石漠化治理工程研究中心》。

我也去了云南、广西、贵州、四川、重庆、湘西、鄂西一些石漠化地区参加研究治理工作。贵州册享、望谟两地石漠化严重之外，还连续发生大的滑坡泥石流及洪灾等，原来当地称"册望，册望，贵州之西藏：我说西藏我去过两次，西藏不是中国最落后，应改为"册望，册望，贵州之希望"。册享、望谟都脱贫了，贵州不会拖后腿，贵州才能全省脱贫，向小康社会前进。2021年，国家已宣布近些年有9 899万人，脱贫，853县摘贫困帽，15.8万个村出列。其中包括了广大的石灰岩石漠化地区。

近日，中央列上农村的振兴，这是非常英明的决策。

二、科技振兴是首要任务，当自强自立

中国的崛起、振兴，实现强国梦，这是不可阻挡的趋势。但是，美国想组织煽动一些发达国家，对中国予以围攻。大家都清醒，真正关键的技术是

买不来的，只有自强不息，自力更生。

问题在于，有些中国学者，强调中国不行，比美国差多了，要永远向美国学习，就是要听从美国摆布，俯首称臣。有的人连四大发明都否定，妄自菲薄，看不到中国的发展。两弹一星，就是自强发展。改革开放时，中国地质工作的"三S"技术，都是国外传入，现在都是自己创造的。我们已有30多颗卫星的北斗三号系统；GIS地理信息，大信息大数据系统。

苏联加加林上天，美国月球人员降落取样。那时中国什么状态，获得一小瓶月球岩样，就不得了。现在月球背面绕、降、采（样）返回，运行得很好。高铁等的发展，也是世界领先。国际上，在岩溶地区没有修中国这么多高坝，这些成就是不可否认。当然，我们不能骄傲自大。

中国很明确，中美两国应当平等、相互尊重、和平共处不对抗，合作共赢。

中国五千年历史，十四亿人口，有光荣传统，有坚强中国共产党领导，有优秀的科技人员，中国一定会有更多更好的创新成果，为世界人民造福。

三、为国家发展贡献力量，回报社会人民

我是1931年出生，三个多月后，发生九一八事变，日寇侵占东北；我6岁时，发生七七事变。当时小儿童，我就唱"敢军进行曲"，福州两次沦陷。从小知道国弱当亡国奴会是多耻辱。

中国必须强大，才不会变欺凌。后来，抗战胜利了，国民党当局腐败，我奋起积极参加学生进步活动。中华人民共和国成立后，我代表十多所大中学校在欢迎解放军大会上讲话。中学毕业时（1950年11月初），我参加青年团福州工作委员会工作，在南台一带大中学校搞思想及建团工作。

人生感言

我功课好，数理化好，本想摘取数论皇冠上的明珠——哥德巴赫猜想，虽丢了功课7个月，但报考清华大学（华北统考）。离大考只十二三天，我才准备，天热又生病，痰中有血，怕肺病。报的是数学、物理，结果数学系，在福建只招一人，我作为备取生第二名（全省只有4名备取）。成绩合格，但所填志愿没有，要重填志愿。我想先入理学院地质系，再转系到数学系或物理系。可是学校九月中旬就开学了，我没有路费去不了北京。当时，在家中望天空，真是望眼欲穿，望天上落下馅饼。九月底一天，我都认为无望了，突然两位工作同志来，说：耀如同志，昨天我们刚发津贴，那时每人每月津贴工资（饭食是公家）是1元多钱。今天大家拿来，还有我们种菜，你也一块劳动，卖的钱，共29.5万元（实际后来的29.5元）。"你功课好，希望你好好学习，为国家建设服务。"当时，我感动得说不出来，只低声说，感谢同志们，我一定好好学习，为国家建设服务。心中默默发誓，学习出来，一定要"滴水之恩，涌泉相报"。

旅途路上走了七天多，到了清华。入了地质系，选了给数学系新生开的微积分，给物理系新生开的物理课。后地质系主任袁复礼教授，专门找我谈，说国家需要地质人才，你不能转。于是，就专心为国家需求而学地质。

我到清华只带四斤棉被，一个被单，没有厚衣服，29.5元路费也快花完了，十月初，我要赶上前面同学已学了近二十天的课。我不觉困难，但快没钱吃饭了。国家又给了我助学金，除了伙食费外，每月还有七千五百元（即0.75元），寄一封信800元（8分），基本上寄家信，买肥皂、牙膏、纸笔也够了。那时也开始了抗美援朝，国家是那么困难，给我这贫穷学生以帮助，得以学习，真的是不容易呀！

这种情况下，我只有好好学习，努力培育自己，锻炼好身体，将来好好地回报国家、回报社会，好好地为人民作奉献。

所以，后来我一直想着要做好地质工作，为国家作贡献，特别是与山区贫困地区发展有关的工作。贵州许多同志都说："你为贵州多做工作，主要贵州穷"，"地无三里平，天无三日晴、人无三分银"，他们说对了。

贵州师范大学给了我一些报酬，我一分不用，先资助了贵州、山西、福建等学生，后来大数剩下来，加上其他给的报酬以及节省下的一些钱，集中捐献给贵州、福建、上海同济大学的学生，用以激励学生，好好学习，为国贡献。

我上面说的，上大学过程得到资助，绝不能忘却，回报社会、回报人民。这是实现自己的诺言和誓言，做一个党教育培养的人，绝不能只顾个人利益的人。

我感到遗憾与自疚的是：

第一，我回报得太少，因为我亲弟妹有七个，我老大。共八个人，出来后，大多工资我都寄回家供弟妹父母生活。真的，区区这小数目，只是表达我的回报心意。

第二，我感到遗憾的是，为农村脱贫，我做得还不够，还不深入，没能抓住几处，一直跟踪下去，不只让生态环境好转，减少灾害，更应支持建立新产业，让脱贫得以巩固。

下面《科技之歌》表示自己应在科技创新及培养英才方面，尽已之力，再作奉献。

科教之歌

世界风云多变幻，自强自立满豪情，
科技创新首任重，教育英才双偕行，
和谐自然规律晓，验于实践真理明，
忠诚奉献为国强，红旗飘扬高峰岭。

—— 人生感言 ——

防疫兴利新时代　科技强国再腾飞

（智库界　2020年6月25日）

根据目前的国内外形势，特别是这次新冠肺炎疫情在中国及全世界的发展，及其造成各方面广泛而深刻的影响，大家刻骨铭心，也感悟到，更好发展我国科学技术，是实现我国崛起强国梦的一个重要途径。

如何更好发展我国的科技与教育，前些时我已有两篇文章予以讨论，并在网上发表。现在感到仍需作些讨论发表些意见，以供参考，更重要的也是进一步呼吁。

正确认识科学的内涵

近来，看到一个视频，是一个与科技密切相关的人发表的认识，他强调科学是科学，技术是技术，二者不能并提。他欣赏与大力支持"大国工匠"的探索，但认为技术是匠，不是科学，这就令人莫名其妙。

"匠"，怎么能将其工作当作科学？这是他的理解。他还否认中国的四大发明，意思是"指南针"发明，是什么科学，只是技术，还指责"那时搞过地球磁场吗"，又说什么火药是四大发明之一，那是黑色火药，跟黄色炸药一样吗？

此人，自认为是科技界的大人物，说的话像个文盲的小人。发明指南针，不知道地球有磁场,那为什么不叫指东针,太阳东边出；为什么不叫指西针呢？太阳从西边落。再问此人,你知道古地磁的变化和有关事件吗？

他认为"匠"就是劳力者,不懂科学,其实"匠"在中国是受尊重的职守,有教书老师就称为"教书匠"。

在二十世纪五十年代初,地质学界有一句话是,"地质是不科学的科学",首先肯定的地质是研究地球、宇宙的科学,为什么又不是科学呢,因为地球太复杂了,宇宙演化又非常复杂,那时的研究手段还有限,所以很难解答更多复杂问题。前几年,又有个学医的人物强调,医学不是科学,也因为人体太复杂了,很多还不清楚。不少西医掌握有形的器官人体结构,但对中医的脉络穴位号并不理解,所以用有形的数据特征作医学之本,对深奥的中医,就将其贬为"不科学"。

目前,科学的发展,更说明科学技术是密切相连的。科学的进展,不仅是体现在理论上,以及可表达的一个数理化生的公式上,更主要是体现在相应产物成果的创作技术上的进展,必定配合着有关技术的进展。两弹一星的成功,不只是理论上,更主要的是多方面技术的体现,包括材料、动力燃料以及各种零件配件的制作。

目前,尤为重要的信息工程、人工智能化以及控制核心的系统,包括已普及的计算机系统的各种芯片的制作,这些技术不是科学吗？华为搞出了5G,也后备选出了更好的芯片,这些技术充分体现了科学进展的内涵。

正确认识我国科技水平有利于高质量发展

对我国科技能力、实际国力的认识是非常重要的。

—— 人生感言 ——

1. 崇洋媚外、贬低自己

一些战略人物与自认为见多识广的人，实际上就是认为中国的科技发展。都是强国几十年前就有的，我们搬人家的，还没搬好。有的甚是连中国公认的四大发明也都否定，认为不值得一说，认为怎么发展也赶不上别人，他们言外之意就是中国老老实实承认不行，弯道超不了车，下跪臣服吧，不要争。

我们可以吸取别国的经验教训，以加速发展，这完全是可以的。中国有古语："青出于蓝而胜于蓝。"

中国 1994 年开始搞"北斗"，今日，中国三号北斗导航系统卫星，共有 30 多个，可以全球使用；中国要参加太空站被排斥，不久中国的太空站也会是大国的遥遥领先者。

原先中国放弃发展航母和造大飞机，近几年急速发展，高铁技术也已站在世界前列，5G 技术的发展让美国如热锅上的蚂蚁。

很多发展表明中国人是聪明的，现在再也不是 1840 年、1937 年时的中国了。

2. 过高估计自己，沾沾自喜

这样的思潮，曾一时把许多人弄迷糊了。几年前的电影《厉害了我的国》大肆宣扬，多种宣传舆论，为此，我们买票去观看了。看后我对人说：什么厉害了，内容很少就认为厉害了，而世界上一些大国就认为是他们不厉害了，这就招来更多打击、围堵。

心胸狭窄的人妒忌有才华的后人，会千方百计加以打击伤害。对国家而言，也是如此，大国、强国怕别国崛起，已经使了不少手段，削弱了紧逼其后的国家。中国刚强大些，有人就这么高喊中国厉害，这不引起人家围攻扼杀，才是怪事。

孔明无兵可守，他的智慧让他摆了空城计，自己在城楼上弹琴嬉笑，淡定自若，强敌不敢进入；张飞长坂坡横刀立马，一人怒喝，吓退了曹军。解放军兵力不多，可斗志高，毛泽东放弃延安，仍在陕北流动，彭德怀少量兵力，大胜敌军。所以毛泽东称赞："谁敢横刀立马，唯我彭大将军。"

自古以来，骄兵必败，中国刚发展，有所强大，切不可恃利害。

3. 正确认识强大了仍有许多不足才是自强不息

今日中国，既不能畏畏缩缩自叹不足而屈服于强国，也不能自高自大目无他国。

发展科技是强国之要求，中国要实现强国梦，历史上任人宰割的状况已一去不复返了，但中国更要以宽广的胸怀，联合更多国家朋友，以求更好发展，也增强我国不足的短板。

世界秩序方面，我国主张是多边主义，不能一个强国统治全世界，那样世界必定是衰败无希望、无安宁的恐怖与死亡的世界。多边主义，必须会酝酿成多个集团，在多边集团的世界中，中国仍是其中一个重要的集团。中国提出"一带一路"倡议，提倡世界人类命运共同体，在将来，不是一个强国统治全世界，而是必须多国共同为全世界人类命运承当起共同的目标与任务。

人类会抛弃和扼制独霸天下的霸主，

人类一定要共同争取到和平与幸福，

人类一定会让世界变得更美好！

科学技术发展需要四类人才的密切协作

二十世纪六十年代，在中国科学院及中国地质科学院任职的一个著名老

人生感言

地质专家出差到成都，四川地质厅作为东道主，介绍他先去当时成都最好的锦江宾馆，有人陪同前往，招待人员一看介绍信上写的是某某研究员，于是这位接待人员大表不满说："我们这儿只接待领导，教授和总工程师以上的可住，你们什么研究员也来，炊事员、理发员、八大员都来，我们可不能接待。"这服务员自认在官级宾馆就了不起了，他忘了，解放成都的第二野战军司令员是刘伯承，政治委员是邓小平，两人都是有"员"。没办法，地质所人只好向这老专家致歉，他马上回去又修改称专家教授、所长，才得以入住。

一般人对什么研究员，是不认识的，因为最高学府是大学，教育学生包括研究生，似乎就是教授，所以教授名称是响的。

上面提的那个科技界的人还发表感慨说："我到德国一工厂，许多穿工作服的，以为是工人，一问才知不少是工程师，所以德国才能造高级相机……"当然，德国的一些制造业是较好。在这人眼中，似乎中国有大量工程师不做具体工作，这位高高在上的要人，他知不知道中国有多少工程师在为工厂制造而在现场，有多少工程师为道路、电站兴建而在野外、深山、荒野之中。这些工程师们都是多么努力奉献，过着艰苦奋斗的日子呢？

中国在改革开放后，主要在科学技术发展中，是四类人员的密切配合协作，那就是：

（1）教授系列，主要分助教、讲师、副教授、教授，建议教授中，再分首席教授、特级教授。主职称系列，主要系统掌握学科知识、教育，有相关的创新成就，有一定实践基础的教授；首席教授，掌握大科学知识、创新动向，可有较多实践主持经验，特级教授就是国内外公认的学科领先人。

（2）研究员系列，现在是分实习研究员、助理研究员、副研究员、研究员。研究员除学科系统知识理论外，更多开拓创新研究新问题，研究员还可再分首席研究员、特级研究员。首席研究员可承担国家重要研究课题负责人，特级研究员也是权威级。

（3）工程师系列，现在分技术员、助理工程师、工程师、高级工程师，另有教授级高工。国内，工程师原先只有高级工程师，人们把他当作副研究员或副教授，后来加上教授级高工，和教授、研究员是平级，这是混淆了职称，实际上是降低工程师的贡献极其重要价值。工程师系列当然重在工程实践。

中华人民共和国成立初期至改革开放前，工程师是分1级到9级。一个老地质学家在中华人民共和国成立以后被定为6级工程师，二十世纪六十年代出差，有一次住宾馆登记，在级别上他写了6级，服务员一看这人也有些架子，还有不少随从，一想这6级肯定是省部级领导了，就特别尊重，更好地接待。

其实，国家各项建设发展，工程师是具体贡献很多，建议保留原有工程师、高级工程师，取消非正式的教授级高工，而改为首席工程师和特级工程师，特级工程师是建设工程的权威。

（4）技师系列，科学研究成果、工程建设项目都需要技师。技师可分：技师、高级技师、特级技师。高级和特级技师应当都是国家工匠这层次。

当然，这四方面人才的组合与密切合作才能涌现出大的创新成果。

在共产党领导之下，这四种人才能很好组合、合作，是提高我国科技水平的一个重要途径。

本文的内涵：一是中国必须健康发展；二是中国发展科技与强国梦之紧密相连；三是三种对中国的认识，必须克服一"左"一右，而表达认识中国强了仍有很多不足；四是发展科技，四类人才要密切结合，在党领导下自强不息，奋勇前进！

人生感言

总之，应当看到中国的快速发展，但决不可自满自傲，"知华夏尚有不足，知来者之可追"。但也决不可自卑和自叹不如，而不自强不息。

请看！6月16日定在西昌发射北斗三号卫星，因"故障"而停发，6月17日却在酒泉发射成功。北斗完满成功，一百四十国赞扬祝贺。这些国家都要用，一百多国家也用中国5G，三大攻坚战即将收官。真是：

科技再腾飞

新冠乌云遮春光，全国阻抗幸灾咽；

南声北射北斗成，西贺东祝赞颂声；

二制护国港乱平，三个攻坚胜旗升；

防灾兴利新时代，科技强国再腾飞。

卢耀如、王维谈：尊师敬老爱幼感悟之一

德，是非常重要的。不，应当说是做人之道，立固之本，都应当是首位。经常对损人利己、不干好事的人，骂他（她）们为无耻、无德之人，干坏事，就是无德，也就是不知羞耻了。

当今世界，各国都有无德不知羞耻之人。但是相对只占极少数，那还好治理，可以依法惩处。如果一个大国的执政者，以己国之利，认为是会超越己国的别国是其"敌人"或"对手"，而不择手段地予以妖魔化、打压，这些政客与领导人，被骂为"无耻"和"无德"，那是非常准确的。实际上，应当是爱好和平的世界人民之敌，这些人的下场古今中外的历史已有鲜明的例子，那请拭目以待吧！

这里，我们着重谈教育中立德树人这个重要问题。

中国教育的圣贤，当然是孔子，其思想传扬了两千多年。孔子及孟子弘扬教育，形成儒学，深深影响了华夏大地，也为世界所推崇。孔子和儒家学说在中华历史上，也曾有过不当的对待，但那只是在时间的长河中的一瞬间。改革开放后，拨去一时动乱而返回到正确发展轨道上时，孔子学校开始更好走向世界。

孔孟之道，留传后人作为准则的思想和言论是比比皆是。"己所不欲，勿施于人。"多好啊！华夏人的忠厚诚实，与人为善溢于言表，而坏人和无

德之人，却是"己之所求，必施损人，利于自己霸权"。

今天在教育上师生立德，是师道尊严及教育弟子，就是尊师育生的美德。

尊师爱生方面，应当重点培养十个方面的德，也就是师生都应当具有以下十方面的心态。

热爱祖国，出于忠心

卢、王都强调，老师应热爱祖国，爱中国共产党、爱中国人民是最根本的要求。任何学生，将来成为国家栋梁，才是真正中国人。

尊师爱生，出于敬心

学生应当尊敬老师。老师传授知识，教育做人，学生当然应当有尊敬之心。古语：一日为师，终身为父。老师教学生，学生终生受用，当然应当尊敬一辈子。问题是，目前学生学习，同时上一些课，老师不止一个人，但所有教过课的老师，都是把学生当作"如同己出"的儿女一样，学生也当都予以敬重。

尊师爱生是一种美德，和中国美德流传下来的敬老爱幼一样。中国古语说"老吾老以及人之老，幼吾幼以及人之幼"，这是多么好的美德。

首先做到"尊师爱生"，才会了解"尊老爱幼"的重要。

勤奋学习，出于专心

王维认为一个人幼小时就要开始读书识字。现代学习的课本多种多样，培养始于年幼，学习由浅入深、由低到高，还有不同专业。如果不好好学习，如何成才，如何生存。大人让小孩开始学习，就是要让他们能有生活的智识和技能，能学一门、专一门。学习必须专心。古代流传有"凿壁偷光"，有"头悬梁，锥刺股"，告诫人们不能不勤奋而酣睡。当然，现在不提倡这些，而是要很好安排学习与休息时间。

博通，起于创新

作为高年级学生，有的资质好，对所学专业能够精通，但涉及其他学科或本学科专业更多方面的知识却不足，缺乏创新的能力。不少人认为，中国的大学生，甚至研究生，有的人创新能力差，就是缺乏博学的基础实力，有的人攻读博士，做的论文还有局限，需有好的创新能力。因此，必须在大学高年级及攻读硕士时，对该专业及有关的知识能有博学基础，涉面广而不深也可，到攻读博士时，有基础而专门深入研究难题时，就具有更好的创新能力。

团结同学，出于诚心

一个人的能力总是很有限，同班同学，甚至有关联的其他班系专业的同学，能够很好地相互团结、支持，这是很重要的。要能团结同学，而不孤芳自赏、目无同学、自骄自傲。你学习成绩尽管优秀，若你脱离同学，得不到大家的支持。到了工作岗位，就不能和同事们融合在一起。

―― 人生感言 ――

团结协作，出于齐心

　　王维说：你一个人很难有所创新成就。所以，在学校里，从事学生间的团结合作工作，参与组织力量研究些课题，这是对工作中组织能力的锻炼，也是很重要的学习能力。否则，出校门后，那就似乎一个书呆子，并不是成才之道。

　　卢耀如强调：多学科协作，多方面人才合作，才能攻克重大项目，获得重要影响的成果。

助人为乐，出于善心

　　在学生时代，应当培养助人为乐的精神。目前社会上还不是大家都一般富裕、美好，同学之间在经济上、生活上以及学习上，都会存在差别，有的人的确是很贫困艰难，但他却是很乐观，丝毫没有流露出来。这时，你有善心，就会有所观察，给予帮助，将是善举。

　　做学生，跟社会也会有接触，特别是离开城市，到农村，到贫困山区，你会感到当地是多么需要帮助发展，多么需要知识的学习。

　　早期在淮河实习，在一个农村的野外，见到一位七八岁小女孩，大眼睛充满渴望，但衣衫褴褛，脸上满是灰尘，当时感到农村太苦了，应当为改变农村面貌出力。还有一次，刚参加工作，暴雨过后，在山上见到两个小孩，已经十七八岁了。我一听、一看，两个都是女孩，但我以为她们是十一岁左右的男孩，戴个大的草笠，把人家当小男孩我感到真不好意思。再一想，那时生活差，营养不良。在喀斯特地区跑野外调查，缺少物资的困难情况比比皆是。所以，后来我就下决心，要在贫困山区多做些工作。在水利建设中尽力出力。在喀斯特地区，兴修水利是一大措施以改变贫困，因为水利是农业的命脉，但地质条件很重要，地质出问题，水利也会带来灾害。另外，不当开发种地，导致岩漠化（石漠化）严重，农村更贫困。我又提出治理岩漠化问题。贵州不少地质、水利及学校老师们都知道，我常待在贵州工作，主要是贵州还穷。

前几年，贵州最贫困望谟县和册亨县连续三次大水，石漠化更严重，地质灾害增多，更加贫困。请我组织了一些院士专家去予以帮助。当时，当地提出"册望，册望，贵州之西藏"，认为这两县是贵州最贫穷的县。

我说：应改过来，"册望，册望，贵州之命望"。西藏已发展较好，但人口少，所以GDP值排在最后，贵州山区贫困多，册亨、望谟两县，搞好生态，治理地质灾害、石漠化，两县脱贫了，才不会拖着贵州全省脱贫的后腿。所以，应当是"册望，册望，贵州之命望"。

拼搏奉献，出于公心

老师要激励学生有拼搏的精神，拼搏主要是一种争胜的心态。当然，这种拼搏有不少是从私字出发，为了自己，为了工作生活可取得更大成就、生活得更好。

老师应激励学生尽量奋斗拼搏，不只是为个人名和利，而是对国家的贡献，从公心出发，不计个人一时的艰辛付出，对国家发展、对人民都有利。而顽强拼搏奉献，也包括自己可能受到一些不利的影响，但对国家人民是有益的，这种全心全意为国家为人民而拼搏的精神，就会战胜困难与阻力，并取得胜利。

我深深感到历经艰难险阻，和大家共同努力，完成一个重要任务时，感到我拼搏奉献了，我们成功了，那是多么喜悦呵！

经受磨难，出于信心

一个人的一生，虽短暂，但不会一帆风顺，一切都那么如意顺利。有美好的岁月，也可能会经受挫折、磨难或者被误解，受委屈。在这种情况下，首先需要的是自己有信心。信心是什么，就是相信你是对的，相信别人或领导对你是一时不解，被别人别有用心所蒙蔽的。你也要相信组织、相信党、相信群众，相信自己会得到客观地对待。你有这信心，是因为你自己当然知道自己是对的，是被曲解或诬陷。

"天将降大任于斯人也，必先饿其体肤……"古人曾指出，人会有磨难，让你承受磨难，以后会好的，你会更加坚强，更加有力量。

我经受了很多挫折、磨难，但我相信党、相信人民，这一切都过去了，现在我不是活得很好吗？我经历了人为刁难、几次极危险车祸，还有莫须有的排斥、打击，两次病危，但我都挺过来。正像前一年多前一个记者采访我后写其感想："……我都掉泪了，其实说实话他（指卢）能活下来，简直是个奇迹。"这不是奇迹，是我的信心，也感谢不少关心我的同志们，给了我信心。

廉洁奉公，出于廉心

在学生时代，老师应告诫学生，一定要公私分明，不要贪便宜，是你的就是你应得的，不是你应得的就不是你的。贪小便宜、贪方便把公家的占为己有，日后工作，小贪就会变成大贪，断送自己。

有的科技人员，当然是极少数，贪污了研究费用，自己拿了大部分，分其他人一小部分，结果锒铛入狱。

廉洁奉公一定要从小严格要求，也要注意对学生品行素质的培养。廉洁奉公，还有一个方面就是，对参与发展与建设的项目，不应当铺张浪费，让国家多投入、收效少。有话说："浪费是极大的犯罪。"虽然你没有贪污公家款项和财物，但你浪费国家的金钱和许多宝贵资源，形同犯罪，有的还有意为之，这更应重罚。

安全意识，出于警心

卢、王都强调人活在世上，会有很多疾病，也会遇到自然灾难，例如，气象灾害，如风暴、台风水害灾害、洪涝及干旱等灾害；地质灾害，如滑坡、泥石流、地震、塌陷、地面沉降等；生物灾害，如霍乱、鼠疫、各种病毒灾害等。在发展建设中，不当处理与自然时，也会诱发人为灾害，如爆炸等。

孔子表示：一日三省吾身。在安全问题上，也要经常思考反省是否有不安全之处，及时采取措施而予以避免。

老师对学生着重这十方面的教诲与告诫是非常必要的，当然必须酌情而采取适当的方式，以收到更好效果。

―― **人生感言** ――

　　学生能更好成长,走出校门能更好地奉献,老师功不可没,学生应当终身感激与思念,特别是老师的恩德。有的老师或是老一辈的专家导师,对年轻人严格要求,真正的培养并寄予期待,年轻人自称"晚辈""学生",却不领情,以为老师支持他,就应该获得什么职称,就该得什么奖,就该高升,否则,心中结恨。这所谓"学生"教之不领,告之不听,自己膨胀自大,将来会自高空摔下,那是自取其失。

　　最后有感真实之事,还是姑且言之,以作其他学生之思考吧!有关敬老爱幼还有很多话,下篇再说。

　　最后,我们向读者赠诗一首。

教育祝愿

行教育知孔圣先,耀如赤日古语见[①],

维您教育更光彩,待看精英强国箭。

---

① 注:耀如赤日,毛主席早期文章曾引用,见《毛泽东选集》。

党领全民齐防控　斩杀疫魔凯歌唱

——从我经历的重大瘟疫谈起（一）

（环球新闻网　2020年2月20日）

这次新冠肺炎疫情肆虐，造成很大的灾难与损失，真是让人深为感叹！从我国对这次灾害的大力防控、采取的有力措施与公开信息勇敢面对的情况来看，使人民感到宽慰，也得到国际上许多国际领导人和国际有关组织的赞扬。全国人民充满信心，深信我们中国一定能战胜这次疫情。

我已是89岁的耄耋老人，一生也经历不少的传染病和其他灾难事件。下面谈几次亲身经历以对比说明为什么对这次新冠肺炎疫情，要充分相信党，相信人民，武汉必胜，中国必胜。

一、可怕的白喉传染病

大约是1939年时，我家乡福州，肯定还有其他地区，流行白喉这可怕的传染病。当时没有特效药。这个病的死亡率比较高，特别是年轻人和儿童。

那时正是抗战时期，我父亲是小职员，随单位迁到昆明。我母亲是家庭妇女，带着8岁多的我、6岁多的妹妹和5岁的弟弟，靠父亲不定期的少额汇款生活。而金融业落后，父亲也不易，生活很困难。突然发现我5岁的弟弟得了白喉，母亲万分焦急：要住院，钱哪儿来？后来还是从两个舅舅处得到了借款，尽管他们也困难、自顾不暇。终于弟弟住进医院几天，母亲一早就去陪着，很晚回家。我很想去看弟弟，可是母亲不让。后来母亲终于同意我去看几秒钟，我妹妹在别处，不让进去。那时弟弟在床上躺着，神志不清，呼吸困难。床上的蚊帐是放下的，床边有一个木炭炉子，上面放了一大桶水，水里放了药，通过往蚊帐送蒸汽治疗。我本深信没问题，兄弟住2天医院就会好。可是，当我看到弟弟的那个样子，心中突然涌出悲情，难道我们兄弟就要生离死别了？我呆了。母亲一再催促："兄长，快走啊，快走啊！"母亲都快变声哭了。我清醒过来，就悻悻离开了。后来，我长大些，才知道那时真危险呀。如果我感染上，又让妹妹染上，往哪儿借钱让三个孩子看病？母亲再病倒，真的一家人说完就完了。

最近知道，过了多年，才有白喉病痊愈者的血清可以用以治疗白喉病。这方法，也推广到其他传染病。

二、绝望的霍乱与肺鼠疫

1941年福州曾沦陷于日寇，日寇撤走后，至1944年又沦陷至1945年4月。在1941—1943年期间，福州流行霍乱和肺鼠疫。

霍乱，主要是饮食感染，染上这病菌，急性发作，吐泻一次或两三次，没几小时就会失去生命。当时没有预防疫苗，也无药。传说陈年白兰地喝了，可能会缓解，但普通老百姓哪来国外进口的白兰地，而且还要陈年的。有医生传话给附近老百姓，唯一预防就是吃大锅饭菜，即一家人把米饭（杂粮）

和蔬菜等一齐用大锅烫，把霍乱病菌杀死，然后再吃就不会犯病。如果有人吐泻后，手上螺纹塌下去，则表明感染了霍乱。当时也不知道这是何道理。

当时我是小学6年级学生，有一次去南边公园做活动，散会后，准备回家，可我肚子受不了，马上冲向公共厕所。还没到就控制不住，到厕所赶快解决后，只好把内裤脱下，扔在厕所。回去后向妈妈说这事，我强调："妈，没事，我看了手上螺纹没有塌下去。"母亲赶紧拉我过去看了一下，她也微笑宽心了。

这两次瘟疫，发生在抗战时期，当时中国贫穷，老百姓得了可怕的传染病都没有药医治，由于经济苦难，政府也不关心。那时，大街上经常看到木制的棺材被抬来抬去，因为没有葬场。死的多是平民，死因特别是呼吸道传染病——肺鼠疫。我们周边的住所都挨得比较近，隔三差五就有一家人因鼠疫去世的消息。老百姓自发组织义务人员（也是穷人）给少量钱，让喝点酒就去抬病尸，到郊外把尸体倾倒在泥洼处，埋上些土，空棺材又抬回去装新的尸体。这段苦难岁月的生活条件能和中华人民共和国成立以后情况相比吗？当时，连口罩都没有，老鼠也无法消灭，木房屋老鼠多得很。

三、治疗大面积血吸虫病害

中华人民共和国成立以后，又经历了抗美援朝战争，最终我国胜利地保住了东北大门，也提高了中国的国际地位与影响。接着在国家开始准备抓经济发展的时候，早有历史的血吸虫病却成了当务之急。

1954年下半年，我就主要在浙江新安江工作。此前，我跟苏联专家学习，但是我认为从实践工作中能得到更好锻炼，于是主动请求中断学习，去工作中实践。我的请求得到批准，并被安排到新安江参加水电站的建设，为上海恢复和发展生产提供动力。

当时，水利部门（徐治时）要我回答两个问题：一是新安江水库会不会发生寒武系灰岩涌水（国外很多石灰岩地区水库蓄不了水）；二是一级开发好还是多级开发好。为了解决这两问题，我率团队进行野外调查研究，首先抓好水文地质条件、水动态的变化。

那时库区淳安、遂安（浙江省）、屯溪（现属安徽黄山市），都在水库区。正在进行血吸虫防治的医护人员要照顾病重的晚期病人、清洁工、环境保护工，还要做科普宣传，从病人粪便中提取血吸虫，做成光片，在显微镜下，让老百姓看，让老百姓（当地农民为主）知道，血吸虫病传染，主要有三个条件：一是病人粪便；二是钉螺丝；三是不活动的水。江南水产，鱼米之乡，因血吸虫病，农村的年轻劳动力受到影响。毛主席《送瘟神二首七律》云："绿水青山枉自多，华佗无奈小虫何！千村薜荔人遗矢，万户萧疏鬼唱歌。"要处理病人粪便，需要改变民间原来"随便倾倒，在小河青山刷马桶"的处理方式。医务人员要小心操作，消灭钉螺丝就要深翻土壤，寻找并集中消灭钉螺丝（火烧）。水乡、稻田多是滞水，需要整治。老乡下田要穿雨衣。很多晚期病人，我们看着都害怕。他们面孔青绿像死人，全身皮肤肿胀，肚子浮水，腿脚肿大，走不动，又大小便失禁。医护人员都会细心给他们护理并耐心地给予关怀和关心。这使得我第一次体会到医务人员就是白衣天使，从心中对他们表示敬重与感谢。他们为救治保护劳动力，为经济发展和人民健康作出了重大贡献。

四、2003 年非典的暴发

2003 年春节时，实际上发生着传染病，3-4 月达高潮，6 月份已控制。

当时，也开始封锁病毒源——北京。各地都害怕从北京来的人。当时有急事也出不了差。看到对病源的争议，有的人认为首先发病的是果子狸宰杀及烹调者，应当与食用果子狸有关。我是研究洞穴的，知道洞中除了果子狸还有许多其他野生动物，如蝙蝠。蝙蝠是夜间活动的生物，身上有许多病毒细菌，包括狂犬病毒。我就找了钟南山院士开会，表示非典与果子狸有关，而果子狸生活在洞中，可能会有蝙蝠将病毒传染给果子狸，请让医学人士进一步研究。

5月初，我由北京到上海同济大学，当时就把我隔离了半个月，天天弄电脑，导致眼睛出毛病，但当时不能去医院，6月份"非典"基本没了，我才去医院看眼疾。7月份上海来电告知我地铁出了大事情，我直接上书温家宝总理，强调地下空间开拓要重视地质工作，要有风险意识的领导。紧接着工程院要求我去参加宣万铁路的考察。上海两家医院不让我去，但是为了铁路安全，我还是去了，因此失去了眼疾的最佳治疗时间，视力不可恢复如初。

这场"非典"，我们胜利了。但是我却没有更好出力，进一步从地学上提些更有力的建议。

从治理血吸虫到这场"非典"传染病，可看出我国医学已发展到很高水平。

五、这次新冠肺炎疫情

2019年10月之前，我已两次去武汉，一次为水利方面人才培养，一次为地下空间开拓。此前，我已订2020年1月8日由深圳飞武汉的机票，预备9日开会。我注意到武汉的疫情，并向北京方面询问这次疫情是否会影响开会。当时对方还不重视，认为疫情可控，不会人传人。但是，到7日晚9—10点，

人生感言

北京来电通知会不开了,推迟到春节后。

1月8日,我没去武汉,疫情愈发明显而严重,同济大学本拟于2月15日让学生返校。后我在春节过后上书校长,让转教育部、上海市委员转中央领导,建议大专院校推迟到5月上旬开学,利用暑假补课,以减轻压力,并建议要立法严控捕杀食用野生动物。

现在国家重视了野生动物议题,近期各地查办了数起捕杀野生动物案件。

极少量声音认为疫情与野生动物无关,应是人为改变病毒基因,以加大对中国人的危害。这是进一步的议题,我也有些想法。但是,不要捕杀野生动物,特别是蝙蝠。蝙蝠上的病毒是疫情暴发的基础。即使有人为因素,也是在蝙蝠携带病毒的基因基础上改造的。

目前,在习近平总书记亲自领导下,李克强总理任防控组长,副总理孙春兰为督导组组长,坐镇武汉,派出了250个医疗队,人数达32 000人,包括各省医疗部队、海、陆、空、火箭军,还有工化兵等。目前每日发生新确诊的人数有下降,治愈人数上升,已取得防控的初步成效。信息公开,和世界卫生组织、120多个国家保持密切联系,并取得了多个国家的支持。这情况,如此坚定的措施和有力防控是中国前所未有的。国际上,也很难做到如此严谨、有力与综合性的防控。

我深信,再过一段时间,中国一定会奏响克服、战胜疫情的凯歌,坚强地屹立于世界之林。

向在一线战斗的白衣战士英雄们致敬!

向环卫、交通、商务等各方面有关行业建设人员致敬!

这次新冠肺炎疫情,影响全国,但重灾区还在湖北武汉。中国必胜,不是凭空而言。

第一,党中央直接抓,有力领导和组织,"坚定信念,科学防控,同舟共济,精准施策"。

第二,全民齐防控,大中城市乃至村落,都严格进出,街上空城,人民自觉防控。

第三,3.2万人以上的各地军队、医疗队进入武汉及湖北重要地区,协助防治,目前确诊的患者大为下降,康复出院人数也大大超过死亡人数。

第四,在交通、商贸供应、治安等各个方面很快建立新的模式,供给湖北、武汉,及全国人民的生活与生产所需,这就体现了党领导的正确与权威。2005年,美国新奥尔良市受飓风灾害影响,被严重损坏,但医疗、物资供应不上,引起暴乱,结果派大量部队去镇压。

第五,建立新的供给经济,包括网络商业经济、口罩经济等。

第六,两手抓,一手抓防控,一手抓生产经济发展,给困难小企业资助,以保障脱贫攻坚、全国进小康的任务完成,促进"十三五"规划顺利完成。

第七,世界众多国家支持,和世界卫生组织密切配合,信息及时公开,欢迎许多国家的顶级专家来华合作(包括美国的专家)。虽然处在疫情灾难时期,中国依旧得道多助。

俄罗斯总统普京在开始表示支持中国的这次抗击疫情的奋战中,说了句话:"中国会光荣地取得这场抗疫的胜利!"特别强调"光荣"。这光荣是耐人寻味的。

我们有理由深信:中国在党领导下,必定在不久的将来,会取得这场抗新冠肺炎疫情的光荣胜利!

―――― 人生感言 ――――

依法防控新冠　加强科学研究

——从我几次重大瘟疫经历谈起（二）

（中国网　2020 年 2 月 26 日）

目前，全国都关注新冠肺炎疫情，因为这病传染性极强，也有不少死亡病例，其中还包括一些医务人员。似乎人人都到了面临生死的紧要关头。

我上一篇文章，介绍了自己的几次传染病经历，主要是为了坚定信念，重视并做好防控，但不要太紧张。下面结合一些人的想法和问题，再谈些认知，与大家共同探讨。

一、可否消灭蝙蝠，以绝后患？

蝙蝠身上带有很多种病毒，这也是公认的事实，有科学的依据。所以有人就说，把蝙蝠都消灭掉，不是更好吗？我觉得这是不可能的。首先，各种病毒怎么产生，为什么在蝙蝠身上相安无事，而只传染给其他野外动物和人类呢？这些是最基本的问题，值得深入研究。

蝙蝠栖息在黑暗洞穴、裂隙的环境中。它们会飞，即使群居在一个大洞穴中，也不易消灭。况且自然界的岩土体中，有很多裂隙、大小溶洞，它们都可以成为蝙蝠的栖息地，人类难以将其一网打尽。这次澳大利亚山火灾五个月，近日才被熄灭，有 500 多平方千米被焚毁。此时正是澳大利亚夏季，大暴雨才熄灭了火灾。但有 60 万只蝙蝠被迫飞离，今后会产生什么样的环境效应，值得注意。

1958 年，我国消灭了四害，其中苍蝇、蚊子人人痛恨，而又到处都是。通过搞好卫生、控制垃圾、排除污水坑、消灭幼蛆等方法，苍蝇和蚊子都变少了，但也没有灭绝。

一个地带的蝙蝠消灭了，邻近地带、地区的蝙蝠还会入侵。澳大利亚考拉繁殖过多，也只能在空中适当射杀。

所以，即使一些地区消灭了蝙蝠，但会产生更多病毒，并寄存在别的动物或人类身上。

二、重视自然界生物多样性

植物的分布，有按高程而生长的带谱。贵州一个地区，石灰岩石漠化现象严重，后来在发展恢复绿色植被中，强调松树的一年常青，结果由于物种单一、失去多样性而不具抵御外敌的作用，而发生严重的虫灾。外来物种紫金入侵，破坏了当地生物多样性，而附近当地植被被毁灭。赏花地区引进无花果，也让滨海受危害，造成了周边植被的毁灭。当年上海地区引进无花果，也让滨海生态环境受到上海，只好把上海的无花果全部清除。

非洲蝗灾暴发，600 亿只蝗虫，在肯尼亚上空组成的"虫阵"，长 60 千米，宽 40 千米，高几十米，可抵达 30 个国家。

中华人民共和国成立前，在中国的中原地区有"水、旱、蝗、汤"四害。

人生感言

水是洪灾,旱是干旱,蝗是蝗虫,汤是国民党大官汤恩伯鱼肉老百姓,没有粮食,也没有生物多样性。

人类在自然界中,既伟大、也渺小。这就取决于和自然界相处的情况,是和谐相处还是不顾自然灾难,以老大自居,结果必然败给自然。

人体中也有多种菌类,如多种大肠杆菌。有多种菌类,人类才能分解并吸收营养素,维持生命,人体内的菌种必须和谐平衡,才能保持身体健康。

自然界中,随着地球的演化,特别是剧烈的构造运动,大环境发生变化,造成生物的物种消亡、甚至灭绝。但同时也有新的生物物种产生。几个百万年前,白垩纪时代庞大的恐龙占据生物的重要地位,由于巨大陨石(流星)撞向地球,使尘埃遮蔽了天空,许多动植物死亡,恐龙也灭绝了。只有极少数生物得以长期生存。

近代,人类活动导致了环境恶化,不断有物种灭绝。全球范围内重视生物多样性,归根到底是保护好人类生存的大环境。人为因素造成良好自然环境的恶化,更多的物种灭绝,后果必然影响到人类的生存与发展。

人体内也需要维持一样健康的平衡。人体内有几千种微生物,仅大肠杆菌就有数种。这些微生物菌种,在人体内可帮助分解、化合、吸收有益元素,供应人类的需求,保障健康。如果过量使用抗生素,滥用抗生素,就会把有益菌类杀害,破坏人体内平衡,进而导致免疫力下降,引起生命危机。

2001年,我在川西出差,在停车场被一小面包车撞了左肾,当时感到剧痛,肾被撕裂似的。此时如果返回成都医院治疗,路途遥远,必然影响此次的考察工作。我坚持着等了一下,疼痛好些,也没有尿血,认为问题不大,就决定不去医院了,第二天直接登上4 000米处开展考察工作。

直到2003年9月,在石家庄开会时,单位通知我去体检。那时候,所属单位及医疗关系都在石家庄。原本以为体检半天就可以回去北京,然后再去贵州考察当地的石漠化。但是,医生让进一步检查。因为在左肾被撞后,我一直忙,没有去医院检查。两年后发现问题严重,左肾病变(玻璃质癌)成钙化包,离尿道2厘米,所以不尿血。

后北京协和医院一名大夫来石家庄给我做手术,手术很顺利。当时在医院做术后护理,我也都在病房运动以恢复身体。快出院时却突发高烧。因为术后连续七天用最强抗生素,破坏了身体内菌种平衡。后内科护理,多用中药,而且我的体质好,两天后高烧退了,多住了几天后就出院。

后来,听医生说当时北京一个老专家比我年轻些,因抗生素术后用多了,发高烧,还引起了并发症,走了。

所以,不乱用抗生素是对的。这次新冠肺炎疫情,传染性强,有人想先用药物预防,那会适得其反,破坏身体内的菌种平衡,反而削弱免疫力,更会引火烧身啊!

三、依法管控新冠肺炎疫情,加强科学研究

依法治国,依法管理社会,对14亿人口的中国来说,依法引领全国人民更好地建设强大的国家,是多么的必要。

习近平总书记在有关新冠肺炎病毒的会上,多次强调了依法防控,包括依法管理、禁止捕杀野生动物等法令,各地部门以及社区都严格内防扩散、外防输出,采取有力措施,目前也初现防控新冠的成效。

今后,还要持之以恒,不可松懈。

在依法管控这方便,提高地方部门领导的法治观念与有关防灾减灾的法

治观念，是非常重要的。

在科学研究方面，也有了措施，这方面应注意的课题，应当包括三个方面。

第一，新冠肺炎病毒治病的病理、治疗、高效医药和预防疫苗的研制及生产安全等方面。这方面应急临床需求，是立竿见影的，也是广大群众所渴求的。目前，已有不少患者治愈出院，说明这方面已有成果，仍需加速出现新的疗效，快速应用成果。疫苗的研制也指日可待了。

第二，战略性研究。在治理环境上，研究如何建立病毒暴发危害的预警是有需要的，但也是困难的。这需要生物、医学、地学、环境等学科结合的高层次的综合研究。就像气象灾害（台风、洪水）、地质灾害（地震、大滑坡、泥石流、岩溶塌陷等）。建立预警预告及监测很难，但必须要有这方面的研究。

第三，科普方面。新冠肺炎疫病传染快，民心惶惶。多做这方面研究，使病患、人民群众有正确的认识，具有更好的心理、心态，那会更有助于此次的抗疫战斗。中央电视台，说了"宅、代、洗"。大家都做得很好。但是，如果能让大家简易地了解相关的实用的科学知识，那就更好了。

不少宣传中也提到，新冠肺炎病毒在56°C下30分钟就死亡了，这在做专门研究时有用，但老百姓不可能煮东西的时候把温度控制在56°C，而且时间要维持30分钟之久。对老百姓适用的应该是：在100°C煮沸的情况下，几分钟还是几秒钟可以杀死新冠肺炎病毒。不仅仅是医学，其他自然灾害的研究也非常需要搞好科普。

最后，向在治疗前线的广大白衣战士致以衷心敬意！

对站在抗疫前线的医学科研人员表示衷心的敬意！

希望，这新冠肺炎病毒疾病很快就能过去。

建议在火神山院址建立一个纪念碑（似乎已有人建议），在火山神纪念碑旁，或部分病房留下，建立一个纪念馆（包括"非典"在内）。也可考虑将纪念馆建立在雷神山上。火神山和雷神山之间，建设一个隧道及地下通道，提供免费搭乘。

—— 人生感言 ——

趁胜追杀恶瘟君　待黄鹤楼凯歌飞

——从我经历的重大瘟疫谈起（三）

（中国网　2020年3月24日）

这次抗新冠肺炎病毒是一场在党的领导下，全民无硝烟的艰苦卓绝的战争。冲在最前线的数万白衣战士是真正的英雄，在火线上拼搏奋斗，他们不仅仅是在拯救病人的生命，更是在保护我们的国家和人民。

目前，抗疫初步取得了成效，有的人似乎认为这瘟疫已经过去，开始聚友欢乐、狂饮。这是放弃警惕与战斗意志的行为。在有硝烟的战争中，我们的英雄——人民解放军，个个都是革命乐观主义，满怀胜利信心，英勇而又有战斗力地杀向"敌人"。一次战斗胜利了，还有下一次，还有大战役，绝不松懈，绝不放弃战斗意志。

中央不断告诫，对抗这次瘟疫的阻击战，情况是复杂的，过程也是艰辛的，目前初见成效，但不可懈怠，最后获胜的一定是我们伟大的中国。

这里再谈谈自己的感受和认识。

一、建立正确的世界观，客观认识世界

中国有句古话："防灾兴利。"这是非常正确的。防什么灾？我们生活在地球上，人类经常会受到灾害威胁、打击。这灾害有：气象灾害（干旱、洪涝灾害、风灾、冰雪灾害等）、地质灾害（地震、滑坡、泥石流、塌陷、地面沉降等）、生物灾害（流感、霍乱、鼠疫、SARS及此次的新冠肺炎病毒等各种病毒侵害等）。

这次新冠肺炎病毒，我们再一次战胜它，以后就没有病毒灾害吗？非也！

中国人民常以"国泰民安"为祝福语，为了达到这境地，不仅要赢得抵抗外来侵略的硝烟之战，也要不断赢得上述抗灾减灾的无硝烟之战。

国家太平无事、人民生活欢乐安详是我们的期盼。除了消除硝烟战争和抵抗各种灾害的无硝烟之战外，当然还需要发展以增强国力和提高人民生活。这就需要开发利用这几种主要资源：土地资源、水资源、能源矿产资源和生物资源。开发这些资源的同时必须保护好地质—生态环境，避免诱发不良效应，进而引发或加剧各种灾害。

开发多种资源，加上科学技术的发展，各种制造业、交通、城镇、旅游、经贸等也可得到相应的发展。

党中央狠抓新冠肺炎疫情阻击战，有力、有序也有成效。此外，也要抓紧恢复生产，以保障人民的美好生活，也能为抗灾提供财力、物力和多方科技人才的支持。

——— 人生感言 ———

二、注意预防其他自然灾害的发生

中央召开会议（各省市均有"分会场"）习近平总书记作了重要发言，进一步督促各地在防控新冠肺炎疫情的同时，更好地抓紧恢复生产，开展春耕准备，以抵抗疫情对经济的影响。这是非常正确的动员。除湖北武汉外，各地能很好地恢复工农业生产，保障建设全国小康社会、脱贫攻坚的任务，完成"十三五"规划。这是关键的战斗。当然，各地在恢复生产的同时，也需注意防治其他自然灾害（气候灾害和地质灾害等）。

武汉是新冠肺炎疫情的重灾区，所以武汉乃至整个湖北省都更需要注意有关气象和地质灾害的防治，且这些自然灾害又和生物灾害之间存在灾害链。

就武汉而言，历史上多次大洪灾，每次都让几千万亩农田遭害，甚至有大批人命损失。最近一次是1954年，那时武汉市市长是王任重，担负重如泰山的责任，带领人民积极抗灾，最终保住了武汉三镇，取得了抗灾胜利。他后来担任湖北省委第一书记，支持毛泽东主席的"一桥飞架南北，天堑变通途。更立西江石壁，截断巫山云雨，高峡出平湖。神女应无恙，当惊世界殊"。1958年，王任重和中科院副院长张劲夫在武汉汉山宾馆召开三峡科技大会，我们也参加了。华罗庚在会上发言，阐述了三峡工程的数学问题。我听后，亦以豪言表壮志，支持三峡工程。于20世纪60年代，三峡工程开工，后因故推迟。80年代中，湖北省省长张体学大声呼吁要在清江（长江三峡窗口后系大支流）上建设隔江沿大水堤。

长江三峡出口后，历史上活水多在每秒100 000立方米以上，有记录达到每秒130 000立方米。长江洪水和三峡清江洪水汇合后，在历史上多次让武汉遭受重创。

1998年，三峡工程开始施工，还没蓄水，清江上梯级也没完工，所以武汉还是遭受了洪灾。在1998年之前，由于上游修了不少中小型水库使三峡下来的洪水只有每秒5 000~70 000立方米。在当时那场武汉与洪水的搏斗中，动用了很多部队。电视上常有英雄事迹报道，配上振奋人心的战歌，让人热血翻腾。后来，又出现了祖海唱的《为了谁》，让全国人民记住了这场可歌可泣的抗洪斗争。

长江水资源的年平均值为1万亿立方米，三峡工程就能控制一半，近5千亿立方米/年。三峡和清江水利枢纽完工后，通过多次水利部门的合理调蓄及对下泄洪水的有效处理，武汉避免了洪灾大难。应当说，武汉是长江三峡工程的第一个受益者。

目前，长江三峡上游的大渡河、金沙江、岷江等修建了很多大型水利水电枢纽，如溪洛渡、向家坝、紫平铺等，减少下泄洪水。所以，为了确保武汉的安全，需要很好地调蓄下泄洪水。今后必须考虑三峡、清江及汉江江口水利枢纽的调遣问题，重视洪灾风险的检查与修补加强。

洪水、暴风雨常造成地质灾害的发生与发展，如滑坡、泥石流、地面塌陷等。特别是在山区，这些问题必须再加强监测。

武汉地区也有地下岩溶塌陷问题，还有地面沉降问题，而这些塌陷危及防洪堤坝安全，可能酿成灾难。之前邻近省的防洪堤坝就发生过此类灾害。

"福无双至，祸不单行。"中国这古语是给后人一种劝诫：不要有了好处就得意忘形，不要避免了一次灾祸就骄傲自满、神气冲天。就是说，今年年初，湖北特别是武汉发生这新冠肺炎疫情，全国都来支援，必定会彻底胜利。胜利之后，不要忘了自然的复杂性，对其他灾害不可懈怠于心与行。

三、地质—生态环境的保护与质量提高

长江，中国最大的母亲河，穿越武汉，汇聚汉江，向东奔腾而去。长江，在距今7 000万年的白垩纪时还没有这么雄伟。那时，喜马拉雅山和西藏还是属于欧亚的一个大海洋。那时巫山是分水岭，西部河流向西汇入四川大盆地，流入特提斯海，经巫山往东，汇入湖北的大云梦泽湖。所以，不仅在四川盆地有白垩纪红层，三峡出口葛洲坝一带至湖北大部分地区也有白垩纪红层分布。

由于印度洋板块向欧亚板块俯冲，产生喜马拉雅运动，使喜马拉雅山隆起，青藏高原上升为中国第一地貌台阶，原来向西流的河流转而往东。于是，巫山向东流的河流领导着原来向西排的河流，形成长江雏形。随着地壳变动，长江向东延伸，第四纪时长江不断深切发育以适应东部地区地壳上升，而更有力排泄长江水入海，形成三峡远景。三峡由瞿塘峡、巫峡和西陵峡组成。

湖北有大云梦泽湖、小云梦泽湖和多个小湖。新中国成立初期，还有千湖省之称。目前，千湖多已消失。

武汉还有两大湖泊，东湖和汤逊湖，这是武汉两颗宝贵的明珠。目前，这两大湖泊水质也有污染，特别是受围湖占地影响。

可以说，凡是人工大量围湖造田，破坏自然规律，都没有好结果。

洞庭湖在湖南，原先也是长江的重要自然调洪蓄洪区，有5个江与长江相通。洞庭湖本身接纳湘、资、沅、澧四水，与长江相通，可天然调节与蓄洪，是造福广大人民的水系。1949年，洞庭湖面积有4 000多平方千米，至1998年时，只有2 300平方千米，枯水期只有300多平方千米。由于围湖造田，最大蓄水量由新中国成立初期的273亿立方米降至1998年的174亿立方米。

加上回水泥沙淤积（1.4亿立方米/年），洞庭湖不能与长江相调节，其调洪蓄洪能力也大为削弱。而1998年的大洪水更加剧了周边洪灾的危害。

另一例：昆明断陷盆地800平方千米，滇池占300平方千米。真是好滇池，造福昆明。清朝的孙髯翁有一长对联，上联描景有"四围香稻，万顷晴沙，九夏芙蓉，三春杨柳"。但滇池自20世纪70年代，围湖造地，破坏了自然状态下水流的循环与自净能力，加上昆明市每年20多万吨污水的注入，滇池很快就被污染了，水质迅速恶化发臭。花了大量的财力、物理和人力，滇池的水才治好，不再发臭，但其水质还是不好。

今后应该注意以下几个方面。

（1）野生动物——蝙蝠。上次"非典"和一些国外的传染病都被证明与蝙蝠有关。中国医疗队的研究也表明病毒的源头与蝙蝠有关。但是，武汉这次新冠肺炎疫情这么厉害，应当更注意环境的影响。两大湖泊和长江修隧道，有关填湖、填江，都会造成影响水流动状态，形成死水体（不活动）和污染水团存在，那是会引发别的疾病传染的。

（2）其次，应当在武汉加强"五水"综合利用治理。这"五水"分别是雨水、河水、湖水、地下水、江水体（水库）。这五种水，都应当达到国家三类水的标准。污水地带及土壤，有可能滋生病毒，特别是腐败生物堆积的场所要注意。

（3）土壤污染的检测与治理。实际上，大气－水体－土壤三者是密切联系的。这三个用微生物处理较好。

蝙蝠是不可杀灭的，但应调查在市区内，相对僻静黑暗人少的地带、建筑物（如高大庙宇、塔、屋顶及一些公园阴暗角落），有无蝙蝠和其他野生动物和流浪猫、狗的寄居。先掌握情况，再酌情考虑如何处置。总之，不要让这些动物侵入城市繁华人多的地带，特别是偏僻之处，为病毒繁殖入侵及危害居民种下危险之源。昨天国家已公布了全国人大关于禁止野生动物的贩卖、饲养的法令。这是有力措施的第一步。

（4）科技界团结协作的大力加强，有助于这次新冠病毒的防控，也应当更有利于今天战略性的研究，能够建立预警预报系统。如此一来，今后对这类污染传染疾病的灾难，可以尽早防控，大大减轻其危害。在这新冠肺炎疫情之前的两个月，我曾和青年学生们共同激励的4句话，我想在这里提一下：

勤奋光彩——人生；

国富民强——追求；

忠诚卓越——奉献；

终生不渝——学习。

学习是指学有关科技、新理论、新方法并掌握其他学科的相关知识，以及人文文化方面的精华。

更主要的是，要学习习近平新时代中国特色社会主义思想、治国的思想、方法与决策。

武汉、湖北、全国动员，在中国共产党中央领导下，打了一场全民的无硝烟的艰苦战斗，赢得世界组织和专家的赞赏，也为世界人民阻击这具强传染性的病毒取得宝贵经验，为世界作出了贡献。昨天，写了一半，提到1998年抗洪时祖海唱的《为了谁》。恰巧，昨天下午听到了为这次抵抗新冠肺炎疫情改了歌词的《为了谁》："谁最美，白衣天使，武汉同胞，我的兄弟、姐姐、妹妹。"我噙着眼泪听。是的，三万多名白衣天使（医生及护士）奔赴武汉。"疫情就是命令，防控就是责任。"他们不辞劳苦、不畏艰险，表现出崇高的爱国情怀和医者的仁心、大爱。他们做出了惊天动地的伟大成绩，有的人牺牲了宝贵的生命，人民不会忘记他们，祖国不会忘记他们！

我在此再向战斗在武汉（湖北）的、当地和来支援的白衣天使们致以衷心的感谢与敬意。

武汉是英雄的城市，武汉是追求共和的重地，武汉是新生工业的摇篮，武汉是通衢重镇，武汉是……

武汉！我1954年就来过，我最好的青春岁月是在湖北武汉等地度过的。目前，在武汉，有我共同勘测与研究的战友；在武汉，有很多合作的科技人员……今天在这里也向他们表示问候、致谢！为他们共同祝福！

武汉必胜，湖北必胜，中国必胜！

登黄鹤楼待凯歌

千古黄鹤经风雨，盛赞崔诗有李仙；

一条飞架通南北，三镇崛起誉东西；

九八洪魔英雄抗，贰零冠毒天使歼；

趁胜追杀恶瘟君，待黄鹤楼凯歌飞。

―― 人生感言 ――

斩杀瘟君高发展　武汉人爆笑春风

——从我重要瘟疫经历谈起（四）

（中国网　2020年3月11日）

"人面不知何处去，桃花依旧笑春风。"这是唐朝一著名文人的七言诗中的最后两句。据说，这位文人有一年桃花盛开时，前往所住城的南门一带观赏桃花，遇到一年轻女子。她是端庄、美丽、活泼、纯真的，两人相谈甚欢，真是遇到"知音"。不同于当今社会，临别时没有留下电话、微信、地址。大概他俩都想以后还可相见。

匆匆一年过去，第二年桃花盛开时，这文人又去南门故地，以为又可见到此女子，结果失望了。一想去年是"人面桃花相映红"，今年确是不见伊人，而是"人面不知何处去，桃花依旧笑春风"。当然，这年桃花也非去年之桃花了。后来，文人打听到，这女子没露面是因为"生病"了。就是因为长相思这文人，病倒了。后来怎样，没有再传说下去。这真实故事相传了近千年。我想人们后来不用关心什么结局，而是都怀着善良、仁爱之心，对他俩予以真诚的祝福吧。

今日，武汉以英雄壮男表示也好，以美丽少女比喻也好，原先都是朝气蓬勃的前景。近日，武汉因突发疫情而被封堵，感到了伤怀与失落。大家都明白，这是暂时的，坚定信念，在党的有力领导下，全国和武汉人在一起，和湖北人在一起，定然不久会看到"待到疫魔怒斩时，武汉人爆笑春风"。

近日，看到一个外地年轻人给武汉一位年轻人的信息，表示在隔离中，有所不安。武汉青年回复信息说："在武汉的感受和外地青年的感受不同。在武汉总觉危险所在，不知所从。"我觉得，这心情可以理解，但还是应抱乐观心态。

前文提到，在我童年时，遇到艰难岁月，遭逢两大瘟疫流行。我经常在睡觉前或起床后，心里想："我又平安活了一天，我今天还会平安无病吧。"

2003年，北京"非典"时，我也有过感叹与失落，但我还是坚信着光明的未来。春节时，我一人在住处写些报告成果，后到北京，一人住在公寓里。关注"非典"信息逐渐多了，我偶尔也参加工程院会议，主动交流些意见看法。4月中旬到北京会展中心开会，我就在会议室门边，并把门打开，防范"非典"。因为"非典"，原定的贵州出差也取消了。

实际上，我在北京基本上处于自我隔离状态。我没有感染，周围的小区也没有病人。于是我返回单位所在的河北正定，因原国土资源部要我兼任石家庄经济学院（原河北地质学院）的名誉校长，帮助其开拓发展。于是我就住在石家庄校内，吃饭实际上只有我一人，院长不常来，也不准时。这又是隔离了十多天。

临近4月底的一天，在操场附近，我正走向小饭馆。迎面走来一群人，其中一个同志是我们研究所的人，其余是学校的职工。他们看我走来，就指着我说："他是北京来的……"后面的话似乎是说应当隔离不让动。其实我已有隔离近半月，当时我心中像被咬了一下，然后走开了。

我有一本书稿，已定交南京大学出版社出版，因我也被聘为南大的兼职教授，帮助开拓和培养博士生。当出版社跟我联系时，我声明不要稿费，给些书即可。出版社让我马上过去，最后校一下稿就可以出版。结果，这大学原先联系的同志来信，大意是说："你要来也可，你就住校医院，那里有桌可改稿……"意思是不来更好。当时，我深深地感受到他们对我这样从北京来的人存有的戒心。

后来，我还是决定回上海，因同济大学要我过去，但我只答应兼职，可多为同济大学做点事，水环所还保留我档案，但不要发我工资。那时，正有许多书要处理，所以我决定回上海。校长来信息，表示欢迎回同济，但没有人接，自己打车去分校，门口有校医院书记等着我。

2003年5月1日，我乘飞机到上海，打车去分校地址。本来和司机聊天很愉快。等到了目的地附近，司机一看，前方拉了多道黄线，一大堆穿戴着白衣白帽和口罩的人拦下了我们。一个白衣白帽白口罩的书记，敲了我后座车窗，手挥一下，意思跟她车走。这时，那司机脸都白了。我马上说："师傅，我不是病人，就是隔离一下，请放心。于是，师傅跟着书记的车，把我送到了招待所。又看到一大堆白衣白口罩白大褂，加上多道黄线，司机更紧张，我就多给了一倍车钱，表示感谢并请司机放心！

这让我深感，北京来的人是多么不受欢迎，多么让人担心害怕。当时心里很不是滋味，但过些日子，心中就坦然了。因为这瘟疫是会传染的，做好隔离是应该的。当我考虑到隔离是有益的、必须的，心中就不再介意别人的眼光和嘀咕了。

其实，在隔离中，我保持好心态，注意锻炼身体，但也不忘工作。值得借鉴的是，我在隔离之中，为了成果和预警报告，整天弄电脑，结果眼睛坏了。

利用封闭隔离，可以思考很多问题，多多学习，也是进一步武装自己、提高自己和再作战斗准备的时期。

2003年的"非典"在6月份基本就结束了，大家都解放出来，迸发出更大的战斗力。

2003年7月份，我就有四项事要做。巧的是，它们都跟湖北有关。

第一件事，针对上海9号线地铁施工造成房屋破坏的事故，我结合各地包括武汉的情况，强调地下空间开拓时要注意的地质环境调查监督和应有的风险管控。给温总理提出相应的建议，总理批示给曾培炎和建设部长。

第二件事，当时在武汉，我听到汇报，地铁过长江的隧道已定用沉管法。我结合以往经历，认为长江下砂砾石层高速水流冲刷会造成沉管不稳、不易施工、不安全等问题，提议不用沉管，而应该用隧道钻爆法及盾构法。后来，我的建议被采纳。武汉修建了第一个长江大桥，也建造了第一个过江隧道。

第三件事，考察立万铁道线，这线路中有经过喀斯特，一定要我去考察，因为我对岩溶有较多的研究经历是公认的。立万隧道在鄂西，配合长江水道交通，可以发挥很大作用。

第四件事，离开北京接部里通知，要我第三天跟曾副总理去三峡，考察一个地质灾害问题。虽然当时我火车已到郑州，但还是立刻奔赴武汉，和其他专家汇合后，与铁道四院的有关人员共同前往，不能不去。

真的，"非典"一结束，就有这与武汉（湖北）密切相关的四大项"防灾兴利"。这表明武汉处在中国中心之地，它是多么重要。

今天，武汉遇到新冠肺炎疫情的肆虐，正因为武汉的重要性，全国都给武汉加油，全国都支援武汉。一时的隔离，在历史长河中，只是一个小插曲。武汉停止几个月，受影响一年、二年，也只是历史上的一瞬间。

再过三年，再努力五年，那时武汉将会是怎样，它应当是生态—智能的典范大都市。那时，武汉的卫生应当有了高标准的发展，也建立流行病、传染病的预警系统，建立强大、科学的防控、医疗体系。

目前湖北省、武汉市似乎为这次瘟疫所困扰。藏身于家不外出，身心闲散烦恼，一时望不到尽头，显然难以心境好。这是可以理解的，不是病人，却又似非常人。目前，只有开阔眼界，远看才能明白。储集一时精气神，再待他日展宏图。度过这艰难的岁月，坚信在党的指挥之下，武汉会迎来真正灿烂的春天。湖北定是令人向往的人间乐园。

"桃花盛开的地方"，这歌声会更多更长久响彻在中国大地上。"桃三李四橄榄七。"福建有这民间说法，桃树只要种上三年，就可结桃果了。

人们记得：华东奉化水蜜桃，华北深州水蜜桃。前者不需剥皮，在果园就会渗流出甜甜的蜜汁；后者是剥了皮，咬上口果肉后，甜甜的蜜汁满嘴流淌。还有广西黍城水蜜桃，这是在石灰石荒漠化上发展的桃园，果实很美，帮助当地脱贫有功。2021年应当全国脱贫成功。这应当是南方功臣桃，表示脱贫成功啊。

那么，华中以湖北为代表，这美桃在哪里呢？我想湖北还是很多的。长江三峡峡谷出口后，第一个城市就是宜昌，宜昌就有桃花岭，原先在这小山丘上，桃树成林。我想，武汉也有桃花岭。

湖北武汉桃花所结的果实应当更有广泛的意义。通过这次对疫情的防控，取得了好成果，武汉一定会变得更加雄伟的。今后，武汉的新成就，就如同一棵引人注目的仙桃一般。而这成果，与白衣天仙的英勇献身是分不开的。

所以，在东湖，也可扩大桃园，名为"天仙桃园"。

"待到瘟君斩杀后，武汉依旧笑春风。"今后的武汉，今后的湖北，美景是目不暇接的。那时是：人文美景相融洽，仙桃永恒笑春风。

卜算子·咏春光

七十年大庆,举国祝贺欢,

突发冠魔齐防控,天使贡献高。

高策党聚力,高效民不慌,

待斩瘟君胜果结,华夏好风光。

―― 人生感言 ――

医者仁心　向白衣天使致敬

——从我经历的重大瘟疫谈起（五）

（中国网　2020年3月9日）

　　新冠肺炎疫情给中国武汉带来了灾难，进而危及湖北，也扩展到全国。武汉面临苦雨凄风。好在，有中国共产党的领导，习近平总书记亲自领导，中央制定了"坚定信念，科学防控，同舟共济，精准施策"的策略。大量白衣战士、白衣天使，聚于武汉。首先，要力挽狂澜，内防扩散，外防输出。

　　豪气冲天，气壮山河，为了在患难之中的武汉同胞，这白衣天使军团，不辜负全国人民的期盼，不怕艰难是危险，在短暂的一个多月中，作出了重大贡献。这恶毒的病毒，受到坚决的阻击，危险的局面已经消除，武汉及湖北的患者已大大减少。

　　当然，这可喜的成绩战功，与党的领导和全国人民奋斗是分不开的。但是，当下武汉战疫情的白衣天使军团建立重大功绩是最基本的，之所以取得这成效，我个人深思一下，并结合许多人的感受，主要有这几点，值得我们学习，也可在今后更加发扬光大，鼓舞全国更好为强国梦想之实现而努力战斗。

一、听党召唤,豪气别亲下武汉

正面临中国人民喜庆团圆,新桃换旧符的日子,武汉告急的消息,让许多白衣战士、天使立即告别亲人,加入浩浩荡荡的白衣军团,奔赴武汉,投身于这场无硝烟的战争。真是:

    党召褒撼白衣军,奋身英勇战瘟疫;
    协和同仁和北大,齐鲁湘雅与华西,
    海陆空并火箭军,省市区共援灾区,
    同舟共济长江畔,待看水天展欢欣。

是啊!这白衣天使军团,已有 360 多支队伍,来自全国各地人数已达 42 000 人,这是一项多么伟大的壮举,真是前无古人。全国人民向他们表示敬意,这是当之无愧的。

二、医者仁心,勇敢辛劳白衣军

中华五千多年文明史,重要的有"礼义廉耻""忠孝仁爱"。在范仲淹的雄文《岳阳楼记》中,有"先天下之忧而忧,后天下之乐而乐",这也是显示古人的仁心。

用"仁心"来表彰医治老少百姓疾病的医者,是太真实了。中国华佗钻研中华医术,救治多少老百姓,当之"仁心",实不为过。国外早先提倡博爱,著名医者(护士)南丁格尔,在战斗中救死扶伤,不顾个人安危,得到后人之尊敬,而后有南丁格尔奖设立。

加拿大白求恩医生,在中华民族遭日寇侵略的艰难岁月。他来到中国,支持中国共产党的抗日斗争，在晋察冀的抗日前线，医护伤员，不幸于手术中因感染而牺牲。他怀着"仁心"，为中国抗战英雄提供救治，受到全国人民的赞扬与怀念，被誉为伟大的"国际主义战士"。毛泽东主席也发文纪念他。

今日，我们白衣战士军团，面对新冠病毒这纳米级恶魔，开展了强大的阻击战。这场无硝烟的战争，不比硝烟战争容易。今天，已取得基本重要成果，真是不易。这确实充分体现了白衣天使的仁爱、勇敢、伟大的心。我们当然是要表示深切敬意的。

三、科学医治，病患分类高效治

这次疫病传染性强，病人多，病患在武汉的增长数字已翻多倍，以百、千计。需更好地"应收尽收，应治尽治"。这是很重要的问题。白衣战士们需要很快根据病情的轻重程度分类治疗，将重症患者集中治疗。在副总理孙春兰的督导组和有关省市领导的决策下，在短短的十多天内，白衣战士更好地实战救治之术，让重症病人摆脱死神、恢复健康。新建16处方舱医院，大量轻症得以迅速康复。

火神山和雷神山，都已名扬世界。意大利也建军帐式火神山医院。

方舱医院曾经"一床难求"。随着多数患者的痊愈出院，目前已有空床。方舱医院终于可以休息了。更重要的是，在方舱医院中，中西合作医疗，收到很好的效果。中医是重要的，需要更好地深入研究，将其发扬光大。

我亲身体会到中医是独特的深入探索人体奥秘的科学，今后是医学发展的坦道。这次下武汉支援的42 000人中，中医就有3 000多人。这次疫情抗战中，我们都看到了白衣战士的战绩，包括中西结合的喜人成效。

四、稳定民心，人民看到大光彩

春节前夕，突然大批白衣战士奔赴武汉，虽然只有武汉为了防控瘟疫而封城，但是，各地也有相应地采取隔绝、减少人流的措施。有关春节的庙会等民俗活动也都取消，宣传的是三个字"宅、戴、洗"。广大人民，不仅是在大城市，还是在乡镇，也多是在家中，街上很冷清。

白衣战士在武汉的战绩，体现在近日有关疫情报告中，显然各方数字上，都显示出武汉抗瘟疫的阻击战，已取得重要的战果，也坚定了人民的信念。

这一点非常重要，人民深信这白衣军团是抗疫的天使，是生命的卫士，也看到了将来崭新的光彩未来。

五、国际赞誉，认识中国的强大源泉

这次突发新冠肺炎疫情的暴发，让中国突然遭遇灾难，中国的灾难及其应对措施，得到世界上绝大多数国家领导和人民的以及世界上多种友好团体的同情和支持，包括世界卫生组织的赞誉。

当然，世界上也会有极少数的恶人在窃喜。他们希望中国在这场瘟疫中站不起来，从而达到他们通过各种手段都达不到的企图。

中国抗疫已取得的效果，让这些人背后去懊恼，背后去伤心吧！伟大的中华民族在这场抗疫中显示出来的力量，让这些人类不齿的人知道：中国是伟大的，中国人民是不可战胜的！

当然，疫情的形势在好转，但人为的情况是复杂的，我们不可掉以轻心，而是更好地坚持艰苦奋斗、不懈努力。

人生感言

所以，在疫情防控成功之后，仍需要继续努力，顽强不息地奋斗。我们在党领导下，更好发挥我们中国特色社会主义的先进性，更好体现我们的制度优越性，更好发扬全国密切团结的力量，更好取得科学研究的进展，进一步查明病毒的来源，研制新冠特效药，进一步高举生态文明建设的旗帜，提高人民生存的环境质量，有力地防灾兴利，彻底斩杀魔冠，那才是真正胜利的日子。

在此，向聚集在武汉的42 000多个白衣天使军团表示最衷心的敬意与真诚的祝福。

也向原在武汉及湖北和全国各地的白衣战士，为你们的艰辛、伟大的防控贡献，表示衷心的敬意！

近日得知已有几十名白衣战士，在防控新冠肺炎疫情中，英勇牺牲，致以深切的悼念！相信你们在天国上，不久就会听到中华大地上斩杀毒魔、取得全面胜利的喜讯，得慰你们未了的心愿！你们是人民思念的英烈，永垂不朽！

奠白衣英烈

不畏艰难多壮志，为国为民身心献，

英烈华夏千古念，待看后人永世奠。

咏白衣天使

长江水奔腾，黄鹤楼耸立；

经历史沧桑，雄伟昭天下；

泼墨抒心怀，此城好壮丽。

突暴发，新冠疫，令人心寒栗。

党领全防控，天使降临擒魔冠；

生命好卫士，环球多赞誉。

武汉必胜！中国必胜！

地者爱心　为祖国安全强盛而奉献

——从我经历的重大瘟疫谈起（六）

（中国网　2020年3月11日）

近来，全国新冠肺炎疫情的情况，病患数已有显著的下降，除了湖北省之外，全国只有3例新增确诊患者，这3例还是境外输入；而湖北省的确诊患者也都是武汉市的，数量在50名以下。这确实是在党中央的领导下，全民防控已经发挥了重大效果，离胜利之日已不远了。

但是，黎明前是黑暗的，不可有丝毫的松懈，以致大意失荆州，行百里者半九十，这是真理。

这次新冠肺炎疫情的确是灾害，但从中也得到正面的思考，注意到短板，这也是符合中国的文化思维，"祸者福所倚"。做得不够，深入思考，就会"知耻而后勇"。

这篇，再谈谈一些感悟与交流认识。

一、地球上对人类生存有三大灾害

人类生存与发展在地球上，除了地球赋予多种资源供人类生存与发展所需的物质资源之外，也对人类生存存着三大灾害：即气象灾害（风暴潮、风灾、洪灾、旱灾、冰雪灾、异常气候之灾等）、地质灾害（地震、滑坡、泥石流、岩溶塌陷、地面沉降、火山爆发、海平面升降等）、生物灾害。这次新冠肺炎疫情就是一种生物灾害，还有许多病菌、病毒引起的各种疾病，如霍乱、鼠疫、天花、白喉、寄生虫病、皮肤病……

更重要的是，在气象灾害和地质灾害之间存在灾害链，地震和其他地质灾害之间的灾害链，地质灾害和生物灾害之间存在的灾害链，气象灾害和生物灾害之间的灾害链。

这些灾害的存在，就使得人类要防治、防控这些灾害变得更为艰难。

更为复杂的是，这些灾害或灾害链的产生，是受人类不当开发的诱发与加剧的。甚至，有些灾害是由于人类间的敌对意愿诱发的，这使得灾害防控更加困难。例如，抗日战争中日军731部队的细菌战，抗美援朝战争中的向中国东北投放细菌，还有利用人工干扰局部气象而诱发灾害等，都是应定好应急措施予以防备，以寻求防患于未然。

二、灾害发生的三种过程类型

自然灾害的发生，常常有三种过程，其防患与防控的方法与着眼点也不同。

第一种是造成重大损失的突然（突临）灾害。

气象灾害的飓风、台风、雪崩、风暴潮等，这灾害"突然"发生，立即造成房屋破坏、人民生命财产的损失。但是，这些灾害多在发生前期就有异常现象。

例如，中国东南沿海常受到台风灾害，但是在台风形成的过程中，有更多中国以外，太平洋地区（印度洋地区）气象要素的监测情况，知道高压气团和风向等等情况，就可很好地预报台风信息，预测台风在我国东南沿海的大概登陆地点和时间，并做防范。但是，也有可能临时改变风向，所以要不断分析、预报。我国在台风预报上相对较好，对其所可能诱发的地震灾害也有分析，但对重大地质灾害的地点，尚未有充分密切的监测以适时预报。大型滑坡泥石流灾害的危害性很大，很多看似突然发生，但多数也有前兆现象。

20世纪60年代初，意大利瓦伊昂水库，库容只有2亿多，库区左岸发生滑坡，把库水提升4千多米，把堤下的一整个村镇覆灭、摧毁，4 000多人被埋在地下。监测人员已发现滑坡后沿存在开裂，但没有报告。

我国长江三峡新滩大滑坡就是预先抓住前兆，适时把居民撤离，而无伤亡。

1999年7月，上报信息三峡附近可能发生300万立方米的滑坡，2 000万立方米古滑坡，长江上下游几个县城都将受到威胁，过往船只也会因滑坡引起的涌浪而覆灭。国务院派一工作组，任资源部常务副部长孙文盛为组长，我为首席科学家，赶赴现场观察后，我们认为"不可能发生300万立方米，可削去危险体重量，当地不要乱挖煤"。当时，稳定了局面，上下游恢复正常，也有许多国内外地质旅游团前来参观。直到2010年，11年过去了，才滑坡了10万立方米，因有监测及时预报，也未造成伤亡。滑坡主要还是由挖煤诱发的。

地震直接造成人员伤亡、房屋破坏、诱发滑坡等灾害，属于突然性灾害，预报工作有困难。但是，预报发生地震的危险地区，在这些地区加强监测还是可以有防备，减少损失的。

2004年12月26日,印尼苏门答腊地震引起海啸,在震前、震时及震后,中国都有异常现象,但缺乏海底监测的资料,就难预报。目前,印尼和其他国家在当地有了海底监测,对海啸就有了预报。

第二种灾害效应就是突发灾害而迅速扩大。

许多生物灾害由病菌、病毒引起,就是初期发生规模小,但很快传染扩大,失去最早防控时间,大片传染后,加上人员流动,到时防控就费大力了。

第三种灾害情况是灾害有段长时间效应过程。

地震产生滑坡,堵江形成堰塞湖。如1935年,岷江上产叠溪地震,形成一个40米高的堰塞湖,后溃决,使下游几个村庄受害,伤亡9 000多人以上。2008年汶川特大地震,就注意到延后的堰塞湖灾害,而必须令早处理。

汶川特大地震后,断裂受北部不断活动而产生不少的余震或新地震。对南部延伸断裂带却未能坚持监测。我于2012年去雅安-芦山-大渡河一带讨论川藏高速公路工程,就提出汶川断裂向南活动产生地震的提示,写了书面建议,第二年4月25日还要去讨论,结果4月20日就发生芦山7级地震,发生不少伤亡损失。

生物灾害也有后续再次出现高峰的情况,这也是引起注意的。

三、地者爱心、爱地球、爱祖国和人民

全国上下都认为这场防控新冠肺炎疫情是一场惊心动魄的无硝烟战争。这场战争为什么这么剧烈呢?纳米级大小的病毒,没有生物体就不能存活,这次为什么这么厉害呢?答案应该是有,就是气候环境影响是什么,人为影响因素是什么。

中国有五千多年文明史，中国文化能在四代古文化中留存至今，必有其道理。中国文化博大精深、礼义廉耻、忠孝仁爱，先天下之忧而忧，后天下之乐而乐。今天的人类是命运共同体，所以中国是追求和平、友好、人类大爱的君子之国。

中国，其实遭受三次的生物战争。第一次是外国输入的鸦片，麻醉国人，体脑衰弱，进而瓦解当时经济尚居世界前列的强国。国人林则徐看到了这点，发起禁鸦片之战，虎门销烟触发1840年外敌侵华的硝烟战争。之后，世界列强欺凌瓜分中华。

日本倭寇，1894年甲午海战后，侵占台湾宝岛，1931年复制傀儡，实是侵占东北三省，再控制华北，发动卢沟桥事件，想架空中国，甚至开展细菌战。

中国人民站起来了，建立中华人民共和国，朝鲜战争爆发，美帝要席卷朝鲜半岛，让中国崩溃，中国人民志愿军抗住了美联军的锋芒。美帝飞机在东北大量投放生物细菌，中国政府予以彻底揭露。

这次究竟是什么战争呢？中国会弄清楚。外国要侵占中国，都是要收些败类当得力助手，这些就是人人仇恨的汉奸。不同时期，汉奸的身份出身不同，而这次什么人充当汉奸走狗呢？会有答案。

这里强调的是自然界三大灾害群对人类生命安全影响、生物安全、人类食物安全、地质环境安全、生态环境安全等导致对中华后代健康影响等方面，不包括社会治安的安全（如偷盗、斗殴、抢劫等）、一般火灾、工矿机械事故、化工设备事故等。

大面积火灾、损毁面积大、影响区域生态环境，如澳大利亚几百万平方公火灾，那当然应当考虑对生态的影响。

人生感言

第一，军事安全方面，涉及先进武器、设备的制造科技，以及医疗、战争、交通防护等，这里不论证。

第二，生化战争防护与生物及食品安全等方面的科技集团，除了生命科学、生物、医学外，还应培养农、林、牧、渔、水利等科技人民。

第三，城镇人民安全，这方面包括综合地质环境效应，气象—地质灾害防治，自然灾害的综合防灾、减灾，多种性质的地下基地安全与生命避难所的安全。科技人员包括地质、地理、气象、天文、生物、建筑等。

地学的现状是令人担心的，从目前看来，地学发展是一个危机。矿产资源想要依靠国外进口，可是一旦发生大规模战争，国外切断能源和粮食，中国又该如何？

地质灾害防治与综合发展的地质环境效应却无法研究。不知家园的未来，发生问题就亡羊补牢，地学上有什么利益就强行分掉，这是极危险的。

从这次新冠肺炎疫情肆虐，让人深思，中国有着14亿人口的大国，和国外多交往是应当的。但是，也要注意建立强力的自我防护，不能被人操纵着命脉。否则，遇到"穷途末路"的匪徒拔刀相向的时候，就只能束手就擒了。

这是一个警示，当然泱泱中华，抵御了许多强敌，今日也是足够强大了，但这次灾难，确实发人深省。什么东亚病夫又刊出来，什么是把制造业迁回美国的机会……有的科技人员，极个别，把2003年抗"非典"的胜利归结为仅因他的建议而取得。有人恬不知耻认为，只有他，才在国际著名刊物上发表文章。中国除他是世界著名学者外，还有谁？我想着令人发笑的狂妄之人，还是应当认清。

这几日，对新冠肺炎疫情的防控，取得令人开怀的进展，但仍需坚持，不可松懈。

作为与国家兴盛、安全有重大密切关系的地学工作者,应当"地者爱心"。这次抗疫情的白衣天使,他们体现了中华早有之美德"医者仁心",不畏艰难,勇敢战斗在危险的前线,充分体现他们对祖国,对人民,对遭病患痛苦的患者的仁爱之心。

地者爱心,也是应当学习白衣天使,更好体现出爱地球、爱祖国、爱人民的忠诚之心。期待,在中国共产党强有力的领导之下,中华儿女会克服一切艰难险阻、勇往直前。

我还记得,1965年在湖南一个县城会中,我们正为三线建设进行湘、川山区考察时,听到当时陈毅同志说:"恶有恶报、不是不报、时候未到;时候一到,一切会报。"

听后,很振奋人心,近日新时代的中国,和那时的国庆相比,真是天壤之别。中华大地,日新月异,这次新冠肺炎疫情也体现出中国之强大力量,等待那时到吧!

地者爱心,为爱祖国、爱人民做个不忘初心,奋勇奉献的战斗士兵吧!

盼候瘟君而欢笑

腊月冬梅寒凝泪,天使新符阻魔王;

三月桃花小肥红,五月红日当温暖;

安全兴邦聚爱心,高质发展更辉煌;

党领斩杀瘟君时,仰天傲笑我欲狂。

—— 人生感言 ——

共为祖国战疫情，世界华人一家亲

——从近日华人返乡谈起之一

（中国文化交流网　2020年3月23日）

这可怕的新冠肺炎疫情，让中国经历了一场无硝烟的战争。这战争，只是取得了阶段性的好成果，消除了人们的一些恐慌，但仍是有所忧心的。因为，现在世界上已有一百多个国家遭遇了疫情，但目前尚无特效药，也未提出预防疫苗的研制成果。

前段时间，我万分感慨下，结合我几次重大瘟疫的经历，写了六篇表达我思考的文章。

近日，看到一个冲突，但冲突的起因却是由莫须有问题引起的意见不合。为此，我又想抒发些浅见，以更好地促进消除歧见，更好团结对抗疫情。

一、华侨爱国天地知，全球华人一家亲

华侨热爱祖国，这是天地共知、让人津津乐道的真情。我是福建人，幼小时就遇到抗日战争。福建有很多在东南亚以及欧美等国的华侨，那时中国积弱积贫，日寇践踏，残杀华人。广大华侨，捐钱捐物，有的回国参加抗日。

那时，我父亲在外是一小职员，后迁到昆明，国外援华物资，通过缅甸公路，运进内陆。整个缅甸公路上，多是华侨出车并任司机，朝夜奔驰。祖籍福建的华侨领袖陈嘉庚，大力捐献，还去延安，认为抗战必胜，将来中国前途在延安。

的确，中国发生大灾情，华侨首先踊跃捐献，如汶川特大地震、长江流域大水灾……这次新冠肺炎疫情肆虐，世界各地华侨买断了口罩、防护服寄回支援。想到这一切，我心中对华侨无限感激与崇敬。我在福建中学学习时，同班就有好几个华侨子弟从国外回来。工作中，也有很多华侨回国学习，而后成为同事好友的。

华侨爱国之心天地共知，是我们学习的楷模。世界华人一家亲也是人所皆知，除了极少数的叛徒、罪犯、"台独"以及近年跳出来的港独分子。这是一小股浊流，影响不了全世界华人一家亲。

二、科学防控难相会，不是无情却真情

遇到这疫情，中央提出"坚定信心，同舟共济，科学防控，精准施策"。采取的是隔离、不聚会、宅、洗、戴等措施，避免感染。武汉封城，各大城市已近于封城。我亲妹妹一家在武汉，只能住在大外甥女家。小外甥女家住得也不远，但他们只有通电话，只能电话问候。我有事应去深圳、福州，动身不了，只有微信交流工作问题。

我一人在上海，要待三四天，有人送来些吃的，解决了吃饭问题，湖北武汉封城后，外地人尽管买了机票或车票，暂时也回不了家，就在武汉封闭着。

全国大学还没复学，目前必须先复工，为了安全，很多是包长途车，直接接一地集中的工人送回厂。这样安全，分散的出不来，出来的话，也不易

解决吃住和交通问题,若是不幸感染上病毒就更不好了。

目前,全国大学生需从东西南北穿插流动返校,真不是易事。学生加上护送家长,有一千万人数,包车也不易,吃住车船票也有问题。如感染疫病,就更麻烦。以一千万人流量,百分之一的生病率,即使是感冒(包括疫情病),最少有十万人,加上接触的,最少有一百万人需要隔离,这是非常艰难的。病了,不管什么病,都需要医生、护士参与。近五万白衣天使去武汉,他们太伟大、太辛苦,真令人感动,各大城市甚至中等城市,医院都为支援武汉而处于不完善的境况。再加上在新的学生潮中产生的,这些天使真的是累得太过了。

这些广大学生心中不会想,学校怎么不要他们了,也不通知确切开课时间,确实是疫情尚未结束,弄不好,疫情反复,将给中国带来太大威胁。

这些情况表明,科学防控,杜绝人群集中,这看似无情,实是真有情啊!对全国、对全世界都好。

欧洲的意大利、西班牙、德国、法国和英国,也都要控制人流。

三、近乡情更怯,不敢见来者

"近乡情更怯,不敢见来者。"这是唐朝一官员诗的后两句,他在京都出了事,官廷还没定他的罪过,于是他先返乡,离开家乡多年了,不知家乡如何,自己的事情家里知道否,有无影响,满满的胆战心惊。所以,才又到了故乡,却害怕起来,看到故人来,还不敢相认。

今日,海外华人带小家一起回国,因为国外疫情开始暴发,而中国疫情已经基本控制。有这样的想法是自然的。祖国好了,在外有疫情,国外不给医治,不如回国,这是无可厚非的。但是,目前中国疫情还未结束,老百姓们有所惶恐,害怕疫情反弹，再发高潮，所以人们还是防控为主，生活工作也还不正常。

"返乡志忐仍恍然，亲友何处总关情。"今日返乡肯定与往昔不同，以前虽说不上衣锦还乡，亲情处处总关情，举杯觥筹喜醉杯，交谈尽欢，亲友欢聚都尽欢。

这次可不同，离开国外居所，前往机场、码头，一路就有感染风险。订了票，说不定起飞前也会遇到航班取消。如果中途需停转机，也会增加感染机会。

进了中国，又是检查、测温和询问，还见不到亲人就要隔离。确认没有感染方可回家。刚下飞机，见不到亲友、同学，心中难免嘀咕：中国怎么了，对在外儿女不欢迎？有这样的想法也是自然的，但是有疫情和没疫情，情况是不一样的。

2003年"非典"时期，我从北京出来，也隔离了，对方单位是请我去解决工程建设问题的，是需要我、邀请我，当然也是真诚地欢迎我。但是，因为我从北京来，一些人害怕，有的也冷言冷面相向，我知道他们心中有恐惧，怕被传染，我也就不在意了。

近日，有些从国外回来的学生，年纪尚轻，不知不觉有所不当行为，这应当予以理解。国内有人从防控上出发，也有表示冷漠怕疫情输入，也应理解。都是中国人，都在这疫情仍在肆虐的时候，亲人之间有些误会或不当言语之处，应从大局出发，相互道歉说情，也就过去了。只要大家都愿对方平安顺利，只愿中国及国内外亲友都能平安就好。

"近乡情更喜，宽怀亲友安，共祝我华夏，国泰民安康。"

―― 人生感言 ――

中国仍充满信心走向更灿烂的未来

在 2020 年的一个月初，新冠肺炎疫情在我国武汉肆虐，造成重大灾害，引起全国的关注。但是在中国共产党的正确领导下，经国务院的有力措施和全国各地的鼎力相助，武汉及湖北省很快就控制了疫情。全国一些地区虽然也有发生，但都是不像武汉那么引人焦虑。

武汉及湖北省，没有像某些国外势力所想看到的那种疫情不能控制的蔓延，让振兴的中国失去更好发展的底气基础。

结果适得其反，全世界都看到了中国在防治与抗疫上取得了重大的成功。

2021 年开始，中国少数地区又有反弹，再次发生新冠肺炎疫情。但是发生数量只是个位数至两位数各地累计的也才 500 多位感染者。这与国外一些所谓先进的国家，一天发现一天有几万至二十多万人感染，而一天死亡就达一千一至三千多人。

人民不禁要问？为什么 2021 年了，差别这么大呢？

我想说的是，这不奇怪，因为全国上下团结一致，正确对待疫情，必须取得这理想的结果。我想重点是这几方面。

一、英明的决策

疫情突然发生，肯定是对这严重的传染疾病没有什么现成的防治经验。

但是严重的、迅速的后果，立即让人认真科学地对待。中央迅速制订有关决定特别是制订了防抗疫情的方针："坚定信念，同舟共济，科技创新，精准施策。"针对迅速增加感染者，提出应收尽收，应治尽治，高举"生命至上""人民至上"的理念。调到外地医疗队，共有四万多人的医务人员前去武汉及湖北一些重点地区去支援。

在这些英明决策之下，真正做到了全国之医务精英云集湖北武汉，对这可怕又可恶的新冠肺炎病毒，打掉其凶猛气势，使这疾病得以控制。

一年后的今天，病情有些反弹，显然比一年前的这时候，要好得多，这就是因为对待这疫情，真正是全力抗疫，英明的决策才能获得相对少灾害的今日。

二、防控上措施

通过 2020 年的严重疫情，从医学上采取了很多重要的措施，起了很大作用。

（1）个人健康宝，利用大信息数据，记载了活动轨迹，查明身体状况，而不断变动其健康宝，也有随身健康码，到公共场所，都需出示。

（2）加强检测力，特别是进行核酸检测，这方面近很大，也有新的检测仪器，如石家庄这次得外支援，两天就可全员检测一千多万份。

（3）划分风险区，根据出现病人数，划分出重风险区、中度风险区和轻度风险区。划分风险区，呈现出病人为数不多。

（4）发挥中医药作用，在武汉治疫中，中医药发挥了很好作用，中国医药的功效得到公认赞同，目前也采用中药草作饮剂以防控。

（5）创立新医院，在武汉创建火神山、雷神山医院，创新结构、很好隔离、用 5G 建病人病况，可网上会诊，药物自动处理，两医院收治重及危重病人，收效好。已得茅以升基金会建筑特别奖。这次石家庄还没用上，因防控及时，病人留不多。

（6）支援者贡献，在武汉有不少志愿者，参与医务人员、协助防控治疗……他们贡献很大，石家庄也有志愿者服务，有一位因劳累过度而牺牲了。

三、其他的举措

交通方面。石家庄一公布有疫情，就停止了高铁公路及航空运输，严格不外出，以免扩散。但支援医护及有关防控人员可进入，急需医药、生活用品可输入。

发展网上购物、食物、生活上及医用（通常老病），因不能外出，而发展网购，在 2020 年时，除武汉之外，许多大城市也是街道无人，而兴起网购交易相对就有很多快递人员，也有志愿者加上。

这次石家庄就有两千多快递人员，都是经二次核酸检测为阴性，得以批准参加快递，使广大市民不会感到缺乏生活必需品。

为了防控疫情，中国取得了 2020 年的重大胜利，一手防控这新冠肺炎疫情，另一手不忘完成脱贫攻坚。中国们保持经济正增长。

这两者都取得胜利，不是偶然的，而是必然的。

中国古语有：人真不如天算。意即不怀好意的人，想算计，让你遭殃，结果天道不容，想算计别人的人，遭到天算，不容你，你自己遭殃去了。

这古语，在今天真是多么灵验呀！

今天，虽然石家庄河北省仍有新冠肺炎疫情之不幸，从现在情况看，这只是一小波动，石家庄必胜，河北必胜！

中国仍是挺胸迈着响亮的步伐，在向前进！

中国仍是充满信心英勇地笑迎未来！

―― 人生感言 ――

听党号召情怀深　坚强拼搏奉献真

2020年7月1日是中国共产党成立99周年的日子，现在已经过去了，正向着一百周年的大喜日子推进。

作为一个有67年中国共产党党龄的我，也正向好周年进发。回忆往事，心中却是：

忆往事岁月流逝，半欣慰而渐悔，党领为民有奉献，细衡度上难自慰。

几十年岁月，当然是做了不少有益于人民的事情，但是缺少自感满意、公认大作为的成果，以回答党的培育。我很幸运直接负责中央领导关怀的一些重要任务，也进行了不少有关中央部署的战略发展的任务，但仔细一想，任务是完成了，便更有价值的可保留下来，更加发扬光大的成果产品却是没有，完善的科研队伍可持续更好为国作贡献的也缺乏，这是一个大遗憾。

一、解放军的革命活动

我一出生，过了四个月就发生了日寇占领东北的"九一八事变"，6岁就发生七七事变，看到国民党军队的弱小，福州又两次沦陷，给小时的我心灵是感到国不强、当亡国奴之痛。小时候也唱抗战歌曲，参加儿童合唱团鼓动抗日，也听到一些八路军共产党抗战之事。

抗日胜利后，国民党腐败，物价飞涨，民不聊生。听我父亲和一堂哥谈话（偷听到了），是共产党那边好多名人都去支持之事。

高中我选择入英华中学，成绩好可有助学金，我就选入该学校。这学校是学生进步思想基地，学生运动之领导者。五四运动后，中国是要"德先生"（民主，Democracy）还是"赛"先生（科学 Science）之争。那时学生举行演讲，我也参加了，我是两个"先生"都要，要民主，我功课好也认科学救国也需要。

我积极参加"反饥饿、反内战、争民主、争自由"学生运动，参加争"民主墙"，还领头"争平价米"斗争。

我们四队有一次被训导主任叫去，说"共产党传单就是你们四个人中有人放"，其实想先恐吓再下手。那时一些学校学生被国民党杀害后丢在路上，我们都警惕。我们班一个地下党员后来就躲开了。不久放假了，我们在洪山桥举办夏令营，实是准备迎接解放。

不幸一中午饭后去游戏，我救了一溺水老师，后又单独冲向急流，想救另一低班同学没救成，自己差点身亡。

后来知道，英华中学为中国牺牲的烈士有几十位，我虽然参加进步学生运动，但我还是被认为是有追求进步，但追求科技的学子。

中华人民共和国成立后，南台区及仓山一带，十多所大、中学校举行欢迎解放军大会，让我代表大、中学生发表讲话，欢迎解放军我写了三页多字讲稿，给地下党陈老师审，他说很好就这么发言。那时不习惯念稿子。开大会在礼堂，都是带枪解放军在前头一片。我一上台，只说了一句，心就慌了忘了不知该说什么。好在下面鼓掌欢迎我讲话时的时间，我拧了自己让镇定，去想稿子怎么写的才又记起该讲的内容，大意都说了来。下来后我到陈老师身边道歉，"陈先生，对不起，我紧张忘了"，陈老师安慰我说："没事，你讲得很好"。后来全市欢迎解放军大会，还要我代表学生讲话，我婉拒了，说：这么大场合我害怕，再搞砸了那多不好，我不去那会上是有福建老共产党领导之一张鼎丞讲话。

二、为中国共产党老一辈领导人指示而奉献

中华人民共和国成立以后，我英雄同班同学，包括和我要好的同室同学谢清华等都参军为解放闽南作贡献。我认为解放闽南没问题，还是想"科技救国"，那时大学不招生，我就参加"中国新民主主义青年团学生部"工作，在仓山一带做大、中学校学生教师工作，建团、办学习班等。

我介绍了多位学生参加"中国人民解放军东渡服务团"，预备随军解放去台湾。我们算地方部队，也随时准备赴台。因"6·25"朝鲜往南进攻，美国总统杜鲁门又把第七舰队进入台海。

七月"华北统考"来福建，我临时又想升学。本想学数学，学物理后进入清华大学，国家需要地质人员，我就放弃了转学数学物理的愿望。

1950年淮河发生大水，毛主席都不好入眠，1951年发出"一定要把淮河修好"的号召，1952年清华大学派我带领几位同学去淮河参加治理。后来我写了一水坝的工程地质条件论文，仍保留在全国地质资料馆内。毛主席后来发出"水利是农业的命脉"的指示，我就长期为水利水电建设，为大、中、小型水利水电建设开展调查研究、指导解决难题，涉及长江、黄河、珠河、永定河、太子河、内陆流域等，特别是西南及西北、华北等地水利建设。

1956年，周恩来总理电话指示党组书记、地质部副部长何长工，派可靠的人，查明官厅水库渗漏塌陷与北京安全问题。官厅水库是我国北方第一大坝，为北京供水、防洪有很大作用，1955年建成就发生渗漏，如果坝不安全，

20亿立方米水加暴雨突然下泄，那危害北京首都影响大了。部党组和有关局领导研究，派我去负责带领地质、电力、水利三部人员去查明这问题。因我刚出校门两年半去负责这么大责任，领导和老地质学家们，认为我很好完成新安江水电站喀斯特渗漏问题及淮河白龟山、郏县两水库的渗漏问题，一致支持由我去负责。我感到很荣幸，在调查研究过程中，水利部部长傅作义还陪李四光部长去视察，我向他们现场报了情况，他们很满意，相信我会解决这问题。

我们不断分析勘探试验成果，通过三维喀斯特水动力条件，找出了三个渗漏及土坝被潜蚀出浑水与塌陷机理。平时各种分析图不断更新，有数百张图。最后向水利部领导汇报及时，我只用了两张图和半小时说清了问题，得到水利部领导肯定。谷德振老地质等说："卢耀如只用两张图把问题说清，说得太好了。"但遗憾的是，原先地质出版社社长，看到我在淮河白龟山、郏县工程给队员们讲课的十多篇讲义，感到非常好，一定要我写出一本书，寄给我五十元作定金我。那书内容基本都有了，只要修改补充，整理一下就可，但有了官厅这任务，夜以继日我在15部机机不停转真的没时间。后来出版社也理解，就让我改写一篇论文，于1958年发表在《水文地质工程地质》杂志上。这还是到三峡时，抽空写的。当时还写了一篇《略论喀斯特》也在刊物上发表。原定那本书如果早点整理出版，相信对十三陵水库、密云水库等许多中小型水库的兴建、防治坝基及库区渗漏会有很好参加指导价值。

对于没有很好入海的河流，必须让洪水纳入邻近大河下游。至于内陆河流域，上游山区不宜修建拦蓄山水的大水库，这样水库蓄发量大，不下泄库水，下游平原盆地干旱得不到补给，又加强开采地下水，地下水位加快下降而干枯，末端湖泊干枯，整个生态恶化。所以上游水库不能全拦水，洪水应下泄，

人生感言

在干旱盆地、平原地带自由下渗补给，末端湖泊也不会干枯。

三峡水利工程是毛泽东主席、周恩来总理等中央领导所关注的世界级大工程。石灰岩地区坝址，1947年时美国萨凡哥水利专家来华，当时中国地质专家少数曾共同挑了坝址，在黑石沟地带，这层寒武系硫酸盐岩中，有些泥灰岩可有利于防渗。中华人民共和国成立以后1956年又开始大规模勘探，我有幸结束官厅工作后来到三峡，负责石灰岩坝区地质勘探和研究工作。周总理也曾指导石灰岩坝区美国专家来过，我们应当有好的勘探结果，研究结果以昭示国内外，显示我们的科技水平。这事我尽力去做，结果还是得到公认。

1964年开始三线建设，为了准备可能两大国强加的战争，毛主席还有深挖洞、广积粮、不称霸指示。为三线建设我负责编了全国1/1 000万喀斯特分布图，还主编了包括云、贵、川、陕西、湘西、桂及粤北的1/100万喀斯特图系包括三幅图：中国南方喀斯特地层层组类型图；中国南方喀斯特（地貌）类型分布图；中国南方喀斯特水文地质图。

将这三幅图及全国喀斯特图呈送给国家科委韩员、武衡副主任。

我也参加了国家科委组织的"川汉铁路喀斯特考察"。

考察结束后，我被国家科委指定负责、这条铁路重要的咽喉工程——圆梁山隧道（12.5千米）的喀斯特研究工作，铁道部四院配合。两位国家科委副主任问我有什么要求和需要国家支持的，我提三个条件：成立全国喀斯特地质研究所为三线建设出力；搞地质雷达以探测地下洞穴（后国家批给一台军用的探空电达）；深入开展有效工程建设的喀斯特研究工作。

这三条建议都得到支持，喀斯特岩溶所由地质部负责筹建，具体由我负责筹备岩溶地质研究所。1966年就着于开展圆梁山隧道的研究到野外开展工作不久。因"文革"开始，我被三道急电令返所。那时为备战我们也搬迁到河北正定。

1972年邓小平副总理已复出，曾指示应当恢复我国在国际学术团体中的席位。地质科学应首先执行贯彻，初拟参加1972年夏在加拿大召开的第24届国际地质大会和国际地质科学联合会的活动。我被指定写了一篇论文和准备岩溶图册，因我1966年年初在全国岩溶会议上曾展览了主要岩溶及有关工程的照片。因时间太匆忙，国外的宣传和交往来不及取消了，到1995年又开始，争取参加1976年在澳大利亚悉尼召开的"第25届国际地质大会"及有关的科联活动。我写了一论文出版了《中国岩溶》（中、英两版本），提高给大会、国际地科院刊物专文介绍这《中国岩溶》图册大家赞扬。这第一次介绍中国的地质科学成果。

本来6月，中国代表团团长要我在京等待一有恢复中国席位信息，马上飞澳大利亚。我去信给许副部长和孟继声副院长，必须在沪督促检查中国喀斯特图册印制，因分四家印刷厂，当地上海又很乱，已经发现把字体颜色印错了。后来只好将错就错，1.3部分字体一颜色，2.4部分另一颜色。我很想去，但我一走，印错了或者赶不上大会，那就耽误了国家大事。所以我放弃了这好机会，在大会开幕前印好，一收到北京代表团要动身，马上航寄当天到达。

1972年没参加拿大的大会，1973年3月—1974年2月，我应水利部指定去阿尔巴尼亚，作为高级专家组三人团之一，帮助指导在阿国建设水利站的地质问题，涉及尔泽高坝边坡稳定，以及电站的喀斯特渗漏问题。

三、新一代中央领导关注的一些工作

本来1975年底贵州提出还要恢复筹建岩溶所，在12月于广西南宁召开

人生感言

会上，仍定由我负责筹备，然后和张定生、陶然等去桂林，仍定我去见了桂林市新领导。但不久我又被排斥打击。

十一届三中全会后，三峡工程也再次有呼声。当时我想三峡工程会有中央考虑，而有关灾害治理、环境问题仍是需考虑。1991年太湖、淮河发生大水灾，为此我发表有关文章谈长江、太湖防水灾的重要性。2003年国家决定修建长江三峡，我写了一建议是国务院三建委（李鹏总理管）强调支持三峡工程上马，但要注意：①地质灾害防治；②泥沙淤积，上游系统工程；③生态问题，库水要与变坏。后来三建委给我复信，表示感谢！

1999年7月，朱镕基总理接到报急，三峡山可以发生300万立方米滑坡，推动2000万立方米古滑坡，将堵长江危及上下游不少城镇及沿江航运。当时刚到国土资源部孙文盛副部长（常务）为国务院工作组组长，我为首席（第一名）专家组成员考察后认为不会发生这灾害，可能会有几万立方米至十几万立方米发生滑塌灾害，也通俗提出"捆腰压脚难奏效和，唯一出路在砍头"。只有把可能滑塌的山峰上头削去，其他方法如墙浆、挡工等都不好采取措施。这些建议得到其他专家支持。由孙副部长向中央交代结果，让朱总理等放心。后来回京，钱正英（政办副主席）部长院士说："卢耀如，这次你立了一大功。"

2001年5月1日，第一个长假节日，武隆在319国道旁滑塌压垮一建筑物死29人，派出工作组我也是第一专家。现场看后我认为是"人工高陡边坡滑塌灾害"。现场我就写了这意见，给工作组组长及专家组成员，也呈送给当时重庆市委书记。后来国务院作出处理决定，有关这次灾害基本上就是我现场写出报告。后来我提出院士建议，大工程都应有灾害评估、中央也须拨出费用，进行灾害治理，使三峡库区的地质灾害情况得到了一定的控制。

温家宝选为总理后，大力支持中国工程院的重大咨询项目。

首先由钱正英、张先平院士负责"中国可持续发展与水资源战略研究"，我也是这项目核心组成员，并负责"西南地区水资源开发利用（包括地表水和地表水）"。提出了注意生态环境安全，治理石漠化，开发西部水电能源等。接着进行西北地区干旱环境的生态环境问题研究，我作为核心组成员，负责有关内陆湖流域的水资源开发与环境问题。后来进行东北老工业基地振兴与生态环境问题，我负责大型矿山的生态环境治理问题。我们建议受挖煤影响而危及城镇房屋安全，应逐步分阶段，搬迁新建在安全地带，而城区压下的煤矿可开发作为建新城的基本投资。这项建议后来也被采纳重视。

为了西南一条铁路会受到活动断层带太多的影响，我上书提出了相应建议，得到批示对该线路进行了再讨论而予以修改方案。

作为闽籍院士，以往经常在京。于两会之前夕，由福建省四套班子举行院士专家座谈会，积极提出有关建设生态省问题。2010年，我担负中国工程院重大咨询项目"西经济区（闽江、九龙江、流域）生态环境安全与可持续发展"，这项目有三十多位院士、百多位专家参加。

习近平同志在2012年党的十八大上作政治报告，并提出生态文明建设这重大战略思想。福建这项目正在结题，就更好学习有关生态文明建设思想，融入报告中，并提出福建省作出第一个生态文明建设示范省。

我代表院士专家将此成果呈送给习近平总书记，得到他支持并批给国家发改委回复，国家发改委送给全国二十多个单位审议并得到共同支持。于是国家发改委给我三页专函，表示支持此报告，将福建省作为第一个生态文明建设示范省。

贵州望谟、册亨两县灾害严重、生态环境恶劣连续三次大灾，时省委书记和省长很关心当地，邀请我组织了院士专家前去考察后写出院士建议。当

人生感言

时建议中认为当地流传的"册望册望,贵州之西藏"是应改为"册望册望,贵州之希望",应大力支持这两县,治灾发展提高生态环境质量,让这两县脱贫,才不会拖住贵州的后腿,而在2020年前,得以全省进入小康社会。

早在20世纪90年代初,为了贵州这片喀斯特区域以及西南大片喀斯特地区能摆脱贫困,我提出岩漠化现象的治理,因在80年代末。我担负了国家民委的任务,研究喀斯特山区经济发展与自然条件这个课题,并作为国家民委特聘研究员。这脱贫和建设小康社会的攻坚战又是习近平总书记、李克强总理所关心的。为此目标,我一直坚持在喀斯特分布广及相对贫困的西南地区加强调查研究,特别是贵州及桂西、滇东等地。

中国共产党关心的人民疾苦,中央领导关怀的战略目标与重大问题,我有幸参加了一些,也作出些贡献,但还是太少。

我这一生,能贯彻执行中央领导人的战略任务和当时关注的重大问题,做了一些事,向上级中央领导呈送了一些答卷成果,深感荣幸,但总觉得做得太少了。

今天在这时稍为深入些回想一生的历程,也是一个共产党员所应当清醒认识的问题。就是:

> 纵有为党爱国人,
> 深感不足而愧疚,
> 党的光辉指引我,
> 余生奉献志不休。

九死一生当拼搏　九生一死是光荣

世界万物，都会经历生与死。有生命的动植物，包括人类，皆是如此。无机的世物，也经历演化与改变。

自古以来，人因怕死后一切空，于是就有迷信与宗教之寄托，什么死后上天堂、死后再投胎，给人以慰藉。这样死者虽已去矣，生者亲近的人，也就宽心些，死者上天堂，死者再转世，这多好啊！于是就可节哀，而企盼自己也有来生。

有权势的人，最大莫如皇帝，今生有多福，何必托来生，于是就寻求长生不老之药，这就是"有福有权今生享，何求来生空虚幻"。

生与死这是人生永恒存在的问题，人们面对生死的态度那是极其不同的。我这里谈些拙见，但还是有理可依。

一、九死的分析与相关内涵

人类的生，是简单的过程，有婚姻关系的夫妻一生中生儿育女传宗接代。除有的因生理关系生育不了，多数是一胎儿一次生，但也有少数的母亲，一胎生两个，则为双胞胎，两个都是男孩，或两个都是女孩，也有一男孩、一女孩共生下来，那就龙凤胎。极个别的，还有三胞胎、四胞胎。

我这里要说的九死是：

人生感言

第一类，主要有三种。

（1）战争：由于敌对的部落、国家以及国家群之间的争夺而发生战争，自古以来世界不断发生着战争，除了对阵战斗死亡的将士之外，还有更多是因双方战争，而连带祸及的许多人民的死亡。我国20世纪抗日战争，死亡的军民达3 900万人之多。

（2）迫害：包括被杀害而英勇就义的无数共产党人。赴刑场而英勇就义，都是可歌可泣的。周文雍、陈铁军在刑场上举行婚礼，临牺牲前宣告成婚。刘胡兰是"生的伟大，死的光荣"，牺牲在反动派的屠刀之下……

（3）暗害：上面的战争死亡、迫害死亡（就义等），都是公开知晓的，还有不少潜伏在敌人要害部门的地下工作者，是被发现后遭暗害，为了种种原因，我方不公开被害者的革命者。例如，吴石中将等在台潜伏发挥极大作用，被害后几十年，才在北京公开设置纪念场所。电影《永不消逝的电波》中主角，人物原型是隐蔽战线的李白。

这三种死亡，都是为了正义事业。同时，有非正义死亡，如战争中日寇死亡，罪大恶极的匪徒的死亡，还有对革命对新政府采取敌对行动而死亡的，则不列在正义死亡之内。

第二类，天灾人祸（事故）而死亡。

（4）自然灾害死亡，基本有三类：

自然地质灾害，包括地震、滑坡、泥石流、塌陷、沉降、崩塌、火山爆发、海啸等。

气象灾害，包括洪涝灾害、干旱灾害、风暴潮、台风、龙卷风、雪灾、冰冻、雷电等。

生物灾害，包括生物入侵、生物病虫害、生态恶化、生态导致人类健康影响等。

（5）工伤事故等引起死亡，各种工伤事故，如爆炸、燃烧、有毒气体泄漏、交通事故、建筑物倒塌，这类死亡人类累积起来也是很多的。

更主要的是，因正常的生产运转而有的隐患多未能及早防患于未然。善后处理修复，却需要很多时间，并付出代价。

（6）环境灾害，这方面重视不够，主要是环境人为污染，影响水质、土质，从而影响生物制品的食物饮料的质量。环境污染影响呼吸系统、心脏消耗系统，及身体健康素质。包括大气的污染，影响到肺部、气管。这环境因素影响人体健康与生命，是慢性的。不知不觉发展严重了，康复也较耗时日。除了明显大剂量引起中毒等病症之外，一般不易察觉。受旧时条件限制，有"不干不净，吃了没病"，还以为自己有抵抗力。

第三类，疾病与身体机能衰竭死亡。

（7）疾病。常见的身体内部器官和血液分泌物出现毛病，如常规的气管炎、肺病、胃病、十二指肠溃疡病、肾病、肝胆病、膀胱病、五官疾病、皮肤病、骨癌病……这些病起因多种多样，我认为基本上是饮食作息不科学、食物不多样、营养不注意、酗酒且烟瘾大、没科学锻炼……总之不善待自己身体，引起身体不协调、机能损害、抵抗力弱而引起相关疾病加剧。

（8）身体衰竭死亡。病情不明显，内脏机能不协调而导致死亡。

例如，近来发现有老人摔了跤，没有骨折，当时似乎无事，但内部器官因摔跤产生变化，未发现症状却产生负面效应，过了一段时间，这器官失去机能，逐渐严重后又影响其他器官，终因身体机能衰竭而死亡。近来医学界发现了也告诫人们。我自己也有亲身体验，好在幸运克服而康复了，这里不多说。

（9）突然暴发疫情而死亡。抗日战争时，日本731部队搞细菌战，霍乱、鼠疫暴发流行，死了不少人，我也亲身受到威胁。

美国现在感染已达3822万多人，死亡63万多人。全世界感染2亿多人，死亡400多万人。本次新冠肺炎疫情中国是受害者，虽然严格防控情况好，但也是付出沉重的代价。这样病毒危害疾病，还会层出不穷，值得人类共同警惕、共同应对。

这九种死亡，也就是九死，值得国人和世界人民共同关注。

二、九死一生应当拼搏

九死一生，经常听人说过，主要有两种情况，一种是病重濒临危险死亡之际，被救治活了过来，所以在这种情况下，就说我是九死一生啊！"阎王不收又让我回到人世"，也有说"马克思让我回生，不收我"，都是庆幸没死。另一种是受到迫害，惨遭磨难，生命垂危后得救，挽回了生命。在旧社会，这多是地下革命者。遇到动乱的岁月，也有遇到残酷的打击迫害，生命垂危，而后受害人重获自由，保住了性命。这情况我也知道，也曾经历过。

上述这九种损失，死亡的人数很多，无论遇到哪一种的生命威胁，能躲过这一劫都是不容易的。作为正直的革命者，不能屈服投降，更不能出卖他人和革命组织的如共产党员方志敏，被国民党反动派抓获，在经受严重考验时坚贞不屈，写了《可爱的中国》，他也愤怒表达了，投降做狗，这样活着是可耻的，宁可死亡。就是死在敌人屠刀下，也是在人民心中得到永生。方志敏做到了，许多共产党人都做到了。

所以，当生命遭到严重威胁时，即有九死一生不退缩的决心，带有一生的希望,那就得拼搏、斗争,显示革命者气概。

遇到天灾和意外事故,随时有失去生命的危险,这时你还得拼搏,才可能延缓死亡。这一生的希望是宝贵的机遇,不能只等待,应当紧紧抓住,并珍惜,让剩余的极薄生命力发挥积极的作用。

三、九生一死是光荣

上述九种死亡的方式,也可能遇到一种。众人都面对死亡威胁,而你宁愿献出自己生命,也保卫众人,这就是九生一死的光荣,牺牲的精神。董存瑞高举炸药包炸敌人堡垒,让许多战友冲破敌人的防线,迅速冲杀取胜;黄继光用胸膛堵住敌人堡垒英雄牺牲,让中国人民志愿军取得胜利;邱少云在敌人阵前,让大火燃烧了他身体,为了广大战士隐蔽到进攻时刻,他忍受极大痛苦,而活生生烧死,失去了生命,但保住了众多志愿军不被发现,最后冲破敌阵,保护了广大志愿军战士,勇猛冲杀,获得胜利。这就是九死一生的光荣,牺牲自己一人性命,让多数战友兄弟保住性命,而一战成功。

在天灾事故面前,抗灾救险的人,不顾个人的安危而不断救出受灾人的生命,这就是九死一生的奉献英雄,让人尊敬。

在快速传染的突发疫情面前,数万医护工作者奔赴武汉,不顾个人的安危,救治不幸染病的危重病人,依靠创新之举,短时间内建成火神山医院救治病人,而后又有雷神山医院的建立。

中国能够迅速控制武汉疫情,继而控制这疫情在全国的肆虐,这些勇敢高素质的医务人员,就是发扬九死一生的舍己救人的精神。建立火神山和雷神山医院的设计施工人员,发扬了勇于奉献的高贵品质。特别是许多志愿者,

—— 人生感言 ——

为了救护病人和防控疫情范围扩大，不顾危险，作出了重要贡献。许许多多的有关工作人员，包括清洁工交通运输人员，都在发挥这种舍己救人的崇高精神。

宁可牺牲我一个，愿能救治更多人，防控住这疫情，不再危害更多人，这九生一死奉献精神是光荣的，值得人们学习予以发扬光大。九死一生时不要退缩，坚持真理，继续斗争，拼搏并增大这只有"一生"的生命力。即使无力回天，你坚持坚贞的精神，你拼搏的努力，会是永生的。人们尊敬你，你是光荣的。

为了众人的生命，宁可果断地献出自己的生命，宁可牺牲自己，支持保护众多弟兄，这种舍己救人、九生一死的精神与行为是光荣的，你的行为是令人敬佩的。

生与死是从来都会遇到的问题，把自己的生命，融进祖国和人民的伟大事业中，你的人生才有价值，你的生命是有光彩的。

2021 年 8 月 30 日

院士报道

—— 院士报道 ——

中国工程院院士卢耀如：
福建有望率先建成生态省[①]

（福建日报 2002年10月22日）

"福建最有望在全国率先进入生态省。"在18日举行的"加快福建发展"院士论坛上，卢耀如开门见山地说。

福州籍的卢耀如，是中国工程院院士、水文地质工程学家。在"院士八闽行"活动中，他到龙岩、漳州等地进行考察，为福建的发展建言献策。他认为省委、省政府抓住了四大优势，不失时机地建设生态省。四大优势是：独自的流域系统；3 000多公里的海岸线、13万平方公里的海域；60%的森林覆盖率，丰富秀丽的景观、山区资源；海外侨胞的支持。

在东山岛，卢耀如院士看到淡水从陆地引过去，他觉得福建目前的水资源虽然不存在问题，但还要从用水安全考虑，建议修建地下水库。他说，过去北京市有许多漳州水果，质量很好，但近两年少了，原因是品种退化、产量低，因此要重视水土质量的匹配。长汀县有稀土，用稀土作矿物肥料，可改良土壤，促进增产，如同给农业下"味精"。

---

① 记者：陈敏真。

40多年来,卢耀如院士一直从事岩溶地区的水文地质的研究,参加过长江、黄河、珠江等流域水利枢纽工程的勘测工作。他建立了有关岩溶发育与工程效应的理论,曾获得全国科技大会奖、李四光地质科技荣誉奖等。看到家乡的变化,他欣慰地对记者说:"家乡养育了我,我深感要为家乡做些什么。省领导要我们常回家看看,我一定争取做到。"

—— 院士报道 ——

卢耀如教授建言地铁建设不能急功近利

（同济大学新闻网 2003年12月30日）

中国工程院院士、同济大学地下建筑与工程系卢耀如教授近日在同济大学召开的研讨会上提出，在城市地下空间建设中应重视地质生态环境效应。

据介绍，我国现在正建及拟建地下铁道的有10多个城市，在城市地铁建设中目前考虑工程基础处理较多，而忽视了与地质环境方面处理工程相结合，长期运行结果将会产生不良互馈蠕变。例如，区域性地面沉降和地下建筑造成沉降的重叠互馈影响，可能带来更多不利工程效应和地质灾害现象。

针对这一问题，卢耀如院士说，我国许多大城市人口在数百万至千万以上，开拓地下轨道交通，已成为各地解决交通拥挤的重要措施，北京、广州、天津、上海等地已取得较好的效果。但是，在地下轨道交通建设中，非常重要的一条是做好规划，不能急功近利，要加强科学程序与协作，注意诱发灾害的防微杜渐，同时要加强风险评估和风险管理等。

地下铁路类建设，涉及土、岩、沙、水等方面，都是地质－生态环境的有机组分，因而在地下空间开拓中，一方面应当综合掌握地质－生态环境的自然演化过程，另一方面也应认识到地质－生态环境对地下空间开拓的制约作用。目前，我国地下空间开拓中已存在的地质－生态环境问题，主要有软土地基的稳定性与沉陷、沙层的形态与稳定性、粗卵砾石与漂石开拓方法及其稳定性、基岩基础的稳定与形变、地下水的涌水与突水、地震对地下空间的影响、地壳的升降与差异性运动的影响以及海平面升降的影响等问题。地下空间的开拓首先是为了大城市的发展，如果开发不当，将会产生负面效应，达不到可持续发展的目的。国外和我国香港地区地下交通建设的线路大都凿在坚硬的基岩中，在运行中存在的地质环境问题相对不多，而我国东部的许多大城市地下空间主要开拓在中厚层的沙层、软土层中，所产生的地质环境效应虽然缓慢，但缓慢的形变可能会产生突发性的灾害。

卢耀如院士认为，现在，我们应从地质环境与灾害防治上认真考虑，进一步探索地下空间如何开拓才能确保大城市的长期安全与持续发展。他希望今后能够进一步密切地质、设计与施工三者之间的关系，更加紧密合作，加强地质状况预警及风险评估等工作。同时，他认为，地下空间建设涉及面广，涉及的问题也很复杂，单靠个别科研机构和少数研究人员已难以面对一些地质灾害与地质环境问题，建议组建教育部城市环境与可持续发展联合研究中心，整合相关高等学校的人力资源、设备资源，促进多学科的密切合作，并取得有关研究机构协作，提高综合研究能力，以应对城市生态环境等问题。

——— 院士报道 ———

贵州的水环境污染日益严重[1]

（新华网贵州频道　2006年8月25日）

长期关注贵州生态的中国工程院院士卢耀如指出，贵州的水环境污染日益严重。

著名岩溶地质专家、中国工程院院士卢耀如近日在贵阳召开的"中国·贵州水问题高层论坛"上说，贵州天然地表水和地下水的水质都较好，但主要城镇和工矿地区水资源已受到污染，有的尚较严重。全省受污染河道的长度占全省河道长度的5.3%，约有1 600公里长的河道水为Ⅳ、Ⅴ类水，而且主要在城市及工业发达地区。贵阳市的主要供水源红枫水库及百花水库，在20世纪80年代水质就已恶化，水环境污染的趋势还在继续发展。

据了解，随着经济和社会发展，贵州人为因素造成的破坏水环境现象屡禁不绝，化工企业造成的河流污染事件时有发生。特别是因生产建设活动产生的人为水土流失没有得到有效控制，"边治理，边破坏"现象时有发生。水土流失治理的速度远远不能满足生态环境改善的迫切需要，局部地区过伐过垦过牧现象严重，一些企业在进行开矿、修路、采石等生产建设活动时，随意向河流倾倒废土、废石、矿渣，只重开发、忽视保护。

卢耀如说，目前，贵州水资源质量仍恶化，必须全面防治，以免进一步恶化。为更好保护水环境与水资源，努力通过科学途径节水，并且尽量使一水多用，这是减少污染及高效开发利用水资源的途径。

---

[1] 记者：周芙蓉。

为福建可持续发展献策出力[①]

（福建日报 2010年11月2日）

"我们关于福建可持续发展和生态流域的示范研究课题报告已呈送中国工程院，估计马上就可获批，将成为中国工程院明年的重点项目。"10月31日，前来福州参加全国科协年会的中国工程院院士、中国地质科学院研究员、同济大学教授卢耀如，在接受本报记者专访时透露。

卢耀如告诉记者，新课题研究范围为闽江、九龙江全流域和福建几大港口，内容包括流域污染、综合治理、灾害防治情况，采矿对自然环境的影响，水资源合理开采，港口如何进一步开发和保护等方面，主要提出解决发展的量和质的问题，使各流域和城市周围的环境更为和谐，保证人民生活的需求。他说，福建两大流域基本发源于本省，上下游生态保护相对容易，并可能产生示范作用。有10多位院士和一批专家将参加课题研究，中国工程院常务副院长潘云鹤将亲任课题组顾问。"我们年底将开展准备，进行预研究，并与福建省有关部门配合。"

年近八旬的卢耀如对家乡福建有着深厚的感情，曾多次到福建考察。2007年，在考察宁德三都澳后，他与王梦恕等11位院士以《工程院院士建

---

① 记者：王永珍。

议》的形式联名上书中央，建议开发三都澳海港。2008年，以卢耀如为首的18位院士和2位专家在宁德市建立院士科技创业园，从大黄鱼、茶叶、电机等具体项目入手，针对宁德市近期发展的八大产业和石化、核电、钢铁等产业中期发展规划，为环三都澳区域发展提供有力的智力支持。目前，已有多个院士项目取得实质性进展。

近年来，为海西战略所鼓舞，卢耀如对家乡建设更为关心，连续四届"6·18"均组织院士来闽召开课题研讨会，为福建可持续发展献策出力。他说："这几年我每年都要来福建三四次，关注的地方也从三都澳扩展至湄洲湾、厦门湾。这次借来福州参加全国科协年会之际，我将在2日福建省领导与院士专家座谈会上汇报课题研究项目，并参加由省政府主办的院士专家项目签约暨推介会。"

卢耀如院士献策西南水资源开发利用[①]

贵州两任省长致信感谢

（中国国土资源报 2011年2月28日）

近日，中国工程院院士、中国地质科学院研究员卢耀如先后收到贵州省两任省长的感谢信，"感谢您对贵州发展所作出的卓有建树的工作，相关建议都是您深入实地调研、严密科学论证的成果，对于我们进一步做好水资源开发利用工作具有重要价值……非常赞同您提出的'水资源是西南开发的制约因素，是西南经济发展的前提，是保障多级城镇的安全条件，是构建生态文明的重要内涵'这一观点，这与贵州多年来的努力方向也是相一致的……"

卢耀如长期致力于岩溶地质的科学研究和工程实践。他多次提出，水资源是西南开发的制约因素，是西南经济发展的前提。要加强地表水与地下水综合调蓄与开发利用，加强水资源节约与污染防治，既要重视解决工程性缺水问题，又要重视解决水质性缺水问题，2010年年底，卢耀如的著作《中国喀斯特——奇峰异洞的世界》出版，并赠予贵州省人民政府。专著对包括贵州在内的岩溶地区合理开发资源、积极防治地质灾害等问题进行了透彻分析和深入思考，对贵州省开展水利建设、生态建设、石漠化综合治理具有重要参考作用。

[①] 作者：张鑫馨。

—— 院士报道 ——

自然灾害下的贵州减灾思路[1]

（中国减灾 2011年）

近年，频发的自然灾害对人类活动的严重影响，已成为制约社会和经济可持续发展的重要因素，因而减轻自然灾害影响，探索防灾减灾之路显得尤为重要。

2011年9月中下旬，国家减灾委专家委员会派出专家组，针对贵州6月上旬启动三级响应的14个县（市、区）的洪涝灾害和7月下旬启动四级响应的57个县（市、区）的干旱灾害进行调研，并对下一步工作提出意见和建议。此次调研专家组成员中国工程院院士卢耀如向记者讲述了调研的情况和一些建议。

继2010年云贵川渝春季大旱之后，2011年贵州再次出现罕见旱情。据相关数据统计，截至9月中下旬，贵州全省88个县（市、区）均不同程度受灾，其中31个县特旱，39个县重旱。2011年贵州黔西南州望谟县发生的"6·6"特大山洪泥石流灾害给当地百姓造成的影响远没有离去，而干旱又戳痛他们的心。时值秋收季节，老百姓田地里的枯萎稻穗却因为"卡脖子"旱情未能灌浆，使稻穗空空，颗粒无收。个别地方更是遭遇庄稼绝收……

---

[1] 记者：金晓霞。

一、无奈的水旱灾害

"水资源问题是困扰贵州发展的主要问题,2010年西南大旱后,我在谈到关于开发西南地区的水资源战略时就明确指出:水资源为西南开发的制约因素;水资源是西南经济发展的前提;水资源是保障多级城镇的安全条件;水资源是构建生态文明的重要内涵。贵州省政府都很认可我的看法。"中国工程院院士卢耀如说。

贵州地处云贵高原东部斜坡,属于亚热带湿润季风气候区,降水较多,年降水量1 300毫米左右,其中6—8月降水量达450~600毫米,素有"天无三日晴"之称。然而,近年,贵州却发生连年干旱。2010年,贵州80多个县发生旱情,局部旱情达百年一遇,灾区群众四处找水。2011年贵州再次遭遇1951年以来的最严重旱灾,多地出现人畜饮水困难,庄稼减产。

2011年9月27日,专家组在贵州省安顺市紫云县调研时看到,农民的水田裂开了大口子,田地里的稻穗,到了灌浆的季节因为干旱无法浇灌,都成了空壳,有的农户家几乎颗粒无收。个别地方受灾较重,蓄水严重不足,存在不同程度饮水困难。有一个村寨里的房子修建得很好,但青壮年劳力都出外打工了,家里都是留守儿童和老人。政府为了解决百姓饮水困难,每两天给村里送一次水,前来接水的都是老人,有的老人背上还背着几个月大的孩子。据了解,以前正常情况下紫云县的年均降水量在1 200毫米左右,但今年的降水量只有600毫米左右。2011年9月初,贵州省委书记到紫云县猫营镇沙坝村查看旱情时鼓励群众抢种,科学抗旱。

同样,素有"一山有四季,十里不同天"的贵州黔西南州布依族苗族自治州也遭受了有气象资料记录以来主汛期前所未有的旱灾。自2011年7月以来，黔西南州总降水量较常年平均少3~6成。目前，该州因旱造成211.945万人受灾，102.01万人、82.28万头（匹）大畜生饮水困难；小（二）型以上水库干枯14座，10公里以上或集雨面积在20平方公里以上的河流断流14条；农作物受灾面积19.68万公顷，绝收6.14万公顷，造成经济损失达28亿元以上。

一边是干旱，一边是洪涝泥石流灾害。直到这次专家组调研时，2011年贵州黔西南州望谟县发生的"6·6"特大山洪泥石流灾害给当地百姓造成的损失仍清晰可见。

在去往黔西南州望谟县的路上，要翻过北盘江的分水岭，这里的公路被泥石流冲毁了，不少地段还没有完全修复，专家组走的是一条临时修建的路。当车驶入望谟县打易镇，路上随处可见泥石流堆积的石块，打易河整个河沟里都被石块填满了。打易镇的一座桥被泥石流冲毁，河沿岸房屋倒塌无数。从望谟县被泥石流冲毁的中学教室墙壁上留下的痕迹可以看出，当时的泥石流足有1层楼高。可以想象，洪灾暴发时，地动山摇，山石被洪水裹挟着奔腾咆哮而下的情景。直到现在，还能看到当时从山谷中被洪水冲刷下来的泥沙、石头遍布十几公里，可谓触目惊心。据当地提供的资料显示，此次泥石流灾害，造成望谟县8个乡镇81个村（社区）受灾，受灾面积1 343.23平方公里，受损房屋4 813栋9 626间；灾害共造成13.94万人受灾，39人死亡，13人失踪；直接经济损失约20.65亿元。

黔西南州望谟县地处云贵高原向西丘陵过渡的斜坡地带。境内有多条河，百姓都是在河谷里面建的房子。县城所处地形与甘肃省舟曲县很相似，也深受山洪泥石流灾害威胁。但这次令当地百姓庆幸的是，虽然发生了如此大的泥石流灾害，望谟县城却躲过一劫。个中原因，一方面是因望谟县相比舟曲县建设在一个较为宽阔的坝址上，山洪泥石流下来后有较多的下泄径，而没有在县城形成"堰塞湖",造成拥堵;另一方面威胁望谟县的三条河流之一的纳过河,有蓄水一百多万方的纳过水库,起到了很好的拦蓄洪水泥石流的作用,从而大大减少了对望谟县的危害。望谟县纳过水库位于北盘江的二级支流(望谟河一级支流)纳过河下游,距县城13公里,库容120万立方米,坝高28米。

二、水旱灾害的形成

贵州是多种灾害频发的省份,有"无灾不成年"之说。而在所有自然灾害中,水旱灾害的发生频率最高,造成损失最为严重。水旱灾害在贵州省几乎每年都有发生,而且经常出现旱、涝急转,洪、旱交替发生的情况。当地人将其形象地描述为"洪灾一条线,旱灾一大片"。历史资料显示,1442—1990年的549年中,贵州出现大范围的重旱年就有35年。水旱灾害又可诱发地质灾害的发生,特别是洪涝灾害,容易诱发滑坡和泥石流等地质灾害,造成更严重的灾难后果。

贵州位于世界三大喀斯特区域之一的中国西南岩溶地区中心腹地,由于特殊的岩溶地貌,旱灾频发,就像紫云县,虽然降水量比常年偏少,但仍在600毫米左右,这个降水量在北方来说不会造成太大干旱,但在喀斯特岩溶地区就会出现干旱。紫云县属于石灰岩地区,一旦有降水就会很快消落到地下,地表存不住水。所以在贵州当地有"地表水贵如油,地下水哗哗流"的说法。所以,像紫云这些地方要解除旱情,就要多开发利用地下水资源,此外,对其丰富的降水,要充分利用水利工程及时加以拦蓄,做到有效利用。这方面主要措施,应当地表和地下联合调蓄水资源。

望谟县跟紫云县一样也深受地质条件影响。望谟县地处云贵高原向广西丘陵过渡的斜坡地带。大部分土地面积都是泥质页岩、沙页岩，地形、地貌、地质构造十分复杂，地质破碎，土质松散，是泥石流、滑坡等地质灾害的重点区域。山高坡陡谷深，山体切割严重，全县最高海拔（1 718米）在打易镇境内，距县城直线距离不到20公里，落差达1 200米，一旦发生暴雨，集雨面积广，地势落差大，雨水必然会汇聚在坡度大的沟谷中，最容易形成洪灾，诱发泥石流灾害。今年"6·6"特大山洪泥石流总量达到1 000万立方米以上，是舟曲泥石流的5倍，可见其灾害程度之深。

同时，望谟县缺乏自然灾害防御体系和气象灾害预警体系，防洪标准低。望谟县城防洪标准是按20年一遇规划设计控制建设的。20年一遇洪峰流量为587立方米／秒，而望谟县今年"6·6"特大山洪泥石流洪峰流量高达1 700立方米／秒。望谟县是布依族聚居区，群众通常依山傍水建房居住，不少群众住房建在河谷沿岸，一旦发生山洪泥石流灾害，造成的损失就很严重。还有人们在山上挖斜坡修公路，挖了之后如果没有做很好的边坡保护，山体就容易松动引发泥石流。所以，像对望谟县这样的泥石流灾害高发区，除了修水库拦蓄外，还要建一些拦泥石坝，但是拦泥石坝很容易被冲毁或淤满，因而还需要对一些容易发生滑坡的滑坡体进行边坡处理，但是这个工程很大，需要很好的规划。

三、围绕"水"字做文章

2010年西南旱灾发生之时，国务院总理温家宝到贵州指导抗旱救灾工作。在考察了贵州多个地方的旱情后，他指出："我们要把贵州的发展和贫困地区脱贫致富作为一件大事来抓,纳入西部大开发总体战略来考虑。要围绕'水'字做文章,大中小水库统筹考虑,水库、塘坝、水窖相互补充。做到有水存得住,没雨用得上。要把水利建设与生态建设、石漠化治理结合起来,三位一体,科学规划,统筹安排,加大投入,尽快实施。"

温总理"三位一体"的治理方针的指示非常重要。紫云县和望谟县水旱灾害治理也应该遵循"三位一体"统一规划。

在自然灾害治理上,也存在气候灾害与地质灾害链之间的"三位一体",即旱灾、洪灾、地质灾害三者应综合考虑治理,不能单一治理,这也是"三三结合治理措施"。

关于紫云县和望谟县的水旱灾害治理建议如下。

(1)加强地表水与地下水的综合调蓄与开发利用。在地下有条件的地方打钻抽水,或在地下洞穴、通道中修建地下水库,以多种方式开发地下水。旱时,大力寻找洞穴暗河中的岩溶水,以解决旱灾地区人民的生活用水缺乏的问题。

(2)必须合理利用一些洪水。中国受季风影响,水资源分配极不平均。从时间分布上看,全国年降水量的70%~90%集中在6—9月,并多以暴雨的形式出现,水资源的70%以上成为洪水,利用难度很大。这种情况需要把洪水拦蓄起来,可以拦蓄到地表也可以拦蓄到地上,也就是洪水资源化。尽量避免洪水灾害的发生,但又要很好地予以利用作为抗旱资源,

图1 紫云县山区饮水断流,个别村寨村民靠从外面拉水饮用

这是经历沉痛的教训后所得的经验。

（3）做好水土保持，减少植被被冲刷。如在望谟地区要采取一些工程型的措施，望谟通过紫云的那些公路应该很好地进行危害地段的边坡处理，以预防造成更大的危险。

（4）抗旱地区要总体规划，要顾及一些极端异常的气候问题，在重要的城镇地区开发地下水，预备应急的一些水源。这些水源并不一定在平常用，要在特别应急的情况下用。

今年紫云灾情那么严重，实际上还是由于预先没有更多应急措施，没有预备的应急水源，大旱时也就难以及时地寻找地下水以解干渴之急。

针对贵州旱涝情况可以归结为：工程性缺水，水利措施不够，治理灾害及减灾应急措施力度尚需加强。这是贵州当地许多干部和民众的共识，也是专家组调研后特别强调之处。

因此，希望政府相关部门重视贵州发展，重视西南水资源开发利用，做到造福于民。

图2　老人背着孙子前来取水

警惕自然灾害链滞后期[1]

(科学时报 2011年5月31日)

"要了解地质灾害,必须全面认知地球结构。"日前中国工程院院士卢耀如在成都理工大学作报告时强调。

岩石圈板块在软流圈中漂移、碰撞,引起地震等灾害。"人类既要合理利用自然资源,又要积极防治自然灾害,实现人与自然和谐发展。"

地质灾害一般分为两类:一类是突发性灾害,如地震、滑坡、泥石流等;另一类是缓变性地质灾害,如地面沉降、地裂缝、荒漠化等。后者是地球演化过程中缓慢发生的,发生前一般会有征兆,但通常也难以完全防治。

早期威尼斯建筑于沿海,有软土地基。当地人打了数百万根桩基,以保证建筑物基础的稳定性,但随着地面沉降日益严重,海水入侵使城市街道变为水巷。针对我国一些城市想模仿威尼斯造水城的现象,卢耀如认为"地面沉降是仿造不来的"。

卢耀如还提出了自然灾害链的概念。"一种灾害常会诱发其他灾害,这就是自然灾害链。"注意到灾害链,就可预先采取措施,减少灾害危害。

卢耀如将自然灾害链分为五类:气候与地质灾害间的灾害链、地震和其

---

[1] 记者:彭丽。

他地质灾害间的灾害链、海洋和陆地间的灾害链、河流上下游间灾害链、地质与生物灾害的灾害链。"自然灾害链不一定当时就发生，必须高度重视其滞后期。"比如，汶川地震发生两年后，才爆发大规模的滑坡和泥石流。

"目前虽没办法完全杜绝自然灾害，但可通过建立科学的预警系统来减轻灾害的影响。"卢耀如强调，除了进行科学监测，减少人类活动诱发的地质灾害，也是预防工作的重中之重。

这些灾害是否罪在三峡工程[①]

（东方早报 2011年5月25日）

这些灾害是否罪在三峡工程

早报专访中国工程院院士卢耀如谈三峡工程争议与三峡后续规划。

最近，湖北、江西等长江中下游地区遭遇严重干旱，仅湖北就有50万人饮水困难、千万亩农田受旱，中国最大的淡水湖——鄱阳湖水域面积创下有卫星观测以来的最小值（详见早报5月20日A1、A24版报道）。和近几年三峡及周边频发的泥石流、地震、水灾等一样，又有声音将这次大旱归结为三峡大坝所致。

这些灾难真的和三峡有关系吗？三峡后续工程要注意些什么？为此，早报记者对话中国工程院院士、三峡工程专家卢耀如。

三峡问题并非近年发现

东方早报：温家宝总理5月18日主持召开国务院常务会议，讨论通过《三

---

① 记者：卢雁。

峡后续工作规划》（以下简称《规划》）。英国路透社马上就以《中国承认三峡大坝存在弊端》为题报道说，这标志着中国政府承认三峡工程"存在问题"。您觉得可以这么理解吗？

卢耀如：我觉得不是这个意思。这说明现在政府考虑通盘谋划三峡工程的后续工作，并进行资金上的统一划拨，而且现在正好是"十二五"规划的时候，中央也是听取各方意见后作出系统的安排。

东方早报：三峡工程自20世纪50年代以来建与不建一直争论不休，您觉得自己属于哪一派？

卢耀如：这个很难说，那时年轻，血气方刚，觉得中国需要这么一个大工程来扬我国威。

东方早报：那后来呢？

卢耀如：后来之所以到90年代才开工，是因为"大跃进"以后中国经济发展受到影响，没钱办这么一个大工程，当时预计要花800亿元。

东方早报：20世纪90年代初三峡工程开工，您也参与了？

卢耀如：我1993年给三峡建设委员会（以下简称"三建委"）写了封信，当时我就预计到建三峡大坝不是问题，因为中国已有许多大坝建设的经验。

当时，我给三建委的信中强调，三峡工程的关键在移民问题，移民问题的关键又在保持好地质－生态环境。我强调要加强注意三个问题：库区边坡稳定性、库区水质变异和库区泥沙淤积。

这些建议得到了重视。这些建议不是当时想起的，而是有一系列科学分析、论证，也提出了解决途径。这些问题许多人都想到了，工程设计有考虑，政府也有措施。

要防止移民无序回流

东方早报：这次国务院的《规划》中说，"到 2020 年移民生活水平和质量要达到湖北和重庆同期平均水平"，这个"2020"是怎么得出的呢？

卢耀如：这应该就是根据两个五年计划算的吧，但从中我们要看到一个现象：现在很多三峡移民又部分开始回流了，重新聚集到三峡地区，另外还有新到三峡库区来发展的。这说明三峡生态环境在好转，因此，人口反而增多了。

但是，三峡库区人口一定要控制，人聚集得越多，越影响三峡库区的生态环境，若再开辟新的城市，又会引发地质灾害。这是今天需要考虑的，所以需要政府进行产业调整及相关政策引导，避免移民和新移民的涌入。

东方早报：所以这次国务院出台的《规划》中，移民、库区生态环境、库区地质灾害、中下游不利影响等方面都有涉及……

卢耀如：国务院提出三峡后续计划非常正确，是根据已取得成就和客观实际的需求，进一步做好有关工作。需强调一点，并不是像外电所说的原先没有考虑这些问题。

长江这样大的流域，不可能不同地方、不同部门只管自己眼前的一摊事。江河综合治理中，必须包括地下水与地表水的合理调蓄，统一综合治理，达到旱涝兼治的目的。

地质环境是产生水旱灾害的背景条件，进行江河的综合治理，必须立足于地质环境效应，减少与控制灾害的发生与发展，并能不断地提高地质环境的质量。

千万不能因三峡移民取得的成就、搬迁城镇有全新面貌，而又无序地造成大量人口往这新城镇云集。

―― 院士报道 ――

再投1700亿不算多

东方早报：说到地质灾害，宜昌等地有关部门称，库区面临着一个"库岸再造"的过程，这一般需要多长时间？主要会给当地带来怎样的影响？

卢耀如：库水主要影响一般由几年到十年时间，不会很长。

我们应知道，地质灾害是不可避免的，三峡在建坝前，滑坡、泥石流就较多。修建水库后，国家关注地质灾害防治，在三峡库区还是取得很好的进展。重庆地区由于监测预警起了作用，去年虽然有不少地质灾害发生，但却是零伤亡。今后，不能高枕无忧，仍要密切注意地质灾害的监测预警，并继续进行防治。

东方早报：当初说，三峡工程的防洪功能是第一位的，会成为调节四川盆地气候的空调，可为什么近几年极端天气那么多？

卢耀如：这种极端天气全都归因于三峡工程，肯定是欠科学的，也不可能。

当然，在长江中游三峡大坝拦腰一截，必然改变着原先平衡的状态，使长江流域这一个自然系统一分为二，不仅一切地质作用都要产生调整演化，空气中水汽流动也会有相应变化。但是，这和大片地区受全球气候变化的影响相比，应当说是不可等同的。去年福建、海南等许多地区也发生大水灾，这肯定不是与三峡有关。

东方早报：您估计三峡后续工作还要投入多少？有媒体报道说还要1700多亿。

卢耀如：难说，但这个数字不算多。今后的投入主要还在移民，当然，几部分都很重要，但如果不能控制移民，库区不得不建新城市，那地质灾害的监测和预防系统也是需要投入的，还得有几百个亿，生态保护也得有好几百亿。

问题不能都归罪三峡

东方早报：究竟该如何理解这些年来关于三峡的利弊之争呢？

卢耀如：客观上讲，任何一个工程的修建都会对自然界有所影响，只是程度问题。比如我们建设大都市、对海域的开发利用等，对大自然也有不利影响，所以不仅是一个三峡存在利弊之争。

我们要做的是将影响降至最低，在保护中开发，在开发中保护，和谐自然。这说的是不会诱发更严重后果，而不是没有不良后果。

所以，我们要对三峡工程作综合评价。不能把长江中下游现在的很多问题都归结到是因为三峡引起的，难道和当地大量抽水、大量建高层建筑无关？长江流域是一个完整的自然灾害链，没有三峡，洪水也会引起滑坡、泥石流，各地都可能发生。

东方早报：就是说，要对三峡工程作长江全流域的考量，那不同政府部门之间的利益呢？

卢耀如：目前三峡工程主要还是水利部在考虑。有人提出，水利部应该将水电收益中的一部分作为防治灾害和保护环境的费用，作为基本资金。我觉得这样有道理，可以让国家少拨钱了。

三峡争议焦点

1. 地震　三峡对地表压力不会构成强震

东方早报：曾有不少声音质疑说，三峡水库蓄水达到海拔175米，对地表底层的压力加大，可能会造成三峡地区地震活动加剧？

卢耀如：汶川"5·12"特大地震后，有不少声音认为这跟三峡工程有关，其实不然，川西和滇西本身就在地震带上。

三峡水库对地表底层或许会有相应的压力，但绝对不会构成大地震。水库诱发地震，国内外都有发生，我曾强调有三种类型：①重力荷载型；②气化爆裂型；③洞穴塌陷型。

大滑坡、火山爆发也会诱发地震，但一般震级不高，一般不会超过里氏5级。像汶川这样的高烈度强震，都是地下深层次板块碰撞产生的。

东方早报：那"5·12"地震对三峡库区究竟有没有影响？

卢耀如：可以说没有影响。有意思的是，大地震当日，三峡库区的好几个县城都以为是自己这里发生了灾害，三峡库区的人们对地震等灾害很敏感，可见这些年灾害的意识已深入库区民心，防治地质灾害成为当地群策群力的事。

2. 泥石流 不可避免但有能力做到零伤亡

东方早报：那这几年的滑坡、泥石流呢？

卢耀如：我们不可能让地壳不发生滑坡、泥石流灾害，但科技发展到今天，我们完全有能力将滑坡、泥石流的损伤降至最低，重庆库区去年零伤亡就是一例。

但三峡的问题并不都集中在库区，要通盘考虑、比如，如何防止库区的滑坡、崩塌等灾害。我一直强调要积极发展长江中上游地区的防护林，做好水土保持工作，有利于降低旱涝灾害及岩漠化（石漠化）程度，相应减少三峡水库的泥沙量。

另外，需要在长数百公里的（长江三峡）干流库岸，建立完善的库岸稳定检测网络（包括滑坡及岩溶塌陷），以避免隐性发展巨型、超巨型滑坡与岩溶塌陷的发生，对重要地段应当建立适时监测信息网络卫星检测系统。特别是要建立地震、气象、地质灾害、水文等综合信息预警系统的平台。

3. 电荒　火电占 78% 跟缺电的关系更大

东方早报：那电荒呢？目前多个南方省份面临 2004 年以来最严重的一次"电荒"，三峡工程水力发电能力世界第一，且大多输往华东和华南地区，为什么还有电荒？

卢耀如：中国目前主要还靠火力发电，这占全国发电量 78% 左右。水力发电只有百分之十几，其中，三峡的电量目前又只有水力发电的十分之一，电荒归根结底还是跟火力发电关系更大，直接原因是煤炭价格高，运输又贵，导致电厂发电越多亏损越大。另外，有的地方干旱，也影响了水力发电。

4. 干旱　鄱阳湖缩小很大程度因人工围湖

东方早报：那长江中下游的干旱怎么解释呢？每年 5 月中下旬，长江迎来汛期，但近几年来，长江中下游流域的水位在汛期一直在退落。今年以来的降水量更是达到 50 年来新低，洞庭湖、鄱阳湖水位连连告急，这是否与三峡工程有关？

卢耀如：洞庭湖、鄱阳湖水位连年下降，很大程度上与人工围湖有关，鄱阳湖解放初期有 4 000 多平方公里，后来到 2 000 多平方公里，现在面积更小，但三峡水库蓄水应起调节作用。

自然界中，经常有旱涝灾害。例如，河南在中华人民共和国成立以前有水、旱、蝗三灾；西南地区的旱灾频率、水灾频率相近，水旱灾害频率 500 多年来可达 20%~50%，所以，今年洞庭湖等旱灾不应归因于三峡。

5. 洪水　泥沙增多湖泊缩小增加洪灾隐患

东方早报：那三峡工程能不能抵挡住百年一遇的洪水呢？

卢耀如：我一直强调"长江流域的洪水灾害不容忽视"，而且长江中下游湖泊面积的不断缩小，孕育着洪水灾害的更多隐患，这是长江流域演化过程的趋势。

但是，由于人工作用的不良影响，如乱砍滥伐、破坏上游植被，造成大量水土流失。长江没有黄土等堆积，其泥沙含量比黄河少，但前一段时间在迅速增大，大量泥沙势必会造成湖泊淤积，减低有效的分洪蓄洪作用，增大了洪水的隐患。

比如，人为因素使1998年长江在中等流量情况下，却在中下游产生历史上最高水位。再说三峡工程与防洪作用，如果不能很好地进行上游广大地区水土保持，并通过绿色工程、上游水利工程、防治污染工程、地质灾害防治工程以及人文教育工程等系统工程的实施，以提高全流域地质－生态环境质量，三峡工程能起防洪的作用也是有限的。

别把长江中下游问题归罪三峡[1]

(华西都市报 2011年8月29日)

在近现代中国史上,没有哪个单项工程像它那样,集万千"宠爱"与"挑剔"于一身,这就是世人瞩目的"三峡工程"。昨日下午,中国工程院院士、中国地质岩溶学界泰斗卢耀如走上成都"金沙讲坛",用最权威的解读给大家还原了一个真实的三峡工程。

"我们要对三峡工程作综合评价,不能把长江中下游现在的很多问题都归结为是因为三峡引起的。"卢耀如说,比如,今年国内发生的大面积旱灾,三峡的放水,就对下游的抗旱起到了一定作用。

卢耀如说,三峡在建坝前,滑坡、泥石流就较多。修建水库后,国家关注地质灾害防治,在三峡库区还是取得了很好的进展。重庆地区由于监测预警起了作用,去年虽然有不少地质灾害发生,但却是零伤亡。"三峡的问题并不都集中在库区,要通盘考虑。"卢耀如强调,要积极发展长江中上游地区的防护林,做好水土保持,特别是建立综合信息预警系统的平台。

"三峡上游的水环境恶化与污染,必然会影响到三峡水库。"卢耀如建议,要从全流域治理入手,发挥三峡工程的功能,维持其良好的生态环境。这方

---

[1] 记者:华西都市报记者。

面，需要严格控制水库沿岸城镇的污水排放，完善小型污水处理厂的功效等，下游有关天然湖泊也应当保持良好水质。他还建议，不要遇到干旱大灾了，再临时去打井，应当在全流域的主要城市、农业生产地、设施等处，建备用的安全水源，以备干旱或水源地被污染时，仍有安全的水源地可供使用。

肩负使命的人生选择[1]

(中国科学报　2012年6月11日)

卢耀如，1931年出生于福建省福州市。工程地质、水文地质与环境地质学家，中国工程院院士。1950年考入清华大学地质系，1952年院系调整入北京地质学院。曾任中国地质科学院研究员，同济大学教授。

长期从事岩溶地质的科研和工程实践，参与实践及指导了一系列水利水电、铁道、矿山及城镇工程的勘测研究。由于在岩溶（喀斯特）研究方面成就卓越，被国内外学者称为"喀斯特卢"。1998年获全国科学大会奖、全国优秀科技图书奖二等奖。1999年获李四光地质科学奖荣誉奖。

若不是因为高考前大病一场，卢耀如可能就跟他的福建老乡陈景润一样，去研究哥德巴赫猜想了。然而人生的选择，往往会遇到不可预期的"意外"。

"层岭攀越千峰过，隐穴惊看异洞春。"多年后，卢耀如成为著名的岩溶地质学家，他写下的这句诗，是这位中国工程院院士一生科研实践的真实写照。

在工程科学领域叱咤风云，也许不能像数学家那样单纯享受"思维的乐趣"。然而，卢耀如却更加体会到追求和坚持科学真理的意义。因为，他肩负着更大的历史使命和责任。

---

[1] 记者：郝俊。

―― 院士报道 ――

最初的志向

故事还要从他的青少年时代讲起。

1947年1月，卢耀如考入英杰辈出的福州英华中学读高中。其间，清华大学航空工程系主任、著名空气动力学家沈元教授，因母病返榕，北平解放时未能返回清华，就在这所高中短暂任教。住在教员宿舍的沈元，经常去找同学们聊天，启发他们。沈元因卢耀如数理化好，不止一次对他说："数论是科学世界的一项皇冠，而哥德巴赫猜想是皇冠上耀眼的明珠。你敢不敢去摘取这颗明珠？"数理功课一直非常优异的卢耀如毫不犹豫，应答道："敢！"

由于念的是春季班，卢耀如在1950年1月高中毕业时，必须等半年时间才能参加大学入学考试。当时全国刚刚解放，急需人才投入到各项社会工作中。高中时期就积极参加学生运动、追求革命进步的卢耀如，经人介绍到福州市南台学联工作，打算待大学招生开始后再投考。

半年时间转眼而过，卢耀如向组织提出报考大学的意愿时，被认为是要脱离革命，批判他"个人主义"。介绍他去学联工作的一位同志替卢耀如说话，说卢耀如的功课很好，让他去学习也是为国家做贡献。几经周折，卢耀如的报考申请才得以批准。

7月份的福州酷暑难耐，卢耀如加紧复习已丢下半年的功课，每天熬夜到凌晨。由于生活困难，饿了也只能白饭就着咸菜充饥。不承想，他在劳累中大病一场。

"发现痰里面有血丝，我以为得了肺病。"卢耀如当即联想到，半年前曾跟自己在一起的堂弟得了肺病大吐血。眼看就要考试，一下背上了沉重的思想包袱。

卢耀如没有去看病，决定先支撑着身体完成考试，他浮肿着脸走进了考场。

"考完我就觉得不很理想。"卢耀如说，最终的成绩印证了他的感觉。报上发榜时，他得到"成绩尚可，但所填系科无法安插，需另填志愿"的通知。就这样，他与梦寐以求的清华大学数学系失之交臂。

走入水文地质工程

再三思量，卢耀如决定先入清华园再作打算，于是在志愿表上填了"清华大学地质系"。

"我觉得地质系也不错，但还是想进去后再转系的。"卢耀如回忆，考试失利并没有让他彻底放弃从事数理科学研究的愿望。入校后，他首先修习为数学系学生开的微积分，又跟物理系的同学一起上课，认为这样才不至于掉队。

事实上，当时有一些地质系的同学不甘心学这个专业，做转系准备。一天，地质系主任找卢耀如谈话，告诉他国家需要搞地质的，让他带头放弃转系。

卢耀如只好安下心来，一头扎进地质学。不久之后，他在杂志上了解到地质学领域一个新的研究方向——水文地质和工程地质。恰巧，清华大学土木系教授陈梁生是卢耀如的同乡。他告诉卢耀如，地质研究对水利工程非常重要，希望卢耀如往这个新方向发展。卢耀如回想起，高中时有位海外校友来学校作报告，提起美国在田纳西河搞水利工程，成立田纳西流域管理局，简称TVA（Tennessee Valley Authority）。孙中山先生则曾经构想过修建中国的三峡，后来称之为"YVA"，也就是在扬子江三峡修建大坝。这自然离不开地质工作。

于是卢耀如为自己选择了水文地质和工程地质的专业方向,"为了水利学地质"。

1951年淮河发生大水灾,毛泽东主席发出"一定要把淮河修好"的号召,淮河掀起水利建设高潮。1952年,卢耀如与其他同学一行四人,奔赴淮河实习。拿着地质工作"三大宝"——罗盘、铁锤、放大镜,带上一张地形图,卢耀如开始了野外调查。

两个月的实习调查完成后,卢耀如第一次懂得了工程地质工作的内涵,也得到了很大的锻炼和提高。根据实习完成的调查报告《关于淮河大坡岭水库的工程地质调查的报告》,后来一直保存在中国地质资料馆内。

1952年全国院系调整,卢耀如随清华地质系进入新成立的北京地质学院,成为新成立的水文地质与工程地质系第一届毕业生。因国家建设需要,卢耀如和他的同学们于1953年提前毕业。

在野外的"喀斯特卢"

大学毕业后,卢耀如被分配到地质部下属的一个工程地质室工作。当年11月,又安排他进入地质部东北工程地质队,奔赴冰天雪地的吉林浑江进行野外勘察。

1954年,地质部迎来了一批苏联专家,领导安排卢耀如跟随苏联工程地质专家学习。

"住着高档宾馆,到处参加宴会,出入都由汽车代步。"没过多久,卢耀如就感到,他对这种看上去"很风光"的学习很不适应,"这样浮在上面学不到什么东西，应当去野外实干锻炼"。

于是他主动提出，自己还是去野外调查，负责勘探并写出报告，再请苏联专家帮他指导修改。

当时，新安江正准备修建一个装机容量40万千瓦的水电站，由地质部负责勘探。卢耀如带着几位同事沿上下游踏勘填图，回答亟须解决的两个问题：第一，新安江库区是否存在寒武纪碳酸盐岩的喀斯特渗漏问题；第二，从水文工程地质条件角度对一级开发和梯级开发进行比较，给出最优方案。

经过几个月脚踏实地的调研，卢耀如给出了圆满的回答：新安江库区不存在喀斯特渗漏的大问题；一级高坝开发比梯级开发更有利。他的建议，经受住了后来工程实践的检验。

完成新安江的工作，卢耀如再次赶往淮河，先后负责白龟山水库、郏县水库的勘测任务。经历几次实践磨炼，他积累了丰富的水文地质工程勘察经验。

1956年，在毛泽东主席的关注、号召下，长江三峡水利工程的勘测设计掀起高潮。地质部随即组织一大批专家技术人员前往三峡勘探，在最初的名单中，已小有成就的卢耀如是其中一位。

然而不久之后的一天，领导突然通知他先不要去三峡了。原来，1954年建成的官厅水库，蓄水后不久便发生坝基渗漏，塌陷已达黏土心墙，发展下去将危及整个坝体。官厅作为当时中国第一大水库，位于北京市上游，一旦大坝发生重大险情，20亿立方米的库水会对北京、天津造成威胁。

险情处理刻不容缓。地质部党组研究决定，让卢耀如负责查明渗漏、塌陷原因，为工程处理提供可靠依据。

卢耀如深知责任重大，汛期来临前必须解决问题。他与专项研究队的同事们一起日夜奋战，短短15天内调集到15部钻机，调查工作紧锣密鼓。为了查明黏土心墙渗水情况，必须进行打孔取样，打孔方位容不得半点闪失。卢耀如经过充分研究，采取严格的安全措施后，立下了军令状，确保万无一失。

很快，卢耀如得出调查结论，找出了发生渗漏的三个主要通道，及诱发坝基塌陷的机理，给出处理方案建议。刚刚走出校门3年的卢耀如，得到了众多地质学前辈的支持，临危受命的任务得以胜利完成。在喀斯特研究领域，他再一次交出满意答卷。

官厅水库的研究处理工作，为卢耀如奠定了更加坚实的实践基础。1957年3月，卢耀如前往三峡，翻山越岭跑剖面，调查洞穴，观测水文地质动态，分析碳酸盐岩坝区的勘探成果。渐渐地"心里有了底"，正式负责起南津关碳酸盐岩坝区的勘测与研究工作。

工程研究中，专家间难免有不同意见和看法，常常也有争论。苏联喀斯特专家索科洛夫与卢耀如打过很多次交道，赞扬他在官厅的工作。然而在三峡喀斯特水文地质特征方面，两人有很多不同认识。

"索科洛夫是莫斯科大学的教授，在石灰岩方面做过很多理论研究。但苏联在石灰岩地区建坝较少，他的工程经验还是不多。"卢耀如谈起他们的学术争论，"我很尊重他，但我认为不正确的看法，我一定会说出来。"

对此，当时有相关部门在内部文件上，"不点名"地批评卢耀如"不尊重苏联专家意见"。"那个时候这种说法很危险，弄不好就有可能被打成'右派'。"卢耀如说。

为了阐明自己的道理，卢耀如拿出扎实的勘探资料和研究数据，继续与索科洛夫讨论。几个回合下来，索科洛夫被说服了。

后来，索科洛夫在一次欢送宴会上跟大家说："以后工程上的问题，可以找喀斯特卢，他在这方面懂得比我多，不必请我。"

这番话，在卢耀如看来是赞许，也是鞭策和鼓励。"喀斯特卢"的称谓，就这样渐渐流传开了。丰富的野外经验、严谨求真的科学态度，让年轻的卢耀如成为中国喀斯特研究领域的青年骨干。

围绕岩溶展开的一系列科学研究、工程研究，成为他此后几十年科研工作的重点。在岩溶发育机理、岩溶水动力条件、岩溶作用过程、岩溶类型划分、岩溶工程地质条件、地质灾害、地质—生态环境与可持续发展等方面，他都作出了探索性研究。

工程研究更要讲真话

在卢耀如的学术理念里，地质科学研究一定要与工程建设紧密结合。然而，为工程建设服务的地质工作，坚持科学真理有时难免会与工程利益相抵牾。

"因为讲真话，吃了不少苦头。"卢耀如说他为了坚持自己真实的科学意见，工作中难免会遭到冷嘲热讽，甚至引来恶意。

20世纪80年代，卢耀如参与讨论黄河上一个水库地质勘探工作，据他调查研究发现，该水库右岸存在岩溶渗漏问题。然而，为了让工程赶紧批准上马，设计施工方并没有听取他的意见，也不再邀请他参与相关工作的讨论研究。

后来的完工蓄水过程，证实卢耀如的判断是正确的，然而工程已造成不小的损失。

面对这种情况，卢耀如认为在学术上一定要秉持客观原则，"别人不同意，主要是因为对问题本身缺乏认识。因此更有义务讲清楚，采取措施，而不能回避"。如果是重大问题，他选择向上级如实反映情况。

院士报道

20世纪80年代初，卢耀如认识到三峡工程库区面临重要的地质环境问题，提出在三峡库区要进一步深入调查研究；1993年，他在一份写给上级主管部门的建议书中，又强调三峡工程的关键问题在于库区移民及保护地质生态环境；1997年三峡长江主航道截流时，他再次上书，强调上游石山地区的地质生态环境综合治理，是三峡工程可持续发展的保障。

近年来，因长江上下游多次发生地质灾害，很多人开始反思三峡工程。卢耀如始终坚持着自己的看法，他认为："现在应该冷静一点，不要采取全盘否定的态度。而是应该作出全面仔细的利弊分析，从而进一步采取正确措施。"

从20世纪90年代开始，卢耀如更加重视地质生态环境的研究。在他看来，工程建设中日益关注环境问题是件好事，但往往缺乏具体的科学分析。

"工程科学最需要慎重。"卢耀如提醒道，"现在有种错误的认识，说哪有不出事故的工程。这种赌博心理非常危险。"在他看来，对任何一项工程，都要作出科学的利弊分析，进行近期和远期的影响评价。

卢耀如坦陈，几十年的工作中他也留有遗憾。"对于有些重要工程对地质条件预测研究做得不够，而是灾害发生后才予以重视，未能尽早更有力地提出建议让工程上予以改正，这样就会给工程带来很大损失。"

搞了一辈子工程地质研究，卢耀如明白所有的工作都要"经受住时间的考验"，更要尽到自己的责任。

卢耀如院士获福建省表彰

（同济大学新闻网　2012年7月12日）

在6月18日福建省召开的6·18项目成果交易会上，中国工程院院士、我校土木工程学院卢耀如教授以其为福建省发展做出的突出贡献，荣获福建省首次颁发的海峡"6·18特殊贡献奖"。

始于2002年的"中国·福建项目成果交易会"，后更名为"中国·海峡项目成果交易会"，大批境内外院士、专家学者积极参与项目对接，促成科技成果在福建省落地转化，为增强福建省自主创新能力、推动科学发展跨越发展做出了重要贡献。今年适逢"6·18"十周年，福建省为表彰院士、专家为福建省的开发做出的贡献，在本次成果交易会"上，授予16位两院院士及专家共50位"6·18特殊贡献奖"。

记者了解到，近年来，卢耀如院士积极回福建开展有关福建省与海西经济区的发展的科学研究工作，并积极参与海西经济区与福建省有关的水利与水资源、生态地质环境、高铁建设、新能源、地质灾害与防治、港口开发、地质公园和自然遗产等方面的调查研究工作。作为首个福建省院士工作站——将乐玉华洞院士工作站的院士，卢耀如为推动玉华古洞文化品牌策划与宣传提出了科学决策。多年来，积极向中央级福建省委、福建省人民政府的领导提出了多项建议，并被采纳实施，为福建省及海西经济区的发展作出了突出贡献。同时，卢耀如院士也多次参加闽、台两岸有关科技交流。近年来，又担任中国工程院重大咨询项目"海西经济区生态环境安全与可持续发展研究"的项目组长，开展专项研究取得了突破，为福建省的发展建言献策。

卢院士表示："家乡培育了自己，近些年尽己所能做了些工作。要在有生之年，尽菲薄之力，争取为家乡的发展，为海西经济区发展做出更大的贡献。"

建设生态矿山城镇群[1]

（中国新闻网　2013年7月19日）

"矿产资源开发应和当地城镇的发展有机地结合，建设生态矿山城镇群。"中国工程院院士卢耀如提出矿区生态修复新理念。

7月19日下午，在"生态文明贵阳国际论坛2013年年会"矿区生态修复论坛上，来自海内外的专家就生态矿山建设及贵州省矿山生态修复分别发表意见。

贵州省是我国石漠化面积最大、灾害最严重的省份。石漠化土地面积达3万平方千米，占贵州总面积的17%。近年的矿产资源开发，加剧了对地表的破坏。石漠化引发水土流失面积7.3万平方千米，占全省面积的42%，年均土壤侵蚀总量达2.5亿吨。

"贵州的矿产开发和矿业资源开发在全国具有一定的代表性，也具有一定的挑战性，如果做得好的话，也具有一定的示范性。"中国矿业大学校长葛世荣说。

中国工程院院士卢耀如认为，矿产资源开发应和当地城镇的发展有机地结合，建设生态矿山城镇群。开采矿产资源，应当以大、中型为主，小规模

---

[1] 记者：刘沪真。

不科学的矿井应当全部关闭。而大、中型矿产资源开发，必须人口相应集中，形成以开采矿产资源为主的城镇群。

浙江大学吴次芳教授提出的表土剥离利用意义重大。他认为，表土剥离能显著增强地球生态产品的生产能力，是寻求与地球共生存的重要途径。

德国波茨坦可持续发展高级研究所科学主任卡罗·鲁比亚（Carlo Rubbia）就如何实现生态矿山建设的创新和改革提出了四点建议：出台绿色矿区的国家级标准和评估系统、创建矿区的生态恢复市场体系、改进土地资源中现有的矿区复垦保证金体系、建立矿区生态恢复和资源发展的良好的综合监管体系。

本次矿区生态修复论坛还讨论通过了《关于贵州建立"全国生态保护与矿产开发协同创新实验区"的建议书（草案）》。

空中飞人卢耀如[1]

（中国科学报 2014年5月16日）

作为国际著名工程地质、水文地质与环境地质学专家，83岁高龄的卢耀如现在还是经常参加各地的考察活动。

"你电话打来的时间刚刚好，我刚回北京。"电话那头，卢耀如院士爽朗地问候记者。

刚刚从上海回来的他，向记者介绍自己接下来的行程：5月13日接受媒体采访，14日飞长沙开会，15日回北京，16日上午评估会、下午飞银川，17日银川飞上海，18日回北京，19日英华校友会聚会，20日参加一个城市建设方面的会议……印象中"空中飞人"多是商务人士，但卢耀如的飞行里程数估计要大大超过普通的中小企业家。

旺盛的精力和不俗的记忆力让记者对这位自称"80后"的老人刮目相看。"去年去青海海拔3 000米的地方考察一个水洞，其实我之前就去看过。新负责的年轻同志不了解情况，跟我说陪我在城里转转，我说不去，看我来干什么了。"结果，反而是年轻人跟在卢耀如的身后。

卢耀如读书时喜欢跑3 000米，也在运动会拿过名次。工作之后更是常

---

[1] 记者：张晶晶。

常爬山，身体素质了得。记者问他现在还做哪些运动。他回答说每天全国各地飞来飞去就是很大的运动量了，另外"晚上有时间就在宾馆附近散散步"。

出生在福建的卢耀如饮食清淡，一直没有饮酒习惯的他最近在外就餐会喝一小杯红酒。

"喝点酒杀菌，预防食物中毒。"不久前在外地开会的卢耀如，返回北京后上吐下泻。独自一人的卢耀如在宾馆忍了一夜，第二天还在会议上作了开场报告。脸色苍白的他被人劝回宾馆休息，始终不见好转，最终才自己打车去了医院。"挂号、急诊、验血、输液……我都一个人弄的。"第二天再去医院的卢耀如被医生告知，昨天他的情况非常危险，食物中毒引发的脱水很可能导致昏迷。"最后查明是前一个出差地吃的饭菜有问题，我走得早，他们剩下的人都在当地接受了治疗。但另一位院士吃饭时喝了两小杯白酒，他就没有中毒。"

适宜的运动加上清淡的饮食习惯以及一小杯佐餐红酒，可以算是卢耀如院士的养生三诀。

接受记者采访当天是"5·12汶川特大地震"6周年纪念日，过去的5年间，几乎每年的5月12日卢耀如都去往震区考察。

"灾后重建不是说越快越好，现在山洪、泥石流仍然给当地生活带来了很多麻烦。自然灾害是不可避免的，但是人类活动应该是可以想办法降低灾害造成的损失，建设上面注意防灾减灾。不要因为工程建设诱发更多的灾害。"卢耀如院士特别强调了防灾预案的重要性，"要根据不同情况制定防灾减灾的计划。"

"救灾要快，灾后要慢"——这是卢耀如之前在一篇文章中发表的观点。他跟记者解释说："不是说灾后不重建，而是要充分考虑今后发生新灾害的可能性，要采取科学方法对待。慢不等于不做，防灾减灾不是一蹴而就的。业绩很重要，但牢固可靠更重要。"

高考在即，卢耀如想要提醒广大考生："要重视高考，但也不要太紧张，轻松平常对待。注意劳逸结合。家长也不能给孩子增加压力，控制好孩子的学习和休息时间。"自己的孩子高考时，卢耀如正要前往外地出差，"跟我说：'爸爸你走吧，没问题的。'"

说到北京周围适合全家同游的地质景观，卢耀如首推石花洞。"房山的石花洞很漂亮，喀斯特地貌可以去看看，夏天去也很凉快。"

—— 院士报道 ——

卢耀如院士为宁夏城市供水安全支招[①]

（宁夏日报 2014年5月21日）

"要结合新区开发，开展城市供水水源地和应急水源地的勘查，确保一旦发生城市供水危机时，能够及时启动应急供水预案，保障城市供水安全。"正值全国部分地区接连出现因水污染影响到城市供水安全事件，5月17日，中国工程院院士卢耀如在调研银川滨河新区水源地调查评价项目时说的一席话，引起业内人士关注。

卢耀如院士提出，宁夏在水资源使用历史上就好坏名声不断，"好"的方面是宁夏有着千百年依托黄河自成灌排体系；"坏"的方面是宁夏农业长期有大水漫灌的历史，造成水资源浪费。宁夏水工环工作应重点研究统筹地表水、地下水资源以及中水的合理利用，统筹工业、农业用水的合理分配，利用农业灌溉、湖泊湿地确保平原区上下游地下水的补给关系，形成良好的水资源保障系统。

卢耀如院士建议，宁夏水工环地质勘查工作要高度重视水资源安全问题。平原区要结合沿黄经济区的城市群发展，充分结合地表水、中水资源，合理开发利用地下水资源。要开展城市供水水源地勘查，科学管理水源地，从水量、

[①] 记者：宗时风。

水质方面确保城市供水安全。同时，要注意建立应急供水水源地，确保在发生城市供水危机时，及时启动应急供水预案，保障城市供水安全。尤其应结合目前正在开展的银川滨河新区建设，在做好水源地勘查同时，规划好分质供水方案，优质地下水必须确保用于生活方面，严禁浪费；地表水可用于灌溉，中水可用于清洗与绿化环境。

―― 院士报道 ――

灾害评估具有重要价值[①]

[中国气象报（电子版） 2014年8月6日]

汛期以来，我国南方尤其是西南地区不断遭遇暴雨侵袭，随之而来的还有等级不断升高的地质灾害风险。快速推进的城市化面临地质环境尤其是地质灾害的严峻考验，出现了许多存在高风险甚至是"不设防"的城市和村镇。"如果城市化进程太快，基础设施却跟不上，特别是对当地主要的防灾、减灾措施没有适时规划设计，就会面临多重风险。灾害评估具有重要价值。"中国工程院院士卢耀如分析道。

"根据很多城市的相关统计，起码有百分之六七十的城市，受到不同类型灾害的威胁，包括直接的地震灾害、洪水灾害等，另外在一些城镇边缘存在滑坡、泥石流等灾害危险，主要是气象-地质灾害链。"他表示，除了洪水、滑坡和泥石流等，在东南沿海地区发生地面沉降的可能性增加，环境的恶化则加剧了灾害的发生及其危害性。

《韩非子·喻老》中讲述了扁鹊为蔡桓公治病的过程，疾在腠理、肌肤、肠胃，尚可医治；病在骨髓，则"无奈何也"。

"我国大城市为了应对重大自然灾害，应当做多方面的储备，比如安全

―――――――――
① 记者：赵晓妮。通迅员：杨红。

避难所需要规划，主干道交通应该保持受灾中仍可以安全通行，另外断水、断电时候如何应对，安全应急水源和能源等都要考虑。"卢耀如坦言，我国城镇的防灾能力仍然非常脆弱。"要增强防灾能力并不容易，需长期投入，在防灾、减灾的思路与具体措施上仍需加强研究。一座城市如何在现代化过程中确保安全，这是一个大问题。

卢耀如认为，我国的城市目前应对灾害的主要方式是防范，进行有规划的避险。比如，香港有七百多万人，地少人多，同时饱受强台风、暴雨引起的风灾、水灾以及泥石流、滑坡等多种地质灾害威胁。通过政府和社会的不断努力，香港在防治地质灾害方面开展了大量的研究，建立了行之有效的管理规范以及政府预警体系，使得香港的地质灾害得到很大程度的防治。

另外一个应对灾害方式是防灾保险。"灾情发生以后，防灾保险相当于集中大家平常的一些费用，积少成多，再投入到有需要的大型救灾中去。"他建议国家应多方面设置防灾减灾基金。

卢耀如认为，进行城镇规划与大工程建设，都必须做好地质环境勘测研究，做好灾害防治的评估。特别是大型工程，设计和勘测单位应当分开，以客观调查、勘测与正确评价地质环境与地质灾害。在处理地质与生态环境问题时，需做深入的反思，主要涉及城镇的安全和可持续发展，实际上很多项目建设基础都与地质有关系，如有些工程为了赶工期而忽视地质勘察，出了问题归咎于地质条件不好，推卸责任。

—— 院士报道 ——

卢耀如院士论文收录于《中国共产党与三峡工程》

（同济大学新闻网 2015年1月28日）

近日，我校土木工程学院卢耀如院士收到中共中央党史研究室来信及《中国共产党与三峡工程》一书，函中表示卢耀如的论文《三峡工程的现实与争议》"具有很高的学术价值与研究价值"，已收录在《中国共产党与三峡工程》这册出版物之中。

《中国共产党与三峡工程》是中共党史专题资料丛书之一，包括综述、文献资料、专题资料、回忆录及大事记五部分。其中专题资料有五篇，卢耀如、金晓霞的论文《三峡工程现实与争议》列在这部分。

卢耀如院士的这篇论文曾发表于中国地质科学院网站，后在《中国减灾》杂志上发表，论文分述：截断巫山云雨、三峡工程利弊之争、不能将长江中下游干旱归罪于三峡、汶川地震与三峡无关这几个当今关注的问题。

这篇论文被收录于《中国共产党与三峡工程》，卢耀如院士表示，他感到很荣幸，也深感今后在实现伟大中华梦征程中，对发展中有关地质环境与地质灾害防治方面，作出更多奉献。

建立综合防灾预警系统很重要[1]

（中国科学报 2016年8月9日）

7月28日，习近平总书记到河北省唐山市考察时强调，同自然灾害抗争是人类生存发展的永恒课题，必须全面提高国家综合防灾减灾救灾能力。

"这非常重要。"今年的汛期高温与水洪灾害肆虐令中国工程院院士卢耀如感到揪心，总书记的一席话引发了他更多的思考。

卢耀如向《中国科学报》记者坦言，中国是多自然灾害的地区，尽管对台风、滑坡等灾害的预警已积累了很好的经验，但科学的预警和及时的防治措施还与需求相差甚远。防灾、减灾与救灾紧密相连，其中防灾是最主要的，但这方面目前做得还不够。只有做好防灾，才能更好地做好减灾。

为此，卢耀如建议，建立重点的综合防灾预警系统。

他表示，自然界中存在多种灾害链，如气象－地质灾害链、地震－地质灾害链、上游－下游灾害链、海洋－陆地灾害链等。所以，建立综合的灾害链预警系统是非常重要的。

"由于地壳运动的复杂性，确实很难准确预报何时、何地会发生何级地震。"卢耀如说，"但是哪个地区地表灾害性大、危险度高，有地应力、位

---

[1] 记者：陆琦。

置形变、地电地磁异常以及其他地震前兆现象（包括地下水位、水温突变），还是可适时作出相应密切注意，这有助于采取措施以减灾。"

"人类不可能完全避免自然灾害，但能预判最危险地带，预先作出相应防灾措施，加密监测、做好减灾预案，还是可以减少损失，达到减灾效果。"卢耀如说。

除地震之外，造成大量生命与财产损失的灾害还包括洪涝灾害和干旱。"水对我国造成的灾害今年展现无遗。"卢耀如直言。

夏秋洪灾，而冬春又是连旱。卢耀如指出，华北地区大量抽取地下水，已形成连片的降落漏斗，也引起大面积地面沉降。所以防洪涝，必须结合考虑防干旱灾害，应当"洪、涝、旱、风暴、地质灾害、污染"六灾综合防治。

"与此同时，综合考虑雨水、河水、湖水、地下水、人工水体以及海水的系统性开发利用。"卢耀如认为，只有六水综合开发与六灾综合治理，才可能真正减灾兴利。

如何才能使防灾减灾救灾达到好的效果？以水为例，这既涉及节水、节能、减排的创新技术和蓄排并重的创新措施，又涉及创新的产业、制造业以及科学技术与社会科学的结合。因此，卢耀如认为，面对自然灾害，应当多部门合作、多学科协作，同时积极发挥广大群众力量，提高群测群防的科技含量，建立区域、地带性的灾害控制终端，以适时发出预警。

"真正做到综合的防灾、减灾与救灾，需要在统一领导下，各部门、各地区更好地协作，方能取得更好的成效。"卢耀如说。

以科研创新成果促生态文明建设[1]

（中国科学报　2016年8月18日）

发展布局不协调，工程建设诱发不良效应，防灾不力，水、土与大气污染……这些问题的出现，有的是因为发展初期的经济实力薄弱，未能更多投入，有的却是认识上的问题，还有的是科技上创新不力。

近年来，我国有了较强大的经济实力，更加关注生态环境的保护。党的十八大提出"五位一体"发展理念，将生态文明建设融入经济、政治、文化与社会建设之中。这是极其重要的决策。

"绿水青山就是金山银山"，这个重要理念符合客观认识，起了重要的指引作用。以往，有的地区或部门强调"先发展，后治理"，把国外错误做法当作好经验，甚至有地方认为保护生态环境要花大钱，结果把"保护"与"开发"对立起来，影响了生态环境的质量。

"保护生态环境，就是保护生产力，提高生态环境质量，就是提高生产力。"近日习近平总书记再一次辩证地提出这一认识，深刻表明搞好生态环境保护，不是花钱多而影响生产发展。试想，不这么重视生态文明建设，保护生态环境，能够更好地可持续发展吗？古语有云："留得青山在，不怕没

---

[1] 记者：陆琦。

柴烧。"后来，这句话又被延伸到形容珍惜生命。今日的"青山"，则意味着以保护生态环境为前提的开发才能收获更大的发展。

当中央号召生态文明建设之时，正是中国工程院"海西经济区（闽江、九龙江等流域）生态环境安全与可持续发展研究"重大咨询项目进行总结的日子。该项目组织了26位院士和百余位来自企业、研究院所和高校的专家开展调研，全面总结了福建省的生态环境特征，系统分析了生态文明建设现状和存在的问题，明确了生态文明建设的重要原则和主要内容，提出了福建省建设全国生态文明示范省的构想和建议。

最后形成的研究报告经国家20多个部委单位审核，认为它为贯彻落实国家生态文明建设以及海峡西岸经济区建设的战略部署提供了有益参考与支撑。随后，国务院正式批准福建省为生态文明建设示范省，这也是我国第一个全国生态文明建设示范省。

目前，生态文明建设已深入民心，全国各地纷纷拟建成省、地区、小流域、城镇等不同级次的示范区。同时，更须针对不同地区的情况，明确生态文明的建设重点，科技创新与产业调整相结合，从自身发展途径的提升中得到主要的发展力量源泉。

这里想强调的是，生态文明建设关键有两个方面：一是生态环境的安全，二是可持续发展。这就涉及资源的节约与高效利用，这些资源主要是水、土、能源、矿产、生物这五大类资源。另外，防灾、减灾及救灾涉及气象灾害、地质灾害与生物灾害三大类。要达到这些高层次的目标，应当在生态文明建设中，更好地开展科学研究和利用所取得的创新成果。

要树立生态园林地世代留传的理念[①]

（人民网－江苏视窗　2016年4月24日）

今天上午，亚洲园林大会暨第六届园冶高峰论坛在南京林业大学开幕，来自海内外的300名专家学者与会开展研讨交流。中国工程院院士卢耀如在主旨报告中指出，申请世界生态园林遗产地，不是只为当今短期的目的，而是为了世世代代能够永久保护遗产，"在建设过程中不能破坏原有的自然遗产景观的完整性、系统性与自然性"。

生态园林建设是生态文明建设的一部分。卢耀如认为，生态园林建设应建立正确保护与开发的观念，建立保护生态园林地世代留传的理念。他举例说，现在有些地方将申遗作为拓展旅游的捷径，只把申遗作为短期作为，只要挂上名录，就不考虑维护其声誉。"我们知道，各种世界自然遗产地现象、景观，都经历了长期内地质作用的过程，人类是不可能在短期内通过人工而塑造的，但是要毁坏却可在顷刻之间。"

卢耀如建议，各地要优化国土空间开发格局，调整空间结构，让生产空间集约高效，生活空间宜居，合理城市化格局，注意海洋的开发；节约高效与循环利用各种资源，降低对水、土资源的消耗，推动能源生产和消费革命，

---

① 记者：朱殿平。

推动节能降耗；加强矿产资源勘察，建设循环低碳经济。此外，要加大生态系统和环境保护力度，防治荒漠化、石漠化，加强气象、地质等灾害防治，加强水利建设，防治水、土壤、大气等污染。同时，加强生态文明制度建设，建设水资源等管理制度和相应补偿制度。

  当天，大会还设有"园冶杯"国际竞赛颁奖典礼和优秀作品展。南京林业大学风景园林学院院长王良桂介绍，本次竞赛共吸引了100多所高校、8 000多名师生参加，最后遴选出了100多幅优秀设计作品进行集中展示。

求真务实"喀斯特卢"[1]

(中国科学报　2018年1月23日)

厚德载物，走入地学殿堂

卢耀如1931年出生于福建省福州市的一个较为贫困的城市平民家庭，家中兄妹8个，卢耀如排行老大。由于父亲常年在外地工作，只有母亲一人抚养他们兄妹，生活拮据。1937年进入福州私立文山女子中学附属小学学习。1943年进入福州市立初级中学学习。1944年由于福州被日寇侵占，休学一年，后通过考试跳班半年于春季毕业。1947年进入福州英华中学高中部学习（现福建师范大学附属中学）。高中时期每学期都以优异的成绩列于前5名之内，得到奖学金。1948年，清华大学航空系的沈元教授回福州探望母病，新中国成立以后难以返回清华，就在母校英华中学教书。卢耀如数理化成绩好，沈先生曾单独三次对他说："自然科学的皇后是数学，数学的皇冠是数论，哥德巴赫猜想是皇冠上的明珠。你敢不敢摘这个明珠？"当时在英华中学也有校友来校说："美国在田纳西河搞水利，有TVA（Tennessee Valley Authority，即田纳西流域管理局），中国在扬子江三峡修坝（孙中山先生曾构想），就是YVA。"这都给他留下了很深的印象。当时的中国贫穷、落后，他想应当在今后为科学救国而努力。

---

[1] 作者为刘琦、张薇。

1950年，他抱着非清华不读的决心，先报华北统考，因先前参加团工委工作，经历了审查，离高考只有12天才获批，其间6~7个月没有学习，而且高考前生病。但是他克服了重重困难终于考入清华大学，高兴之余，卢耀如也有些失落，因为没能如愿进入梦寐以求的数学系，而是误打误撞地进入了地质系。

入学后，卢耀如就盘算着"曲线救国"，想通过自己的努力转系。他选修了物理系的物理课，数学系的微积分学以及其他理工科的课程，准备转系。可就在这时，地质系主任袁复礼教授对他说："卢耀如，地质人才短缺，国家急需，你应该想着跟大家一起好好搞地质，而不是天天想着转系。"一心想为国家建设做贡献的卢耀如放弃了转系的念头，坚定不移地踏上了地质之路。1951年，由清华大学地质系和北京大学地质系为主，组建了新的地质专业高等学府——北京地质学院（现中国地质大学），卢耀如转入北京地质学院水文地质工程地质系学习。1953年，全国理工科学生提前毕业，卢耀如进入地质部水文地质工程地质处研究科工作。

初出茅庐，跟随大师脚步

1953年9月，卢耀如被分配到地质部东北工程地质队，在队长胡海涛先生带领下，开始准备奔赴野外工作。胡先生那时不到30岁，高涨的热情还胜过他们新到的大学生。由于工作较紧急，于11月中旬仍奔赴东北吉林浑江。那里都是冰天雪地，温度可低至-35℃。胡先生率领他们唱着"雄赳赳，气昂昂……"的志愿军战歌，扛着扫把上山扫除积雪，寻找露头做地质调查。在东北工程地质队只有数月时间，从内业准备至野外调查，胡海涛先生给了卢耀如很多的教诲。胡海涛先生带着年轻的地质人员,教导他们如何编设计,如何收集分析资料,如何安排及进行野外调查。胡海涛先生对构造、古生物有深厚的基础,特别是如何调查、判别、分析地质构造,如何从构造基础分析研究工程地质条件,给了卢耀如很好的指导。在东北一段时间,卢耀如得到很好的锻炼。胡海涛队长给他上了工作岗位后的第一堂课,也是卢耀如走上工作岗位的第一位老师。以后的几十年里,他们也经常在一起为工程而出力,他从内心感到胡先生是一位良师益友。胡先生是有话就说、从不使心计的人,也是一个真诚对待下属和朋友的好同志。

1954年,领导让卢耀如正式跟苏联专家马舒可夫学习,跟苏联专家一起出差。他们先去了淮河一带,后来又去了上海、新安江、长江大桥、湛江海港等地,住的是宾馆、别墅,出入是汽车代步,又经常参加宴会。3个月后,卢耀如向苏联专家及领导提出不想这样学习了,最好让他在野外工作,恳请苏联专家予以指导。后来领导和苏联专家也都同意他的意见。于是卢耀如又到野外地质队工作了。

当时谷德振先生负责长江大桥的勘测工作,在地质部及铁道部开会及大桥工地上,谷德振先生科学严谨的作风,使卢耀如得到熏陶。1954年11月,卢耀如接替地质部淮河工程地质队夏其发队长的工作,负责白龟山水库的勘测任务。1955年年初和在安徽的工程地质队合并,成立地质部931地质大队,淮河上游为二分队,他仍为分队长,负责郏县水库的勘测。刚开始工作时,谷德振先生作为地质部水文地质工程地质局的技术领导,曾亲到工地对卢耀如的勘测工作予以审查,对该项工作起很大的指导作用。后期,在官厅水库渗漏和塌陷调查、长江三峡南津关坝区勘测、川汉线考察等多个项目中,谷德振先生都给了卢耀如许多支持与指导。

—— 院士报道 ——

临危受命,助力水利工程

1954年建成的官厅水库曾是新中国成立以后修建的第一个大型水利水电枢纽,为黏土心墙土石坝,坝高45米,库容20×10^8立方米。1955年就发生坝基及绕坝渗漏,并诱发喀斯特塌陷,而且塌陷已达黏土心墙,再发展下去,就会危及坝体。20亿立方米的库水,对京、津一带造成威胁。周恩来总理让地质部负责调查,地质部决定让卢耀如负责查明渗漏、塌陷的原因,为工程处理提供可靠依据。面对紧急任务,作为地质、水利和电力三部合组的官厅水库研究队的队长和技术负责人,卢耀如全力以赴,在短短15天内,15部钻机和两个抽水试验组就聚集在工地上。技术方面全由他负责:野外调查、布置钻机、抓现场实验、处理钻探事故。在勘探研究过程中,许多中外专家都曾前往指导,反复考虑多种的看法,极力在研究中予以检验。水利部傅作义也曾专门陪同地质部李四光部长前往考察,李部长给了非常有益的指导并对他的工作予以嘉许。通过不断勘探、不断研究,在众多中外专家的纷纭意见基础上,他分析得出的结论是:震旦系迷雾山矽质灰岩中岩溶管道水的3个渗流中心,及其对坝体和砂卵石基础造成潜蚀管通而诱发塌陷的机理。这一结论也被肯定和赞扬,为大坝及京津安全,以及河北省水资源开发利用和环境保护做出了突出的贡献。

1957年1月毛主席发表了诗词《水调歌头·游泳》,充分反映出中央领导对三峡工程的极大关注,也使长江三峡水利工程的勘测设计掀起了高潮。而此时,卢耀如也结束了官厅水库的工作。1957年,他和三峡地质队员们一起跑地质剖面,进行水文地质动态观测,分析石碑－南津关碳酸盐岩坝区的各种资料和已有勘探成果。1958年初,他正式负责碳酸盐岩坝区的勘测研究工作，将南津关坝区与火成岩的美人沱坝区相比较。那时长江三峡的装机容量可达 3 300 万千瓦，被苏联专家称为世界上水电站的绝对冠军。当时日以继夜地勘测研究，以为三峡工程 1961 年就可上马，又正值轰轰烈烈的"大跃进"时期，他们的紧张程度不亚于在官厅，有时半夜还需上山了解钻探情况。

在长江三峡，胡海涛先生担任负责技术的总工程师，并具体领导美人沱坝区花岗岩风化壳及有关工程地质问题的研究，也对卢耀如南津关坝区的工作给予了大力支持和指导。在有关坝址比较等方面，卢耀如和谷德振先生、胡海涛先生等老一辈专家还是有些不同的看法，也有争论，但这是在相互尊重基础上的学术交流。1960 年 5 月，苏联喀斯特专家索科洛夫应邀到三峡及贵州等地对喀斯特水文地质特征进行考察，卢耀如和索科洛夫教授也有不同认识，经讨论索科洛夫教授同意了卢耀如的看法；后来，在贵州乌江渡，两人对于坝址选择也有不同看法，索科洛夫教授原先主张选上游白云岩坝址，卢耀如从页岩防渗及白云岩古岩溶作用与风化的角度，主张采用下游的石灰岩坝址，经讨论研究同意卢耀如的观点。他们虽然有争论，但相互尊重，也是友好的科学上的争论。有一次，为了争取证实自己的观点，卢耀如连夜从宜昌步行，又亲自划船前往前坪队，并拿到第一手资料，第二天再次和索科洛夫讨论时，他通过翔实的现场资料和扎实的理论分析，证实自己的顾虑是有道理的。索科洛夫不禁对这个年轻人刮目相看。在国务院长江流域规划办公室林一山主持的欢送宴会上，索科洛夫教授曾过谦地向宴会主人说："以后工程上问题可以找'喀斯特卢'，他这方面懂得比我多，不必请我。"这是表示对卢耀如的赞许与鼓舞，后来这"喀斯特卢"就逐渐叫开了，但对卢耀如却是一种鞭策。

—— 院士报道 ——

研究地质—生态环境，建言献策防灾减灾

20世纪六七十年代，中国的状况决定了当时工程建设将更多的注意力放在工程的功能性上，而不太关注对生态环境的保护。20世纪80年代初，随着工程经验的积累和环境意识的增强，卢耀如逐渐意识到地质环境问题的重要性，对地质-生态环境进行了开拓性的研究，提出了地质-生态环境应当从资源性及灾害性上综合考虑有关地质环境问题，并系统地探讨了喀斯特地质-生态环境的基本理论，揭示了主要地质灾害（滑坡、泥石流、岩溶塌陷等）的防治途径，分析了主要资源开发中的环境效应问题。80年代中期，卢耀如首先提出了我国西南石灰岩地区的石漠化问题，指出岩溶地区的无序、盲目开发加剧水土流失，造成岩石裸露嶙峋的岩漠化现象（石漠化），是岩溶地区生态恶化的表现，并提出了岩溶山区经济开发的战略建议，大大推动了喀斯特地区石漠化的治理。

90年代初，三峡工程计划再次正式启动，卢耀如直接向国家三峡建设委员会提出建议，强调要注意诱发地质灾害、水库泥沙淤积和水质变异等问题，要进行三峡库区环境地质方面的调查研究，他送给上级领导部门的建议中强调了三峡工程关键问题在于库区移民及保护地质-生态环境。1997年三峡长江主航道截流时，卢耀如及时向国务院三峡建设委员会提交了《关于长江三峡工程库区地质-生态环境保护与上游系统性工程的建议》。1999年7月，卢耀如在三峡巫峡危岩体崩塌事件调查后，提出了防治方案和应急措施，并向中国工程院提交了院士建议《建立地质灾害快速反应机制，以保障二十一世纪可持续发展》。2001年重庆武隆发生1.5亿立方米滑坡灾害，造成79人死亡，作为国务院调查组的第一位专家，他科学地认定了该滑坡灾害的性质，

强调了治理地质灾害的重要性，并提出院士建议。通过这些年的努力，三峡库区诱发地质灾害的评价研究取得了大量的成果。2003年，卢耀如撰写了《地质–生态环境与可持续发展——中国西南地区及邻近岩溶地区发展途径》，对西部大开发和防灾兴利具有现实的指导意义，该论著被岩溶专家宋林华认为是"一部喀斯特的重要之作"。2014年，他对三峡工程建设的意见，被收录进中共党史出版社出版的《中国共产党与三峡工程》一书中。

为了满足工程需要，调查区域地质规律性，卢耀如几乎跑遍了全国各个岩溶角落，西南贵州、广西岩溶地区的大坝建设难题和东北以及黄河等很多建设难题，都是他亲临现场解决的。每次遇到紧急任务需要突击解决，他一定冲在前线日夜奋战。2008年5月12日汶川特大地震刚刚发生后，卢耀如就到震区进行野外调查，并针对震后应注意的地质环境效应与诱发地质灾害问题提出了宝贵的建议，建议环保部门应高度重视生态灾害链，开展相关监测工作。同时，应制定地震及其他气候条件下灾害链的预案，以减少相关损失，并对如何在环保方面进行防治，建立防范地质灾害引起环境灾害的长效机制等方面都提出了行之有效的建议。

卢耀如院士以国为家，以振兴我国地质事业为己任，在六十余载的地质科学研究工作中兢兢业业、求真务实，注重理论与实践相结合，始终把握科学研究发展方向，跋山涉水，大力开展野外调查研究。他时常告诫他的学生们"千里之行始于足下，九层之台起于累土。科学真谛验于实践，伟业大厦稳在基础"。他这种坚忍不拔的钻研精神，求真务实、一丝不苟、上下求索的治学态度，以及处境再难也不气馁，始终坚定不移地向远大目标迈进的斗志和时刻对国家利益负责的为人风范，值得我们年轻人崇仰与学习。

—— 院士报道 ——

88岁院士卢耀如个人捐资360万设立基金[①]

（科学网　2019年4月12日）

4月11日，已届88岁高龄的著名水文地质工程地质学家、中国工程院院士、同济大学教授卢耀如个人捐资360万元人民币，在同济大学教育发展基金会下设立"卢耀如生态环境与地质工程激励基金"，用于支持、推动生态环境与地质工程相关学科向世界一流学科迈进，支持这些学科的人才培养、科学研究及成果转化等。该基金以360万元为启动基金，接受国内外企事业单位、财团、社会团体和个人等的自愿捐赠。

当天，卢耀如院士与同济大学教育发展基金会秘书长廖宗廷签署捐赠协议，同济大学副校长雷星晖向卢耀如院士颁发捐赠证书。

根据该基金管理办法，基金将主要用于支持生态环境与地质工程领域的世界一流学科建设，支持人才培养，包括但不限于奖励青年科技工作者和优秀学生，优先支持"3+2"高校和科研院所，即同济大学、贵州师范大学、中国地质科学院水文地质环境地质研究所3家单位，以及清华大学和中国地质大学（北京）2所高校。该基金还将用于生态环境与地质工程相关学科的公益性、引导性课题研究资金。

[①] 作者：黄辛。

记者了解到，卢耀如院士之所以将该基金优先支持用于这"3+2"高校和科研院所，是因为他长期在同济大学和中国地质科学院水文地质环境地质研究所工作，负责水文地质工程地质方面的教学和研究，并作出突出贡献；同时，卢耀如院士也兼任贵州师范大学名誉校长，并在2007年时指导成立了南方喀斯特研究院，依托学科建设，立足中国南方喀斯特地区的实际，积极开展喀斯特生态环境保护与石漠化综合治理等特色研究，在科研平台建立、学科体系完善、创新人才培养、社会服务方面取得了显著成绩，随后又协助建设了"国家喀斯特石漠化防治工程技术研究中心"。另外，清华大学和中国地质大学（北京）均为卢耀如院士的母校。卢耀如院士对这五家单位都怀有深厚的感情，设立该基金将优先用于支持这五家单位的青年科技工作者和学生。

该激励基金将设立基金管理委员会，由同济大学、中国地质科学院水文地质环境地质研究所、贵州师范大学、中国地质大学（北京）、清华大学和捐赠方等代表组成，每届任期五年。基金管理委员会下设秘书处，挂靠同济大学土木工程学院。

在捐赠签约仪式上，卢耀如院士赋诗一首来抒发感怀："春光明媚心潮涌，借改李诗抒怀感。春蚕到死丝方尽，蜡炬成灰能始干。生当强国好奉献，死应报民留善安。新时代今三佳年，余生逐梦仍未酣。"

老先生对其中的"三佳年"解释道："今年是中华人民共和国成立70周年，对我个人来说也是具有特别意义的一年。今年我88岁，是我加入中国共产党66周年，参加工作66周年，参加革命工作为开始学地质学70周年。"其中的"留善安"，指的是"要留给后人慈善事业和生态环境安全"。

卢耀如现任同济大学教授、博士生导师，贵州师范大学名誉校长，国家减灾委专家委员会委员，中国环境与发展国际合作委员会委员，国家环境咨询委员会委员，联合国教科文组织国际岩溶研究中心理事会理事，教育部城市环境与可持续发展联合研究中心主任。

他长期致力于研究岩溶（喀斯特）地区的水文、工程与环境地质问题：参加实践及指导一系列水利水电工程的勘测研究，涉及长江、黄河、珠江、淮河等许多流域，包括三峡、乌江渡、新安江等百多座水利枢纽；指导有关交通、城镇、矿山等建设的工程与环境地质勘测研究，并研究有关地质—生态环境，为喀斯特地区开发作出了贡献；积极进行地质灾害防治工作，为重大灾害防治提出了重要科学认识作为决策的依据。

20世纪60年代初，卢耀如主持了我国第一个岩溶研究室，倡议并首先筹备岩溶地质研究所（现中国地质科学院岩溶地质研究所）。他首先提出了岩溶地区石漠化问题的开拓研究与探索的范围，并提出有关地质生态环境的新认识，建立了一套有关岩溶发育与工程效应的理论，凭借其在岩溶研究上的卓越成就，被誉为"喀斯特卢"。曾任我国援外大型工程高级专家，并曾在欧美国家及港台地区讲学。曾获全国科技大会奖、地质科技二等奖、全国科技图书二等奖及李四光地质科学研究荣誉奖、河北省自然科学三等奖、河北省人民政府特殊贡献院士奖。

近年来，卢耀如院士仍积极负责和参与大型水利水电、水资源、生态地质环境、高铁建设、新能源、地质灾害与防治、港口开发、地质公园和自然遗产等方面的调查研究工作，积极向中央领导提出多项院士建议，为我国生态环境与地质工程的发展作出了突出贡献。

2011—2013年，由卢耀如院士牵头、全国26位院士和近百位专家参与了中国工程院重大咨询项目"海西经济区（闽江、九龙江等流域）生态环境安全与可持续发展研究",形成了《建设生态文明、促进科学发展——海西经济区（福建省）生态环境安全与可持续发展》的研究成果报告。该项成果为我国第一个生态文明示范省——福建省提出了发展的重要原则,涉及资源、防灾、环境污染、开发与保护关系、城乡统筹、城市群一体化等方面,提出了建设生态流域、调整产业等方面的建议,阐述了海西经济区今后发展的重要战略。2014年1月,国家发改委办公厅向卢耀如院士发来专函,对由他主持完成的这一中国工程院重大咨询项目所取得的成果给予高度评价。

2016—2018年,由卢耀如院士牵头的中国工程院咨询项目"上海城镇群六水综合开发与六灾共同防治以保障生态环境安全与可持续发展战略研究",其成果在上海城镇群发展原则、开发与保护关系、城乡统筹、建设生态流域等方面提出了重要的创新理念,为更好地保障上海及长江三角洲的生态环境安全、保障上海大都市的可持续发展提供了参考。

―――― 院士报道 ――――

卢耀如院士的贵州情怀[①]

(当代先锋网 2019年4月24日)

4月11日,88岁高龄的中国工程院院士、贵州师范大学名誉校长卢耀如捐出积蓄360万元人民币,设立"卢耀如生态环境与地质工程激励基金"。这一基金优先支持"3+2"高校和科研院所,贵州师范大学成为唯一一所获此殊荣的贵州高校。

60多年来,被誉为"喀斯特卢"的卢耀如,对于贵州这个地处世界三大连片喀斯特发育区之一的东亚片区中心、但又是相对不发达山区的发展,予以积极关注,首先在水利水电等资源开发方面做出贡献,随后又提出了石漠化治理,对贵州倾注了毕生精力,并结下深厚情谊。

2007年3月,卢耀如牵头组建"贵州师范大学中国南方喀斯特研究院",并每年定期在此开展工作,为国家培养大批人才……

研究贵州喀斯特,参与修建乌江渡水电站

卢耀如一生中的大部分时间在野外考察。早在20世纪五六十年代,他的足迹已经踏遍贵州大地。中华人民共和国成立后,国家决定在贵州乌江修建乌江渡水电站,并于20世纪50年代开始勘测等前期工作。创建伊始,卢

―――――――――
[①] 文:柯士雨。记者:周静。

耀如就投身进来。

大坝选址事关乌江渡水电站建设成败。早在 1959 年，卢耀如就多次前往乌江渡，实地调查研究黔中一带喀斯特发育规律。1960 年，苏联喀斯特专家索科洛夫应邀来华帮助解决喀斯特坝区问题，主动提出要卢耀如陪同，因其曾多次与他进行学术探讨并留下深刻印象。在乌江渡，对于坝址选择，卢耀如与索科洛夫持不同意见。索科洛夫主张选上游的白云岩坝址，而卢耀如则主张大坝建在下游的石灰岩地区。他们虽有争论，但也是友好的科学争论，后来索科洛夫被说服，同意了卢耀如的建议。最终乌江渡大坝按照卢耀如的建议决定建在下游的石灰岩地区。在一次欢送宴会上，索科洛夫谦虚地说道："以后工程问题可以找'喀斯特卢'，他在这方面懂得比我多，不必请我。"后来，"喀斯特卢"的美誉就逐渐叫开了。在卢耀如所著中英文论著中，国际著名学者及岩溶专家评论都直接称呼其"喀斯特卢"。

如今，作为我国首个在喀斯特地貌上兴建的大型水电站，乌江渡坝址及水库基本上无渗漏现象，乌江渡水电站总装机容量为 63 万千瓦，约占贵州省水火电总装机容量的 40%，年发电量 33.4 亿度，使贵州省的发电能力增加了 2/5 左右，在贵州电网中发挥着骨干作用。卢耀如仍一如既往为贵州省的水利水电工程和水资源开发利用建言献策，并经常到中国电建集团贵阳勘测设计研究院进行工作指导。

关注地质环境，推动贵州石漠化治理

20 世纪 80 年代初，随着工程经验的积累和对环境意识的增强，卢耀如逐渐意识到地质环境问题的重要性，对地质-生态环境进行开拓性的研究。

80年代中期，卢耀如首先提出了贵州等西南石灰岩地区的石漠化问题，指出岩溶地区的无序、盲目开发加剧水土流失，造成岩石裸露的石漠化现象，是岩溶地区生态恶化的表现，并提出石漠化山区经济开发的战略建议，大大推动了喀斯特地区石漠化的治理。

作为石漠化最严重的省份，贵州石漠化治理也逐渐引起国家层面的重视。2004年，水利部联合中科院组织专家组，对贵州石漠化进行一次专题调研。这个专家组成员共19名，均是包括卢耀如在内的国内顶尖水利、地质专家。专题调研形成的《贵州石漠化治理专题调研报告》最终提交国务院，作为中央出台"贵州石漠化"治理方案的最有效决策依据。

对解决石漠化治理的有效资金渠道，除了争取国家"专项资金"外，卢耀如提出了"生态补偿"观点，他希望受益于贵州石漠化地区的电力部门和用户能向当地被库水淹没的农田农户给予补偿，从每度电价中提取一分或者二分的微利，解决农户资金难题。

投身贵州教育，指导成立"喀斯特研究院"

为推动贵州喀斯特生态环境保护及石漠化综合治理，卢耀如还积极投身贵州教育，为当地搭建科研平台，培养喀斯特人才。

对此，卢耀如选择与在贵州喀斯特研究方面有深厚积淀的贵州师范大学合作。2007年3月21日，在贵州师范大学原地理系喀斯特研究室、资源与环境科学系喀斯特教研室的基础上，中国南方喀斯特研究院在卢耀如院士的指导下正式成立。此后，卢耀如院士每年定期前来开展研究工作，与贵州师范大学在相关领域进行深入的研究合作。

中国南方喀斯特研究院立足贵州喀斯特实际，为保护良好的、具有卓越价值的喀斯特地区，实施世界自然遗产申报；对遭受破坏的、脆弱的喀斯特地区，通过科研攻关，研究石漠化治理之道。

经过十几年的发展，喀斯特研究院科研团队取得了丰硕成果。

在喀斯特世界自然遗产申报与保护方面，喀斯特研究院科研团队相继成功申报中国南方喀斯特第一期项目（含云南石林、贵州荔波、重庆武隆）、中国丹霞系列（含贵州赤水、福建泰宁、湖南崀山、广东丹霞山、江西龙虎山和浙江江郎山）赤水项目、中国南方喀斯特第二期项目（含广西桂林、贵州施秉、重庆金佛山和广西环江）以及梵净山世界自然遗产申报项目，均成功列入《世界遗产名录》。至此，中国世界遗产增至53项，位居世界第二，贵州也成为中国世界自然遗产地数量最多的省份。

在石漠化治理方面，喀斯特研究院相继在贵州花江大峡谷、清镇、毕节等地设立石漠化治理研究基地，通过多年的理论研究、技术攻关和应用示范积累，提出了一套适合中国国情和贵州省情、适宜喀斯特环境特征的石漠化综合治理模式——喀斯特高原峡谷中-强度石漠化防治与生态经济循环经营模式，即"花江模式"。在试验区内，曾经的"生态癌症"正被治愈。

在科研平台建设方面，喀斯特研究院也取得显著成绩：2011年建立贵州第一批院士工作站；2012年建立了贵州省第一个遥感学科平台"国家遥感中心贵州分部"；2013年建立第一个国家级石漠化防治平台"国家喀斯特石漠化防治工程技术研究中心"，并于2018年通过科技部验收；2014年获批地理学一级学科博士授予点；2017年，"地理学"入选国内一流学科，"中国南方喀斯特生态环境学科创新引智基地"入选年度全国高等学校学科创新引智计划（即"111计划"）。

―― 院士报道 ――

科学大家的真与纯

（同济大学新闻网　2019 年 4 月 30 日）

　　一位已届米寿之年的老人，这段日子辛苦奔波于一家一家的银行，将一辈子的积蓄悉数取出，毫无保留地捐献出来，设立"生态环境与地质工程激励基金"，希望能尽己之力，给予后学们一些学术上的扶持，助推学科向世界一流迈进。

　　在当天的捐赠仪式上，他动情地说，自己一直忘不了 69 年前，一帮共同工作过的同志们雪中送炭，一齐捐出每人每月仅有一元多的全部津贴，一共 29.5 元，为他筹集了从福州赴清华大学上学的路费。自此，他就立下一个志向：日后一定要学有所成，将所学回报祖国和人民。说这番话时，他一度哽咽。

　　当天，我与这位可敬的长者面对面，真切感受到一位科学大家炽热的爱国爱民情怀、严谨求真的科学精神，以及至真至纯的人格风范。

　　1953 年大学毕业后，他进入地质部门工作。初出茅庐，他就一次次被委以重任，从新安江水库，到新中国成立后修建的第一个大型水库——北京官厅水库，再到负责长江三峡一个石灰岩坝区，他经手把关的每一个重要工程项目，最终都能圆满交出一份份漂亮的答卷。由此，他毕业短短几年就在石灰岩地质领域声名鹊起，被外国专家称为"喀斯特卢"。

有几处细节给我印象深刻。工作第二年，根据工作安排，他随苏联专家前往多地水库考察，每天以汽车代步，在宾馆留宿。他不习惯这样舒适的工作方式，主动请缨到条件异常艰苦的野外地质第一线工作，风餐露宿、日夜兼程做地质勘探。他觉得只有这样扎根于工程现场，才能真正沉下心来，一点点深入做地质研究，从而不断锻炼、增长自己的专业智慧和实践才干。

我问："为何您毕业两三年内，就能接连解决当时一些相当棘手的地质工程难题？除了您自身专业功底深厚之外，还有什么成功的秘诀吗？"只见老先生右手拍一拍胸脯，脱口而出："我要对人民负责啊！每接手一项工程，我都要倾尽全力、认真钻研，绝对不允许有一丝一毫的马虎大意，我要让自己经手的每一项工程都能经得起时间的考验！"看到老人布满沧桑的面容、坚毅的神情，我心头顿时一热，几欲落泪。

鉴于当时他已是石灰岩地质领域的年轻权威专家，不少水库、铁路等工程项目在正式上马前，都邀请他赴实地考察，论证工程可行性。一旦他在现场调研后，发现工程建设存有潜在风险，他会立马指出来，绝不松口、绝不让步，哪怕有时因为触犯到了他人的利益，还受到了一定程度的威逼孤立。为此，他甚至还遭受到一些打击报复、恶意中伤，他却从未为此后悔过。后来的事实证明，他当年对一些大工程的论断是科学的，未听从他建言、仓促上马的一些建设工程，最终果真被他言中。

这种坚持科学真理、决不妥协的科学精神，让他一辈子吃了不少苦头，蒙受了一些不白之冤。他多次身处困厄，靠着自身坚定的信念、靠着好心人给予的温暖绝处逢生，迎来曙光。如今，说起昔日的这些遭际，老人云淡风轻，显得格外平静。他说，随着时间推移、事物发展，有关同志逐步认识到了他当初的科学正确性，也更尊重其对科学的敏锐把握。他不无感慨道："我始终相信我们的党，相信我们的人民！"

他深怀感恩之心。尽管早已入耄耋之年，近年来，他更加牵挂着家乡福建的新发展。由他牵头并联合全国一批院士和专家完成了中国工程院重大咨询项目，聚焦福建省海西经济区的生态环境安全与可持续发展，提出了不少宝贵建言，受到国家发改委发专函表彰。

他一直关心着上海及长三角的生态环境安全。最近两三年来，他聚焦"上海城镇群六水综合开发与六灾共同防治"问题，牵头完成了这一中国工程院咨询项目，在上海城镇群发展原则、开发与保护关系、城乡统筹、建设生态流域等方面提出了诸多重要的创新理念。

时至今日，他依然活跃于国内外生态环境与地质工程领域的学术前沿，为生态治理、灾害防治奔忙不息、乐而不疲。

当天，他赋诗一首来抒发感怀："春光明媚心潮涌，借改李诗抒怀感。春蚕到死丝方尽，蜡炬成灰能始干。生当强国好奉献，死应报民留善安。新时代今三佳年，余生逐梦仍未酣。" 他说，其中的"三佳年"指的是，今年是中华人民共和国成立七十周年，也是他加入中国共产党66周年，参加工作66周年，参加革命工作为开始学地质学70周年。

他还挥毫写下一幅题为《六人歌》的字，寄语同济大学土木工程学院毕业学子："立德树人，培智育人，健体康人，融文嘉人，创新骄人，时代强人"，勉励同学们要重视数千年中华文明之宝贵与生态文明建设的重要性，以所学奉献中华，成为实现中国梦的新时代的强人。

这位长者，就是著名水文地质工程地质学家、中国工程院院士、同济大学卢耀如教授。

首届"英华院士激励如兰杯"现场写作大赛结果出炉[①]

（福州新闻网　2019年8月15日）

为纪念中华人民共和国成立七十周年，激励青年学子努力学习、成长成才，由英华校友会名誉会长、中国工程院卢耀如院士倡议并资助的首届"英华院士激励如兰杯"现场写作大赛评选结果正式出炉。福建师大附中、将乐县第一中学、闽侯第一中学获得团体总分一等奖。

卢耀如是福州人，中国工程院院士、国际著名工程地质、水文地质与环境地质学家，中国地质科学院研究员，同济大学教授，1950年1月从福州英华英语学校毕业，1953年清华大学毕业后，长期从事岩溶地质的科研和工程实践，由于在岩溶（喀斯特）研究上的杰出贡献，被国内外学者誉称"喀斯特卢"，曾获李四光地质科学奖荣誉奖。

福州英华职业学院于2011年列入福建省首批非营利性高等院校，拥有138年办学历史，至今培养了十六名院士。本届写作大赛是卢耀如院士在该学院设立"院士工作站"后助推的首个项目，该学院院长彭文宇表示，比赛

---

① 记者：邱陵。

取名为"激励如兰杯",希望馨香如兰的新一代青年们,秉承老一辈建设者的优良传统,努力学习、拼搏奋进,为国家和社会贡献自己的一份力量。

在教育部门的支持下,写作大赛共吸引25所学校的80位选手参加,其中包括师大附中、福州财经职专等23所中学、中职学校和福州英华职业学院、闽江师专等大专院校选拔推荐的选手参赛。大赛采用选手到场作命题作文的形式,限时120分钟,字数不少于800字,文体不限。

经过专家组评审,师大附中王铭敏等35人分获一、二、三等奖,福建师大附中、将乐县第一中学、闽侯第一中学获得团体总分一等奖。

"喀斯特卢":捐出 360 万报答 29 块 5[①]

(科技日报 2019 年 10 月 22 日)

"生当强国好奉献,死应报民留善安……"近日,88 岁高龄的工程地质、水文地质与环境地质学家、中国工程院院士卢耀如捐出个人积蓄 360 万元,设立基金奖掖后学,并赋诗感怀。包括同济大学、贵州师范大学在内的"3+2"高校和科研院所,成为基金优先支持的对象。卢耀如说,这 360 万元也许不能做什么大事,但是对年轻人在科研起步阶段也许很重要,希望能够帮助他们引来更多的支持。

用几十年积蓄兑现 69 年前诺言

在同济大学举行的捐赠仪式上,耄耋之年的卢耀如上台深深地鞠了一躬。"这些钱都是我几十年的积蓄,现在回报给社会,支持那些在科研上需要支持的年轻人,这也是兑现我 69 年前的诺言,希望能够告慰那些曾经帮助过我的人的在天之灵。我,卢耀如曾经说过,滴水之恩当涌泉相报,不管是过去几十年,还是今天,我都是这样做的。"言语之间,他几度哽咽。

---

① 记者:柯士雨、何星辉。

1950年，卢耀如被清华地质系录取了。因为家里太穷，清华大学开学已经十多天了，他还没有筹到路费。有一天，他所工作的福州团工委两名同事，带着十多个同事平时攒的钱和当天卖菜的钱共29.5元，送给他去读书。卢耀如说："当时，我非常感动，立下誓言，学成后一定要回报社会。"

根据卢耀如的意愿，设立在同济大学的"卢耀如生态环境与地质工程激励基金"，将用于支持、推动生态环境与地质工程相关学科向世界一流学科迈进,特别是在学科人才培养、科学研究及成果转化等方面,将优先支持"3+2"高校和科研院所。即同济大学、贵州师范大学、中国地质科学院水文地质环境地质研究所3家单位，以及清华大学和中国地质大学（北京）两所高校。其中，同济大学和中国地质科学院水文地质环境地质研究所是卢耀如长期工作的地方；清华大学和中国地质大学（北京）均为他的母校；而卢耀如兼任名誉校长的贵州师范大学，则是他征战贵州石漠化的"根据地"。

建起喀斯特地区首个大型水电站

毕业后，卢耀如长期从事岩溶地质的科研和工程实践，并建立了岩溶发育与工程环境效应系统理论。由于其在喀斯特研究上的突出贡献，被国内外学者誉称"喀斯特卢"。

彼时，国家决定在贵州乌江修建乌江渡水电站，但在喀斯特地区，大坝建在哪，是一个难题。1959年，卢耀如多次前往乌江渡，实地调查研究黔中一带喀斯特发育规律。

不过，乌江渡工程后来因故搁浅，直到20世纪70年代末才重新上马。因坝址下有4个渗流通道需要慎重处理，卢耀如后来又多次赶赴现场研究防渗基础处理等问题。

1983年9月，母亲病重，卢耀如前往福州老家看望母亲后，又急忙赶回乌江渡工作。有一天，他考察完乌江渡库区，接到了母亲去世的电报，而此时，距母亲去世已经4天了。

正是在卢耀如的倾心指导下，乌江渡水电站得以顺利建成。该水电站的建成以及后期防渗基础处理等工作取得的成效，为我国在喀斯特地区修建高坝提供了宝贵经验。

如今，几十年过去了，作为我国首个在喀斯特地貌上兴建的大型水电站，乌江渡坝址及水库几无渗漏，年发电量33.4亿度，使贵州的发电能力大增，在贵州电网中发挥着骨干作用。

对贵州石漠化治理倾注毕生心血

60年多来，卢耀如的足迹踏遍贵州大地，对于贵州喀斯特地区的石漠化治理，他倾注了毕生心血。

贵州是我国经济最不发达的省份之一，地处世界三大喀斯特集中分布区中最大的东亚片区的中心，喀斯特地貌占贵州全省总面积的73.3%。

20世纪80年代中期，卢耀如首先提出了贵州等西南石灰岩地区的石漠化问题，逐渐引起国家领导层面的重视。

2004年，由卢耀如等19名国内顶尖水利、地质专家组成的专家组，向国务院提交了《贵州石漠化治理专题调研报告》，成为中央出台"贵州石漠化"治理方案的最有效决策依据。

对石漠化治理的有效资金渠道，除了争取国家"专项资金"外，卢耀如还提出了"生态补偿"观点。

为推动贵州喀斯特生态环境保护及石漠化综合治理，卢耀如选择与贵州喀斯特研究方面有深厚积淀的贵州师范大学合作，为当地搭建科研平台，培养喀斯特研究方面的人才。

经过十几年的发展，如今，经卢耀如牵头成立的中国南方喀斯特研究院，在科研上取得了丰硕成果：相继在贵州花江大峡谷、清镇、毕节等地设立石漠化治理研究基地，探索出著名的"花江模式"，曾经的"生态癌症"正被治愈；科研团队相继成功申报中国南方喀斯特第一期项目（含云南石林、贵州荔波、重庆武隆）、中国丹霞捆绑项目（含贵州赤水、福建泰宁、湖南崀山、广东丹霞山、江西龙虎山和浙江江郎山）、中国南方喀斯特第二期项目（含广西桂林、贵州施秉、重庆金佛山和广西环江）以及梵净山世界自然遗产项目，均获准列入《世界遗产名录》。至此，中国世界遗产增至53项，贵州也成为中国世界自然遗产地数量最多的省份。

卢耀如院士发起举办首届"如兰杯"作文大赛，近百名大中学子同场作文

（同济大学新闻网　2019年12月7日）

12月7日下午，来自我校、上海交通大学、华东师范大学、南京大学、河海大学5所高校，以及七宝中学、控江中学、奉贤中学等沪上11所我校"苗圃计划"合作中学的近百名大中学子齐集我校，参加首届"如兰杯"作文大赛。其中，我校有31名学生参赛，分别来自土木工程学院、环境科学与工程学院，参赛者中有本科生、硕士研究生，还有博士研究生。大赛由著名水文地质工程地质学家、中国工程院院士、我校教授卢耀如发起，卢耀如生态环境与地质工程激励基金会主办，我校土木工程学院承办。

本次作文比赛以"环境与城镇群发展"为主题，采用集中命题、现场作文的形式开展。作文题目有4个，分别为：忠诚祖国，衷心祝愿；马兰花香，国泰民安；终生不渝，学无止境；为强国梦，做逐梦人。比赛要求学生从中选择一个题目，以"环境与城镇群发展"为主题展开，结合城镇发展、地下空间开拓、城市地质生态环境等抒发认识和心得。

作文比赛历时一个半小时。记者采访了几位刚刚走出赛场的大中学子，发现他们从各自不同的视角，围绕该主题展开叙述或论述，结合他们对环境

生态、城镇群发展的一些现实观察与思考，表达出了各自的所思所想及真情实感。

卢耀如院士表示，今年是中华人民共和国成立70周年，发起举办此次大中学生作文比赛，是为了鼓励"馨香如兰"的广大青年学子秉承老一辈共和国缔造者和建设者的优良传统，努力成长为能担当民族复兴大任的时代新人。

比赛将分别设立高校组和中学组的一、二、三等奖，拟于本月中旬公布比赛结果，并组织颁奖。

今年4月，已届88岁高龄的卢耀如院士个人捐资360万元人民币，在同济大学教育发展基金会下设立"卢耀如生态环境与地质工程激励基金"，用于支持、推动生态环境与地质工程相关学科（同济大学、中国地质科学院水文地质环境地质研究所、贵州师范大学三家单位共享）向世界一流学科迈进，支持这些学科的人才培养、科学研究及成果转化等。

首届"如兰杯"作文大赛在石家庄举办[①]

（地调局水环所　2019年12月9日）

12月8日上午，由卢耀如生态环境与地质工程激励基金会主办，自然资源部中国地质调查局水文地质环境地质研究所承办的首届"如兰杯"作文大赛在石家庄举办，来自河北师范大学、河北科技大学、河北地质大学、石家庄铁道大学、石家庄市第四中学、正定一中等高校、中学的近百名学生参赛。

本次比赛由水文地质工程地质学家、中国工程院院士卢耀如发起。今年4月份，卢耀如个人捐资360万元，设立"卢耀如生态环境与地质工程激励基金"，主要用于支持生态环境与地质工程领域的世界一流学科建设，支持人才培养，包括但不限于奖励青年科技工作者和优秀学生，优先支持同济大学、自然资源部中国地质调查局水文地质环境地质研究所、贵州师范大学、清华大学和中国地质大学（北京）。本次比赛是基金会成立后助推的首个项目。

卢耀如院士以基金会回报社会，是因为中华人民共和国成立初期他的求学之路得到了党和国家的关怀和帮助。滴水之恩，涌泉相报。他的家国情怀、求实作风、担当精神、高尚品格，不仅是汲取榜样力量的机会，更是为今后的工作探求前进的方向。如今举办作文比赛就是希望激励青年学生热爱祖国、

---

① 作者：范建勇。

院士报道

热爱党，树立良好的世界观、人生观、价值观，成长成才，为建设祖国做贡献。

本次比赛以"环境与城镇化发展"为主题，采用集中命题、现场作文的形式开展。作文题目有3个，分别为城镇化发展与保护绿水青山的博弈、城镇化发展与生态文明建设的和谐共生、城镇化发展与大气雾霾关系探讨。比赛要求学生从中选择一个题目，结合城镇发展、生态文明建设等抒发认识和心得。作文比赛历时一个半小时。比赛将分别设立高校组和中学组的一、二、三等奖，拟于本月中旬公布比赛结果，并组织颁奖。

同济大学卢耀如院士发起作文比赛围绕"环境与城镇群发展"主题，学子尽情抒怀[①]

（上海科技报 2020年1月8日）

由著名水文地质工程地质学家、中国工程院院士、同济大学教授卢耀如发起举办的首届"如兰杯"作文大赛日前落幕。卢耀如院士、同济大学常务副校长伍江出席颁奖典礼，为荣获中学组、大学组一二三等奖的学子颁奖。

据介绍，本次作文大赛于2019年12月7日在同济大学举行，大赛以"环境与城镇群发展"为主题，采用集中命题、现场作文的形式开展。来自同济大学、上海交通大学、南京大学、河海大学、华东师范大学5所高校，以及七宝中学、控江中学、奉贤中学等沪上11所同济大学"苗圃计划"合作中学的近百名大中学生参赛。作文题目共有4个，分别为：忠诚祖国，衷心祝愿；马兰花香，国泰民安；终生不渝，学无止境；为强国梦，做逐梦人。比赛要求学生从中选择一个题目，以"环境与城镇群发展"为主题展开，结合城镇发展、地下

---

① 作者：吴苡婷、黄艾娇。

空间开拓、城市地质生态环境等抒发认识和心得。

卢耀如院士表示，2019年是中华人民共和国成立70周年，发起此次大中学生作文比赛，意义深远，目的是引导、激励"馨香如兰"的新时代广大青年学子秉承老一辈共和国缔造者和建设者的优良传统，心怀强国之志，顽强奋斗、倾力奉献，努力成长为能担当民族复兴大任的时代新人。

高校组一等奖获得者、同济大学土木工程学院2017级博士研究生董蕴豪告诉记者，这次作文大赛于他而言是一次精神的引领和传承，让他在脚踏实地的前行中，多了一次仰望星空的机会。在此次作文中，他阐述了对我国生态环境治理、城市群建设发展的思考，以及在强国梦征程中，作为城市群建设先锋的工程人的使命与担当。"笃行兼以深思，我辈当奋以青春，矢志不渝地拥抱熔铸于时代的大梦想、大未来！"中学组一等奖获得者、上海市崇明中学学生沈奕萱表示，"馨香如兰"将贯穿于她今后的学习和生活中，成为她的人生追求。希望自己能以白玉兰的洁白、马兰花的坚韧为品质不断奋勇前行。作为"苗圃计划"学员，此次参赛也增进了她对同济大学的了解。

此次作文大赛由卢耀如生态环境与地质工程激励基金会主办，是该基金会成立后助推的首个项目，以同济大学、中国地质科学院水文地质环境地质研究所、贵州师范大学3家单位为承办方，分别在上海、河北、贵州三个赛区开展比赛。

2018年4月，已届88岁高龄的卢耀如院士个人捐资360万元人民币，在同济大学教育发展基金会下设立"卢耀如生态环境与地质工程激励基金"，用于支持、推动生态环境与地质工程相关学科（同济大学、中国地质科学院水文地质环境地质研究所、贵州师范大学3家单位共享）向世界一流学科迈进，支持这些学科的人才培养、科学研究及成果转化等。

卢耀如为巴南旅游支招[①]

（华龙网　2020年2月2日）

国际著名工程地质、水文与环境学家、中国工程院院士卢耀如来到重庆市巴南区，实地调研该区溶洞、温泉等地质资源旅游项目，并提出了项目建议。

巴南被誉为中国温泉之乡，境内地热、温泉、溶洞等喀斯特地质类旅游资源非常丰富，市民所熟知的东温泉、南温泉、姜家溶洞等旅游景区就位于巴南。为了将巴南温泉溶洞旅游做出品牌，扩大国内国际影响力，巴南区积极邀请行业专家学者为巴南的溶洞温泉旅游把脉支招。

此次，卢耀如院士实地调研期间，重点对姜家溶洞及东温泉热洞项目进行了探讨研究。针对姜家镇与东温泉镇目前项目开发现状，卢耀如建议：东温泉热洞要秉持"在保护中开发，在开发中保护"的原则进行保护和开发，在科学研究和规划的前提下可以进行控制性开发；而姜家溶洞则要依托自身条件，做好道路、景观、灯光等的设计与打造，合理布局，科学规划；琵琶洞、姜家溶洞、东温泉要抱团发展，依托温泉优势，资源互补，打造以东温泉热洞为核心的巴南喀斯特地貌旅游环线，围绕洞穴做好文章。

同时，卢耀如表示，愿意帮助巴南依托洞穴资源建立"院士工作站"。巴南区人大常委会副主任陈先觉，巴南区旅游局局长王伟等陪同调研。

[①] 见习记者：赵铁琥；通讯员：王志利。

—— 院士报道 ——

珍惜岁月高质奉献　如歌人生助力逐梦

卢耀如

　　书名，是概括作者通过书中文字描述的核心思想与愿望。当然，书的封面与装饰也应和作者的思考相一致，才能更鲜明地表达作者的初心。

　　我这文集主要表述的内容与体现的感慨包括三个方面：一是似水人生，古语有光阴似箭、似水流年，应当珍惜生命；二是人生如歌，在短暂而又漫长的人生中会有多种遭遇，亲人生老病死、伤悲、生活和工作的挫折、伤怀，多种打击、压迫，难以实现为国为民奉献的愿望，当然也有如愿以偿顺利收获的时光。人生如歌，应是人生当歌，你正确把握岁月时间，为国为民而作贡献，当然唱的是欢乐之歌、胜利之歌。

　　其实，最宝贵的是在挫折、压抑的日子里，你坚持远大理想，仍唱出不屈的战歌，那是最宝贵的。

　　二十世纪三十年代，共产党艰难岁月，被迫离开老区而艰难长征，敌军围困万千重，八万多红军长征，在湘江一役，就牺牲过半，那时在上海进步人士也遭严重迫害。当时拍《英雄儿女》，并且用田汉作词、聂耳临时谱曲的义勇军进行曲，镜头上是在上海的一街道上，6~7人唱着歌，分散而不结成队伍地前进，这镜头是后来反映这歌时，采用当时电影上的镜头。人不多，声音也不宏大，但坚强，作曲者聂耳也参加游行而大声演唱。田汉那时被国民党关在苏州监狱，是夏衍（当时也是左翼文艺人骨干）把这歌录音，在苏州监狱墙外大声放出，田汉在监狱中听到，告诉同监的人说："这是我的歌。"

"星星之火，可以燎原"。英雄的歌声可唤起万千民众。今天，这首歌已成为中华人民共和国的国歌。"...中华民族到了最危险的时候..."，三十年代是这样，中华人民共和国成立后经过不断奋斗，由站起来到富起来，目前正向强国梦想而奋斗，还是像周恩来总理在建国初期所说的"居安思危"。中国人还有我们，都是应当在奋斗的日子中居安思危，要唱出坚强、宏大的强我中华之歌。

许多先烈，他们牺牲在抗战、解放战场上，许多先烈倒在反动派的枪口下，他们自己不能唱了，由广大中国人民接着他们歌声在唱，并不会随着岁月流失而忘却他们，祖国不会忘记他们！今日逐梦，那是还要坚持不懈地奋斗！

一个人的一生总是很短暂的，不可能一生都是顺利、康健、欢乐和做出成就。一个人，在其主要一生的岁月中，不论受到什么艰难困苦而仍胸怀国家人民，充满高尚的情怀让其一生像是一首永远向上前进的充满奋斗激情的歌声，那才体现了人生的真正价值，那才是完美的人生。

人生如歌，人生当歌，人生几何，人生崇尚，人生似水，才能尚善若水，融入人民大众之中团结一致，坚定信念，强国梦想必定实现。

"杯酒当歌，人生几何"。曹操借酒，要歌唱什么，还是脱不了封建社会帝王将相的行为。曹操身后，其大儿曹丕即位，要杀享誉多才的亲弟曹植，让其殿上七步成诗，不然就杀，曹植："煮豆燃豆萁，豆在釜中泣。本是同根生，相煎何太急！"二十字诗，深刻揭示了两人心情，众官明白，曹丕也杀不了曹植。

红军被迫长征，极其艰辛奋斗，还是胜利了，毛主席的七律长征深刻反映了这英雄历程，"...更喜岷山千里雪，三军过后尽开颜"，这三军是第一、第二和第四方面军,长征牺牲了不少红军,但却是史诗般胜利。

毛泽东主席的百万雄狮过大江,也有另一首七律史诗:"... 天若有情天易老,人间正道是沧桑"。多少革命烈士英勇战士的牺牲,换来这全国解放大胜利,你能不认为这不是史诗般的革命历程吗?

当然,一个人的一生不能与众多参与革命历程的英雄人生所汇聚的史诗相比,但个人的人生历程是融入了其中,也是其人生如歌的重要历程。那样,你的人生也是有真正的价值。

这文字上,强调人生似水,也更强调珍惜岁月,你人生应当是反映攻坚克难、为人民事业而奉献的可歌颂安慰自己和同志亲友的胸怀,应当为人民事业而无私奉献的人生。

众多这样的人生汇聚在一个民族振兴和实现强国梦的前提下,发挥的力量是巨大而无可比拟的,强国梦想怎么会不能实现呢?

这本文集的目的是表示参与科技发展和在建设中奉献是重要的,更希望在中国共产党领导下,共同发挥人民的伟大力量,让中国真正展现光彩,实现人类命运共同体的理想,这是各个地区人民所共同追求的未来历程。

后 记

霎时间,我不明所云,不是南北,不知有何大事发生。这是我于2020年1月7日晚10时多接到北京电话:"你是卢院士吗?""原定9号在武汉召开的会议,推迟到过了春节以后再说。"我想问何因,对方已挂了电话。我想对方一定也不清楚,我也没再打听。肯定是大事,所以我有了上述的心情。

我已定了1月8日中午飞武汉的机票,7日下午深圳一同志送了一包口罩给我,说:"你要去武汉,那里今日有病情,你戴上口罩预防。"我很感激,嘴上表示感谢,心里想的是,不至于这么严重吧!于是,我改成了9日飞上海的机票。

到了上海,忙着一些事,但心中挂念什么大事。注意到钟南山院士斩钉截铁坚定地表示,据武汉医务人员的医疗调查,武汉这疾病是会传染的。我原先不认识钟院士,2003年"非典"后期,我在北京院士会上找了他,谈了一下。这次,我也相信大事就是疫情了。

接着相继许多医疗队赴武汉支援,其中包括著名的协和、湘雅、齐鲁、中山、华西,还有同济以及军医大等达4万人。这里说的同济不在上海,原属于同济大学,后搬迁至武汉,不属同济大学了。随后,武汉又宣布封城,

------ 后 记 ------

一些省会也对湖北有关市进行对口支援。

疫情严重了，但我相信这疫情在中国一定会很快控制住。在党中央领导下，"坚定信念，同舟共济，科学研究，精准施策"，中国定会战胜。

我又想起，我幼小时，弟弟重病，无钱难医情况。难以磨灭的是，小时鼠疫、霍乱流行，大量死人，街上棺材抬来抬去的惨状。我相信，今日的中国不会再有那样的惨状，我也想到，"非典"不是到了天热，加上医疗有力，也战胜了，这次也一定会战胜新冠肺炎疫情。

还没让疫情得到基本防治管控之时，还是要多方面战斗。我们不是医病的医生，但我们常说地质工作者是"地球的医生"。所以，我想应该把自己的感知和有关经历和认识说出来，也许有些参考，表达自己粗浅认识的意思。所以，首先表达对疫情的思考与关心，得到友人帮助，而在中国网及建筑有关网上发布，得到了鼓励。

进而，我觉得在科学研究、生态环境、灾害防治、工程建设安全、人民生活等许多方面，与我专业有关的诸多问题，也可表达些认识，并提些拙见供参考，也是交流以修正自己的见解。在2020年年初之后，我不断写了些文章，感悟到的一种现实的重要问题，作为探讨，也表达了自己的认识。这样，我写的感悟的思想越来越多。

其实，在以前的几十年间，我确定在科学研究与建设实践中，已经提出了不少建议与感性认识，而且也起了相应作用。只是我没很好地、系统地保存原底稿。有的没留底稿，有的留下但又散失了。

这一年多以来，我感到我们科学研究成果很重要，但是多是针对某个大建设工程、针对某个建设发展的战略意义已起的作用，那是毋庸置疑的，也得到了人们的认可。

但是,这两年来,我也深感到,针对目前状况,针对存在的思想上的不同见解,考虑到今后中国要复兴和实现强国梦,我觉得写些短文章,可以更好传播中央政策,更有力地激励人们的家国情怀,更有力地增强意志力量。除了更加做好自己专业地科工作之外,这方面实时地表达了正确思维,能更有力地积累正能量,这种小鼓声地敲打,是存在作用的。

所以,

人生几十年,短暂也漫长,

我已九十了近百年,

多少困苦折磨我忘却,

几多欢乐共唱升平莺歌!

为国奋斗,我爱你新中国!

为民奉献,

春蚕吐丝锦缎美,

蜡炬燃自吉祥贺,

不知悔改侵略者,

对点亮我国安全的人,

回响地是高昂的战歌,

审时度世,人生当歌!

春天花绽,美好的中国,

金秋国庆,全国欢歌!

我们要铭记,

站起来了中国,居安思危!

每个人民发出最大的吼声,

后 记

起来吧,起来吧,

我们万众一心,

团结奋勇前进,

我们更高举红旗,

追逐强盛的中国,

我们要在高山上,

大声合唱胜利的凯歌。

还要强国,追逐人类命运一体,

最动人的和曲是,

世界人民只唱友谊、团结的和庆歌!

似水流年,人的生命似水一样流淌一世,

后浪推前浪,代有英雄出,

波浪奔流向前,代代人生接招,

人生风浪有低有高,

人生前途有暗有明,

珍惜岁月学好奉献好,

贪婪、奢侈、浪费时光,

其生命价值必须糟糕,

岁月无情,珍重首要,铭记:

生当为民富奉献,

命应为国强争光。

人生似水,把握人生,就是:

就心灵深处,扩大人生的价值。

任何人生，

和国家的强盛相融合，和人民的福祉相包容，

那！就是最美好的人生，

那！也是平凡而伟大的崇高！

我和张薇博士（中国地质科学院水文地质环境地质研究所）及刘琦博士（同济大学），共同汇集此册，是希望表达对人生经历中的相应感悟、感知与感怀，当多方面的青年读者交流、探讨与沟通，真是：

时不我待兮，珍惜人生！

为民拼搏兮，幸福人生！

为国强盛兮，光彩人生！

2021 年 9 月 3 日